隧道掘进机辅助智能化施工技术

李建斌　龚秋明　刘　斌　著

国家重点基础研究发展计划（2015CB058100）
国家重点研发计划（2018YFB1702504）

科　学　出　版　社
北　京

内 容 简 介

本书总结了国内外隧道掘进机（TBM）的发展与应用现状，在分析TBM岩-机相互作用机理的基础上，从TBM复杂环境不良地质超前探测、TBM渣片感知与分析、TBM设备运行状态监测等方面，介绍了适用于TBM的岩体状态和设备状态等多元信息感知方法及其工程应用情况；通过搭建TBM施工信息管理云平台，开展数据挖掘与分析，结合实际工程项目讨论了TBM掘进参数、支护等级、掘进姿态的智能控制技术与决策方法，阐述了TBM辅助智能化施工系统的开发与应用情况。

本书可供TBM设计研发、隧道施工等领域的科研和工程技术人员使用，也可作为高等院校相关专业研究生的参考用书。

图书在版编目（CIP）数据

隧道掘进机辅助智能化施工技术 / 李建斌，龚秋明，刘斌著. —北京：科学出版社，2020.9

ISBN 978-7-03-066258-3

Ⅰ. ①隧… Ⅱ. ①李… ②龚… ③刘… Ⅲ. ①隧道施工-掘进机械-工程施工 Ⅳ. ①U455.3

中国版本图书馆CIP数据核字（2020）第184224号

责任编辑：刘宝莉 / 责任校对：王萌萌
责任印制：师艳茹 / 封面设计：陈 敬

科学出版社 出版
北京东黄城根北街16号
邮政编码：100717
http://www.sciencep.com
北京通州皇家印刷厂 印刷
科学出版社发行 各地新华书店经销
*
2020年9月第 一 版 开本：720 × 1000 1/16
2020年9月第一次印刷 印张：18
字数：360 000

定价：135.00 元

（如有印装质量问题，我社负责调换）

序

全断面隧道掘进机被称为工程机械行业的“掘进机之王”，在2008年以前，TBM核心技术一直被国外垄断，国内TBM全部依赖进口，价格高昂、售后服务不及时等因素严重制约着我国地下工程建设的快速发展。李建斌带领中铁工程装备集团有限公司扛起了自主研发隧道施工装备的行业使命，致力于隧道掘进机关键技术的攻坚克难，最终实现了软土盾构和硬岩TBM的国产化和产业化，彻底打破了国外品牌在国内全断面隧道掘进机市场一统天下的局面，增强了我国装备制造业的综合实力。

在复杂地质条件下，工程问题频繁发生，很多隧道从业人员对是否采用TBM施工依然抱有谨慎态度，为此李建斌团队向TBM施工难题发起挑战，针对TBM安全高效施工的相关技术进行了深入的研究。李建斌既拥有丰富的施工经验，又熟知设备设计制造技术，对解决行业难题具有强烈的责任感和使命感，这促使他一直探寻掘进机安全高效施工的方法。在我们的多次谈话中，我都深切感受到他的这种执着追求。

2015年，李建斌作为国家重点基础研究发展计划首席科学家承担了“TBM安全高效掘进全过程信息化智能控制与支撑软件基础研究”项目，中铁工程装备集团有限公司联合山东大学、武汉大学、浙江大学、北京工业大学等高校共同走上TBM信息化、智能化施工的探索之路。我作为该项目咨询组专家，对项目的研究进行全程跟踪和指导，非常了解项目推进情况，也清楚项目开展过程中遇到的问题，项目组科研人员求真务实、协力创新、艰苦攻关，在TBM智能掘进技术方面取得了一系列突破性科研成果，充分展现了他们挑战难题的勇气以及解决问题的智慧。

自2015年以来，大数据方兴未艾，人工智能风起云涌，阿尔法狗击败世界顶级围棋棋手的比赛更是令人震撼，这些新的技术手段为解决传统工程问题带来了新的机遇。李建斌带领科研团队紧抓人工智能发展新契机，建立了世界首个TBM大数据平台，采集了吉林引松供水工程四标17km隧洞的全部施工数据，数据种类之全、数据规模之大，在全球范围内都是绝无仅有的，为机器学习打下了坚实的数据基础。更难能可贵的是，他们将以上数据全部无偿共享，供行业内学者研究使用，而且还举办了 TBM 数据机器学习竞赛。在决赛现场，来自工程界、学术界的业内人士共同发布了 TBM 大数据“共享、共研、共用”的“莲花池宣言”，一时间掀起巨大的浪潮，大大推动了 TBM 智能化的研究进程。

该书全面介绍了 TBM 辅助智能化施工的多项关键技术，其中很多技术都是原创性成果。岩-机作用机理和大数据平台奠定了 TBM 设计和施工的理论基础和数据基础，超前地质预报、岩-机状态感知、智能控制与决策形成了完整的 TBM 智能化技术体系，为 TBM 智能化施工指明了方向，也为未来无人值守 TBM 研制开辟了道路。

项目已经圆满结题，该书也即将付梓印刷，但 TBM 智能化的征程才路到半山、船到中流，希望后来学者能够继往开来，秉承求真务实的学术精神，继续深入研究 TBM 信息化、智能化施工中的科学问题和关键技术，为全面提升我国 TBM 装备高端制造和掘进技术的核心竞争力贡献创新成果。

中国科学院院士

2020 年 5 月 22 日

前　　言

与传统钻爆法施工相比，隧道掘进机具有掘进速度快、安全性能高、劳动强度低、环境污染小的优点，在交通、水利、矿山、国防等地下工程领域应用十分广泛，TBM 施工方法已经成为我国隧道工程建设的重要趋势和发展方向。然而在隧道施工过程中存在 TBM 地质适应性差、工程事故多发等问题，严重者甚至出现整机报废、人员伤亡等现象，这是由于 TBM 破岩机理不清、岩-机状态感知不准、控制决策方法不优等基础性技术难题尚未解决。

针对以上问题，本书以吉林引松供水工程 TBM 施工项目为依托，对 TBM 岩-机作用机理、超前地质探测、岩-机状态感知、TBM 海量数据挖掘、智能控制与决策等多项关键技术进行了深入研究，形成了一套完整的 TBM 辅助智能化施工技术体系，对解决当前 TBM 工程难题和未来智能 TBM 研制具有重要意义。

本书共 10 章，内容涉及近年来作者在 TBM 智能化施工方面所取得的主要创新性研究成果。李建斌撰写了第 1、6～10 章的内容，主要概述 TBM 的发展与应用现状，阐述 TBM 辅助智能化施工技术体系的构建，介绍 TBM 施工信息管理云平台的数据采集、传输、存储方法以及平台功能的设计开发，结合多模态神经网络与模糊仿人控制方法建立了 TBM 掘进参数复合智能控制系统，通过建立 TBM 支护等级智能决策模型和 TBM 掘进姿态控制模型实现了支护等级的实时预测和掘进姿态的实时控制，介绍 TBM 辅助智能化施工系统（TBM-SMART）的功能开发与现场应用情况。龚秋明撰写第 2、4、5 章的内容，阐明 TBM 岩-机相互作用机理，重点介绍不同因素组合下 TBM 滚刀破岩机理和 TBM 岩-机作用模型，通过研发 TBM 渣片在线分析系统，构建基于渣片特征和掘进参数融合的岩体识别方法，实现渣片状态实时监测与在线分析，介绍刀盘状态监测系统与主机振动监测系统的研制，基于工程应用数据揭示滚刀磨损规律及主机振动规律。刘斌撰写第 3 章的内容，阐述了 TBM 复杂环境不良地质超前探测方法及系统，包括用于水体探测的激发极化超前预报和用于不良地质结构体的地震超前探测。

感谢国家重点基础研究发展计划“TBM 安全高效掘进全过程信息化智能控制与支撑软件基础研究”（2015CB058100）和国家重点研发计划“全断面隧道掘进装备运行服务平台及智能终端研制”（2018YFB1702504）对本书相关研究的支持，感谢中铁工程装备集团科研团队荆留杰、张娜、徐受天、于太彰、李鹏宇、杨晨、陈帅、郑霄峰、徐剑安、武颖莹、郑赢豪等在研究过程中所做的不懈努力，同时感谢多年紧密合作的科研院所专家学者、工程技术人员和一线工作人员的大力支持。

研究 TBM 辅助智能化施工技术对于隧道建设工业化意义重大，期盼这本书的出版能够促进我国 TBM 设计与施工技术的发展。本书是对 TBM 智能化施工的初步探索，限于作者水平，书中难免存在不足之处，敬请读者批评指正。

目　　录

第1章 绪　　论

随着国内基础设施建设的大规模开展，轨道交通、水利水电、矿山开采等重大工程越来越多，需要修建的长大隧道也越来越多。由于工程规模大、地质条件复杂、施工工期紧张等原因，传统钻爆法难以适应这一艰巨挑战。当隧道长度大于6km或长径比大于800时，隧道掘进机(tunnel boring machine，TBM)施工安全、经济、高效的特点更加显著。因此，TBM被广泛应用于各类工程领域的隧道施工。

本章介绍了TBM在国内外的发展历程，分析了TBM应用中存在的问题，结合人工智能技术在TBM中的发展应用，提出了TBM辅助智能化施工技术体系。

1.1　TBM的发展与应用

我国已成为世界上隧道修建需求最大、修建速度最快、修建难度最高的国家。鉴于TBM在长大隧道施工中所具备的种种优点，其中大量项目都已采用或拟采用TBM施工。铁路隧道工程如西康铁路秦岭隧道、大瑞铁路高黎贡山隧道等采用敞开式TBM施工；轨道交通工程如重庆地铁、青岛地铁、深圳地铁等项目广泛采用双护盾TBM施工；水利工程如辽宁大伙房输水工程、山西中部引黄工程等采用多台TBM施工，特别是EH工程采用近20台TBM同时施工；矿山工程领域中，TBM在大同塔山煤矿、淮南张集煤矿、神东祁连塔煤矿、神华新集煤矿等分别用于巷道掘进和斜井施工[1]。预计未来十年，我国平均每年新增各类隧道数量超过1000座，新增里程超过2000km，需要各类TBM超过100台[2]。因此，TBM应用具有广阔的市场，TBM技术的发展也越加受到重视。

1.1.1　TBM发展概况

1. TBM工作原理及类型

TBM是集机、电、液、通信、控制等技术于一体的高端复杂装备，能够实现切削、支护、出渣、测量等多工序同步作业。TBM一般由主机和后配套组成，主机前部是装有若干滚刀的刀盘，滚刀在TBM刀盘旋转推进过程中持续碾压、切削掌子面岩体，破碎后的岩渣被收集进入刀盘进渣口、溜渣板，随之被连续皮带机或运渣车运输至洞外。后配套系统与主机相连，由一系列彼此相连的钢结构台车组成，主要完成供水供电供气、材料转运等作业。

按主机结构不同，TBM 一般可分为敞开式 TBM 和护盾式 TBM 两大类型，护盾式 TBM 又分为双护盾 TBM 和单护盾 TBM。

敞开式 TBM 目前主要有两种结构形式：一种为前后共有两组 X 形支撑的双支撑敞开式 TBM(凯式)，如图 1.1 所示；另一种为单支撑主梁敞开式 TBM，如图 1.2 所示。敞开式 TBM 只设有较短的护盾，在其主机和后配套系统上安装有支护装置，随着 TBM 向前掘进，一般可以同时进行安装锚杆、挂网、钢拱架和喷射混凝土等支护作业。刀盘推力和扭矩通过机架或主梁传递到支撑系统，支撑系统径向作用于洞壁上以提供作用反力。敞开式 TBM 主要适应于中硬岩地层，在较完整、有一定自稳性的围岩中施工时能够充分发挥其优势，特别是在硬岩、中硬岩掘进中，强大的支撑系统为刀盘提供了足够的推力。

图 1.1　双支撑敞开式 TBM

图 1.2　单支撑主梁敞开式 TBM

单护盾 TBM 如图 1.3 所示，主要适应于围岩比较破碎、抗压强度较低、岩石仅仅能自稳、但不能为 TBM 掘进提供反力的地层，由盾尾推进液压缸支撑在已拼装的预制衬砌块或钢圈梁上以推进刀盘破岩前进。单护盾 TBM 推进时要利用管片作为支撑，其作业原理类似于盾构，掘进和安装管片不能同时进行，施工速度较慢。单护盾 TBM 与盾构的区别有两点：一是单护盾 TBM 采用皮带机出渣，而盾构则采用螺旋输送机或泥浆输送管道出渣；二是单护盾 TBM 不具备平衡掌子面的功能，而盾构则采用土仓或泥水仓压力平衡开挖面。

图 1.3 单护盾 TBM

双护盾 TBM 如图 1.4 所示，其特点是主机在护盾的保护下进行掘进作业，利用盾体或撑靴支撑洞壁，护盾包括前盾、伸缩护盾、撑靴护盾，主机后部一般装有管片拼装机。双护盾 TBM 对岩层具有广泛的适应性，既可以在非常硬的岩石中施工，也可以在软岩、破碎带等不稳定地层中施工。当岩体太软，撑靴无法实现有效径向支撑，需要辅助推进液压缸提供推力，此时推力必须作用于衬砌管片上，掘进作业与管片安装作业不能同时进行，相当于“单护盾模式”的作业方式，相应掘进效率降低。

图 1.4 双护盾 TBM

2. 国外 TBM 的发展

国外从 19 世纪 50 年代就开始 TBM 的研制，到 20 世纪 70 年代刀盘式掘进机技术已基本成熟，在历经几十年的持续改进和工程应用之后，已形成一套成熟且完整的 TBM 设计、制造及施工技术体系[3]。

1846 年，Maus 设计的岩石掘进机被用于开挖位于法国和意大利之间穿越阿尔卑斯山的 Frejus 铁路隧道，这台掘进机被认为是世界上第一台 TBM。随后，一些国家又先后设计制造了 20 余台 TBM，但因受当时技术条件的限制，TBM 技术研发停滞不前。直至 20 世纪 50 年代，欧美及日本等工业发达国家又开始相继研制 TBM，并在实际应用中获得了较为理想的效果。1954 年，罗宾斯公司制造的 TBM 首次成功应用于美国南达科他州 Oahe Dam 隧洞工程。1956 年，罗宾斯公司首次将滚刀应用在硬岩掘进中，并成功地通过了工业性试验。至此，TBM 才真正进入了实用阶段。

随后，TBM 设计和制造技术被持续改进，以延长设备寿命、提高掘进效率。1961 年，罗宾斯公司首次采用浮动式球型铰接撑靴系统实现 TBM 连续转向，同时改进密封提升大直径轴承寿命，实现 TBM 研发应用的另一个重大突破。1967 年，德国维尔特公司在奥地利 Ginzling 隧道 TBM 设计中改进了撑靴系统和刀具结构，双 X 撑靴降低了 TBM 在软弱或破碎岩层的施工风险，端盖式结构滚刀设计提高了滚刀承载能力。1971 年，意大利 Seli 公司与罗宾斯公司合作发明了双护盾 TBM。1988 年，罗宾斯公司为挪威 Svartisen 水力发电项目制造了 3 台高性能掘进机，创新发明了 19in①滚刀和背锁式刀具安装法。1996 年，德国海瑞克公司开始进入 TBM 市场，随后获得了 Gotthard 隧道 4 台掘进机合同。到 20 世纪末，传统的 TBM 制造技术发展已较为成熟，围岩切削、出渣及隧道支护功能相对完善可靠。

为适应隧道施工复杂地层，应对软硬交替、断层破碎带、高压涌水等不良施工条件，全球各大掘进机制造厂商从结构形式、工作模式等多方面对 TBM 进行了创新设计。2000 年，意大利 Seli 公司提出了通用型双护盾 TBM 的设计理念，其台阶缩小型盾体结构更加适用于挤压大变形地层。2004 年，日本研制了直径 12.84m 的改良敞开式 TBM，兼具普通敞开式和单护盾 TBM 功能，用于山岭飞弹隧道施工[4]。2006 年，加拿大尼亚加拉水力发电项目隧洞使用了罗宾斯公司设计的直径 14.4m 的主梁式硬岩 TBM，这是当时世界上直径最大的硬岩 TBM，同时也首次应用了背装式 20in 滚刀。2011 年，海瑞克公司开发了多模式 TBM 来应对软硬急剧变化地层，多模式 TBM 可以兼有至少两种不同的运行模式，例如兼有敞开式和泥水模式，或者兼有单护盾和土压平衡模式，应用项目有德国 Finne 隧道、瑞士 Weinberg 隧道、瑞典 Hallandsas 项目隧道等。2015 年罗宾斯公司开始推

① 1in=2.54cm，下同。

广双模式 TBM，主要包括 XRE(硬岩-土压)、XSE(泥水-土压)以及 XRS(硬岩-泥水)等机型，可根据地层条件的需要，选择最适合的机型，并灵活地从一种模式切换到另一种模式，以应对工程中的不同地层环境。2018 年，日本开发了马蹄形断面 TBM，成功拓展了 TBM 施工的适用范围。罗宾斯制造了用于美国 Mill Creek 排水隧洞的变径 TBM，能够在地下完成刀盘直径从 11.6m 至 9.9m 的转换，项目预计将于 2023 年完工。

3. 国内 TBM 的发展

TBM 在国内的发展历程可分为自力更生、国外承包国外引进、自主施工联合生产和自主研发创新四个阶段[5]。

第一阶段是以科学研究为主的自力更生阶段(1964～1985 年)，由上海勘测设计研究院和华北电力大学最先开始承担 TBM 自主研发任务，到 70～80 年代国内多家单位完成样机研发和试制，但所造 TBM 可靠性差、掘进速度慢，使用效果不佳，在萍乡青山矿、云南西洱河水电工程、河北引滦工程等项目中使用，掘进速度只能达到同期国际水平的五分之一甚至更低[6]。

第二阶段是以国外 TBM 制造商和承包商设计施工为主(1986～1998 年)，众多国外承包商中标水利工程，携带先进 TBM 设备和施工技术进入中国[7]，如意大利 CMC 公司承建的引大入秦(1991 年)、引黄入晋(1994 年)和引黄南干线(1997 年)水利工程均取得巨大成功，创造了震惊国内隧道界的施工纪录，重燃了国内对 TBM 研发的信心。

第三阶段我国开始建立自己的施工队伍(1999～2010 年)，主要有中铁隧道局、中铁十八局、辽宁水利工程局等[8]，主要工程有西康铁路秦岭隧道、磨沟岭隧道、桃花铺 1 号隧道、辽宁大伙房供水隧洞等，国内 TBM 施工队伍迅速成长，基本掌握了 TBM 施工技术并积累了丰富的施工经验，也对先进 TBM 技术的引进、消化吸收、推广创新起到了重要的作用。

第四阶段为 2011 年至今，我国 TBM 行业进入了自主设计制造、自主施工的大发展阶段，国内已有多家企业具备了一定规模的 TBM 设计和制造团队，我国 TBM 产业基础基本形成，TBM 自主设计和创新能力逐步提高，关键部件制造能力也有所突破，国产 TBM 先后应用于吉林引松供水工程、兰州水源地建设工程、EH 工程等项目，且应用效果良好。自 2017 年起，《全断面隧道掘进机　术语和商业规格》(GB/T 34354—2017)、《全断面隧道掘进机　敞开式岩石隧道掘进机》(GB/T 34652—2017)和《全断面隧道掘进机　单护盾岩石隧道掘进机》(GB/T 34653—2017)三项国家标准的发布说明了我国 TBM 研发制造技术已经成熟，我国 TBM 技术、质量、性能、规范化等方面都已达到国际领先水平。国产 TBM 也开始走向国际市场，如 2015 年意大利 CMC 公司采购了我国两台护盾式 TBM 用于黎巴嫩大贝鲁特供水项目。

1.1.2 TBM 工程挑战

TBM 对地质条件变化极为敏感，掘进控制依赖操作者个人经验，一旦地层状态发生变化，操作者很难及时判断岩体和设备的状态变化继而做出科学决策，故而 TBM 施工过程中突泥突水、塌方卡机、刀盘或主轴承损坏等地质灾害或工程事故频繁发生，给项目带来了巨大的工期延误和经济损失。表 1.1 是国内外典型的 TBM 施工事故。

表 1.1 国内外典型的隧道 TBM 施工事故

序号	工程名称	所在国家	灾害情况
1	辽宁大伙房水库输水隧洞	中国	掘进机被埋于断层破碎带 200 余天
2	昆明掌鸠河引水工程上公山隧洞	中国	在断层破碎带内发生 8 次重大卡机事故，停工超过 10 个月；TBM 掘进约 7km 后改由钻爆法施工，工期延误 1 年多
3	广西天生桥Ⅱ级水电站引水隧洞	中国	遇大规模溶洞、暗河、断层、岩爆、泥石流等复杂地质情况，累计 10 年掘进仅 7.5km
4	锦屏Ⅱ级水电站施工排水隧洞工程	中国	发生多次塌方和岩爆，造成掘进机主梁断裂，掘进机刀盘向后约 30m 范围内被石渣掩埋，TBM 彻底瘫痪
5	台湾北宜高速公路雪山隧道	中国	遭遇 6 处断层、98 处剪裂带，出现 36 处涌水、63 次塌方，掘进机 26 次被卡，历时 15 年才建成
6	甘肃引洮工程	中国	单护盾 TBM 被卡、沉陷，停机 1 年以上
7	新疆伊犁河流域八十一大阪输水隧洞	中国	掘进机频繁被卡，卡机 48 次，累计停机时间 379 天，工期延误 2 年，造成重大经济损失
8	青海引大济湟工程	中国	TBM 频繁被卡，累计卡机停机时间 2 年以上，改造 TBM 后再掘进，经济损失巨大
9	陕西引红济石工程	中国	掘进机频繁被卡，改造 TBM 后再掘进，停机时间 2 年以上
10	GD-3 水电站引水隧洞	埃塞俄比亚	遭遇断层突泥，TBM 无法继续前行
11	Dul Hasti 水电站引水隧洞工程	印度	历时 12 年建成，期间发生了数次突水、突泥，在断层破碎带与涌水段中 TBM 被卡 8 个月，机器损毁报废
12	Frasnadello 隧道和 Antea 隧道	意大利	坍塌、涌水造成掘进机被困，导致工期延误
13	贝尔塔隧道	美国	TBM 掘进过程中，由于大量砂砾进入轴承，使 TBM 内部过热而导致停机
14	Chomroud 隧道	伊朗	TBM 掘进过程中，遭遇塌方导致刀盘被困，TBM 卡机无法继续前行
15	Yacambu Quibor 隧道	委内瑞拉	开挖施工中常遇到隧道软弱围岩发生的挤压性大变形问题，导致 TBM 被卡
16	Tuzla 隧道	土耳其	掘进过程中，遇到大断层导致 TBM 卡机被困
17	科卡科多水电站引水隧洞	厄瓜多尔	TBM 掘进中前盾被卡，而后引发隔水层破裂导致盾体左侧突发的塌方和突涌水使 TBM 被困
18	惠那山隧道	日本	开挖过程中发生挤压大变形，围岩最大位移为 880mm，导致 TBM 卡机

TBM 设计施工技术虽然取得了长足的发展，但是以上 TBM 工程事故的发生并非偶然，行业内仍然有不少技术问题亟待解决：

(1) TBM 岩-机相互作用机理研究不清晰，TBM 设计依据不明确。滚刀破岩过程中，岩体在拉压和剪切作用下，多种破坏形式同时存在，再考虑到岩体多样性和非均质性等因素的影响，滚刀破岩机理模糊不清。在 TBM 新设备主参数设计过程中，为保证 TBM 掘进过程中能够达到预期的破岩效率，减小施工风险，设计人员往往只能依据经验或对比以往案例进行选型设计，造成 TBM 设计不合理，难以适应复杂多变地层，也存在设计冗余量大、设计浪费的情况。

(2) TBM 岩-机信息感知不全面、不及时。TBM 刀盘和护盾几乎遮挡了所有地质信息，现有技术不仅难以探明前方不良地质，也无法实时感知岩体力学状态变化。TBM 掘进不能依据岩体状态实时调整掘进参数，开挖过程中遇到不良地质时，无法提前处理，造成突水、突泥、塌方、卡机等工程灾害多发。另外，TBM 配置的系统多、关联性强，获取的相关监测信息十分有限，仅 TBM 运行参数无法全面反映设备运行状态和健康状态，刀具磨损、刀盘振动等信息尚未做到实时监测，刀具异常磨损、刀盘振动开裂、设备关键部件寿命降低等问题频繁发生。

(3) TBM 施工信息共享不充分、数据分析不到位。TBM 隧道建设涉及勘查、设计、施工、运维等多个环节，TBM 工程数据资料分散于工程承包商、设备制造商、业主等各参与方，不同单位间存在数据共享和交流的壁垒。一些数据如换刀、检修等依然采用手工方式记录，信息相互传递过程中可能会失真甚至丢失。TBM 数据管理方式落后，无法形成具有科学内涵的系统、完整的基础数据库，不能对大量在建隧道 TBM 掘进数据和已有 TBM 历史案例开展系统分析和挖掘，难以实现多源岩-机信息的有效融合。

(4) TBM 掘进参数的选择依赖人为经验，智能控制理论与决策方法不成熟。TBM 掘进过程的控制操作过度依赖操作者个人经验，智能化水平低，无法实现掘进方案、施工参数的智能决策与优化。一旦在掘地层变化或遭遇不良地质时，操作者对岩体变化感知不及时，控制参数调整不及时，极易造成设备损坏或工程灾害事故发生。在常规地层掘进时，由于控制参数设置不合理，刀具异常磨损、掘进不经济、不高效情况常常发生。

1.2　人工智能技术在 TBM 中的应用

1.2.1　人工智能技术的发展

人工智能是在计算机科学、控制论、信息论、语言学等多种学科相互渗透的基础上发展起来的一门新兴学科，涉及大数据、云计算、物联网、人工智能等多门类科学技术。

(1) 大数据。大数据具有海量的数据规模、快速的数据流转、多样的数据类型和价值密度低四大特征[9]。大数据技术可以对数量巨大、格式多样、来源分散的数据进行处理，如存储、采集、关联分析等，以此来实现价值创造、新知识发现等，为研究多元海量数据提供了一种全新的方法。

(2) 云计算。云计算包括基础设施即服务(infrastructure as a service，IaaS)、平台即服务(platform as a service，PaaS)、软件即服务(software as a service，SaaS)三个层次的服务，具有规模超大、按需服务、服务虚拟化、可扩展性高、可靠性高、费用廉价、通用性强等基本特征[10]。云计算为海量级别的大数据存储、运算、分析提供了必要的平台支撑、软件支撑和底层基础资源服务。

(3) 物联网。物联网是物物相连的互联网，是互联网基础上延伸和扩展的网络，将各种信息传感设备与互联网结合起来而形成的一个巨大网络，实现任何时间、任何地点人、机、物的互联互通，具有整体感知、可靠传输和智能处理的基本特征[11]。物联网大致分为感知层、网络层、应用层等几个层级，感知层用来感知和采集应用环境中的各种数据，网络层用来传输数据，应用层通过指令反向控制输出。物联网具有十分广阔的市场和应用前景，其应用领域包括运输和物流、工业制造、健康医疗、智能环境(家庭、办公、工厂)等方面。

(4) 人工智能。人工智能研究利用计算机来模拟人的某些思维过程和智能行为(如学习、推理、思考、规划等)[12]，主要包括计算机实现智能的原理、制造类似于人脑智能的计算机，使计算机能实现更高层次的应用，如机器人、语言识别、图像识别、自然语言处理和专家系统等领域的研究。

大数据、云计算、物联网、人工智能是彼此依附、相互助力的。通过物联网产生、收集海量的数据存储于云平台，再通过大数据分析，甚至更高形式的人工智能为人类的生产活动、生活所需提供更好的服务。21 世纪以来，人工智能技术进入了一个集成发展期，机器学习、人工神经网络与深度学习等理论的提出和迅猛发展，都加速了人工智能的现实应用。新信息技术与产品的融合，为解决传统行业难题带来了新的机遇。

1.2.2 TBM 施工特点与人工智能技术运用

TBM 系统高度集成、破岩机理复杂、掘进地层多变，依靠理论分析和数值模拟等方法很难解决设计和施工中的技术难题。然而，每台 TBM 都搭载超过 200 个不同种类传感器，在施工过程中不断产生了海量的地质与设备数据，从数据挖掘和人工智能技术出发，研究岩-机之间的相互作用关系，解决 TBM 选型设计、风险预警、掘进控制、智能导向等问题，已成为 TBM 行业的研究热点。

在 TBM 施工信息管理方面，研究者对 TBM 数据管理技术和方法不断进行尝试，并取得较好成果[13~16]。基于这些研究成果，TBM 施工信息管理从理论向工程化应用方向发展，并逐步转变为全面商业化推广。意大利 GeoDATA 公司开发了 GDMS 隧道工程信息管理系统[17]，包括监测数据管理系统(monitoring data management system，MDMS)、TBM 数据管理系统(TBM data management system，TDMS)、文档管理系统(document management system，DMS)等子系统，该系统功能强大，被推广应用到许多隧道工程中。国内专门针对掘进机设备的信息化管理或施工系统软件的研究也已经取得较好成果。胡向东等[18]建立了盾构推进监控数据库及动态显示系统，在管理盾构施工信息的同时，能够实现对数据信息的分析和仿真，促进了盾构隧道信息系统的发展。江玉生等[19]开发盾构施工风险监控系统，该系统被应用于北京、天津等城市地铁盾构施工的实时监控和管理工作。盾构及掘进技术国家重点实验室建立了盾构 TBM 工程大数据中心，采集世界各地盾构和 TBM 装备参数、地质环境、视频影像等数据用于挖掘分析。随着 TBM 应用越来越广泛，项目各方对信息管理服务平台的需求越来越大，普及趋势非常明显。

在 TBM 数据挖掘方面，Simoes 等[20]利用模糊逻辑理论开发了 TBM 掘进性能预测系统；Grima 等[21]利用模糊逻辑与神经网络对 TBM 掘进性能进行评价；Ghasemi 等[22]、Mahdevari 等[23]、Salimi 等[24]将非线性回归、神经网络、粒子群算法等人工智能算法应用于 TBM 掘进速度预测；Okubo 等[15]基于大量工程案例，提出了一套适用于日本的 TBM 适应性评价系统，用于 TBM 的设计选型。刘明月[25]基于秦岭隧道 TBM 施工数据和聚类分析方法，实现了掘进机掘进状况的分类识别。张天瑞等[26]融合粗糙集和决策树两种算法进行 TBM 故障规则挖掘，实现了故障的快速检测与准确诊断。

在 TBM 智能控制与决策方面，Nakayama 等[27]最早对 TBM 自动掘进提出了概念设计；Xing 等[28]引入了模式识别和驱动功率评价方法，在自动识别地质条件变化的基础上，提出了一种智能化的专家控制系统，能够实现刀盘驱动功率自适应调整；海瑞克公司针对某特定项目开发了 TBM 远程辅助控制系统[29]；王飞等[30]使用 XGBoost 算法建立围岩等级预测模型，构建专家模型以实现 TBM 操作参数的智能决策；何小新等[31]收集总结了 TBM 工程数据及选型规律，开发出 TBM 选型智能决策支持系统；詹金武等[32]基于层次分析法和模糊综合评判方法构建了 TBM 选型适应性评价指标体系及模糊综合评价模型，采用智能设计理论和决策理论相结合的方法完成了多指标智能决策的定量化选型，开发了 TBM 选型适应性智能评价决策支持系统。随着智能化时代来临，TBM 施工智能化模块研究和应用也在加速发展，如结合模型和历史数据选取关键参数设定设备控制阈值，促发警报或者紧急停机，实现设备安全预警；基于设备运行参数实时感知地质参数，作为 TBM 掘进参数决策和优化的依据等都在研究之中。

综上所述，信息化、智能化技术的运用不仅能够改善 TBM 施工管理水平、减少 TBM 工程事故，而且对于解决 TBM 选型设计、掘进智能控制等现实问题也具有十分重要的意义。

1.3　TBM 辅助智能化施工技术体系

本书以国家重点基础研究发展计划“TBM 安全高效掘进全过程信息化智能控制与支撑软件基础研究”(2015CB058100)研究成果为依托，突破了 TBM 破岩机理、不良地质探测、岩-机状态实时感知、智能控制与优化决策等一系列关键技术，提出了 TBM 辅助智能化施工技术体系。该体系涵盖了 TBM 掘进过程的信息感知、信息传输、状态评价(自我学习)、自我决策和智能执行多个环节，构建了 TBM“边缘信息感知、平台信息融合、终端智能决策”的整体技术框架，如图 1.5 所示。

(1) 边缘信息感知。研究岩-机状态信息实时感知方法和监测系统，既要快速准确获取超前地质信息和在掘岩体力学信息，也要实时采集设备运行信息和监控设备关键部件健康状态，避免重大安全事故发生。

(2) 平台信息融合。探索多源海量数据存储、管理新模式，建立标准化、格式化数据存储仓库和高性能云计算平台，不仅为项目参与方提供远程监控、施工管理、数据共享等基础信息服务，更要深层次开展 TBM 海量数据挖掘，为设备健康管理和智能掘进提供科学决策依据。

(3) 终端智能决策。开发 TBM 辅助智能化施工系统，依托云平台所挖掘的 TBM 岩-机相互作用机理，建立智能掘进控制与决策模型，实现基于实时数据驱动的安全预警、智能导向、智能掘进等目标。

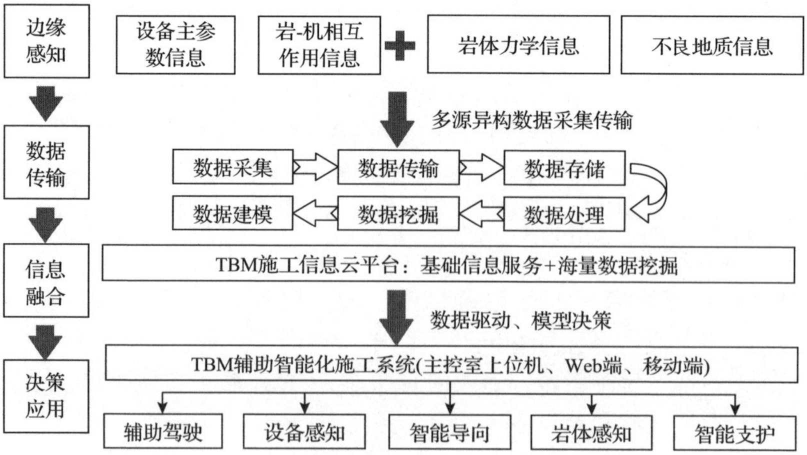

图 1.5　TBM 辅助智能化施工技术体系示意图

本书以 TBM 辅助智能化施工技术体系为基础展开论述。在边缘信息感知层，主要分析并完善 TBM 掘进过程中的岩-机相互作用机理，提出用于水体探测的 TBM 激发极化超前预报方法和用于断层、破碎带探测的破岩震源地震超前探测方法，研制 TBM 渣片在线分析系统和设备运行状态监测系统，实现岩-机状态信息的感知与获取；在平台信息融合层，搭建 TBM 施工信息管理云平台，能够汇集、融合 TBM 施工多源海量信息数据，实现数据的有效管理与分析挖掘；在终端智能决策层，建立 TBM 掘进参数、支护等级及掘进姿态的智能控制系统，开发 TBM 辅助智能化施工系统智能终端，为 TBM 操作者提供掘进决策与优化建议，实现 TBM 辅助智能化施工。

参考文献

[1] Huang X, Liu Q S, Shi K, et al. Application and prospect of hard rock TBM for deep roadway construction in coal mines[J]. Tunnelling and Underground Space Technology, 2018, 73: 105-126.

[2] 中国产业调研网. 2020 年版中国隧道掘进机市场调研与发展趋势预测报告[R]. 北京: 北京中智林信息技术有限公司, 2020.

[3] 威斯利 D. TBM 的发展历程[J]. 水利水电快报, 2013, 34(11): 24-26.

[4] 金慧瑛. 日本最大直径 TBM 隧道——飞弹隧道的设计与施工[J]. 盾构隧道科技, 2018, 5: 21-25.

[5] 荆留杰, 张娜, 杨晨. TBM 及其施工技术在中国的发展与趋势[J]. 隧道建设, 2016, 36(3): 331-337.

[6] 龚秋明. 掘进机隧道掘进概论[M]. 北京: 科学出版社, 2014.

[7] 钱七虎, 李朝甫, 傅德明. 隧道掘进机在中国地下工程中应用现状及前景展望[J]. 地下空间, 2002, 22(1): 1-11.

[8] 张镜剑, 傅冰骏. 隧道掘进机在我国应用的进展[J]. 岩石力学与工程学报, 2007, 26(2): 226-238.

[9] Goldston D. Big data: Data wrangling[J]. Nature, 2008, 455: 15.

[10] 罗军舟, 金嘉晖, 宋爱波, 等. 云计算: 体系架构与关键技术[J]. 通信学报, 2009, 32(7): 3-21.

[11] 孙其博, 刘杰, 黎羴, 等. 物联网: 概念、架构与关键技术研究综述[J]. 北京邮电大学学报, 2010, 33(3): 1-9.

[12] 马少平, 朱小燕. 人工智能[M]. 北京: 清华大学出版社, 1993.

[13] 潜波, 巫世晶, 公志波, 等. 基于 Web 方式的 TBM 隧洞施工数据库系统[J]. 建筑机械, 2004(5): 76-78, 82.

[14] 杨志勇, 江玉生. 盾构施工风险监控系统的研发与应用[J]. 市政技术, 2012, 30(6): 17-19.

[15] Okubo S, Fukui K, Chen W. Expert system for applicability of tunnel boring machines in Japan[J]. Rock Mechanics & Rock Engineering, 2003, 36(4): 305-322.

[16] Sagong M, Lee J S, You K, et al. Digitalized tunnel face mapping system(DiTFAMS) using PAD and wireless network[J]. Tunnelling and Underground Space Technology, 2006, 21(3-4): 390.

[17] Geodata Master System. An information system for managing geoengineering project[EB/OL]. [2007-10-10]. http://www.geodata.it.

[18] 胡向东, 张庆贺. 盾构推进监控数据库及动态显示系统[J]. 岩石力学与工程学报, 2003, 22(5): 834-837.

[19] 江玉生, 孙正阳, 杨志勇. 土压平衡盾构施工风险监控系统及参数预警研究[J]. 隧道建设, 2019, 39(7): 1083-1089.

[20] Simoes M G, Kim T. Fuzzy modeling approaches for the prediction of machine utilization in hard rock tunnel boring machines[C]//The 41st Industrial Application Society Annual Meeting, Industry Applications Conference, Tampa, 2006: 947-954.

[21] Grima M A, Bruines P A, Verhoef P N W. Modeling tunneling boring machine performance by neurofuzzy methods[J]. Tunnelling and Underground Space Technology, 2000, 15(11): 259-269.

[22] Ghasemi E, Yagia S, Ataei M. Predicting penetration rate of hard rock tunnel boring machine using fuzzy logic[J]. Bulletin of Engineering Geology and the Environment, 2014, 73(1): 23-35.

[23] Mahdevari S, Shahriar K, Yagia S, et al. A support vector regression model for predicting tunnel boring machine penetration rates[J]. International Journal of Rock Mechanics and Mining Sciences, 2014, 72(10): 214.

[24] Salimi A, Rostami J, Moormann C, et al. Application of non-linear regression analysis and artificial intelligence algorithms for performance prediction of hard rock TBMs[J]. Tunnelling and Underground Space Technology, 2016, 58(9): 236.

[25] 刘明月. 对基于数据挖掘的隧道掘进机掘进状况分类识别的探讨[J]. 石家庄铁道学院学报, 2004, 17(4): 64-67.

[26] 张天瑞, 于天彪, 赵海峰, 等. 数据挖掘技术在全断面掘进机故障诊断中的应用[J]. 东北大学学报(自然科学版), 2015, 30(4): 527-531.

[27] Nakayama T, Inoue S. Total automatic excavation system for TBMs[C]//Proceedings of the 13th International Symposiun on Automation and Robotics in Construction, Tokyo, 1996.

[28] Xing T, Gong G F, Yang H Y. Research into the intelligent control of the cutter head drive system in shield tunneling machine based on the pattern recognition[C]//IEEE/ASME International Conference on Advanced Intelligent Mechatronics, Xi'an, 2008.

[29] Herrenknech. Mecca TBM remote controlled from Germany[EB/OL]. [2015-4-14]. https://tunneltalk.com/Saudi-Arabia-14Apr2015-Herrenknecht-remote-TBM-set-up-assisting-Mecca-drive-from-company-HQ-in-Germany.php.
[30] 王飞, 龚国芳, 段理文, 等. 基于 XGBoost 的隧道掘进机操作参数智能决策系统设计[J]. 浙江大学学报(工学版), 2020, 54(4): 633-641.
[31] 何小新, 吴庆鸣. 隧道掘进机选型智能决策支持系统的研究[J]. 铁道学报, 2007, 29(3): 127.
[32] 詹金武, 李涛, 李超. 基于人工智能的 TBM 选型适应性评价决策支持系统[J]. 煤炭学报, 2019, 44(10): 3259-3271.

第 2 章　TBM 岩-机相互作用机理

由于 TBM 设计和制造技术的持续改进以及工程建设的需要，TBM 逐渐被应用在地质条件非常复杂的工程中。TBM 破岩是掌子面岩体与刀盘滚刀相互作用的结果，刀具的破岩效率直接影响了 TBM 的掘进速度。研究 TBM 岩-机相互作用机理是 TBM 适应性设计、性能预测及掘进参数优化的前提，也是复杂地质条件下 TBM 高效掘进必须探究的科学问题。本章从滚刀破岩试验、数值模拟分析及现场掘进试验三个角度出发，由理论到实践全面总结岩-机相互作用机理，最后介绍国内外已建立的岩-机相互作用模型。

2.1　滚刀破岩试验

2.1.1　试验平台

TBM 滚刀破岩可分为两个阶段：首先是滚刀侵入岩体，随着滚刀侵入深度或荷载的增加，岩体表层产生碎片，岩体内部产生裂纹；其次为相邻滚刀间的相互作用，随着滚刀间裂纹的扩展与相互接合，两滚刀之间形成岩石碎片。为开展可自由设计试验参数的全尺寸滚刀破岩试验，并最大程度还原 TBM 破岩过程，美国科罗拉多矿业学院(Colorado School of Mines)[1]、英国交通道路研究试验室(Transport and Road Research Laboratory)[2]、土耳其伊斯坦布尔理工大学(Istanbul Technical University)[3]和韩国施工技术研究所(Institute of Construction Technology in Korea)[4]先后研制了线性破岩试验平台，这些平台功能相似，且仅能开展单把滚刀破岩试验，由于其刚度较小，当施加高荷载时，滚刀贯入深度的测量易出现偏差。为此，国内盾构及掘进技术国家重点实验室和中南大学各自研发了回转破岩试验机，以模拟 TBM 施工过程中刀盘旋转破岩的过程，但该试验平台也存在岩石试样准备与固定难、自适应加载模式侵入深度与滚刀受力需要同时监测等诸多缺点。为弥补上述破岩试验平台的不足，本书介绍了作者自主研发的新一代多功能破岩试验平台[5]，试验平台的特点及参数如下：

(1)为模拟各类破岩机械的开挖过程，平台可搭载单刃滚刀、双刃滚刀、镶齿滚刀、刮刀及不同类型齿刀进行破岩试验，还可模拟刀具组合同时破岩的工况，刀架组件如图 2.1 所示。

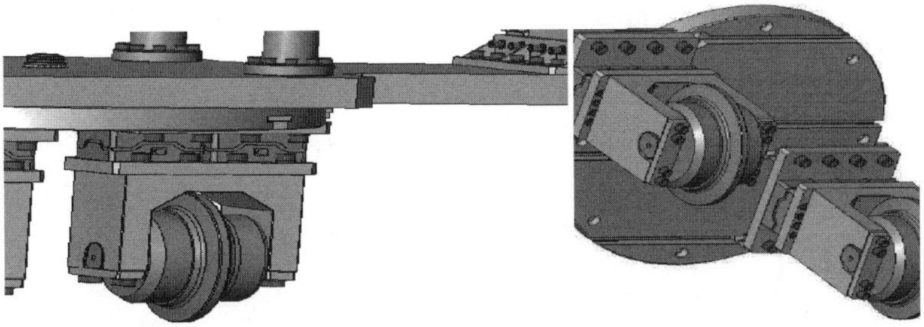

图 2.1　刀架组件

(2) 试验岩样设计最大长宽高分别为 1000mm、1000mm、600mm，可利用行车将其吊装于试样箱内，不需要额外固定手段。

(3) 平台兼具线性破岩与旋转破岩功能，两种破岩方式采用的试样箱不同，如图 2.2 所示。考虑到不同滚刀切割速度对破岩效率的影响，设计最高线性切割速度为 80mm/s，最高转速为 8r/min，最大旋转半径为 500mm，破岩过程均以刀具位置固定而试验箱相对刀具平动或转动的方式进行。

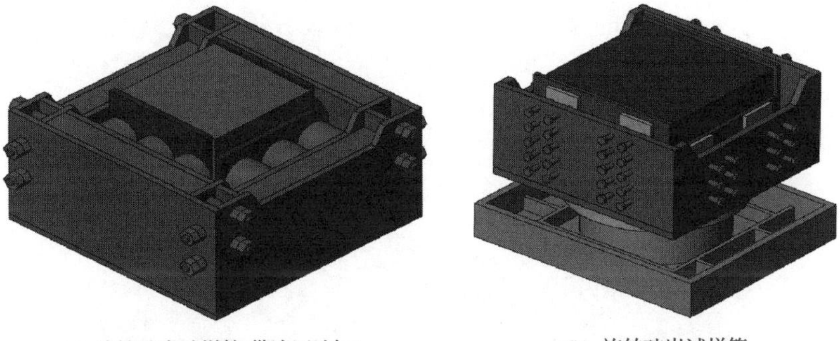

(a) 线性破岩试样箱(带液压油缸)　　(b) 旋转破岩试样箱

图 2.2　试样箱模型图

(4) 工程实践中，一般把大于 20MPa 的硬质岩体内的初始应力称为高地应力。为模拟高地应力对破岩效率的影响，线性破岩试验箱设计有 X、Y 方向两组推力油缸，可对岩样施加最高 20MPa 的围压，当减小试样尺寸时，围压可进一步提高，如图 2.2 (a) 所示。

(5) 采用高精度三轴向负载传感器实时采集试验过程中的刀具三向力，岩样侧面可搭载声发射监测系统，可对岩样微破裂进行实时三维定位并采集声发射信号相关参数。

(6) 平台采用可编程逻辑控制器 (programmable logic controller，PLC) 编程控制系统，试验时可以在人机界面中直接设定各种试验流程、加载压力、加载流量、加载时间等，可以直接输入预设的试样盒及刀具的位移坐标，控制其达到预设位移，试样盒位移精度达到1mm，刀具位移精度达到0.1mm，如图2.3所示。

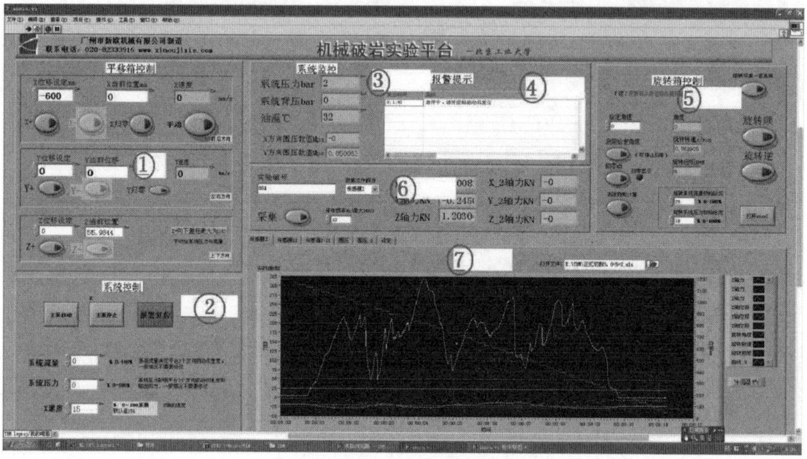

图2.3　可视化控制面板

(7)掘进机滚刀受力设计为平均力，其破岩时的瞬时力波动可能达到平均力的2倍左右，加之需要一定的安全储备，故此平台设计推力为2000kN。此外，平台优化了结构设计，提升了整体刚度，机械破岩平台整体图如图2.4所示。

图2.4　机械破岩试验平台整体图

依托该多功能破岩试验平台可控制多种岩-机作用中的变量，其中与岩体相关的参数包含岩性、岩体强度、简单的节理构造、地应力等，与机械相关的参数包含刀具类型、刀具几何尺寸、刀具破岩角度、贯入度、刀间距、切割速度等。试验过程中可收集的数据包含刀具三向作用力、声发射响应、渣片形态与分布。基于以上数据可研究不同条件下的岩-机作用机理及刀具破岩效率；刀具破岩试验结束后，还可基于损伤区荧光法检测及声波探测法对岩石损伤区进行分析。

2.1.2　滚刀间距对破岩的影响机理

破岩试验试样采用甘肃北山芨芨槽花岗岩，尺寸为 980mm×980mm×600mm，力学参数如表 2.1 所示。刀具选用 17in 的常截面盘形滚刀，刀刃宽度为 21mm。设计 5 组刀间距分别为 60mm、70mm、80mm、90mm、100mm，每块岩样仅进行一种刀间距试验；每组刀间距依次采用 0.5mm、1.0mm、1.5mm、2.0mm、2.5mm、3.0mm、3.5mm 的贯入度进行破岩试验[6]。

表 2.1　北山花岗岩试样的力学参数

天然密度 /(g/cm^3)	弹性模量 /GPa	泊松比	单轴抗压强度 /MPa	巴西劈裂强度 /MPa	纵波波速 /(m/s)
2.60	23.01	0.188	105.6	6.4	3345.72

试验正式开始前，首先以 0.5mm 贯入度反复切割平整光滑的岩样表面，将其处理成粗糙表面以还原真实破岩情况，待岩石表面形成一系列等间距的切槽并获得稳定的三向力数据后，正式开展破岩试验。同一刀间距的试验过程中，每个贯入度需要做 4～6 层切割，直到数据有重复规律出现为止，以此检验数据的正确性。试验过程中实时采集滚刀三向力数据，并在每一层的切割后仔细收集该层所产生的岩片及岩粉，并对其筛分称重，试验结束后对数据进行处理。比能 S_e 和粗糙度指数 CI 是反映破岩效率的重要指标，比能指破碎单位体积岩石所消耗的能量，粗糙度指数定义为筛分后各个筛网的累计筛余率之和，当破岩效率较高时，产生的岩片较多，岩粉较少，此时粗糙度指数较大，两指标计算式如式(2.1)和式(2.2)所示。

$$S_e = \frac{F_r L}{V_{ol}} \tag{2.1}$$

式中，S_e 为比能，MJ/m^3；F_r 为滚动力，kN；L 为滚刀切割距离，mm；V_{ol} 为破岩试验过程中产生的岩渣体积，m^3。

$$\mathrm{CI} = \sum_{i=1}^{n} \frac{W_i}{W_{总}} \times 100\% \tag{2.2}$$

式中，CI 为粗糙度指数；W_i 为大于第 i 层筛分孔径的岩渣总质量，kg；$W_{总}$ 为筛分的岩渣总质量，kg。

不同刀间距和贯入度的滚刀破岩试验数据如表 2.2 所示。

表 2.2　不同刀间距和贯入度的滚刀破岩试验数据

刀间距 S/mm	贯入度 P/mm	平均法向力 F_n/kN	平均滚动力 F_r/kN	比能 S_e/(MJ/m^3)	粗糙度指数 CI
60	0.5	90.8	2.7	76.6	589.7
	1.0	112.1	3.8	51.6	614.2
	1.5	126.9	4.7	43.7	625.1
	2.0	142.9	6.2	40.8	627.1
	2.5	157.9	7.9	47.7	623.4
	3.0	173.8	9.7	57.9	608.9
	3.5	183.2	12.9	67.9	596.7
70	0.5	92.3	2.9	78.1	585
	1.0	120.5	4.2	51.2	608.9
	1.5	145.9	5.7	44.3	619.4
	2.0	165.2	7	41.6	626.1
	2.5	177	9	45.5	623.5
	3.0	195.4	11.4	53.3	619.2
	3.5	205.9	14.9	60.4	610.4
80	0.5	96.6	2.9	82.1	576.9
	1.0	126.2	4.1	52	611.7
	1.5	148.7	5.7	45	624.9
	2.0	174.2	7.9	42.9	631.9
	2.5	197.6	10.1	41.5	636.7
	3.0	210.4	12.5	48.9	622
	3.5	227.1	16.7	55.4	610.6
90	0.5	98.9	3.1	90.5	572.3
	1.0	127.9	4.3	64.3	602.3
	1.5	160	5.8	45.4	619.6
	2.0	190.2	8	43.7	627.4
	2.5	216.7	10.8	40.9	632.6
	3.0	236.5	13.5	40	633.8
	3.5	255	18.3	52.4	624.8
100	0.5	100.2	3.5	104.9	557.3
	1.0	136.3	4.7	70.4	589
	1.5	170.4	6.3	48.1	617.8
	2.0	201	8.3	44.4	625.7
	2.5	226.5	11	41.3	633.5
	3.0	255.8	15.9	41.6	639.1
	3.5	273.7	21	49.6	620

图 2.5 为不同刀间距作用下贯入度与平均滚刀力的关系，图 2.6 为不同刀间距

作用下比能与贯入度的关系，图 2.7 为比能和粗糙度指数随刀间距与贯入度比值的变化曲线，图 2.8 为不同刀间距岩片统计结果。通过分析图 2.5～图 2.8 可以得到如下结论：

(1) 贯入度与滚刀平均法向力和平均滚动力呈非线性相关关系，但贯入度对两者的影响规律不同。当贯入度较小时，滚刀的平均法向力很大，但平均滚动力不大；随着贯入度的增加，平均法向力的增长幅度变小，而平均滚动力的增长幅度变大，此时滚刀相对更容易侵入岩石。

(2) 刀间距对滚刀平均滚动力和平均法向力的影响规律相似。当相邻切槽间的微裂纹未贯通时，岩石对滚刀的反作用力无明显差异，此时刀间距对平均法向力和平均滚动力的影响都不大；而当相邻切槽间的裂纹贯通后，岩石对不同刀间距滚刀的作用力出现差异，此时刀间距越大，破岩所需要的平均法向力和平均滚动力就越大。

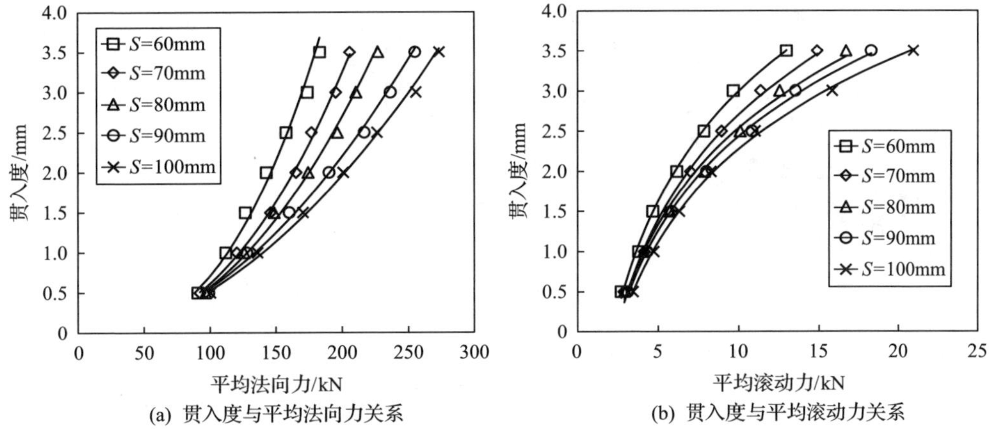

图 2.5　不同刀间距作用下贯入度与平均滚刀力的关系

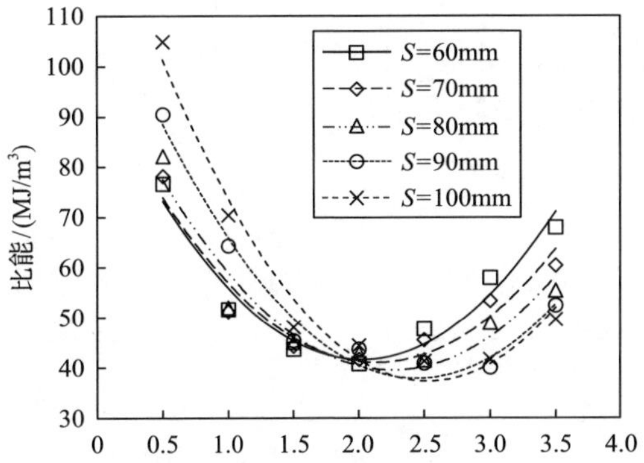

图 2.6　不同刀间距作用下比能与贯入度的关系

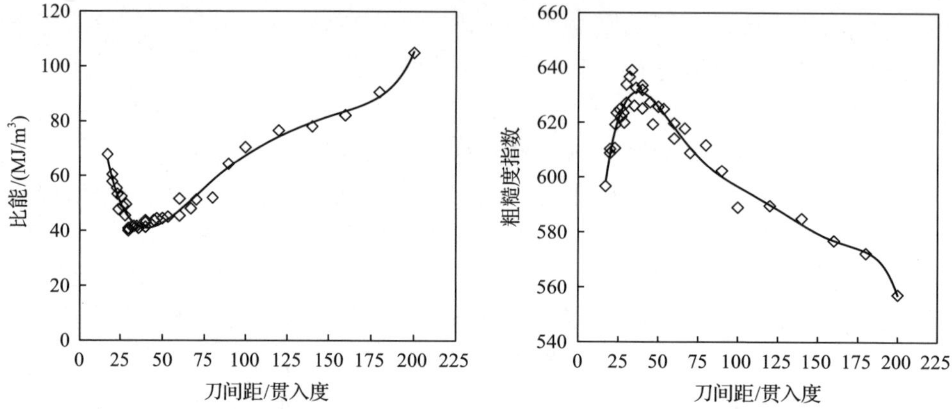

(a) 比能随刀间距与贯入度比值的变化曲线　(b) 粗糙度指数随刀间距与贯入度比值的变化曲线

图 2.7　比能和粗糙度指数随刀间距与贯入度比值的变化曲线

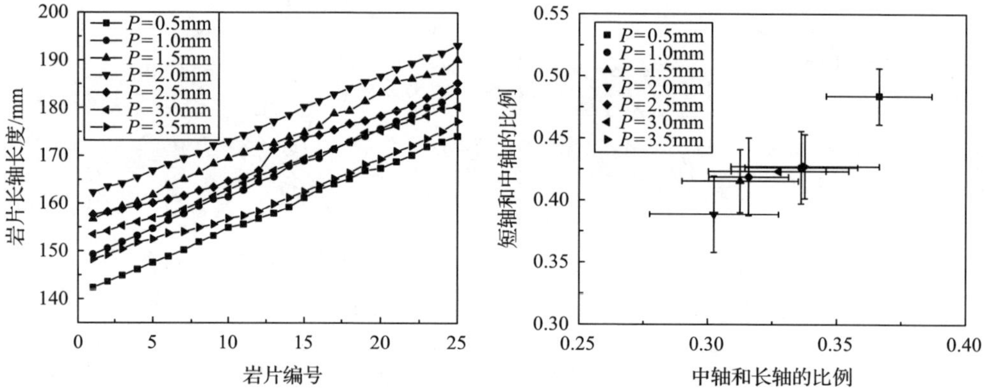

(a) 刀间距为70mm时岩片统计结果

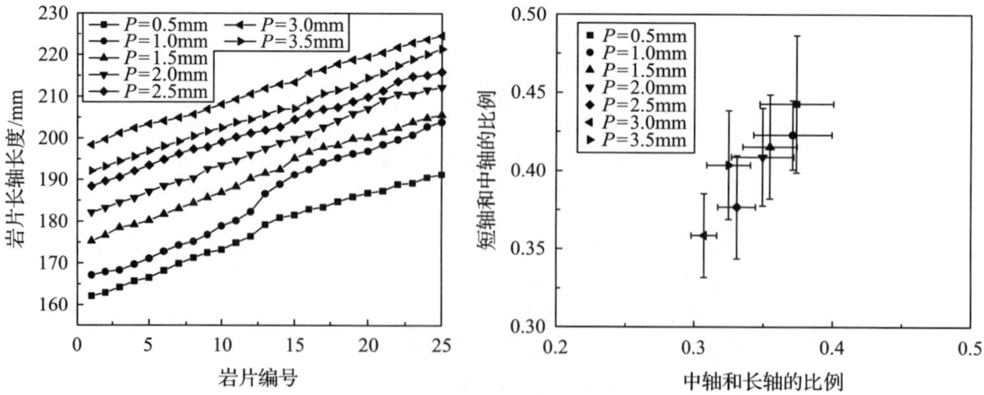

(b) 刀间距为90mm时岩片统计结果

图 2.8　不同刀间距岩片统计结果

(3) 存在一个最优的刀间距与贯入度比值，使得滚刀破岩效率最高、破岩比能最小，且岩片的长轴最长、形状最好、粗糙指数最高。

TBM 滚刀作用下岩石裂纹扩展模式及损伤特性对于研究滚刀破岩机理及效率具有重要意义。贯入度为 3.5mm 时，通过荧光裂纹显现法对 70mm、80mm、90mm、100mm 刀间距下刀具破岩的裂纹扩展模式及损伤特征进行研究，得到不同刀间距条件下裂纹各区面积的大小。图 2.9 为岩样破裂分区示意图(刀间距为 100mm，贯入度为 3.5mm)，图 2.10 为刀间距为 100mm 时岩样裂纹密度及分区结果图，图 2.11 为不同刀间距条件下裂纹各区面积及滚刀平均法向力变化曲线。基于试验岩样损伤区特征分析，可以得到如下结论：

(1) 荧光检测法可以有效展现花岗岩在滚刀作用下的裂纹扩展特征，在裂纹荧光效果图中，根据滚刀下方岩样不同深度的破碎形态及力学特征，可将岩样划分为岩粉区、碎裂区、裂纹区、原岩区。

(2) 各分区裂纹的深度、宽度及面积呈现相同的变化规律：裂纹非密集区＞裂纹密集区＞碎裂区，裂纹扩展能力随着刀间距的增大而显著增大。

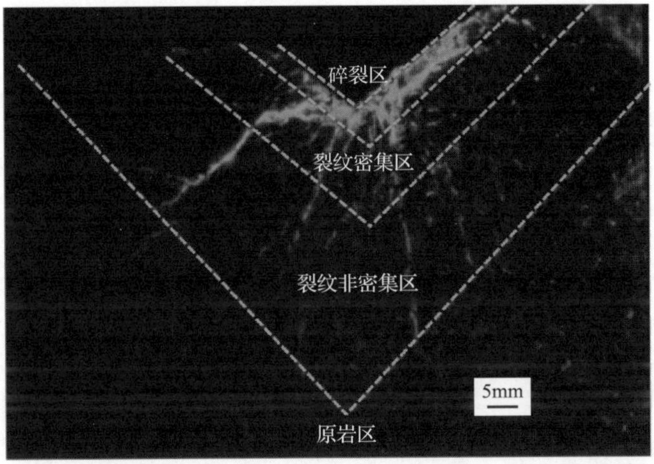

图 2.9 岩样破裂分区示意图(刀间距为 100mm，贯入度为 3.5mm)

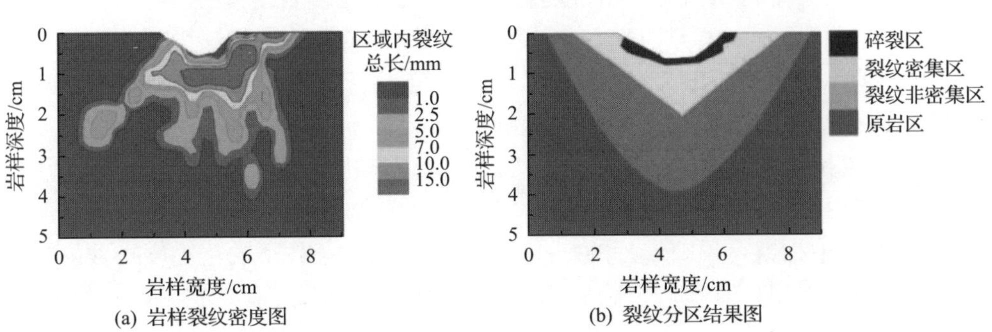

图 2.10 刀间距为 100mm 时岩样裂纹密度及分区结果图

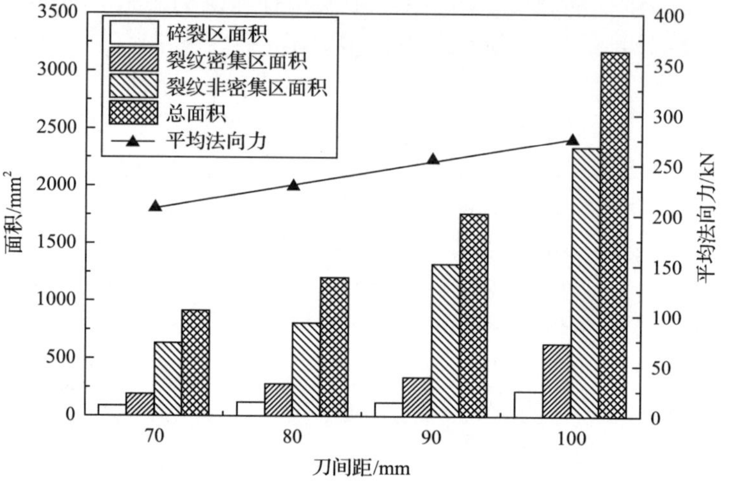

图 2.11　不同刀间距条件下裂纹各区面积及滚刀平均法向力变化曲线

2.1.3　地应力对滚刀破岩的影响机理

采用北山花岗岩进行了不同地应力条件下的 TBM 滚刀破岩试验，岩样尺寸及参数同 2.1.2 节所述，选用 17in 滚刀，刀间距设定为 80mm。破岩平台试验箱内装有两组相互正交的液压油缸，可独立实现对岩样侧面施加围压以模拟地应力的作用，试验共采用了 5 组地应力参数，每块岩样进行一组试验。其中 3 组为双向等压应力，平行和垂直于滚刀运动方向的围压相同，分别为 5MPa、10MPa、15MPa，在图 2.12 中表示为 5-5、10-10、15-15；另外 2 组为双向不等压围压，平行滚刀和垂直于滚刀运动方向的围压分别为 10MPa、15MPa 和 5MPa、5MPa，在图 2.13 中表示为 5-10，5-15[7]。试验结果如图 2.12 和图 2.13 所示，分析得出以下结论：

(1) 在同一刀间距和贯入度条件下，随着围压的增大，岩样对滚刀侵入的限制作用增强，滚刀平均法向力呈增大趋势。

(2) 平行和垂直于滚刀切割方向的围压改变，都将导致平均法向力及平均滚动力随之调整，且垂直于滚刀切割方向围压的影响大于平行于滚刀切割方向围压的作用效应。

(3) 随着围压的增大，破岩角增大，滚刀破岩产生的岩片厚度减小，当围压增大到一定值时，岩片厚度随贯入度增大而变化的趋势不明显。

(4) 粗糙度指数可反映岩片的产生量，从不同围压条件下的粗糙度指数随贯入度的变化可以看出，存在一个临界贯入度使得破岩效率最高，当围压增大时，最优贯入度随之加深。

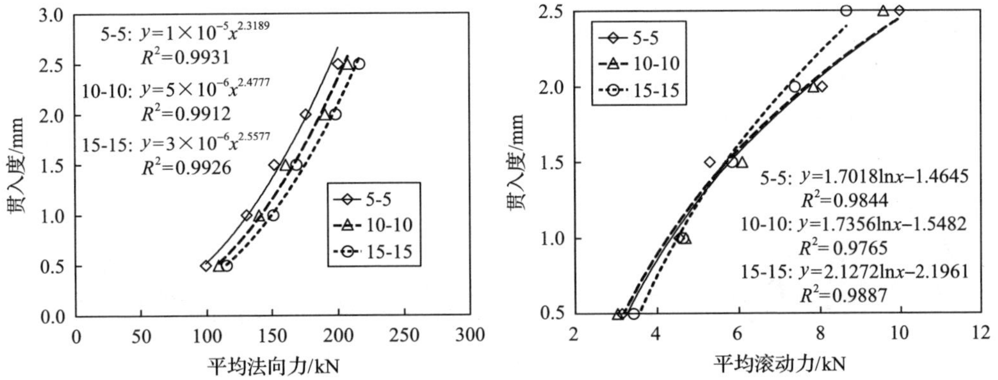

(a) 滚刀平均法向力与贯入度关系　　(b) 滚刀平均滚动力与贯入度关系

图 2.12　双向等压围压作用下平均滚刀力与贯入度的关系

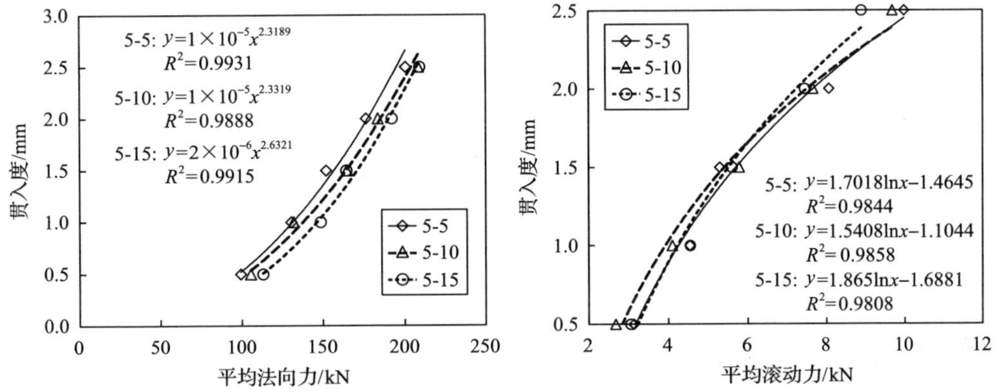

(a) 滚刀平均法向力与贯入度关系　　(b) 滚刀平均滚动力与贯入度关系

图 2.13　双向不等压围压作用下平均滚刀力与贯入度的关系

2.1.4　节理间距对滚刀破岩的影响机理

破岩试验平台可模拟不同节理间距的岩体条件下的滚刀破岩过程，将北山花岗岩加工成两种不同尺寸的试样，试样长、宽均为 1000mm，厚度分别为 100mm、400mm，如图 2.14 所示，将试样按不同的顺序放置在试样箱内以模拟 100mm 及 400mm 两种节理间距的岩体。破岩试验均采用 17in 滚刀，刀间距设定为 80mm。破岩采用的贯入度均以 0.5mm 为间隔，在节理间距为 100mm 的工况下贯入度由 0.5mm 递增至 3mm；节理间距为 400mm 的工况下贯入度由 0.5mm 递增至 2.5mm，最后保持 2.5mm 贯入度进行切割直至裂纹贯穿至节理面[8]。将试验结果与 2.1.2 节中刀间距为 80mm 的完整岩样试验数据进行比较，可以得到以下结论：

(a) 节理间距为100mm的岩石试样　　(b) 节理间距为400mm的岩石试样

图 2.14　不同节理间距的岩石试样

(1) 节理间距对破岩过程中平均滚刀力变化有较大影响，如图 2.15 所示。在节理间距为 100mm 的破岩试验中，当贯入度较小时，平均法向力与平均滚动力逐步增加，虽然增长趋势与完整岩体破碎过程一致，但数值略小；当贯入度增加到 2mm 时，平均法向力与平均滚动力骤减并趋于平稳，此时平均法向力与平均滚动力明显低于完整岩体条件下的滚刀力。

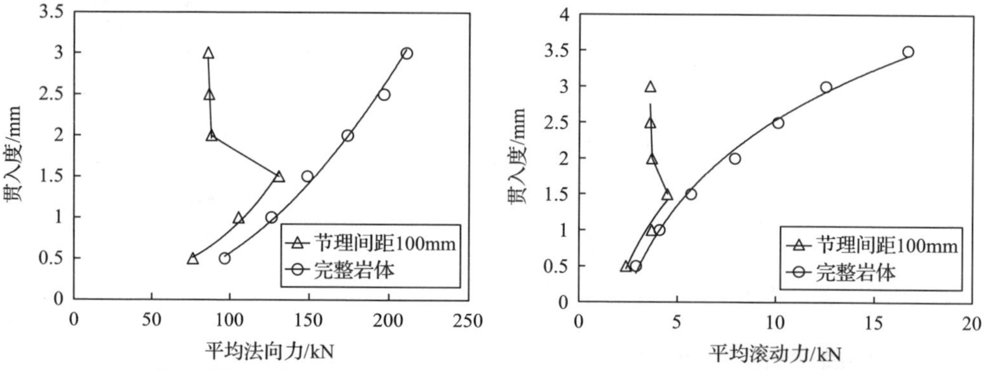

(a) 滚刀平均法向力与贯入度关系　　(b) 滚刀平均滚动力与贯入度关系

图 2.15　节理间距为 100mm 和完整岩体时平均滚刀力与贯入度关系

(2) 节理间距为 400mm 的破岩试验中，在破岩开始的一段时间内平均滚刀力与完整岩体条件下平均滚刀力一致，如图 2.16 所示。而在以 2.5mm 贯入度继续切割的过程中存在一个突变过程，如图 2.17 所示，当滚刀破岩面与节理面距离接近 280mm 时，平均法向力骤减，该距离可认为是正常破岩与受节理面影响破岩的关键厚度。

(3) 节理间距为 100mm 的岩体在滚刀破岩过程中岩石表面破碎较明显，且存在两种破坏模式，如图 2.18 所示。一种是裂纹萌生于压碎区下方，侧向裂纹和竖向裂纹沿正下方开始向节理面扩展形成岩渣；另一种是竖向裂纹产生于节理面，并沿节理面向自由表面扩展，形成岩屑与较大岩块。

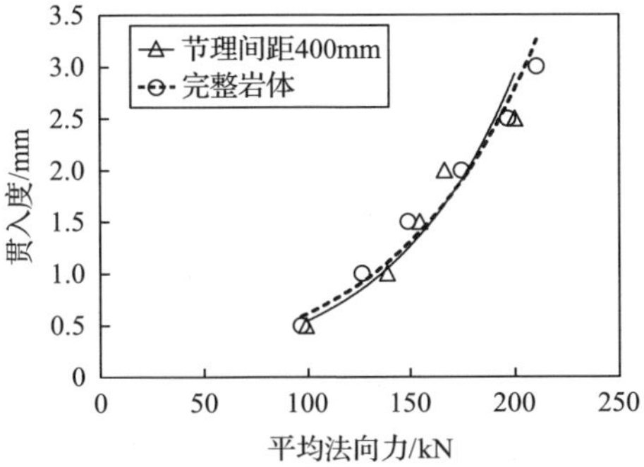

(a) 滚刀平均法向力随贯入度变化曲线

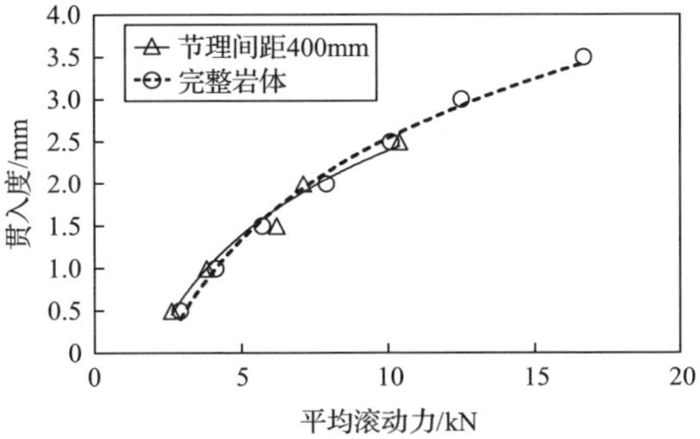

(b) 滚刀平均滚动力随贯入度变化曲线

图 2.16　节理间距为 400mm 和完整岩体时平均滚刀力与贯入度关系

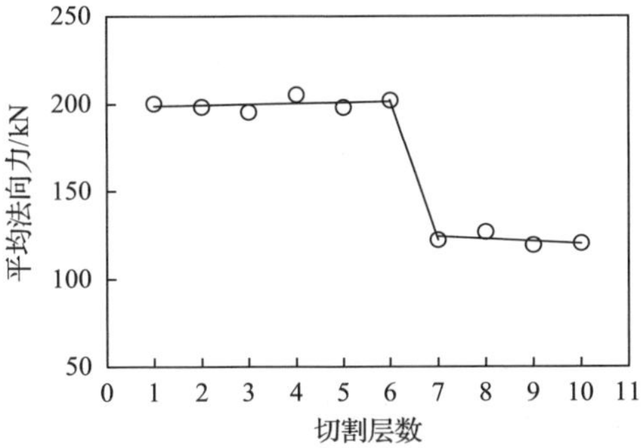

(a) 滚刀平均法向力随切割层数变化曲线

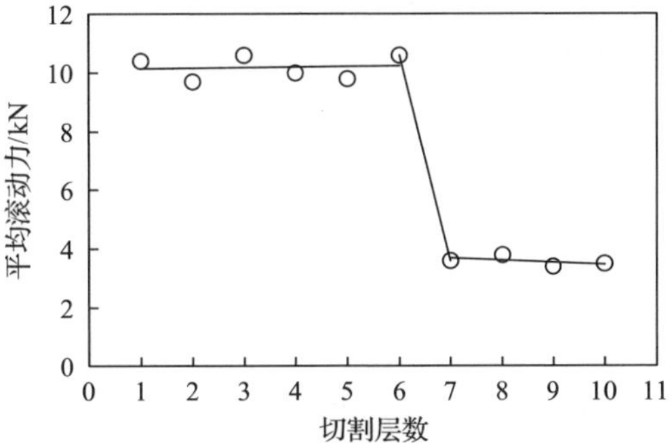

(b) 滚刀平均滚动力随切割层数变化曲线

图 2.17　节理间距为 400mm 和贯入度为 2.5mm 时平均滚刀力随切割层数变化曲线

(a) 裂纹形成于压碎区下方

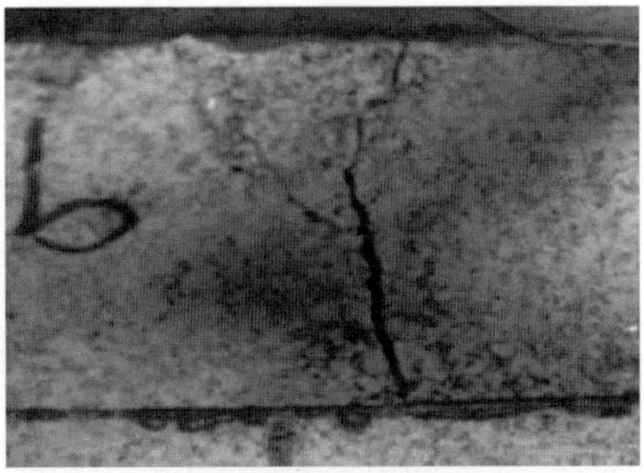

(b) 裂纹形成于节理面

图 2.18　节理间距为 100mm 时岩石试样破坏模式

(4) 节理间距为 400mm 的岩体在破岩过程中也存在两种破坏模式。当滚刀作用下的裂纹不足以贯通到节理面时，滚刀破岩不受节理面影响，与完整岩体条件的破岩过程一致；当切割面接近节理面时，滚刀作用下的裂纹贯通到了节理面，沿节理面形成大块渣片。

(5) 节理的存在加剧了岩体表面的破碎，同时也消耗了大部分能量，竖向裂纹无法穿过节理面继续向下传播，减少了节理面下部岩石的破坏，因此节理对裂纹向外扩展有阻隔作用。

2.1.5 刀具参数对破岩的影响机理

通过不同刀具类型的室内破岩试验可以分析刃宽、刃角、直径、刀刃形状等刀具参数对刀具破岩机理及破岩效率的影响。试验选用直径为 14in、17in、19in 的盘形滚刀，详细刀型参数如图 2.19 所示。设计刀间距固定为 80mm，依次采用 1mm、2mm、3mm、4mm、5mm、7mm、9mm、11mm 的贯入度进行切割破岩。岩石试样采用尺寸为 1000mm×1000mm×600mm 的青砂岩，密度为 2.31g/cm^3，单轴抗压强度、巴西劈裂强度分别为 60.7MPa 和 1.81MPa。试验中采集滚刀三向力数据，收集每层破碎的岩渣并筛分，通过计算破岩比能、切割系数、滚刀刀刃与岩石接触面积、施加的正应力，分析滚刀刀型对平均滚刀力、破岩效率的影响，如图 2.20 和图 2.21 所示。得到以下结论：

(1) 随着贯入度增大，滚刀刀刃与岩石的接触面积逐渐增大，平均法向力和平均滚动力增大。

(2) 在相同贯入度和刀间距条件下，由于 17in 滚刀比其他滚刀的刀刃宽，其与岩石的接触面积较大，因此 17in 滚刀的平均法向力和平均滚动力较高。

(3) 通过分析岩片尺寸和形状发现刃宽较大的滚刀产生的侧向裂纹扩展角度较小，由此可以推断随着滚刀磨损，刃宽逐渐变大，破岩产生的岩片逐渐变薄。

(4) 为了提高破岩效率，降低施工成本，优化设计滚刀刀型参数是重要的控制因素之一。

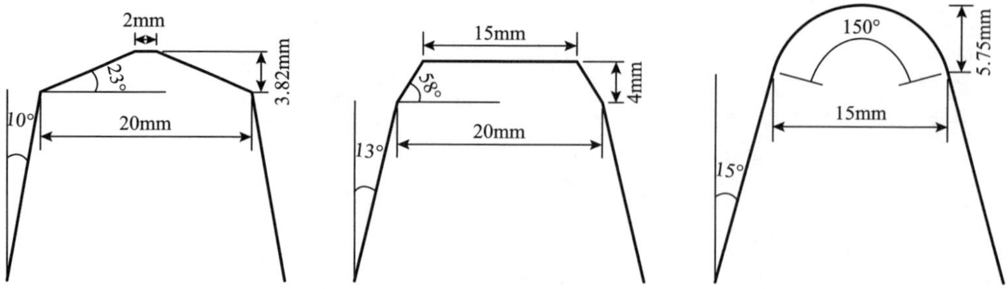

(a) 14in (b) 17in (c) 19in

图 2.19 三种滚刀刀型参数示意图

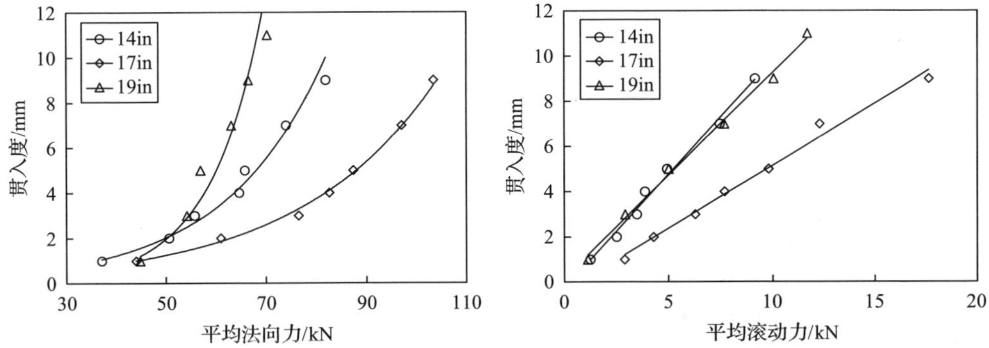

(a) 不同刀型的滚刀平均法向力与贯入度关系　(b) 不同刀型的滚刀平均滚动力与贯入度关系

图 2.20　不同滚刀刀型作用下平均滚刀力与贯入度关系

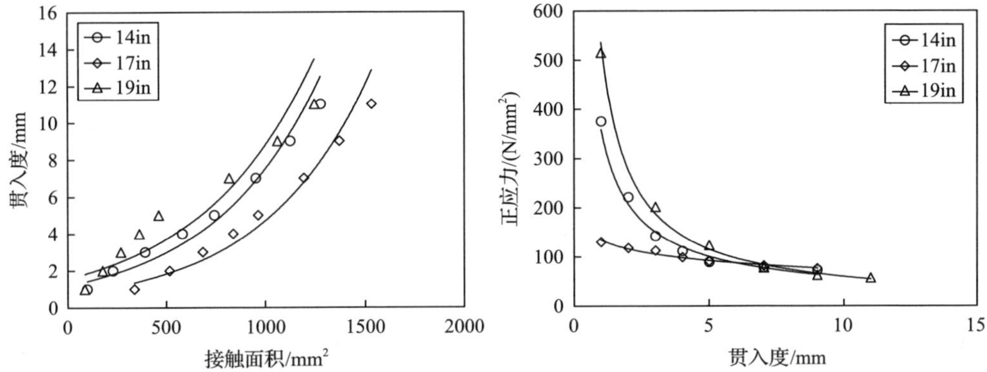

(a) 接触面积与贯入度关系　(b) 正应力与贯入度关系

图 2.21　不同滚刀刀型作用下接触面积和正应力与贯入度关系

2.1.6　镶齿滚刀旋转破岩机理

TBM 镶齿滚刀旋转破岩试验采用北山花岗岩，旋转半径为 310mm，岩石试样尺寸为 1000mm×1000mm×600mm。试验刀具采用反井钻机扩孔用的 12in 镶齿滚刀，滚刀设有 4 排直径为 15mm 的球齿，每排 30 个，1～4 排球齿间距分别 32.4mm、31.1mm、26.8mm 和 19.5mm，排间距分别为 52.5mm、62mm 和 68mm，相邻排高差分别为 6mm、14.5mm 和 12mm，并呈不同倾斜切面，如图 2.22 所示，旋转切割速度设为 1.67rad/s[9]。对镶齿滚刀破岩过程、平均滚刀力、破岩效率、岩片分布等进行分析，并采用荧光裂纹显现法对滚刀下岩石裂纹的分布特征进行研究，可以得到以下结论：

(1) 镶齿滚刀平均法向力变化幅度比盘形滚刀小，平均法向力与贯入度的变化规律与盘形滚刀一致，平均滚动力呈现线性增长趋势，如图 2.23 所示。

(2) 镶齿滚刀为“递进式”破岩，即破岩开始于相邻小齿间距球齿间，并向大齿间距排齿方向发展，最终形成整个滚刀的破岩。

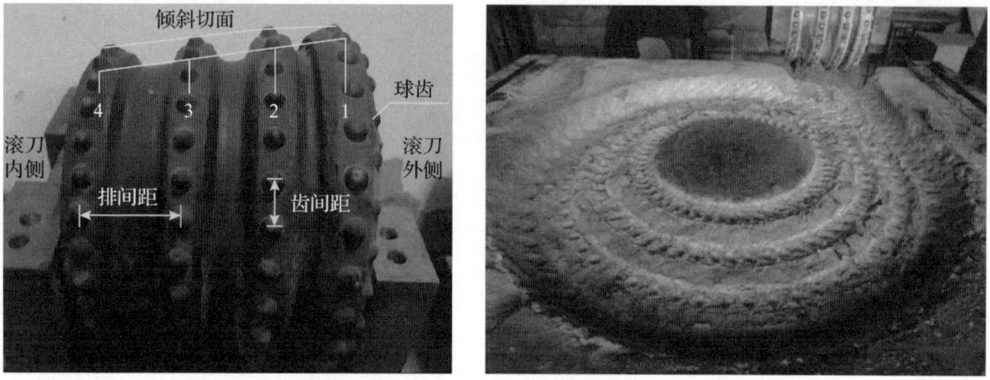

图 2.22　镶齿滚刀与试验效果图

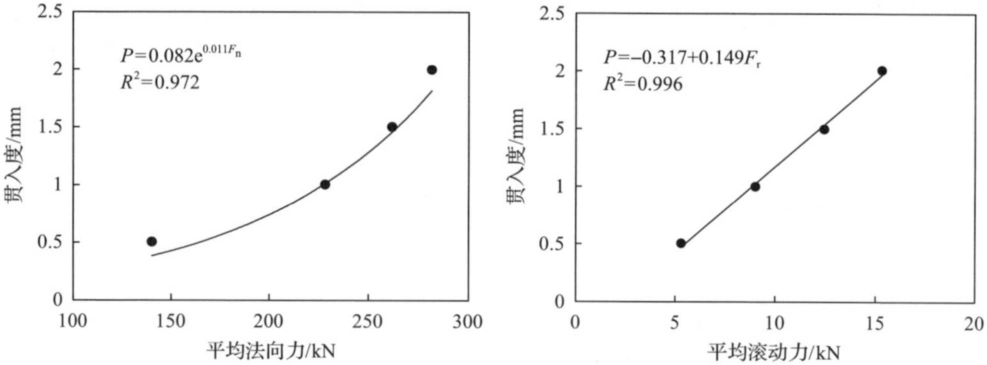

(a) 镶齿滚刀平均法向力与贯入度关系　　(b) 镶齿滚刀平均滚动力与贯入度关系

图 2.23　镶齿滚刀破岩时平均滚刀力与贯入度关系

(3)基于荧光裂纹显现法发现切槽下方裂纹扩展深度呈现切槽 4＜1＜2＜3 扩展趋势，1 号切槽的裂纹以竖向裂纹为主，2～4 号切槽的裂纹呈现向滚刀内侧倾斜趋势，并存在大量侧向裂纹。1、2 号切槽间破岩所产生岩渣以岩粉及锥形状岩片为主；2～4 号切槽间破岩所产生的岩渣以扁平状岩片为主，如图 2.24 和图 2.25 所示。

(a) 镶齿滚刀破岩切槽照片　　(b) 2号切槽的荧光裂纹显现照片　　(c) 2号切槽的裂纹描绘图

图 2.24　荧光裂纹显现法

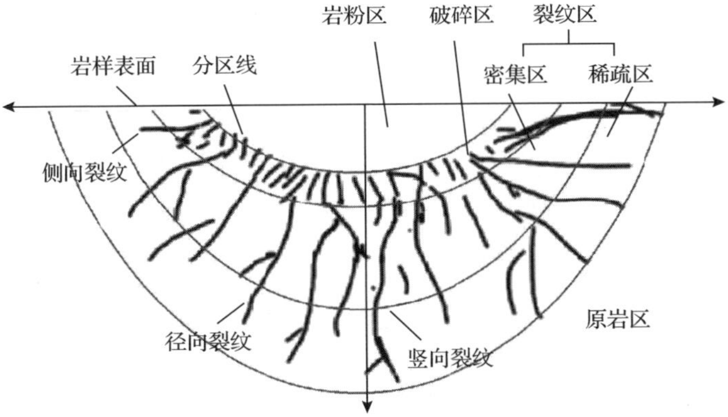

图 2.25　贯入度为 2mm 时岩石裂纹分区示意图(2 号切槽)

2.1.7　线性破岩与旋转破岩效果比较

为比较线性与旋转两种破岩模式对破岩结果的影响，开展了两种模式的滚刀破岩试验。试验岩样取自于东北某引水工程，岩性为巨斑花岗岩，岩样尺寸为 980mm×980mm×600mm，天然密度为 2.65g/cm^3，单轴抗压强度与抗拉强度分别为 97.84MPa 和 7.05MPa。采用 19in 常截面盘形滚刀、80mm 刀间距进行试验。贯入度以 0.5mm 为间隔，由 0.5mm 逐渐增长至 3.5mm。线性切割速度设定为 20mm/s，旋转破岩试验的旋转速度设定为 1.67rad/s[10]。旋转切割和线性切割破岩后的典型岩面如图 2.26 所示。通过分析试验数据，两种破岩试验模式的破岩效果对比如下：

(1) 线性破岩试验与旋转破岩试验在滚刀平均法向力、平均滚动力方面相差不大，说明两种试验均可作为 TBM 设计的输入值，如图 2.27 所示。

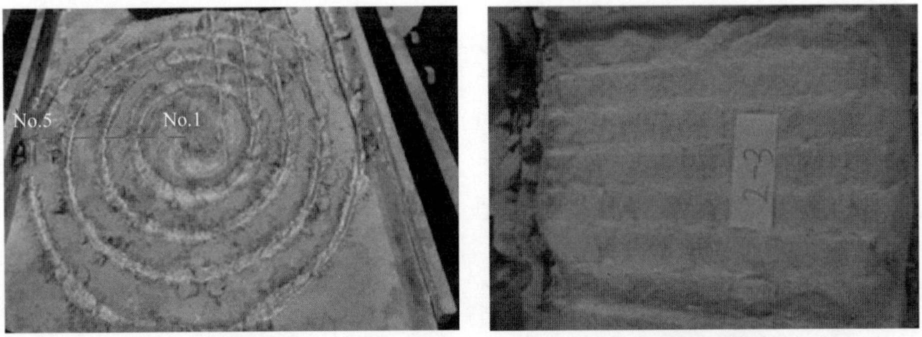

(a) 旋转切割　　(b) 线性切割

图 2.26　贯入度为 2mm 时旋转及线性破岩岩面

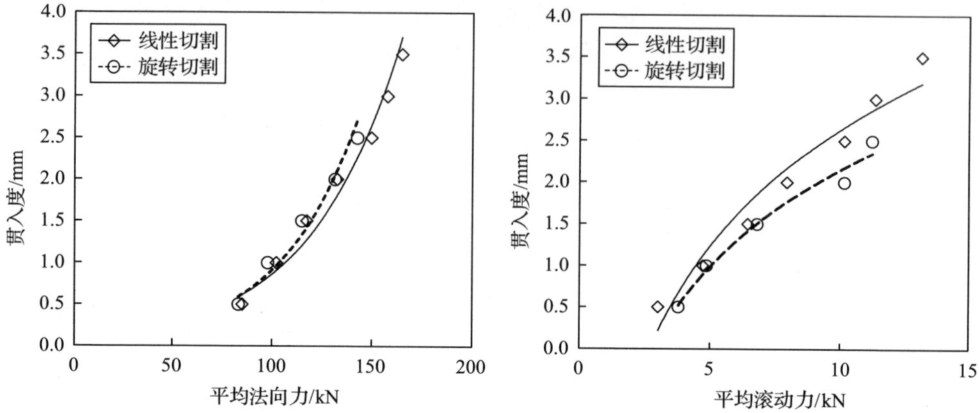

(a) 贯入度与平均法向力的关系 (b) 贯入度与平均滚动力的关系

图 2.27 不同切割方式下贯入度对平均滚刀力的影响

(2)旋转破岩试验中滚刀对岩石施加了较大的侧向力，该侧向力加快了切槽间裂纹的横向扩张，有利于相邻切槽的裂纹贯通及裂纹向自由面的扩展，如图 2.28 所示。

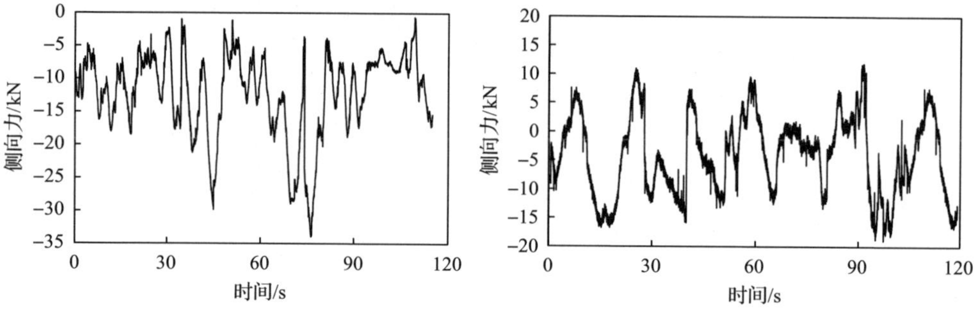

(a) 旋转破岩模式下滚刀侧向力变化曲线 (b) 线性切割破岩模式下滚刀侧向力变化曲线

图 2.28 贯入度为 2mm 时两种破岩模式下侧向力随时间变化曲线

2.2 滚刀破岩过程数值模拟

2.2.1 滚刀破岩过程数值模拟研究现状

滚刀破碎岩石的本质可以简化为刀具压入岩石的过程，一些学者基于强度理论对压头侵入作用下的岩石破坏机制进行了总结。基于剪切失效准则，Maurer 等[11]认为岩石的破裂沿着最大剪应力轨迹向自由面传播。Bieniawski[12]基于格里菲斯断裂强度准则研究了脆性岩石破坏中的拉伸失效，并认为裂纹的萌生来自岩石内部的缺陷。随后，Lamn 等[13,14]对准脆性岩石在压头侵入作用下的破坏模式进行了总结，并将岩石划分为三个区域：压碎区、塑性区、弹性区。压碎区的岩石位于压头正下方，受到侧向围压的约束，保持着高静水压力状态。这个区域只能通过压碎才能失效，其破坏受剪切失效准则控制。在压碎区外侧的岩石，受到压碎区的挤压，产生了塑性变形，同时也产生了很多由拉伸破坏导致的裂纹。在塑性区之外的岩石，由于受侵入荷载的影响较小，依然保持弹性状态。

压头侵入岩石过程与滚刀侵入岩石具有相似性。Lindqvist[15]通过锥形滚刀对脆性岩石进行侵入，发现滚刀的受力以加载和卸载往复变化。在每组加卸载循环，可以分为六个阶段：①初始弹性加载阶段；②关键区域形成；③稳定裂纹扩展；④初始卸载阶段；⑤残余应力阶段；⑥卸载完成。Cook 等[16]对花岗岩在平刃滚刀侵入作用的过程进行研究，在前三个阶段，滚刀作用力与贯入度曲线近似为线性关系，只有少量的微破坏产生，而当岩石破坏进入第四个阶段之后，滚刀作用力和贯入度的关系曲线呈非线性，在滚刀作用力达到了岩石峰值强度之后，岩石破坏过程进入软化阶段，岩石内部产生了一系列的微裂纹。

TBM 掘进过程中的岩石碎片是相邻盘形滚刀相互影响的结果，其破岩过程可以分为两个阶段：第一阶段是滚刀及压碎核侵入，在滚刀下方形成侧向主裂纹；第二阶段是侧向裂纹扩展至相邻滚刀产生的裂纹或扩展至自由面而形成岩渣。一般认为，滚刀间距与贯入度的比值决定了滚刀能否有效破岩。不同的刀间距下，岩石会有三种不同的岩渣形成模式，存在一个最优的刀间距使得滚刀的侧向裂纹沿着直线向相邻滚刀的切口扩展，并且其扩展长度约为刀间距的一半。Roxborough 等[17]通过线性切割试验对滚刀的刀间距、贯入度、力和比能进行研究，研究结果表明最优的刀间距与贯入度比值和岩石的单轴抗压强度与剪切强度的比值相关。Gertsch 等[18]进行了一系列全尺寸线性切割试验，试验结果表明在坚硬、易碎、结晶的岩石中，存在一个最优刀间距使得破碎比能最小。

目前，关于滚刀破岩机理还有很多问题尚未研究透彻。大多数理论研究一般基于各向同性的弹塑性假设，不能准确地描述岩石的各向异性和延脆性等特征。同时，基于连续性假设的理论也不能反映岩石破坏后的非连续特性。室内试验是研究破岩机理比较有效的方法，但是为了克服材料的尺寸效应，滚刀破岩试验需要大尺寸的岩石试样和高性能的加载试验装置，试验耗费成本较高。同时，室内试验也难以动态观察滚刀破岩过程中的岩石破坏过程，这些都使得室内试验研究具有一定的局限性。随着各种数值模拟方法的迅速发展，有限元方法、离散元方法、无网格方法和数值流行法等被广泛应用于岩石破坏的研究中。数值模拟方法可以低成本的实现复杂工程的重复试验，并且能对模拟过程进行动态监测和变量追踪，实现从宏观和微观两个角度了解岩石的破坏机制。此外，计算机技术的快速发展也与数值模拟方法相融合，提高了数值模拟的计算效率和结果精度，逐渐实现了数值模拟计算从材料尺度到工程尺度的转变。

国内外许多学者通过自编程序或者商业软件，采用数值模拟方法对滚刀破岩机理进行研究，并得到了许多有价值的成果。Cook 等[16]基于有限元方法对脆性硬岩在圆形平底压头下的破碎机理进行模拟，其结果与室内试验具有较好的一致性。Chiaia[19]使用有限元的晶格模型对锥形压头下的岩石破坏机理进行了研究，提出了塑性破坏和脆性开裂的混合破坏模式。Liu 等[20]基于 RFPA 改写的 R-T^{2D} 程序对岩石的破碎过程和裂纹扩展模式进行了研究，通过随机分配单元的材料属性实现了岩石的各向异性特性，其结果具有很好的对比意义。Gong 等[21, 22]采用离散单元程序 UDEC 进行了节理间距和节理方向对滚刀破岩过程影响的研究，其数值模拟结果与实验室和现场工程的观察具有较好的一致性。Moon[23]使用颗粒离散单元程序 PFC 对不同刀间距的破岩进行了模拟，得到的刀间距与贯入度的比值和比能的关系与实验室试验结果一致。Cho 等[4]使用 AUTODYN-3D 计算机程序对 TBM 滚刀间距与贯入度之间的关系进行了研究，同时使用先进的摄影系统分析了滚刀破岩形成的渣片体积。

目前针对滚刀破岩的数值模拟主要以有限元方法和离散元方法为主。有限元方法在模拟滚刀破岩过程时难以考虑岩石的非均质性，而且其裂纹扩展模式依赖于网格划分。在裂纹扩展过程中，为了获得更精确的裂纹扩展模式，有限元网络需要重新划分，大大降低了该方法的计算效率。离散元方法可以很好地模拟岩石的破坏开裂等特性，其试样的随机生成过程也与岩石的矿物随机分布相匹配，更能准确描述岩石破坏过程。但是，目前使用离散单元法模拟滚刀破岩依然存在一些局限。首先，受计算效率的影响，模型颗粒尺寸普遍较大，难以反映到矿物级别的破坏规律。其次，模型尺寸过小容易产生较强的边界效应。基于此，本书采用改进的高性能离散单元程序，并使用基于矿物模型的离散单元法(grain-based discrete element method，GB-DEM)对滚刀破岩过程进行研究。

2.2.2　滚刀破岩过程数值模拟方法介绍

离散单元法的发展可以追溯至 1971 年，Cundall[24]使用分子动力学的原理，基于颗粒集成对研究区域建模。经过几十年的发展，众多学者开发出许多成熟的离散单元程序用于解决岩石工程中的问题，其中应用广泛的商业软件包括 PFC(颗粒离散元)和 UDEC(块体离散元)等。基于颗粒的离散单元法采用圆盘(二维)或者球(三维)作为基本颗粒，在显式积分计算时，涉及大量的时间步计算，非常消耗计算资源。而传统的商业离散单元程序是基于 CPU 的计算，无法充分利用计算机资源，造成计算效率低下。近些年，为提高离散单元法的计算效率，YADE、DICE2D、MATDEM 等一些高性能的离散单元程序被开发出来，其中 DICE2D 是一款基于 MATLAB 环境的开源离散单元程序，具有代码量少、跨平台和易于并行等优势，可用于解决岩石力学中的工程问题[25]。

1. 原理介绍

在 DICE2D 程序中，只有墙体和颗粒两种基本单元，可以构造出各类复杂的计算模型。其中，墙体被简化成为刚体，包含位置和速度两个状态属性，可以用作施加边界条件。颗粒作为试样的基本组成单位，包括位置、速度、加速度、力、接触力、温度等属性，这些属性都通过向量的形式保存。

整个计算过程，作用力在接触颗粒之间相互传递。颗粒的运动、膨胀、接触、断开等因素导致接触力在不断变化，而颗粒所受到的不平衡合力将使颗粒产生加速度变化。颗粒位置状态的更新满足牛顿第二定律，即

$$\begin{cases} x_i^{(t+\Delta t)} = x_i^{(t)} + \dot{x}_i^{(t+\Delta t/2)}\Delta t \\ y_i^{(t+\Delta t)} = y_i^{(t)} + \dot{y}_i^{(t+\Delta t/2)}\Delta t \\ \theta_i^{(t+\Delta t)} = \theta_i^{(t)} + \dot{\theta}_i^{(t+\Delta t/2)}\Delta t \end{cases} \tag{2.3}$$

式中，i 为颗粒编号；Δt 为时间步增量；$x_i^{(t+\Delta t)}$ 和 $x_i^{(t)}$ 分别为 x 方向上 $t+\Delta t$ 和 t 时刻的位移；$\dot{x}_i^{(t+\Delta t/2)}$ 为颗粒在 x 方向上 $t+\Delta t/2$ 时刻的速度；其他方向的参数定义与 x 方向相似。

在式(2.3)中，颗粒速度计算式为

$$\begin{cases} \dot{x}_i^{(t+\Delta t/2)} = \dot{x}_i^{(t-\Delta t/2)} + \dfrac{f_i^x}{m_i}\Delta t \\ \dot{y}_i^{(t+\Delta t/2)} = \dot{y}_i^{(t-\Delta t/2)} + \dfrac{f_i^y}{m_i}\Delta t \\ \dot{\theta}_i^{(t+\Delta t/2)} = \dot{\theta}_i^{(t-\Delta t/2)} + \dfrac{f_i^\theta}{I_i}\Delta t \end{cases} \tag{2.4}$$

式中，m_i 和 I_i 分别为颗粒 i 的质量和转动惯量；f_i^x 为当前时刻 x 方向上的受力；$\dot{x}_i^{(t-\Delta t/2)}$ 为颗粒 i 在 x 方向上 $t-\Delta t/2$ 时刻的速度；其他方向的参数定义与 x 方向类似。

在每个时间步，颗粒所受到的不平衡力由接触力决定，接触力可能来自颗粒，也可能来自墙体。图 2.29 为颗粒接触模型示意图，它描述颗粒接触时切向和法向的力学行为。在 DICE2D 中，假设所有颗粒都为刚体，颗粒的切向和法向接触都等效为带有黏滞的弹簧单元。区别于传统 DEM 中的经典黏结模型，法向接触采用的是平行黏结模型。它将法向弹簧分成了两根间距为 d^b 的子弹簧。当子弹簧的距离 d^b 非零时，颗粒间的接触为平行连接模型，既可以传递力，还能传递转矩。否则，它是经典的摩尔-库伦接触模型，颗粒之间只能传递力。在平行黏结模型中，每个子弹簧的刚度为法向刚度的一半。而对于切向接触，由于分离弹簧并不能改

变剪切方向的力学响应，因此只采用了单根弹簧。此外，在颗粒接触的剪切方向和法向方向都增加一个阻尼用于耗散颗粒接触的能量。

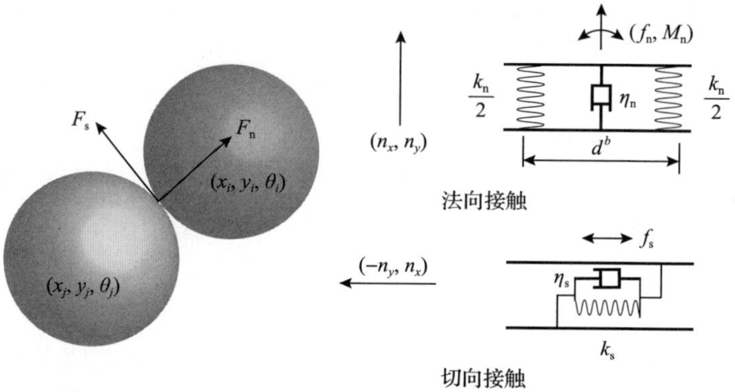

图 2.29　颗粒接触模型示意图

每个时间步，颗粒间的接触力都需要根据颗粒的运动状态来更新。对于法向接触，颗粒接触的法向力增量包括两部分，即法向弹簧的力增量以及转矩引起的力增量，计算式为

$$\Delta F_{\mathrm{n}} = k_{\mathrm{n}} v_{\mathrm{n}} \Delta t + \frac{1}{4}\dot{\theta}_{ij} d^b k_{\mathrm{n}} \Delta t \tag{2.5}$$

式中，k_{n} 为法向弹簧刚度；v_{n} 为法向相对速度；Δt 为时间步长增量；$\dot{\theta}_{ij}$ 为角速度差值。

对于切向接触，颗粒的剪切力增量只由剪切方向的位移增量产生，计算式为

$$\Delta F_{\mathrm{s}} = k_{\mathrm{s}} v_{\mathrm{s}} \Delta t \tag{2.6}$$

式中，k_{s} 为剪切弹簧刚度；v_{s} 为剪切方向相对速度。

此外，对于每一个颗粒接触对，还需要考虑法向和切向的黏滞力，它由一个很小的黏滞系数和相对速度计算得到。

$$F_{\mathrm{n}}^{\mathrm{vs}} = \eta_{\mathrm{n}} k_{\mathrm{n}} v_{\mathrm{n}} \tag{2.7}$$

$$F_{\mathrm{s}}^{\mathrm{vs}} = \eta_{\mathrm{s}} k_{\mathrm{s}} v_{\mathrm{s}} \tag{2.8}$$

式中，$F_{\mathrm{n}}^{\mathrm{vs}}$ 为法向黏滞力；$F_{\mathrm{s}}^{\mathrm{vs}}$ 为切向黏滞力；η_{n} 为法向黏滞系数；η_{s} 为切向黏滞系数。

在初始接触检测完成后，每个接触对首先按照平行黏结接触模型处理，其本构模型的力学行为如图 2.30 所示。法向弹簧既可以承受抗压，也可以承受抗拉，f_{t} 为法向拉伸强度。剪切接触具有一个初始的黏聚力 f_{c}。在每个时间步，对颗粒接

触力更新完成之后，都需要采用破坏准则进行判断。一旦颗粒的法向拉力超过抗拉强度，或者剪切力超过剪切强度，接触对就发生破坏，从而转为经典的摩尔-库伦接触模型，即

$$\begin{cases} f_n \geqslant \dfrac{1}{2} f_t \\ |f_s| \geqslant f_n \tan\phi + \dfrac{1}{2} f_c \end{cases} \tag{2.9}$$

式中，f_n 为法向子弹簧的力；f_t 为拉伸强度；f_s 为剪切弹簧的力；ϕ 为摩擦角；f_c 为剪切弹簧的黏聚力。

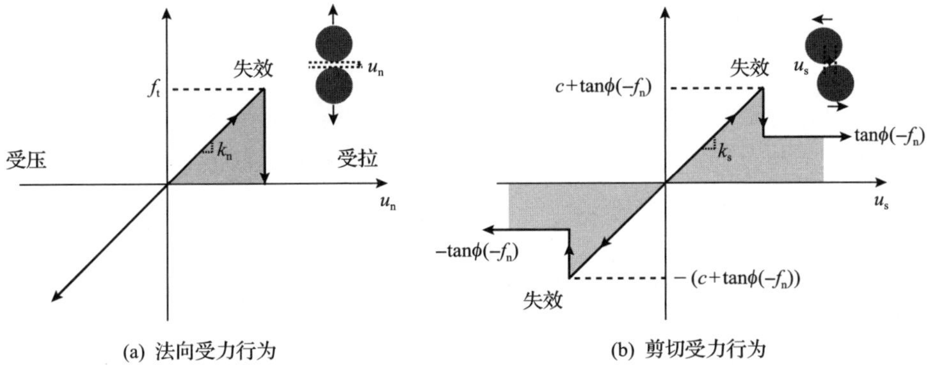

图 2.30　平行黏结接触本构模型

当接触对满足式(2.9)中任一关系式时，黏结接触失效，法向弹簧力超过拉伸强度定义为拉伸失效，剪切弹簧超过剪切破坏强度则为剪切破坏。黏结接触失效之后，法向的两个子弹簧将会合并为一个弹簧，并且只能承受压力，法向弹簧之间累积力矩被释放。法向抗拉强度和剪切黏聚力都将为 0，如图 2.31 所示。

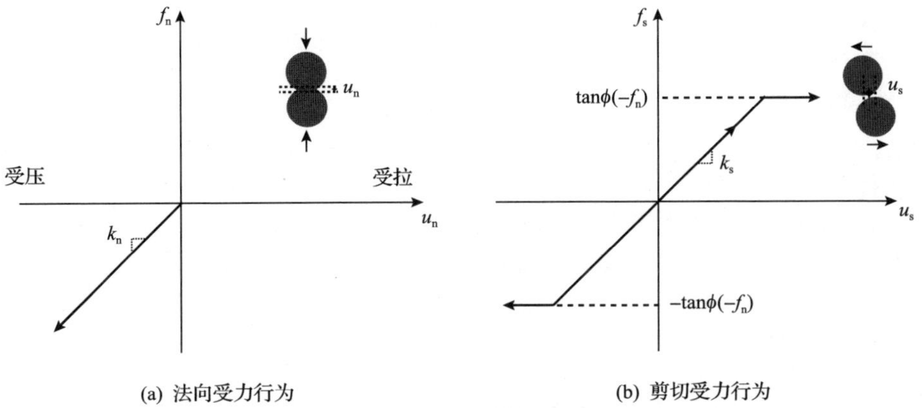

图 2.31　Mohr-Coulomb 接触本构模型

颗粒接触力更新完成后，计算作用在颗粒上的合力，这些不平衡力将引起颗粒运动，每个自由颗粒包括三个自由度，分别为 x 方向、y 方向和转动。对于准静态问题，需要引入阻尼系数来使每步计算达到平衡条件。在 DICE2D 中，阻尼系数通常设定为 0.8。

2. GPU 高性能计算

一般情况下，一个满足模型尺度和计算精度要求的离散元算例包含数十万甚至上百万个颗粒，计算量非常大，而且随着模型颗粒数量的增加，计算耗时呈二次曲线增长，这极大地降低了计算效率，从而限制了离散单元法在大型模型中的应用。然而，如果采用显示方式计算离散元模型，每对接触对和每个颗粒状态更新都是独立相同的计算流程，可利用并行计算的方式克服离散单元法计算效率低的缺点。由于 MATLAB 环境提供的并行计算工具箱具有计算简单、计算效率高等特点，因此，本节基于 MATLAB 并行工具箱，对 DICE2D 离散单元程序接触检测算法和接触力更新算法等进行了优化，开发了 DICE2D 的 GPU 计算版本。

GPU 具有大量的计算核心，每个计算核心可以类比于一个独立的 CPU 来处理简单任务，在处理大量的统一数据时，GPU 并行计算相比 CPU 更高效。以颗粒位置更新为例，表 2.3 列出了其 CPU 和 GPU 代码。通过比较发现 GPU 代码增加了数据通信部分，而且在程序实际的运行过程中，主机内存和 GPU 内存间的数据迁移只在程序计算和结束时执行。当颗粒数量少时，GPU 的加速优势被通信时间抵消，总计算效率不会有明显提高；当颗粒数量多时，数据在内存和 GPU 之间的交换时间占总计算时间的比例较小，GPU 的加速优势明显。

表 2.3　颗粒位置更新流程的 CPU 和 GPU 实现

CPU code	GPU code
%Position Update	%Position Update
X=X+DeltT*Vx;	gpuVx= gpuArray(Vx);
Y=Y+DeltT*Vy;	gpuVy = gpuArray(Vy);
T=T+DeltT*Vt;	gpuVt = gpuArray(Vt);
	update_pos_fun=@(x,vx,dt) x+dt*vx;
	gpuX =arrayfun(update_pos_fun, gpuX, DeltT, gpuVx);
	gpuY =arrayfun(update_pos_fun, gpuY, DeltT, gpuVy);
	gpuT =arrayfun(update_pos_fun, gpuT, DeltT, gpuVt);
	X=gather(gpuX);
	Y=gather(gpuY);
	T=gather(gpuT);

2.2.3　单滚刀侵入的破岩机理

1. 基于矿物颗粒的离散元建模

岩石是由一种或多种矿物晶粒组合而成的，矿物晶粒的几何形状、力学性质和接触关系复杂多样，构成了岩石材料在宏观上的各向异性。发生在细观尺度上的矿物晶粒内部和边界的破坏，导致了岩石材料在宏观上的失效。因此，分析岩石在矿物级别上的破坏，对于研究岩石在外部荷载下的破坏机制和损伤演化非常重要。由于离散单元法通过离散颗粒集成建立模型，与岩石的矿物结构非常类似，因此被广泛应用于岩石结构的建模。块体离散元法将岩石样本离散成多个 Voronoi 多边形(即泰森多边形)的块体，多边形块体的交界面描述岩石内部矿物结晶界面的自然不连续性，能够很好地表征岩石的内部结构，但是由于块体是刚性假设，导致矿物晶粒内部的破坏特征无法模拟。为此，Potyondy 等[26]基于颗粒离散元提出了 Cluster 模型，引入多边形模板，将属于同一多边形内的颗粒聚集成一个颗粒簇，每个颗粒簇可以被假想为矿物，颗粒簇间的接触面为矿物的交界面。通过对簇内与簇间设置不同的力学参数来模拟岩石在矿物尺度上的力学特性。GB-DEM 模型具有两方面的特征：一方面，不同颗粒簇之间的接触表示矿物的接触关系，颗粒簇间发生破坏表征晶间破坏；另一方面，由于颗粒簇本身是由颗粒组成，簇内颗粒接触强度有限，颗粒簇内发生断裂表征岩石矿物破坏。该方法还改善了传统颗粒离散单元法在模拟岩石材料时由于内锁力不足而导致拉压强度比偏大及强度包络线偏小的问题。在 GB-DEM 模型中，裂纹的产生和扩展可以归结为四种模式，它们分别存在于晶粒边界和内部，如图 2.32 所示。第一种模式是剪切作用引起晶粒相对滑动，在晶粒边界发生剪切破坏，形成剪切裂纹；第二种模式是晶粒接触之间受到了拉伸张力，在晶粒边界发生张拉破坏，形成垂直于边界的开口裂纹；第三种模式是晶粒之间存在拉剪混合作用，在晶粒接触面两端形成应力集中，最终发展成为拉伸破坏；第四种模式是在高的压应力作用下，晶粒边界受到较大的内锁应力，晶粒内部发生破坏。

构建 GB-DEM 模型需要获取岩石材料的矿物组分和比例，通过生成的随机多边形来匹配岩石的矿物分布，建立相同矿物组分的比例模型，图 2.33 为 GB-DEM 模型的生成方法。首先，通过数字图像获取岩石试样照片，利用聚类分割算法识别不同矿物晶粒，并提取矿物的组分和尺寸；其次，基于矿物晶粒的尺寸信息，生成 Voronoi 多边形几何图案，并按照矿物的组成和比例，随机赋予多边形矿物属性；然后，将包含矿物结构信息的多边形图案导入到颗粒离散元模型中，每个颗粒被分配了其所属多边形的矿物类型，使岩石样本被划分成多个不同的颗粒簇；最后，将代表矿物力学特性的微观参数分配给相应的颗粒簇，得到最终的GB-DEM模型。

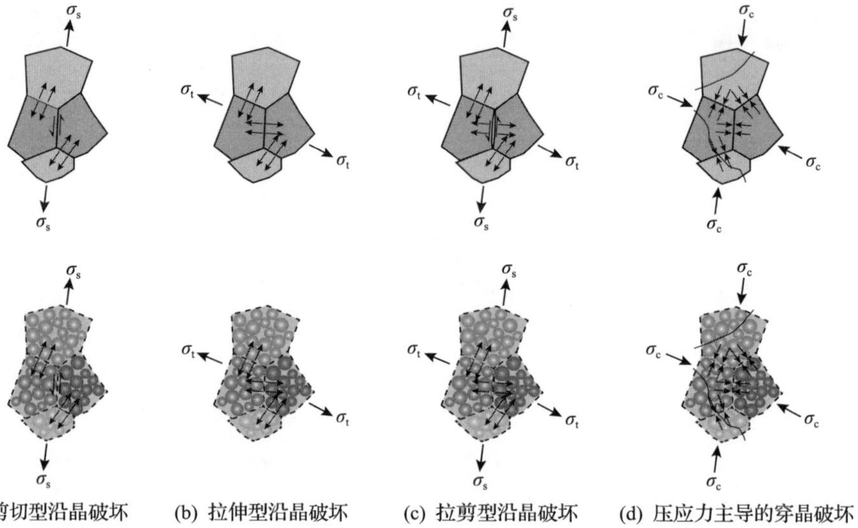

图 2.32　岩石矿物晶粒的典型失效模式

σ_s.剪应力；σ_t.拉应力；σ_c.压应力

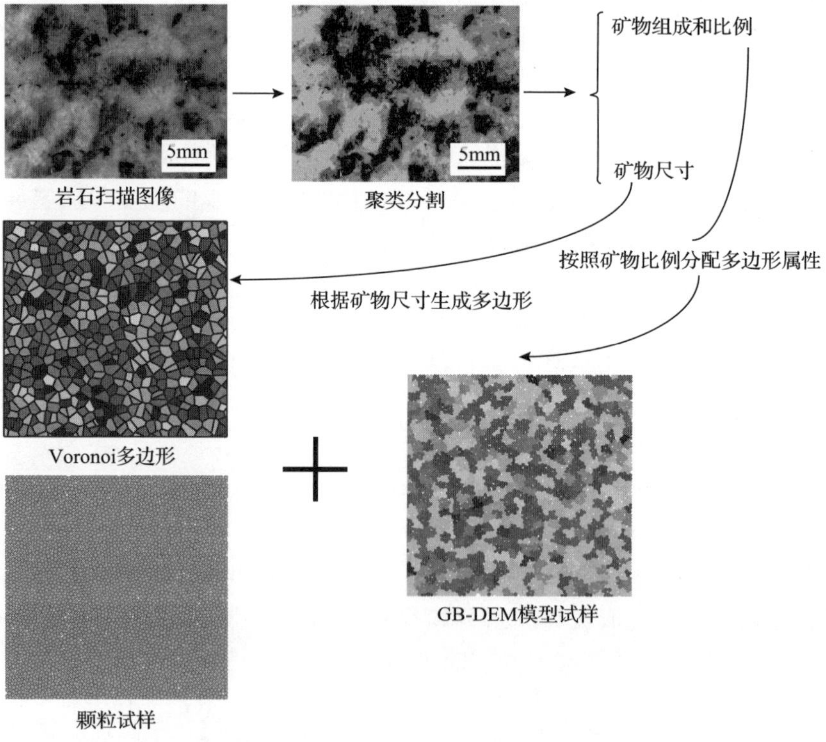

图 2.33　GB-DEM 模型的生成方法

由于模拟的岩石试样尺寸要远大于数字图像扫描的尺寸，因此无法建立与实际岩石试样矿物形状和位置完全匹配的模型。本节忽略了矿物的形状和位置信息，仅考虑矿物的尺寸和比例信息。在采用 Voronoi 多边形方法生成矿物结构时，每一个矿物都简化为一个凸多边形，多边形的尺寸根据实际矿物的尺寸来控制，对多边形随机分配所属矿物类别，以匹配实际矿物的组分和含量。

GB-DEM 模型的微观参数标定包括矿物颗粒内部和矿物边界的微观力学参数。本节模拟的花岗岩取自于甘肃北山芨芨槽，其强度特性如表 2.4 所示。采取的标定流程如下：①矿物颗粒簇内部的力学参数按照实际矿物参数分配；②对矿物边界颗粒的接触采用统一的微观参数，通过不断调整微观参数值来匹配室内物理力学试验得到的宏观参数。标定试验为单轴压缩试验和巴西劈裂试验，除此之外还需要考虑岩石的弹性模量和泊松比，最终得到的材料参数如表 2.5～表 2.7 所示。基于 GB-DEM 模型数值模拟得到的宏观力学参数与室内试验参数比对如表 2.4 所示。

表 2.4　数值模拟的力学参数与试验物理力学参数

研究方法	弹性模量/GPa	泊松比	单轴抗压强度/MPa	巴西劈裂强度/MPa
数值模拟	24.7	0.19	110.2	8.5
室内试验	23.01	0.188	105.6	6.4

表 2.5　不同矿物的标定参数

矿物组成	颗粒数量占比/%	密度/(kg/m^3)	晶粒尺寸/mm
石英	28.5	2650	2.2±0.22
正长石	33.7	2600	2.2±0.22
斜长石	30.6	2600	2.2±0.22
云母	7.2	3050	2.2±0.22

表 2.6　不同矿物的晶内接触标定参数

矿物组成	法向刚度 k_n^i /(GN/m)	刚度比 k_s^i / k_n^i	摩擦角 ϕ^i/(°)	黏聚力 f_c^i /kN	拉伸强度 f_t^i /kN	法向黏滞系数	剪切黏滞系数
石英	25.6	1	6.5	295	175	0	0
正长石	20.8	0.6	9.2	214	135	0	0
斜长石	16	0.5	9.2	214	135	0	0
云母	8	0.9	17.3	175	108	0	0

表 2.7　石英的晶间接触标定参数

矿物组成	法向刚度 k_n^i /(GN/m)	刚度比 k_n^i / k_s^i	摩擦角 ϕ^i/(°)	黏聚力 f_c^i /kN	拉伸强度 f_t^i /kN	法向黏滞系数	剪切黏滞系数
石英	6	0.4	30	26	26	0	0

2. 数值模拟及记录变量

1) 单滚刀侵入破岩数值模拟

通过二维等效模型对单滚刀侵入作用下岩石的破坏过程进行模拟。为了降低模型的边界效应，建立的岩石试样尺寸为宽 600mm、高 400mm。颗粒半径分布范围为 0.2～0.33mm，颗粒数量为 1042500 个。平均每个颗粒的接触对数量为 5.25 个，代表低孔隙率岩石的致密结构。岩石试样的边界条件采用固定约束，如图 2.34 所示。滚刀采用刃宽 15mm 常截面盘形滚刀，按照刚性墙体进行建模。滚刀的侵入速度为 0.05m/s，按照位移方式进行加载。为了保证计算过程中数值模型的稳定，设置全局的阻尼系数为 0.6，每个时间步长设为 5×10^{-8}s，对应每个时间步的位移增量为 2.5×10^{-9}m，确保模型处于准静态平衡。模型颗粒的矿物属性按照前述的建模流程生成，颗粒的微观力学参数按照实验室标定结果进行设置。

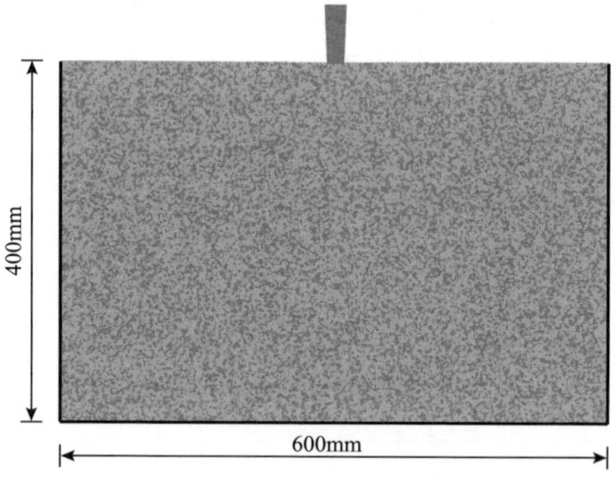

图 2.34　单滚刀模拟模型

2) 模拟过程监测变量

为了分析滚刀侵入过程中的岩体破坏机理，对一些过程变量进行了定义和记录。

(1) 应力场。

将岩石试样按照 1mm×1mm 的尺寸进行网格化，每个网格作为一个基本监测单元，即监测区域，其应力可以通过式(2.10)计算得到。滚刀的作用力可以通过与其接触颗粒的接触力累加得到。

$$\bar{\sigma}_{ij} = -\frac{1-n_{\mathrm{v}}}{\sum_{i=1}^{N_{\mathrm{p}}} V_i^{\mathrm{p}}} \sum_{i=1}^{N_{\mathrm{p}}} \sum_{j=1}^{N_{\mathrm{c}}} \left| x_i^{(\mathrm{c})} - x_i^{(\mathrm{p})} \right| n_i^{(\mathrm{c,p})} F_j^{(\mathrm{c})} \tag{2.10}$$

式中，N_{p}和N_{c}分别为监测区域的颗粒数量和接触数量；V_i^{p}为监测区域的颗粒体积；$n_i^{(\mathrm{c,p})}$为颗粒接触力的单位法向分量，由颗粒中心指向接触点；$x_i^{(\mathrm{c})}$和$x_i^{(\mathrm{p})}$分别为接触点的位置和颗粒中心的位置；$F_j^{(\mathrm{c})}$为作用在接触上的力；n_{v}为监测区域的孔隙率。

(2) 声发射及能量。

滚刀侵入过程中，岩石内部结晶发生破坏产生了大量的微裂纹，并将储存的应变能释放，同时也伴随着声发射事件不断产生。在 DICE2D 中，能量被储存在刚性颗粒的接触之间。当颗粒接触发生破坏时，储存的应变能迅速耗散并转化为热能，形成微裂纹，这可以被视为真实岩石破坏的声发射事件。为了追踪裂纹的萌生和扩展过程，记录了每个时间步所产生的声发射事件及其位置和类型。按破坏诱导因素，声发射事件可以分为剪切破坏和拉伸破坏；按破坏所发生位置，声发射事件可以分为穿晶破坏和沿晶破坏。应力分布影响了颗粒连接破坏方向，也影响了裂纹的扩展方向，按照图 2.35 中裂纹角度的定义对每对破坏接触的裂纹方向进行定义，定义每对接触颗粒的剪切方向都指向下方，将颗粒的破坏角度控制在 0°～180°范围。

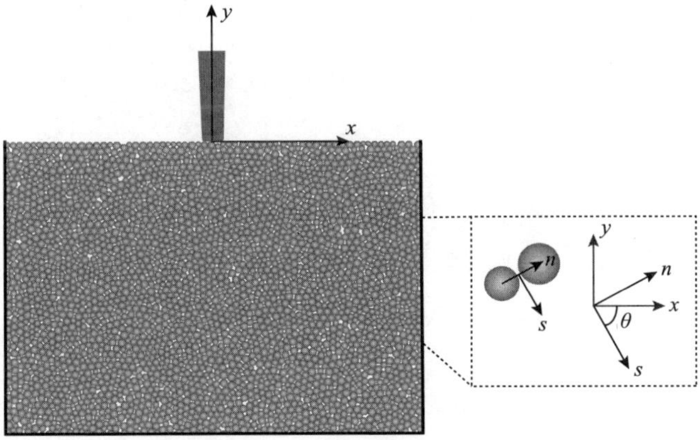

图 2.35　裂纹角度的定义

储存在颗粒连接对中的能量以应变能形式存在，晶内和晶间的应变能分别按照式(2.11)和式(2.12)计算。在数值模拟过程中，可以监测到储存在颗粒接触对间的应变能和颗粒破坏所释放的应变能。

$$E_{\text{strain}}^{(i)}=\left(\frac{F_{\mathrm{n}}^{\mathrm{A}}}{4k_{\mathrm{n}}^{(i)}}+\frac{F_{\mathrm{n}}^{\mathrm{B}}}{4k_{\mathrm{n}}^{(i)}}\right)F_{\mathrm{n}}+\frac{F_{\mathrm{n}}^{2}}{2k_{\mathrm{s}}^{(i)}} \tag{2.11}$$

$$E_{\text{strain}}^{(t)}=\left(\frac{F_{\mathrm{n}}^{\mathrm{A}}}{4k_{\mathrm{n}}^{(t)}}+\frac{F_{\mathrm{n}}^{\mathrm{B}}}{4k_{\mathrm{n}}^{(t)}}\right)F_{\mathrm{n}}+\frac{F_{\mathrm{n}}^{2}}{2k_{\mathrm{s}}^{(t)}} \tag{2.12}$$

(3)岩石碎片。

岩石在滚刀侵入过程中，颗粒之间的连接断开后形成微裂纹，并随着应力集中点的变化而扩展成为裂纹或者开口。当一组连接的颗粒与其他外部颗粒的连接都断开后，就形成为孤立的区域，如图 2.36 所示。这些孤立的区域可以被认为是实际岩石破坏产生的碎片。如果某个颗粒的所有连接键都破坏之后，将变成最小尺寸的碎片，可以认为是岩粉。受计算效率的限制，颗粒的最小尺寸与实验室尺寸下的岩粉粒径不一致，因此可以假想模型的颗粒最小尺寸为模拟的岩粉粒径。在数值模拟过程中，孤立颗粒碎片可用于分析岩石破坏过程中岩片的形成过程。

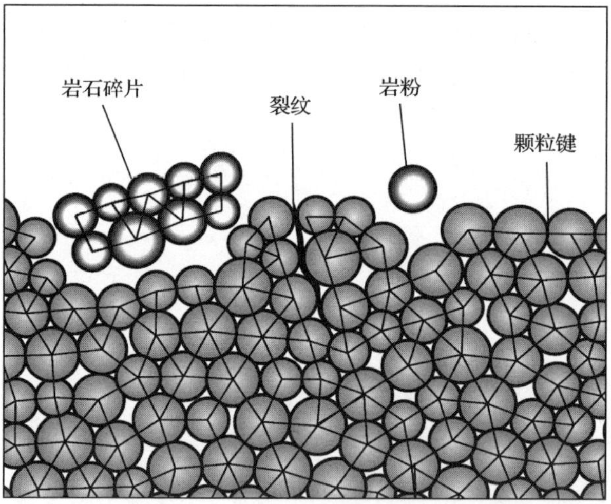

图 2.36　岩石破碎过程中的碎片检测

3. 结果分析

1)单滚刀破岩过程分析

在滚刀侵入作用下，岩石破坏过程的监测结果如图 2.37～图 2.39 所示。图 2.37 为滚刀力位移曲线与声发射事件关系，通过分析滚刀法向力曲线，可以将滚刀侵入过程中划分为 5 个阶段，分别记作阶段 A、B、C、D 和 E。

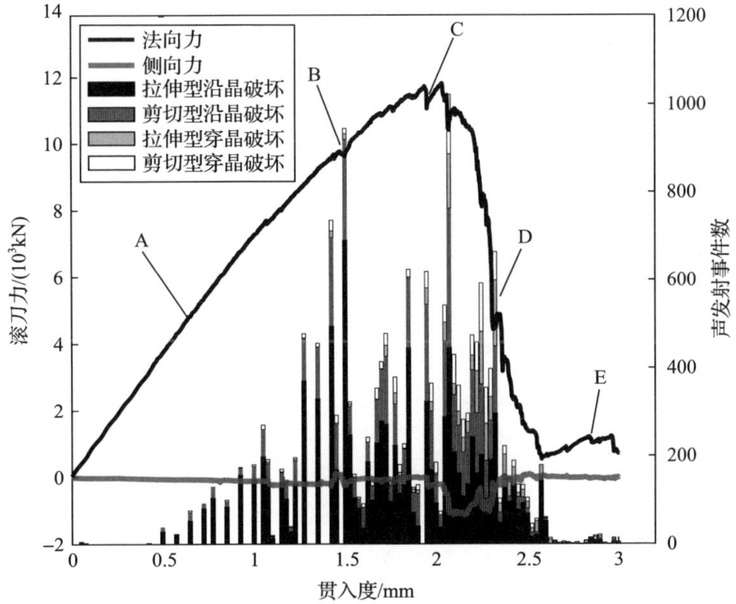

图 2.37　滚刀力位移曲线与声发射事件关系

在加载初始阶段 A，岩石处于弹性受力阶段，滚刀力与侵入深度基本呈现线性关系，颗粒接触中的应变能不断累积。该过程只有少量的声发射事件产生，且大部分属于晶粒交界面的拉伸破坏。图 2.38(a)的裂纹分布图显示破坏点主要围绕滚刀下方的压力核分布。岩石的非均匀性导致岩石内部存在缺陷，这些区域的颗粒接触受应力集中的影响率先失效并形成初始微裂纹，这些微裂纹是侧向裂纹发展的起点。图 2.39(a)和图 2.39(b)的主应力云图显示，虽然岩石试样的微观结构是各向异性的，但是由于颗粒尺寸很小，弹性阶段的应力场基本满足对称性。在

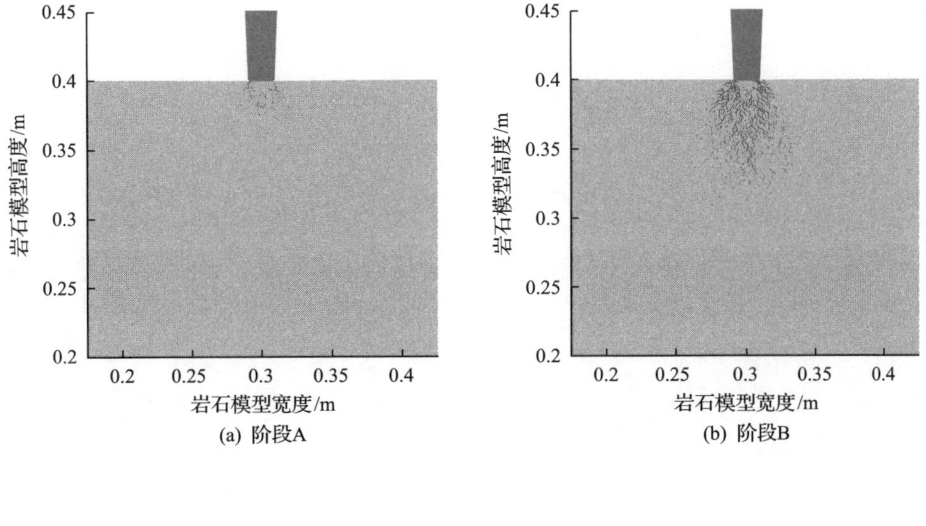

(a) 阶段A　　(b) 阶段B

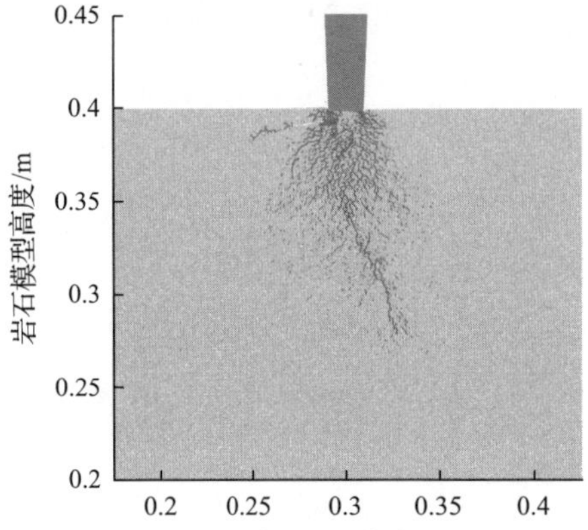

(c) 阶段C

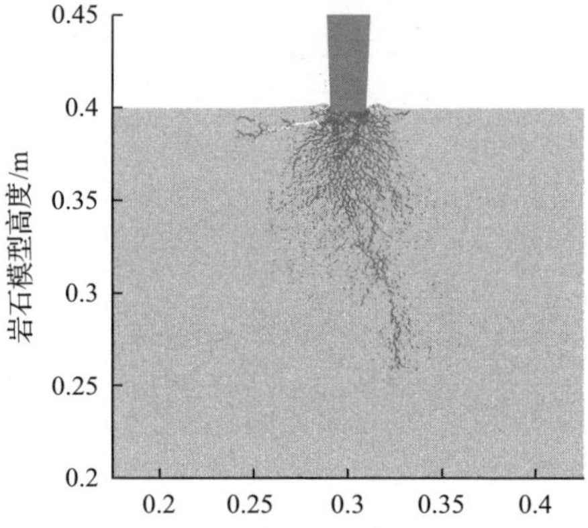

(d) 阶段D

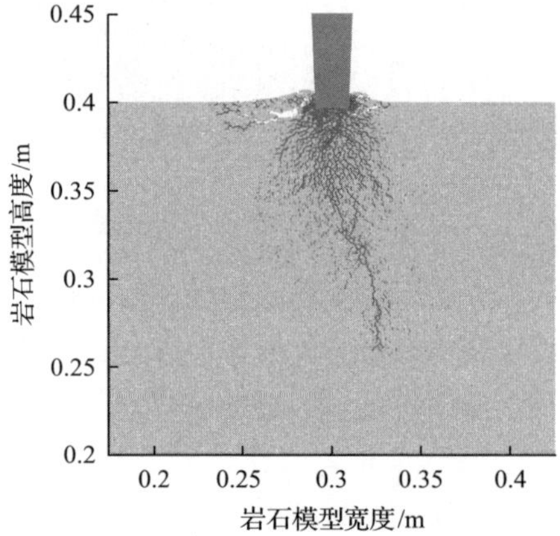

(e) 阶段E

图 2.38　裂纹扩展模式

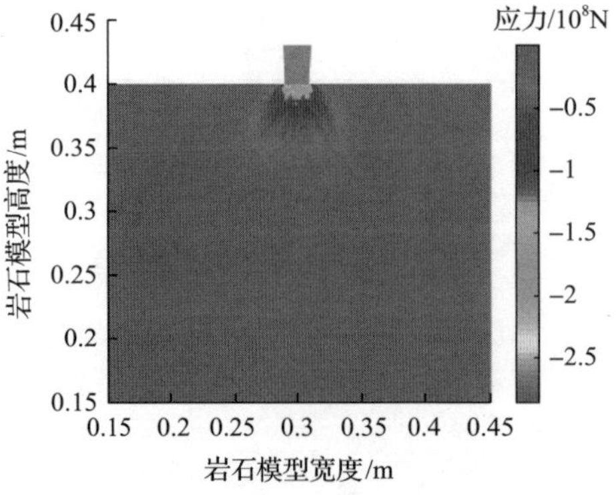

(a1) 最小主应力云图

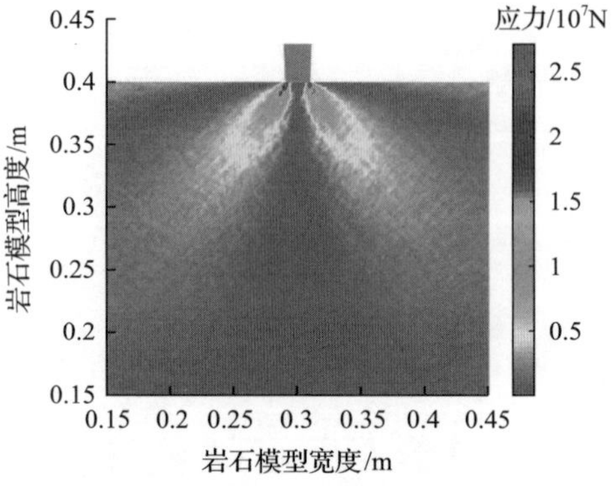

(a2) 最大主应力云图

(a) 阶段A

(b1) 最小主应力云图

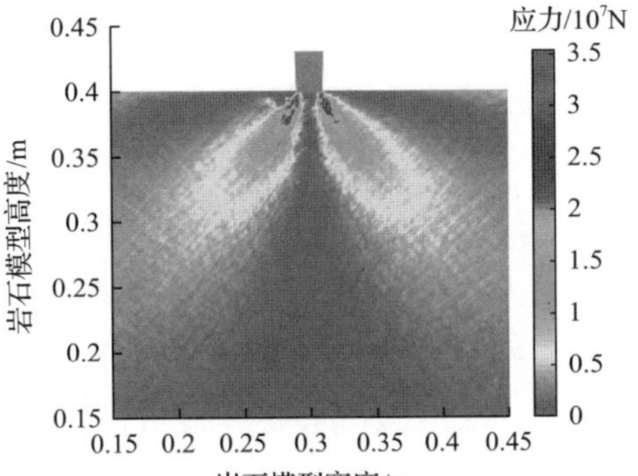

(b2) 最大主应力云图

(b) 阶段B

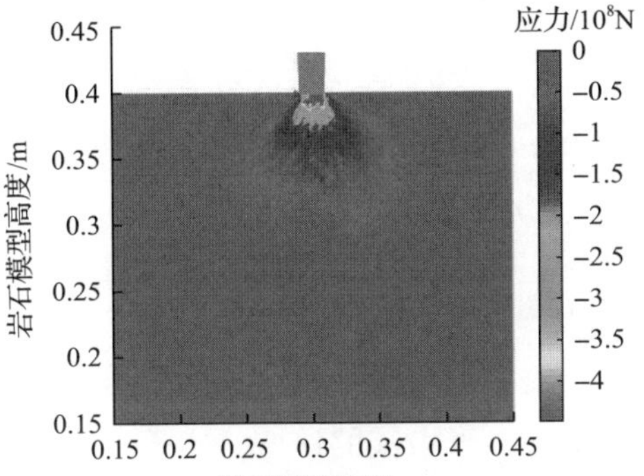

(c1) 最小主应力云图

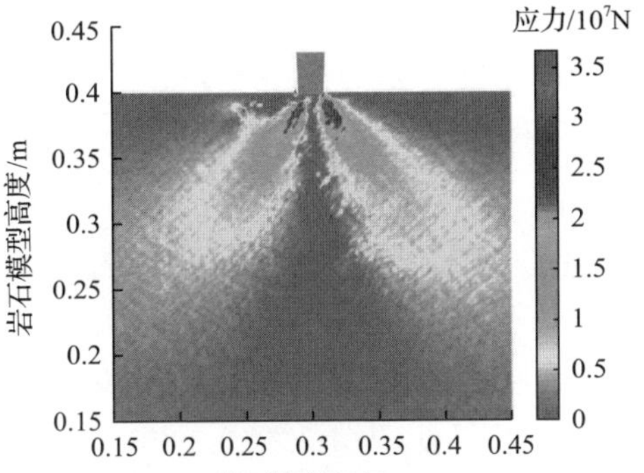

(c2) 最大主应力云图

(c) 阶段C

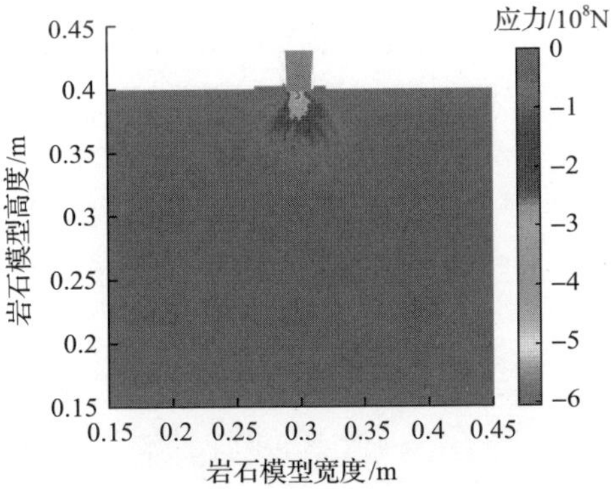

(d1) 最小主应力云图

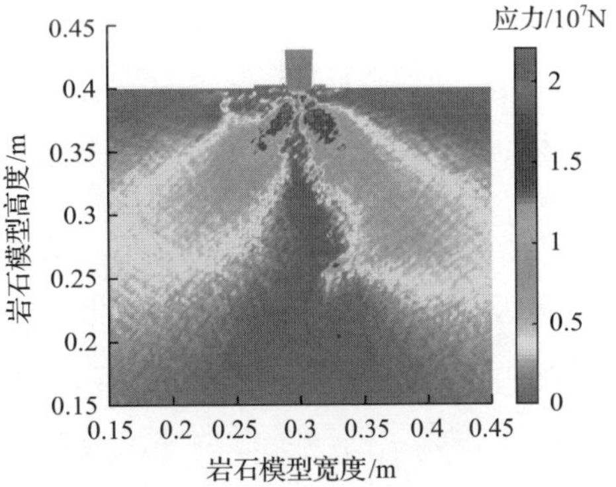

(d2) 最大主应力云图

(d) 阶段D

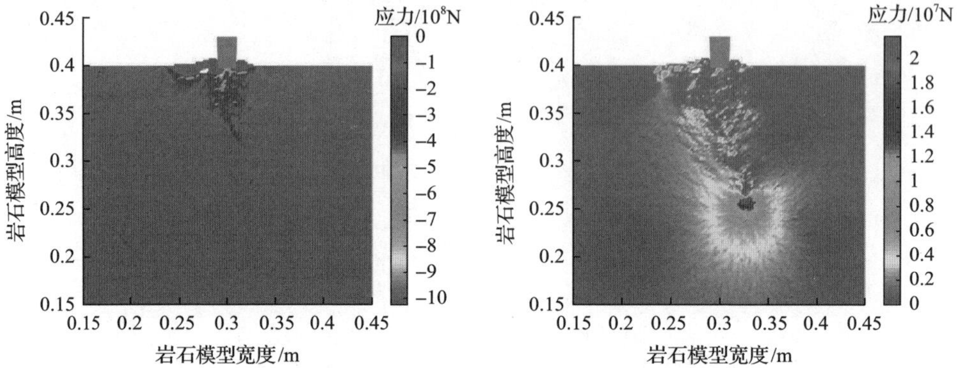

(e1) 最小主应力云图　　(e2) 最大主应力云图

(e) 阶段E

图 2.39　不同侵入阶段的岩石最小和最大主应力分布

图 2.39(a)的最小主应力云图中，可以观测到在滚刀正下方形成了一个受压区，由于侧向高围压的约束，该区域处于静水压力状态。而最大主应力出现在滚刀两侧的倒角处，并传播到压力核两侧，形成了两个拉应力区域。

在阶段 B，随着滚刀侵入深度的增加，滚刀力在保持增长的同时出现了轻微的抖动，并伴随一些声发射事件产生，这表明岩石内部开始出现一些微裂纹。图 2.38(b)的裂纹分布图显示，这些裂纹在滚刀下方以压力核为中心呈放射状分布，以沿晶拉伸破坏为主。图 2.39(b)的应力云图显示，压力核的压应力水平在继续提高，最大主应力依然满足对称性，但是在左侧出现了一个应力集中点。

在阶段 C，随着滚刀的继续侵入，滚刀法向力随贯入度增加出现了非线性特征，岩石表现出塑性，直至滚刀法向力达到了峰值。在该阶段，滚刀力出现小幅度的跌落，并伴随产生了声发射事件。图 2.39(c)的应力分布图显示，滚刀下方的压力核压应力已经达到了近 400MPa，而最大主应力显示滚刀左侧的拉应力集中点继续向左传播，形成了一条近乎平行于自由表面的侧向主裂纹，如图 2.38(c)所示。但是，由于岩石的各向异性，在滚刀右侧只观察到了较短的侧向裂纹。微裂纹的区域范围也进一步扩大，形成多条可见的放射状裂纹，在滚刀下方，多个微小裂纹末端交叉并发展成了中间主裂纹。

随着滚刀的侵入深度增加，进入卸载阶段 D。在这个阶段，滚刀力急剧减小，并伴随产生大量的声发射事件，与加载阶段不同的是，声发射事件虽然仍然以沿晶破坏为主，但是穿晶破坏显著增多。从裂纹分布图 2.38(d)中可以看出，这些新产生的破坏主要分布在压碎区和靠近压碎区的密集裂纹区。滚刀正下方的压力核原本处于高围压约束状态，随着侧向岩石的破坏，压力核失去了围压的约束，在滚刀继续加载作用下，压碎区岩石产生了剪切破坏。

此外，随着卸载阶段的开始，滚刀受到向左的侧向力突然增大，直至卸载完成后，侧向力重新降低到较低的水平(阶段 E)。这是由于岩石内部的各向异性，压碎区左侧的岩石先发生失效，使压碎区左侧的围压约束减弱，而此时压碎区右侧的围压约束还保持较高的水平，使压碎区受到向左的挤压力，并传递到滚刀上，使滚刀受到向左侧的侧向力。当压碎区破坏后，压碎区两侧的应力被释放掉，滚刀的侧向力也重新降低到较低水平。通过室内线性切割试验，也可以观察到滚刀的侧向力与破岩过程同步产生。在压碎区形成过程中，压碎区的岩石向滚刀两侧膨胀，使得滚刀的侧向裂纹发展成为开口，形成了较大的岩片。与此同时，由于压碎区失去了荷载传递的能力，滚刀的法向力维持在较低的水平，直至压碎区岩石重新被压实。图 2.39(e)的应力分布云图显示整个岩石内部的应力降低较低的水平，但是在裂纹的末端还存在一定的拉伸残余应力。

2)岩石损伤分区

通常认为滚刀作用下岩石内部可以分为三个区域，即压碎区、裂纹密集区(塑性区)和原岩区(弹性区)，如图 2.40 所示，通过数值模拟获得的裂纹扩展模式可以明显地观察到这三个区域。图 2.41(a)为损伤区分区，是岩石破坏的最终形态，在滚刀正下方深度 30mm 的区域，有一个锥形破坏区。锥形区域的两侧分布着密集的破坏接触，从锥形区底部扩展至滚刀的两侧。在滚刀向下挤压过程中，锥形区与外侧岩石发生相对变形，产生大量的拉伸破坏。而在锥形区内部，较高的侧向围压约束抑制了拉伸破坏的产生，直至挤压力达到颗粒接触剪切强度，锥形区岩石产生以剪切破坏为主的失效，形成压碎区。在锥形区外侧，受到压力核的挤压，岩石产生了较大的塑形变形，并形成放射状的密集裂纹，分布区域大概在以滚刀为中心向下 80mm 和左右各 40mm 的三角形范围内。随着与滚刀作用点的距离增加，岩石受到滚刀荷载的影响减小，其力学响应逐步由塑性过渡到弹性。在弹性

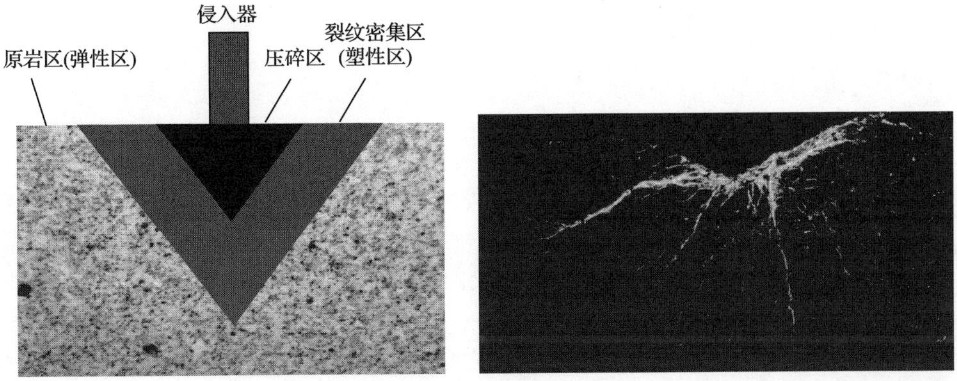

图 2.40　岩石的损伤区划分

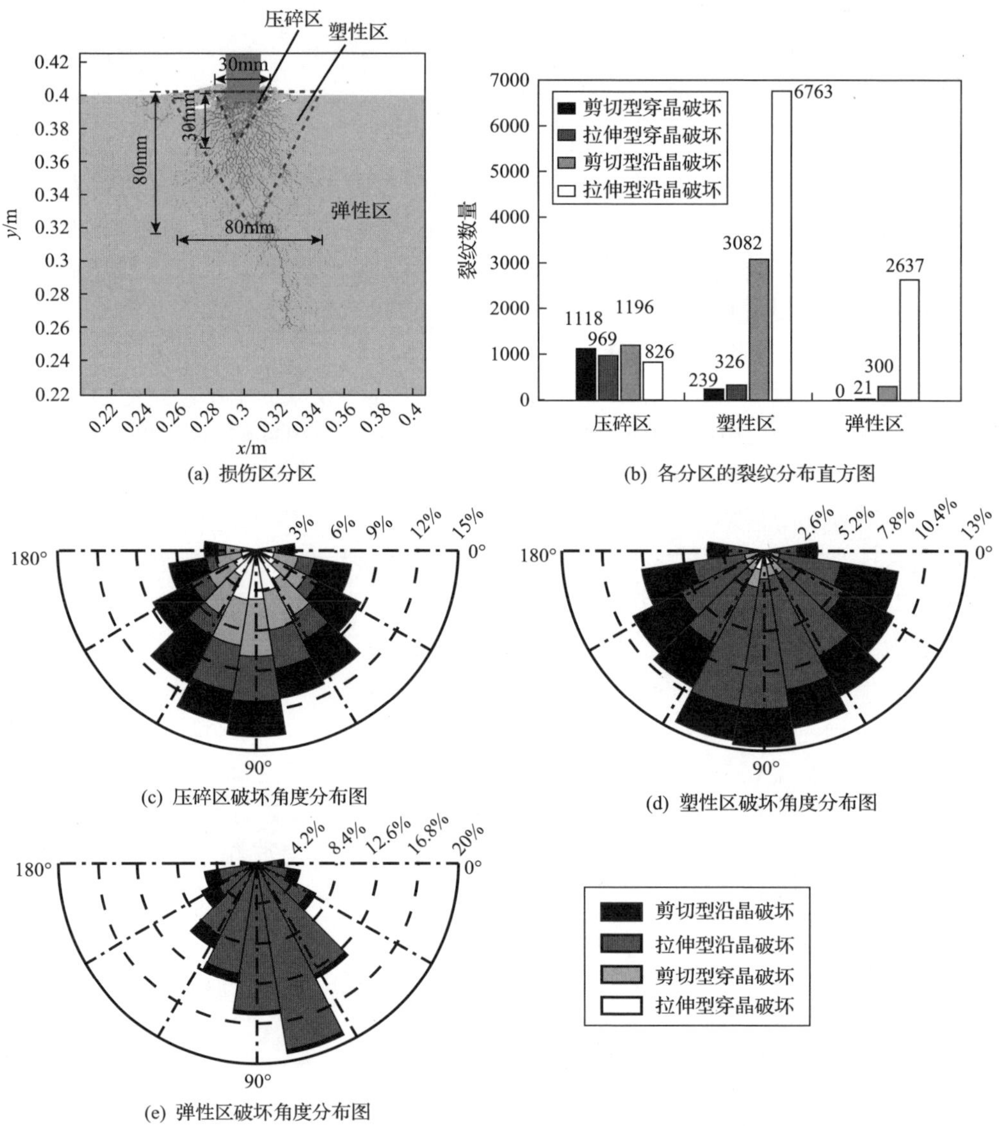

(a) 损伤区分区

(b) 各分区的裂纹分布直方图

(c) 压碎区破坏角度分布图

(d) 塑性区破坏角度分布图

(e) 弹性区破坏角度分布图

图 2.41　损伤区分区以及裂纹分布情况

区内，除了少量由于应力集中产生的零散破坏之外，没有出现辐射状裂纹。但是，在滚刀中心正下方分布着一条竖直向下的主裂纹，延伸深度约 250mm。这是由于中间主裂纹的末端一直处于拉应力集中状态，在滚刀的持续侵入下，压力核不断挤压主裂纹两侧的岩石使其分别向外运动，提高了裂纹末端的拉应力，促进中间主裂纹的继续向下传播，直至压力核破碎或者裂纹末端的能量降低到裂纹扩展的阈值以下，此时主裂纹将停止扩展。在中间主裂纹的扩展过程中，也释放了弹性区的部分应变能，从而抑制了弹性区其他裂纹的产生。

对划分的三个区域，分别统计裂纹数量、角度和类型。从图 2.41(b)各分区的裂纹分布直方图可以看出，颗粒破坏主要分布在塑性区。压碎区的穿晶破坏和沿晶破坏的数量基本保持一致，剪切裂纹数量稍微多于拉伸裂纹数量。而塑性区的裂纹大部分都是沿晶破坏，其中，拉伸破坏的裂纹数量要明显多于剪切破坏。对于弹性区，绝大多数裂纹都属于沿晶拉伸破坏。图 2.41(c)～(e)分别为三个区域的破坏角度分布图，由于压碎区受到很高的侧向围压约束，在高围压应力作用下，晶粒边界受到较高的内锁应力，使晶粒内部产生更高的应力，当晶粒内部达到破坏强度时，发生穿晶破坏，因此大部分穿晶破坏都发生在压碎区。另外，随着裂纹角度由水平向垂直发展，裂纹的数量也逐渐增多，这个现象在塑性区和弹性区都同样存在。对于塑性区，裂纹角度的分布相比压碎区和弹性区更加均匀，由于塑性区的岩石受到压力核向外的挤压，导致裂纹呈放射状分布。而对于弹性区，主要的裂纹角度分布在 60°～90°的范围内，与主裂纹在这个角度上扩展相关。同时岩石内部的裂纹扩展还与围压条件有关，岩石的破坏类型随着围压水平增加而逐渐由脆性破坏向延性破坏转变[27]。在滚刀侵入作用下，围压从压碎区向弹性区逐渐降低，岩石的破坏类型也由拉剪破坏逐渐转为以拉伸破坏为主。另外，随着竖向裂纹向水平裂纹变化，剪切破坏类型的比例也在随之增加，其原因可能是平刃滚刀在两侧倒角处产生剪切应力所导致。

3) 能量分析

研究滚刀破岩过程中能量的消耗分配对优化刀具设计和布局具有非常重要的意义。滚刀侵入过程中岩石各分区的应变能与耗散能分布情况如图 2.42 所示。图 2.42(a)为岩石内部各分区的应变能变化曲线，结果表明弹性区的应变能总量最大，塑性区其次，压碎区最小。三个分区的应变能都有明显的加卸载阶段特征点，这是由于随着大量颗粒连接对的破碎，部分应变能转化为热能，此外，在滚刀荷载下降之后，体系内的准静态状态被打破，部分应变能转化为颗粒的动能。图 2.42(b)为加卸载阶段各分区的耗散能情况，可以看出，大部分能量释放都发生在卸载阶段。在加载阶段，主要的能量耗散发生在塑性区，占据了加载阶段总耗散能的 56.6%。其次是压碎区约占 32.5%。在卸载阶段，主要的能量消耗发生在压碎区，占据整个卸载过程耗散能的 70.7%，其次是塑性区占 26.4%。从耗散能量类型来看，剪切型破坏占据了大部分耗散能。由于压碎区的颗粒接触处于压和剪的复合作用，使得颗粒接触的弹簧能够储存更多的应变能。相反，对于拉伸型破坏，拉伸强度决定了法向弹簧的应变能上限，因此拉伸破坏产生的耗散能在总能量中所占的比例很小。

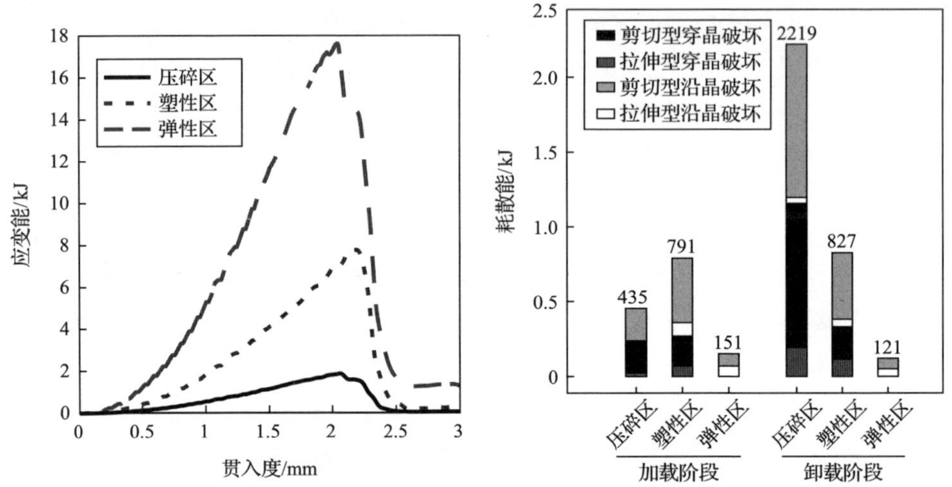

(a) 岩石内部各分区的应变能变化曲线　　(b) 加卸载阶段各分区的耗散能情况

图 2.42　滚刀侵入过程中岩石各分区的应变能与耗散能分布情况

4) 位移场分析

滚刀下方的位移场对分析岩石内部的变形范围非常关键，图 2.43(b) 为弹性阶段岩石的合位移云图。从图 2.43(b) 中可知，弹性阶段岩石内部的位移分布呈现很

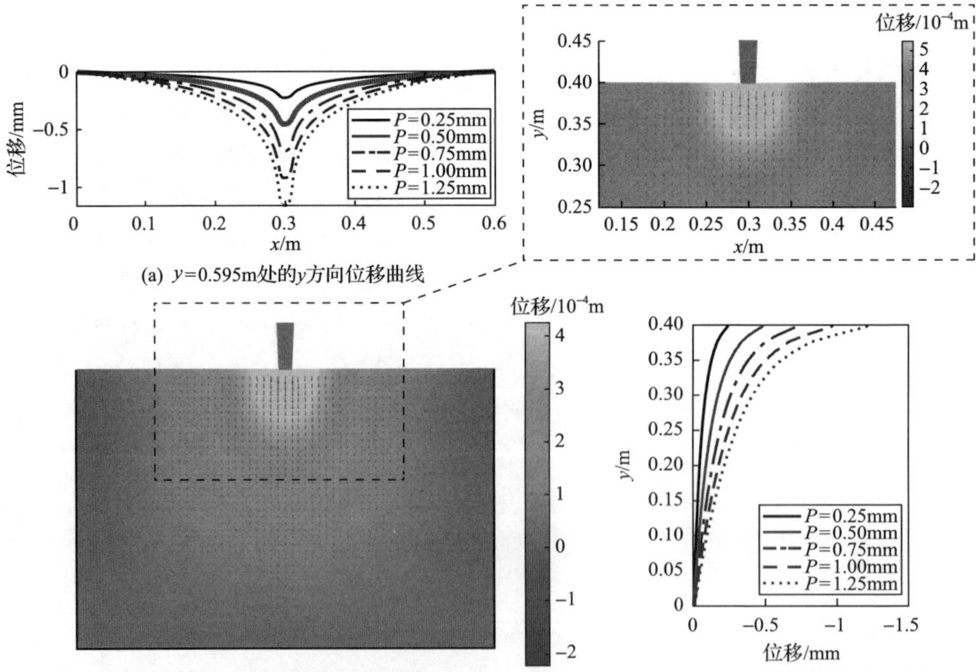

(b) 贯入度为1mm时的合位移云图　　(c) $x=0.3$m处的y方向位移曲线

图 2.43　弹性区的位移分布云图

好的对称性，在弹性阶段岩石的各向异性对位移场的分布影响不大，最大合位移发生在滚刀正下方，其位移方向为竖直方向。在滚刀向下挤压过程中，岩石自由面受到拉应力，产生了靠近滚刀中心的 x 方向位移，受滚刀直接挤压的压力核产生了竖直向下的位移，压力核将滚刀的荷载传递到相邻的岩石，使得周边岩石呈现辐射状的向外位移，这种位移特征与塑性区的放射状裂纹相对应。图 2.43(a)和(c)分别为不同贯入度下岩石上表面和滚刀中轴线的 y 方向位移。在弹性范围内，随着滚刀侵入深度的增加，滚刀正下方的岩石位移量基本呈现线性增加。但是，以滚刀为中心，周围岩石的位移量剧烈衰减，导致滚刀影响的大变形区分布在一个比较固定的范围。由图 2.43(a)可以看出，在滚刀中心约 150mm 范围为滚刀影响的大变形区，在滚刀作用深度方向上的影响变形区约为 200mm，超出这个范围的区域受到滚刀荷载的影响较小，在整个岩石破坏过程中基本处于弹性受力。

5)碎片形成过程

图 2.44 为滚刀侵入岩石过程中不同贯入度的岩石破坏碎片分布图。可以看出，在贯入度为 0.75mm 时，岩石内部处于弹性阶段，几乎没有产生微裂纹，也没有岩渣形成。当贯入度达到 1.5mm 时，岩石内部已经形成了一些微裂纹，在滚刀倒角处产生了一条向左发展的侧向裂纹，在侧向裂纹附近形成了一些极小的碎片。贯入度达到 2mm 时，尽管岩石内部已经分布了微裂纹，但是这些裂纹仍然不足以形成碎片，由于侧向裂纹的扩展，使该处的岩石失去了侧向的约束，在滚刀的荷载作用下更容易破碎，此时，滚刀受力达到最大值，整个岩石内部的应变能也达到了最大值。随着滚刀进一步侵入，滚刀下方压碎区的岩石开始破坏，滚刀受力进入卸载阶段。贯入度为 2.25mm 时，滚刀两侧的倒角处岩石先失去侧向约束形成岩渣，同时滚刀下方产生的碎片向外膨胀，对滚刀两侧的岩石进行挤压，进一步促进了侧向裂纹的扩展，产生了大量的小岩渣。当贯入度达到 2.5mm 时，滚刀的卸载过程完成，滚刀下方的岩石全部被压碎，生成了 525 块碎片，总的破岩碎片面积显著增加，此时在滚刀左侧产生了一些大的岩片，由于岩石的各向异性，在滚刀右侧并没有形成较大的岩片。贯入度达到 3mm 时，滚刀两侧的碎片继续向外膨胀，裂纹越来越大，由于压碎区的岩石已经破坏，只能传递很小的滚刀荷载，仅在锥形压力核两侧形成少量的碎片。

通过上述分析可知，在滚刀卸载阶段产生了大量岩渣，这说明压碎区破碎、膨胀产生的挤压力是侧向裂纹发展并形成岩渣的关键因素。对于平刃滚刀，滚刀两侧倒角的岩石发生破坏以释放侧向围压是打破压碎区高静水压力状态的关键，这为设计合理的滚刀几何截面提供了思路，Tuncdemir 等[28]、Balci 等[29]在此方面已经展开研究。实现滚刀有效破岩需要突破一个关键荷载值，使滚刀下方的压碎区破坏，形成大量的碎片。因此，在 TBM 施工中存在一个关键贯入度，超过此

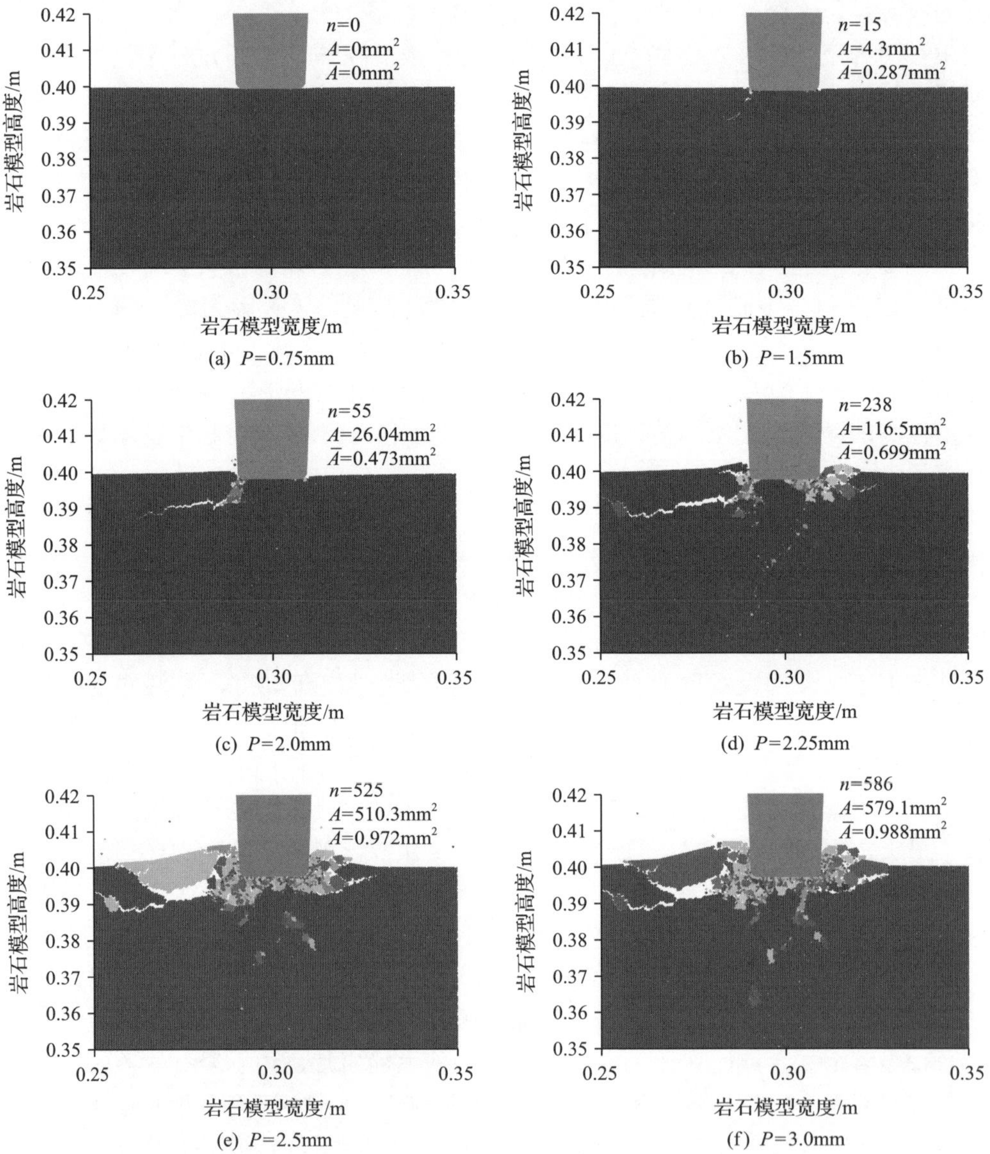

图 2.44　滚刀侵入岩石过程中不同贯入度的岩石破坏碎片分布图

值 TBM 才能有效破岩。Gong 等[30]通过对现场掘进数据分析，认为贯入度为 1mm 时的滚刀力是岩石破碎的临界破岩点，并将该参数定义为岩体的特征可掘性指数。另外，在单滚刀侵入作用下，很多侧向裂纹不能扩展至自由表面，无法形成侧向的岩渣，而在实际应用中，TBM 掘进是多滚刀组合破岩的结果，因此在 2.2.4 节中将对双滚刀破岩模式进行模拟。

4. 围压对滚刀侵入破岩的影响

为了研究不同围压条件下的裂纹扩展模式与滚刀受力情况，分别采用了 0.5MPa、5MPa、10MPa、20MPa、40MPa 五种围压条件进行滚刀破岩模拟。围压通过伺服加载控制的方式施加，将压力分配给侧向墙体，然后按照牛顿第二定律对墙体的运动进行更新，直至施加压力达到指定围压后，滚刀开始侵入。图 2.45 为不同围压条件下的裂纹扩展模式，在围压为 0.5MPa 时，中间主裂纹一直贯穿到岩样底部，将岩石劈裂成了两半，随着围压的逐渐提高，中间主裂纹的扩展长度逐渐减小，这是由于围压增加了裂纹扩展所需能量，裂纹末端能量很快降低到临界能量以下而停止向下扩展。图 2.46 为不同围压条件下的破坏碎片形态，碎片的形成过程与裂纹扩展规律相似，即压碎核形成的碎片范围随着围压的增高而逐渐减小。表 2.8 为不同围压条件下的破岩结果。可以看出，随着围压的增大，滚刀的峰值荷载逐渐增加，说明围压增加了压碎区的强度。此外，随着围压的增大，声发射事件不断减小，破坏类型从拉伸破坏向剪切破坏转变，穿晶破坏的比例也在增加，这表明岩石内部的破坏机制由脆性破坏逐渐向延性破坏转变。

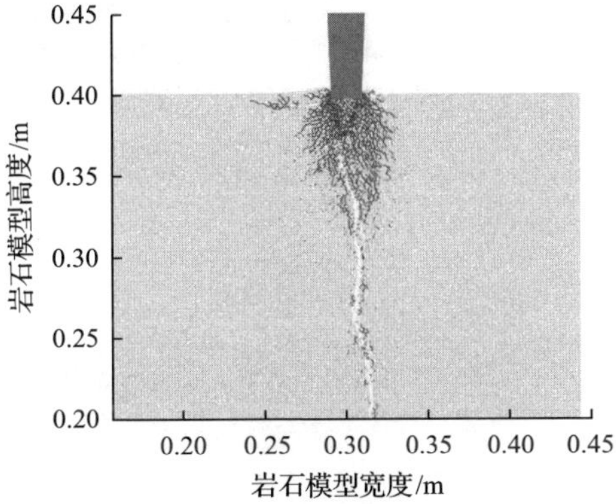

(a) 0.5MPa

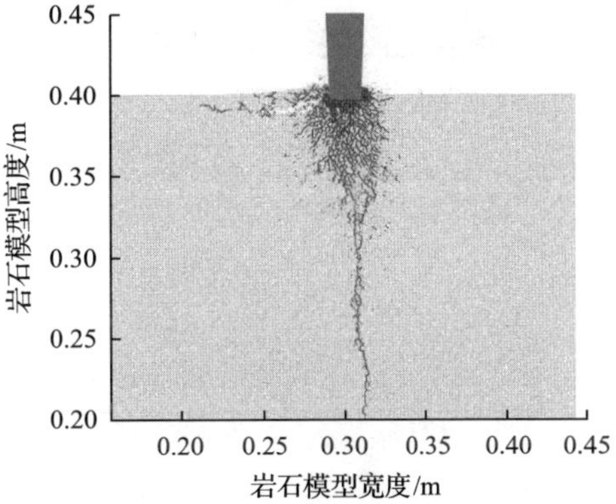

(b) 5MPa

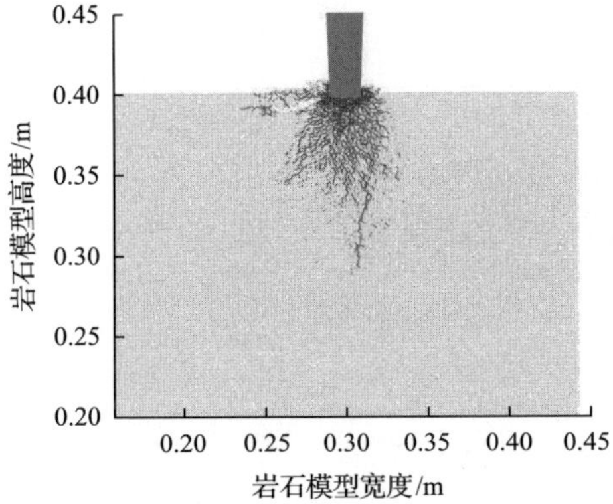

(c) 10MPa

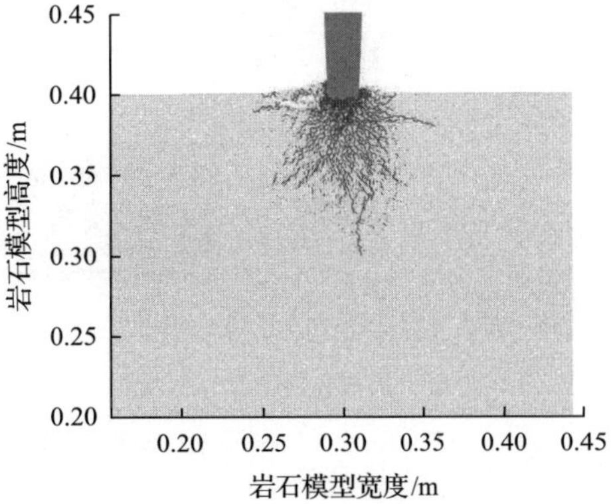

(d) 20MPa

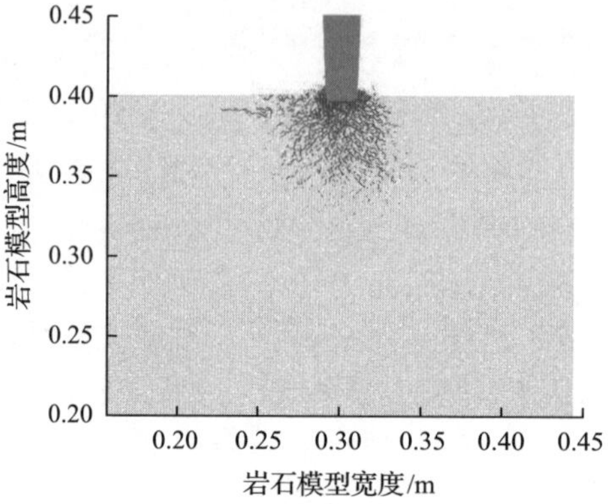

(e) 40MPa

图 2.45　不同围压条件下的裂纹扩展模式

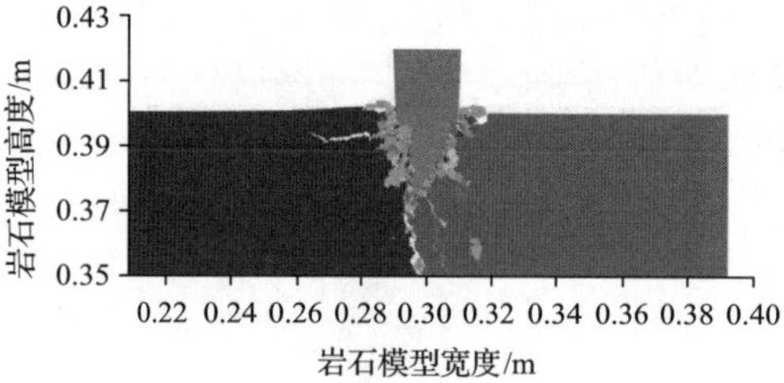

(a) 0.5MPa

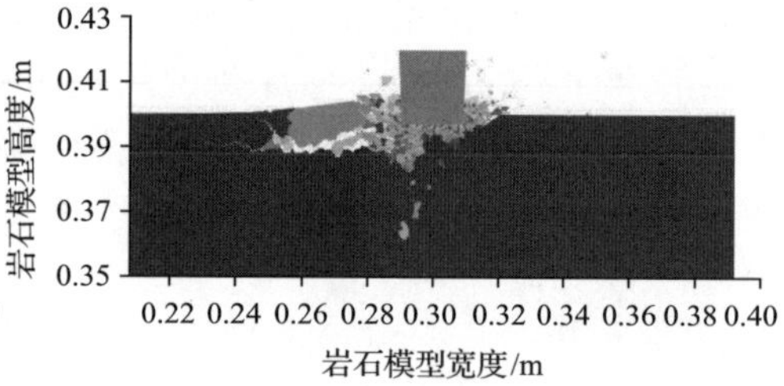

(b) 5MPa

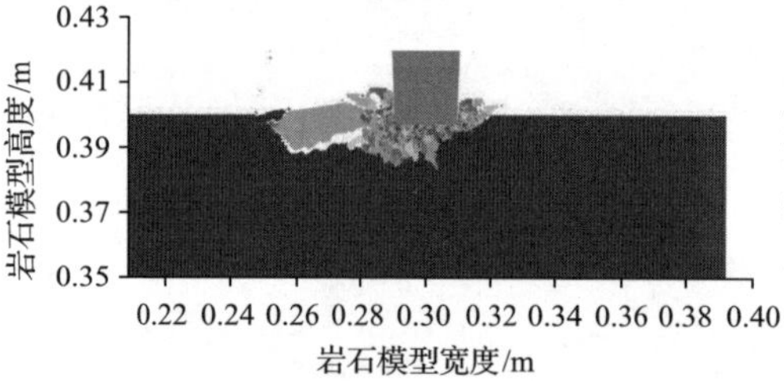

(c) 10MPa

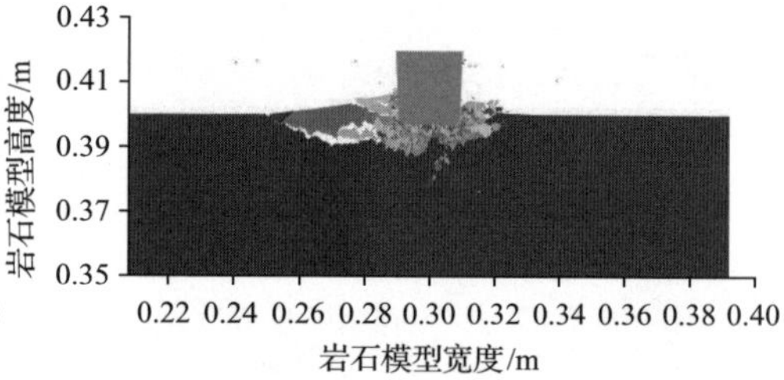

(d) 20MPa

(e) 40MPa

图 2.46　不同围压条件下的破坏碎片形态

表 2.8　不同围压条件下的破岩结果

围压 /MPa	峰值力 /MN	剪切破坏比例 /%	穿晶破坏比例 /%	声发射事件数	中间裂纹长度 /mm	侧向裂纹长度 /mm
0.5	11.2	40.5	10.3	22288	400	50
5	12.0	47.5	15.7	17817	230	83
10	13.1	51.2	17.8	16740	110	53
20	13.6	53.6	18.3	15840	100	44
40	15.5	56.7	20.2	14355	52	57

2.2.4　双滚刀作用下的破岩机理

1. 双滚刀模拟模型

TBM 破岩是由多把滚刀相互顺次切割岩体的结果，通过单滚刀的数值模拟结果可以看出，超过两倍刀间距之后滚刀侵入的影响已经很小，因此仅考虑相邻滚刀的破岩影响基本能够反映 TBM 实际破岩过程。因此，本节将对双滚刀顺次切割方式进行模拟，采用的岩石试样尺寸为 600mm×400mm。为了保证在顺次加载过程中第一把滚刀完成卸载，将最大贯入度设定为 3mm，在第一把滚刀侵入完成后，第二把滚刀分别以 60mm、70mm、80mm、90mm、100mm 和 110mm 的间距侵入岩样。

2. 顺次切割结果分析

1) 双滚刀破岩过程分析

以 90mm 刀间距为例，对双滚刀的破岩过程进行分析。图 2.47 为 90mm 刀间距下的滚刀力位移曲线与声发射事件。整个数值模拟过程分为三步，第一步为第一把滚刀侵入，其侵入深度为 3mm；第二步是在第一把滚刀达到指定贯入深度之后，将其缓慢移除；第三步是第二把滚刀侵入，直到侵入深度达到 3mm。第二把滚刀的侵入过程被分解为六个阶段，分别为 A、B、C、D、E、F，图 2.48 为双滚刀下的裂纹扩展模式，图 2.49 为岩石内部最大主应力和最小主应力分布云图，其中图 (a)～(f) 分布表示第二把滚刀侵入过程的阶段 A～F。

阶段 A 为第二把滚刀加载的初始阶段，也是第一把滚刀的移除结束状态。由图 2.48 (a) 可以看出，在第一把滚刀的侵入作用下，滚刀两侧均发展了较明显的侧向裂纹，右侧的侧向裂纹出现了分叉，一条沿近似平行于自由面的方向传播，另一条向自由面扩展，这表明岩石的非均匀性导致裂纹的扩展形态不是一个稳定的模式。第一把滚刀移出的过程中也产生了少量声发射事件，说明卸载同样能是岩石发生破坏。

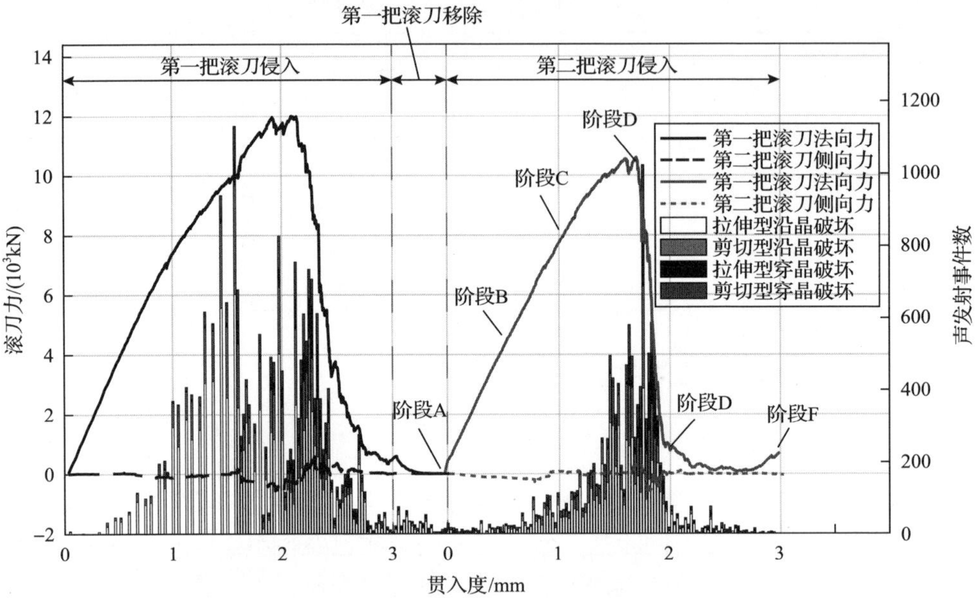

图 2.47　刀间距为 90mm 时滚刀力位移曲线与声发射事件

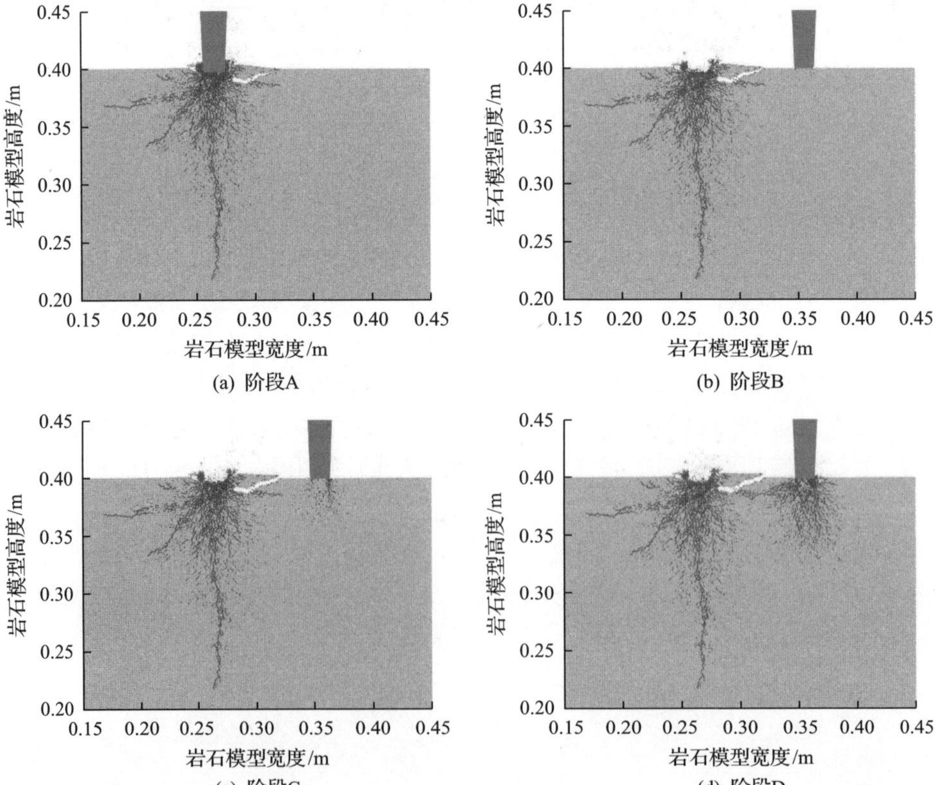

(a) 阶段A　(b) 阶段B

(c) 阶段C　(d) 阶段D

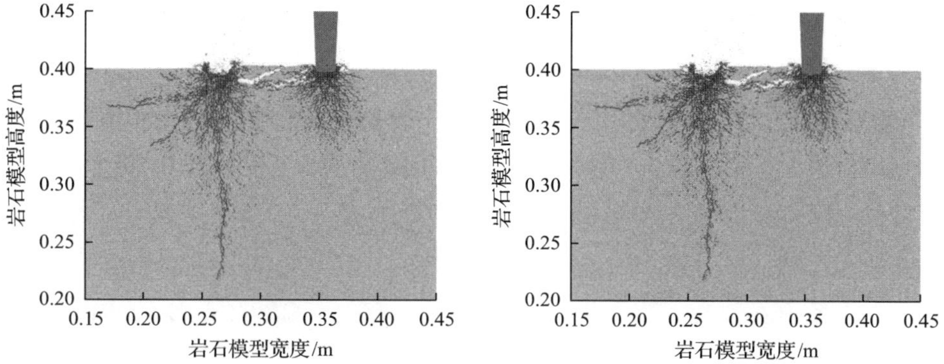

(e) 阶段E　　(f) 阶段F

图 2.48　双滚刀下的裂纹扩展模式

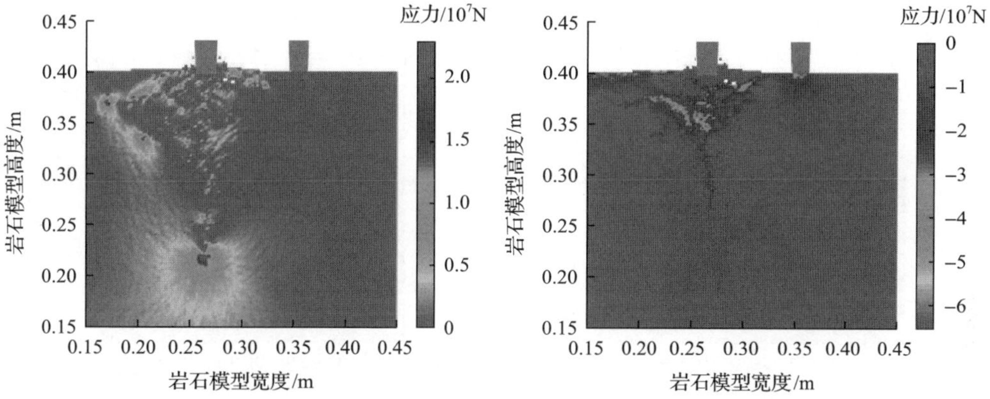

(a1) 最大主应力云图　　(a2) 最小主应力云图

(a) 阶段A

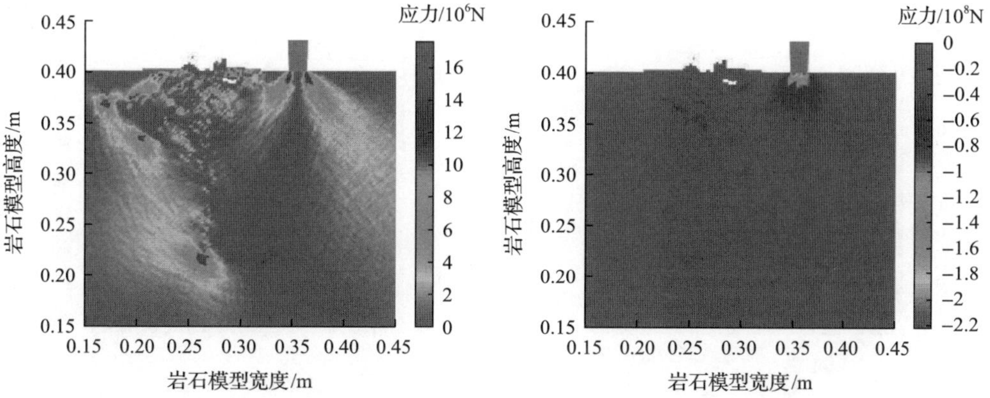

(b1) 最大主应力云图　　(b2) 最小主应力云图

(b) 阶段B

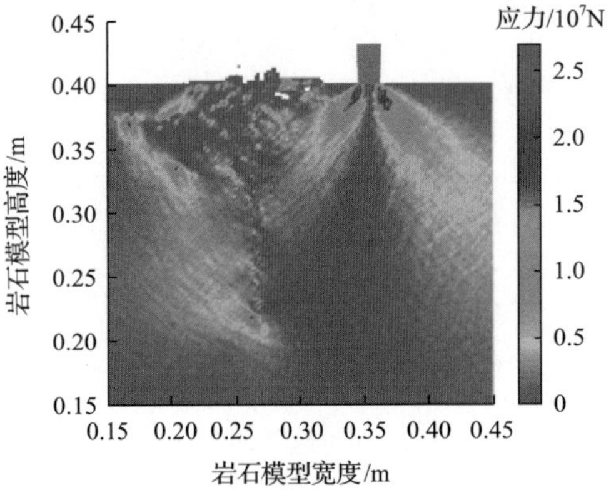

(c1) 最大主应力云图

(c2) 最小主应力云图

(c) 阶段C

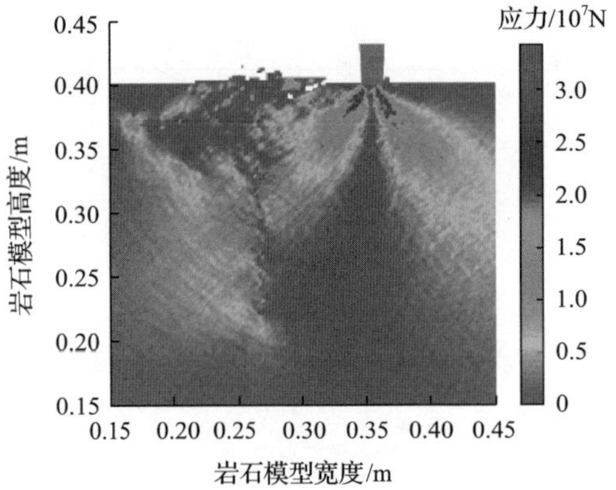

(d1) 最大主应力云图

(d2) 最小主应力云图

(d) 阶段D

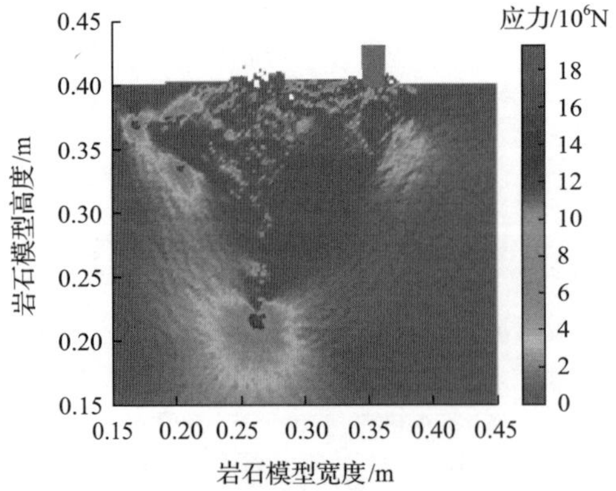

(e1) 最大主应力云图

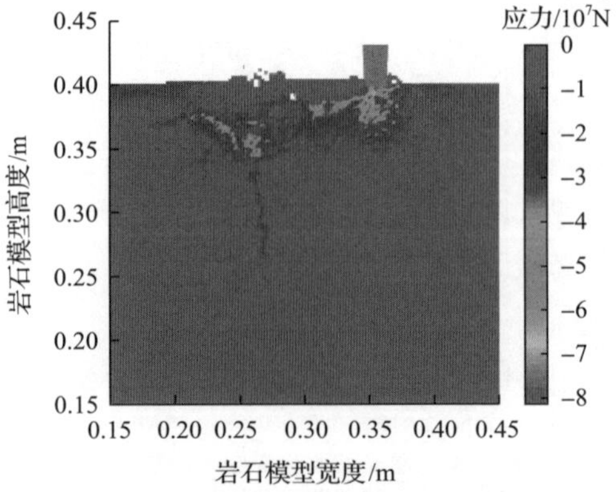

(e2) 最小主应力云图

(e) 阶段E

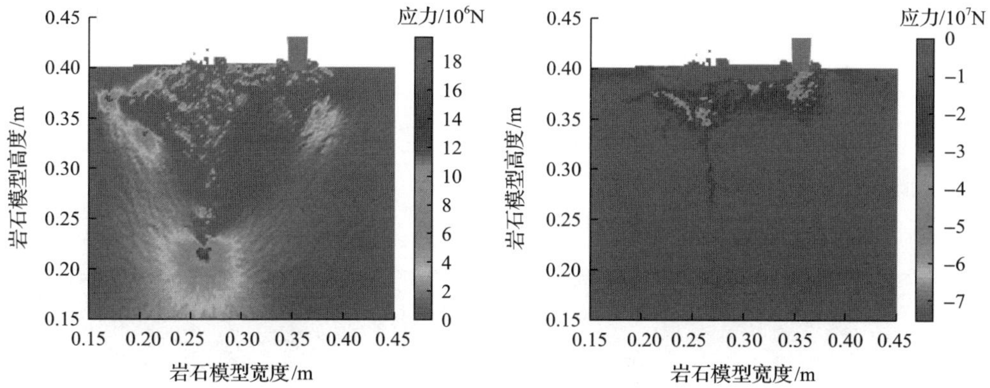

(f1) 最大主应力云图　(f2) 最小主应力云图

(f) 阶段F

图 2.49　岩石内部最大主应力和最小主应力分布云图

阶段 B 为第一把滚刀移除后第二把滚刀开始加载，该阶段的滚刀力与侵入深度依然满足线性关系。由图 2.48(b) 可以看出，第二把滚刀下方没有产生明显的破坏，但声发射结果表明，这个阶段依然有少量的微裂隙产生。由于第一把滚刀侵入在岩石内部造成的损伤及残余应力还没有完全释放，第二把滚刀侵入形成了新的应力场，岩石内部产生了一些新的破坏。由图 2.49(b) 可以看出受岩石内部的损伤的影响，最大主应力的应力场分布不是对称的。

随着滚刀的继续侵入，阶段 C 代表岩石完成了弹性阶段的加载。在弹性阶段结束之后，一直到滚刀力峰值，滚刀力与贯入深度表现出明显的非线性，同时伴随大量的声发射事件产生。由图 2.48(c) 可以看出，该阶段滚刀下方产生了很多放射状的裂纹，这与单滚刀模式一致，但是第二把滚刀左侧的裂纹扩展受到了第一把滚刀的影响，与第一把滚刀作用产生的侧向裂纹交汇。第一把滚刀作用产生的侧向裂纹为第二把滚刀的裂纹扩展提供了自由面，这些岩石内部损伤的裂纹代表着最小能量点，引导裂纹向最小能量路径扩展。

随着滚刀的继续侵入，滚刀进入卸载阶段 D，处于滚刀正下方的静水压力核被压碎，并伴随大量的剪切型裂纹产生。与此同时，由于滚刀左侧的裂纹优先贯通并形成了大的岩片，使滚刀左侧岩石失去了对压力核约束的能力。因此，滚刀在卸载过程中受到了左侧的侧向力。在实际 TBM 施工中，由于在滚刀左侧和右侧同时都有岩槽，使得滚刀的侧向力变化更具有随机性。

滚刀由卸载完成阶段 E 到达到预定贯入度的阶段 F 时，岩石内部的应力分布维持在一个较低水平。滚刀下方的压碎区受到挤压，往滚刀两侧膨胀，使岩石碎片分离出来。

2) 碎片分析

数值模拟中对第二把滚刀作用下的碎片形成过程进行了监测，图 2.50 中 (a)～

(f)分别对应滚刀侵入过程的六个阶段 A～F。与单滚刀破岩数值模拟的岩石碎片产生过程一样，第二把滚刀侵入过程中岩石碎片的显著增加也发生在滚刀卸载阶段。由于滚刀左侧岩石的围压小，滚刀右侧依然保持着较高的压应力水平，因此滚刀右侧岩石优先形成碎片。随着整个压碎区的形成及破坏，滚刀左侧的岩石也逐渐破碎，形成主岩片。

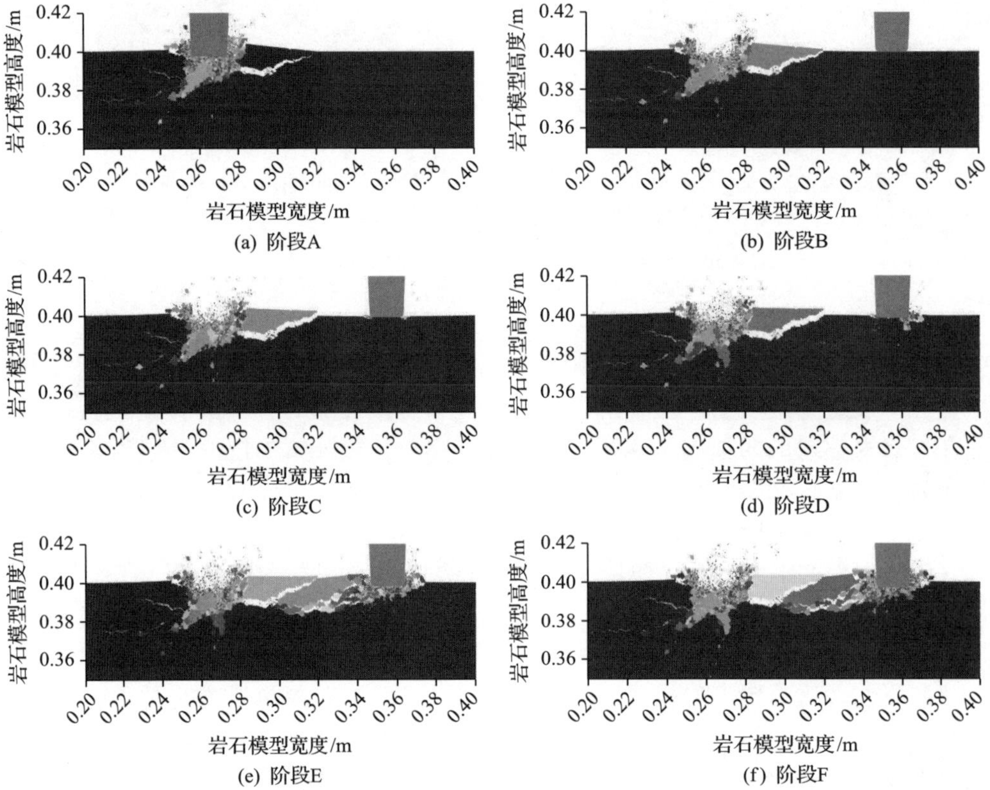

图 2.50　双滚刀侵入下的碎片形成过程

3)滚刀间距的影响

在滚刀组合破岩时，已开挖的岩槽为相邻新侵入的滚刀提供了初始损伤和裂纹分布。随着刀间距的变化，这种相互影响也随之而改变。图 2.51 为不同刀间距的岩石碎片形态。可以看出，在刀间距为 60mm 时，两把滚刀之间的岩石基本被破碎，但是第二把滚刀新产生的碎片都较小，这是由于刀间距小使岩石过度破碎，造成了能量的过度消耗。随着滚刀间距由 60mm 增加到 90mm，可以看到第二把滚刀新产生的主岩片尺寸越来越大。当滚刀间距超过 90mm 时，由于左侧岩槽对新侵入的滚刀影响较小，无法引导右侧滚刀的裂纹扩展，造成无法形成贯通相邻刀槽的大岩片。相反，第二把滚刀右侧的岩石由于依然受到较高的约束应力而先发生失效。表 2.9 统计了不同刀间距下的破岩结果。从图 2.52 可以看出，比能随着刀间距的增加先减少后增加，在刀间距为 90mm 时比能达到最小值，数值模拟结果与相应的室内滚刀线性切割破岩试验结果具有较好的一致性。另外，碎片平均面积随刀间距的变化趋势与比能相反，说明在相同做功条件下，碎片尺寸越大则破岩效率越高，因此碎片的尺寸分布和形状可以在一定程度上反映破岩效率。

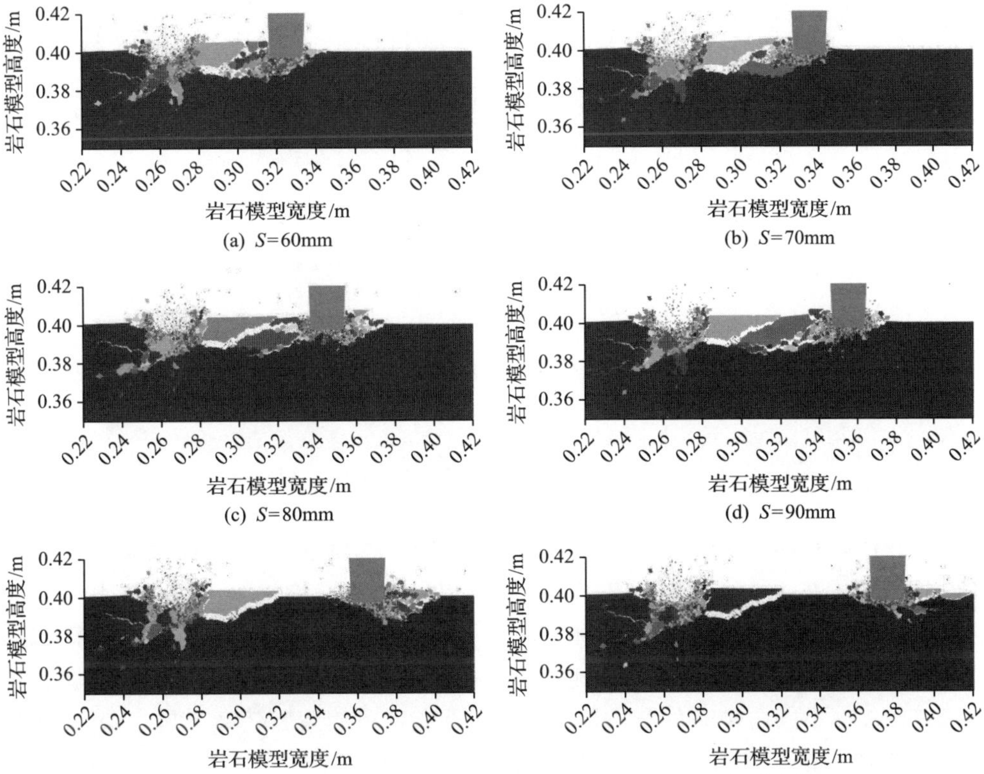

(a) S=60mm　(b) S=70mm　(c) S=80mm　(d) S=90mm　(e) S=100mm　(f) S=110mm

图 2.51　不同刀间距的岩石碎片形态

表 2.9　不同刀间距下的破岩结果

刀间距 /mm	总能量 /kJ	渣片总面积 /mm^2	碎片个数 /个	平均碎块面积 /mm^2	声发射事件数	比能 /(MJ/m^3)	实验室比能 /(MJ/m^3)
60	28.77	1296	1513	0.857	31231	22.19	57.9
70	28.78	1318	1446	0.911	29814	21.84	53.3
80	32.13	1637	1615	1.013	36105	19.62	48.9
90	31.32	1691	1596	1.059	34557	18.52	40.0
100	30.25	1331	1621	0.821	33445	22.72	41.6
110	29.24	1198	1469	0.816	32188	24.40	—

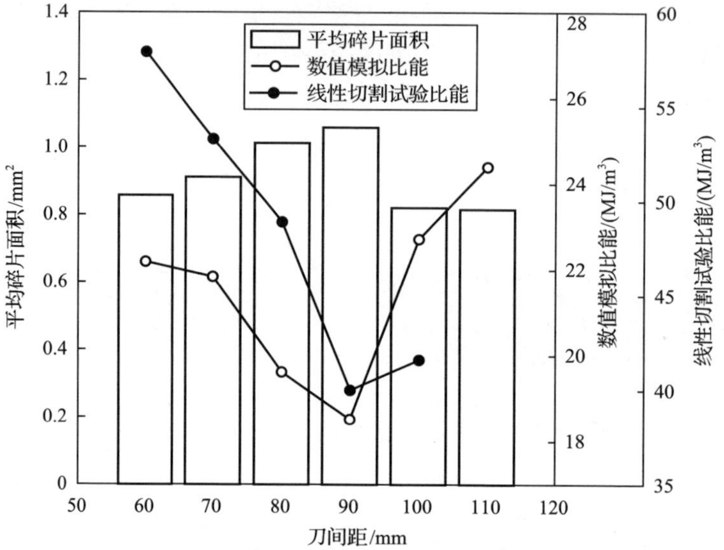

图 2.52　不同刀间距下的比能和平均碎片面积

2.3　现场掘进试验

TBM 现场掘进试验可以从三方面考虑影响 TBM 掘进的主要因素，包括：①机器参数，如刀盘直径、滚刀直径、滚刀间距、刀具磨损等；②岩体条件，如岩石强度、脆性、节理间距、节理方向以及岩体环境条件等；③TBM 运行参数，包括 TBM 运行过程中的刀盘转速、推力、扭矩等。因此现场掘进试验能够真实反映 TBM 在不同岩体条件和不同 TBM 运行参数下的破岩效率，是为探究 TBM 刀盘与岩体的相互作用关系的基础，为优化 TBM 在不同岩体条件下的施工参数提供依据。现场掘进试验分为分步掘进试验与连续掘进试验，其试验设计与成果整理见文献[31]。本节将介绍锦屏Ⅱ级水电站 TBM 施工引水隧洞及排水隧洞的现场掘进试验成果，分析不同地应力条件与层厚对岩-机作用的影响。

2.3.1　不同地应力对现场掘进的影响

锦屏Ⅱ级水电站位于雅砻江下游河段锦屏大河湾锦屏山内，通过 4 条引水隧洞开挖截直引水发电，由于在前期辅助洞的施工中发现有严重的涌水问题，因此在引水隧洞掘进前，先行施工一条施工排水隧洞。其中 1#、3#引水隧洞与施工排水隧洞采用 TBM 施工，两台开挖引水隧洞的 TBM 直径为 12.4m，开挖施工排水隧洞的 TBM 直径为 7.2m，虽然刀盘直径不同，但控制 TBM 掘进效率的机械参数(即滚刀尺寸与滚刀间距)基本一致，因此三条隧洞的现场掘进试验结果可用于比较分析。三条隧洞试验段的岩体参数及地应力条件如表 2.10 所示，试验均以控制推力逐级加载的方式进行，每一级推力掘进时间为 5～10min，即在每个试验步 TBM 掘进转数达到 25～50r，以保证试验结果能较准确地反映 TBM 的掘进效果[32]。

表 2.10　锦屏 Ⅱ 级掘进试验段岩体参数与地应力条件

开挖段	单轴抗压强度/MPa	抗拉强度/MPa	脆性指标	埋深/m	初始应力状态/MPa			节理参数 J_v/(条/m³)	节理与隧洞轴线夹角/(°)
					σ_h	σ_H	σ_v		
1#引水隧洞	82.95	5.03	16.29	1800	28	25	32	0	0
3#引水隧洞	105.01	5.25	20.03	1300	21	23	31	7.33	80
施工排水隧洞	136.80	4.10	33.37	2000	30	34	61	1.1	20.7

1#引水隧洞 TBM 掘进试验点掌子面岩性为盐塘组 T_{2y}^5 灰白色细晶厚层大理岩，掌子面岩石新鲜，节理不发育。处理 1#引水隧洞的 TBM 掘进试验数据得到滚刀法向力、扭矩与贯入度的关系如图 2.53 所示。试验过程中对每一级推力产生的岩渣进行拍照，发现随着滚刀法向力的增加，渣片量及块度明显增加。然而推力增加至最后两级时，渣片形态没有明显变化，此时虽然掘进速度增加，但岩石破碎的效率没有提升，反而引起刀盘剧烈振动，巨大的推力还会加大滚刀磨损，这说明 TBM 操作参数的设定不合理。

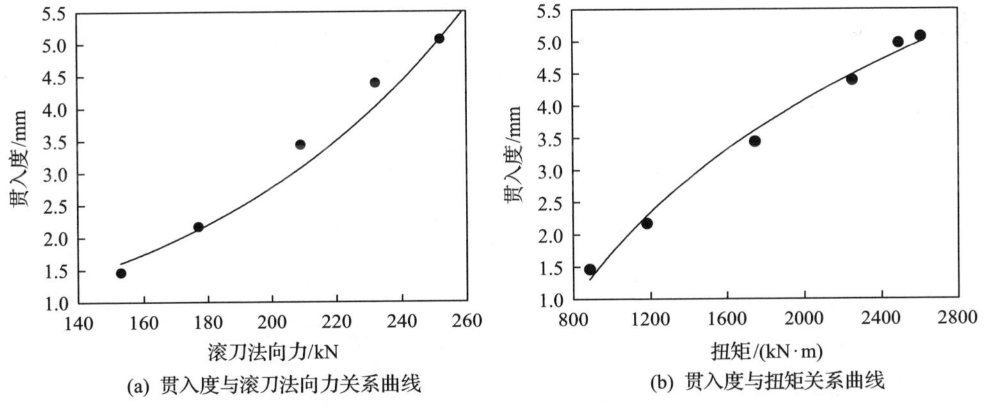

(a) 贯入度与滚刀法向力关系曲线　(b) 贯入度与扭矩关系曲线

图 2.53　1#引水隧洞掘进试验结果

3#引水隧洞 TBM 掘进试验点掌子面岩性为盐塘组 T_{2y}^4 灰黑色细晶中薄层大理岩，该处掌子面岩石新鲜，发育有一组节理，节理间距为 1.5m 左右，节理产状为 NW75°/SW∠80°，与隧洞轴线方向夹角 10°。另外观测到层面，产状为 NE40°/SE∠80°，层厚 10～20cm，与隧洞轴线方向夹角为 80°左右，节理面及层面上可见水锈状附着物，节理面风化程度不大。处理 3#引水隧洞的 TBM 掘进试验数据得到滚刀法向力、扭矩与贯入度的关系如图 2.54 所示。试验过程中收集每一级推力产生的岩渣并进行筛分，测量典型大岩片的三向尺寸。发现渣片尺寸与长度基本随贯入度的增大而增大，特别是在第 5 级推力后其变化更为显著，渣片形态由短而薄逐渐向长而厚变化，说明破岩效率随推力增大而增加。

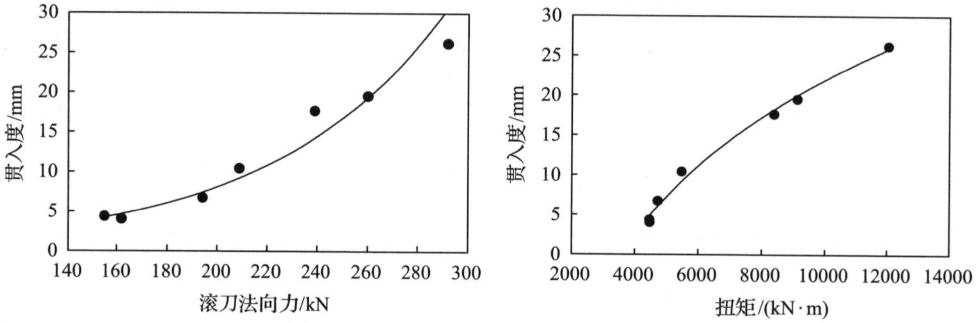

(a) 贯入度与滚刀法向力关系曲线　(b) 贯入度与扭矩关系曲线

图 2.54　3#引水隧洞掘进试验结果

施工排水隧洞 TBM 掘进试验点掌子面岩性为白山组 T_{2b} 灰白色粗晶厚层大理岩，岩石新鲜，无节理发育。掌子面局部不平整，有滚刀破岩后留下的深凹槽和高地应力作用下的岩体开裂。处理试验数据得到滚刀法向力、扭矩与贯入度的关系如图 2.55 所示。试验过程中也进行了岩渣分析，结果与 3#引水隧洞的情况不同，渣片的尺寸随着推力的提升而变小，形态由 1、2 级推力下的长而薄发展为 3、4 级推力下的短而厚。这表明在高地应力条件下，采用相对较小的推力有利于提高破岩效率。

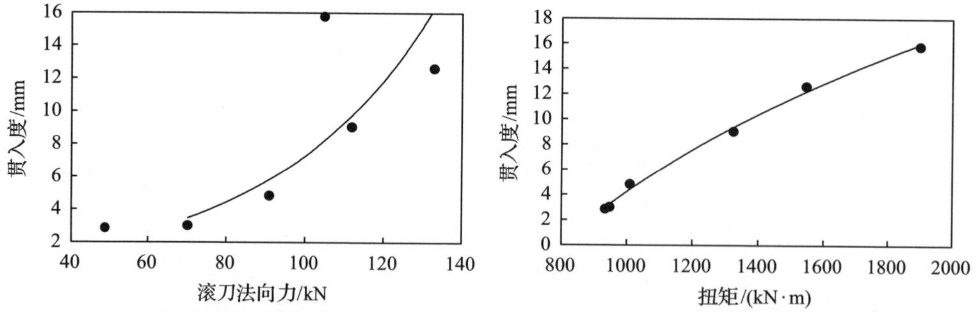

(a) 贯入度与滚刀法向力关系曲线　(b) 贯入度与扭矩关系曲线

图 2.55　施工排水隧洞掘进试验结果

在三种不同地应力条件下的掘进试验中，滚刀法向力、扭矩均与贯入度呈正相关关系，存在一定的非线性，即随着贯入度的增加，滚刀法向力的增长率降低而扭矩的增长率提升，这与室内破岩试验的规律一致。1#引水隧洞试验点的地应力尚不足以引起掌子面岩石破坏，地应力仅增加了掌子面岩体的围压，降低了破岩效率，地应力对滚刀破岩有抑制作用。3#引水隧洞试验点中最大主应力与掌子面及大理岩层交界面平行，地应力促使岩石破坏，TBM 掘进变得更为容易，贯入度显著增大。施工排水隧洞试验点地应力极高，现场有片帮现象发生，地应力提高了滚刀破岩的效率，虽然贯入度随推力增加而显著增长，但宜采用相对较小的推力。

2.3.2　不同层厚对现场掘进的影响

基于现场岩体素描与 TBM 掘进施工记录，选取典型薄层、中薄层、厚及巨厚层大理岩进行连续掘进试验，从掌子面情况、TBM 掘进效果、岩渣情况来分析高地应力作用下不同层面间距对 TBM 开挖的影响[33]。

薄层岩体条件位于 1#引水隧洞，岩性为盐塘组 T_{2y}^{6} 黑色细晶大理岩，层面较薄，层厚为 5～15cm，产状为 NW15°/N∠70°，与洞轴线夹角 60°，掌子面不平整，存在较大的塌坑。岩石单轴抗压强度为 92.54MPa，岩体脆性指数为 16.86，x、y、z 方向地应力分别为 33MPa、28MPa、42MPa。掘进参数设定为推力 11000kN、转速 3r/min、贯入度 17mm。

中薄层岩体条件位于 3#引水隧洞，岩性为盐塘组 $T_{2y}^{5\text{-}1}$ 黑色细晶大理岩，岩层厚度 30～40cm，产状为 N30°E/SE∠85°，与隧洞轴线夹角 80°，此外存在一组节理，节理产状为 N10°W/WS∠85°，与隧洞轴线夹角 10°，掌子面中下部有 2 处塌坑，塌坑深度 30～50cm。从塌坑中能见到层面，层面上有铁锈物质渲染。岩石单轴抗压强度为 92.44MPa，岩体脆性指数为 19.79，x、y、z 方向地应力分别为 25MPa、28MPa、35MPa。掘进参数设定为推力 19800kN、转速 5r/min、贯入度 10mm。

厚及巨厚层岩体条件位于 3#引水隧洞，岩性为盐塘组 $T_{2y}^{5\text{-}2}$ 灰白色大理岩，未见层面，掌子面存在两组节理，J_1 产状 NW78°/W∠80°，与洞轴线夹角 20°，节理间距 2.5m，局部有水锈；J_2 节理有水锈，掌子面仅见一条。岩石单轴抗压强度为 73.64MPa，岩体脆性指数为 16.29，x、y、z 方向地应力分别为 34MPa、29MPa、51MPa。掘进参数设定为推力 21000kN、转速 5r/min、贯入度 8.5mm。

TBM 在层状岩体中运行时，其破岩过程不同程度受到层面厚度的影响。从试验过程中 TBM 实时参数的记录可以分析出层面厚度分别约为 10cm、30cm 和 55cm，这与掌子面素描和照片基本一致。以滚刀法向力与贯入度的比值作为评价岩体可掘性的指标，TBM 在薄层面、中薄层面和厚层面中运行时，岩体的可掘性指数分别在 10kN/mm、20kN/mm、30kN/mm 左右，即层面越薄，或者节理越多，岩体越容易破碎。但从 TBM 掘进速度上来看，TBM 在薄层面情况下的贯入度约为 15mm，在中薄层面中约为 12mm，而在厚层面条件下约为 8mm，整体呈现出掘进速度随节理间距增加而贯入度略有减小的趋势。滚刀法向力在薄层面、中薄层面、厚和巨厚层面分别为 140kN、160～180kN、270kN，这主要是层面厚度、地应力情况与 TBM 运行参数相协调的结果，当贯入度达到一定程度时，节理间距减小引起 TBM 刀盘振动增加，滚刀冲击加大，不宜再增加刀盘推力。从破岩机制来看，在层面为薄层的情况下，其岩石破碎过程基本属于外力导致的拉裂，它包括了在滚刀力作用下裂隙的开展，以及高地应力条件下层面的张裂和岩层的脆断。岩块形成过程伴随掌子面大量掉块及失稳，TBM 刀盘振动较大，掘进速度较快。当层面为中薄层面时，TBM 的破岩过程既包括 TBM 正常掘进破岩的岩渣形成过程，也包括掘进受层面影响产生不规则岩块的过程，呈现连续交替出现的情况，从运行参数上也可以看出，扭矩、掘进速度、岩体可掘性参数都呈现平稳—波动—平稳的周期性变化形式，岩石渣片也出现正常岩片—大量大块岩片—正常岩片的连续过程。对于厚及巨厚层的层状岩体而言，TBM 的破岩过程与完整岩体的破岩过程相仿，属于滚刀间挤压、拉裂形成岩渣过程，但由于此处高地应力的影响，掌子面会形成凹凸不平的小坑。

在不发生强烈岩爆的情况下，岩体内部的地应力损伤促进了 TBM 的掘进，从运行参数上看，TBM 的扭矩、推力、掘进速度都趋于稳定。从施工措施看，在 TBM 的施工过程中应根据层面厚度调节 TBM 的运行参数，以实现 TBM 施工效果的最优，在层面较薄的情况下，应适当降低刀盘转速并减小推力，保证 TBM 的平稳运行和减小清渣工作的负担，而在层面较厚的情况下，应增大刀盘转速并提高 TBM 的推力，提高施工效率。

2.4 TBM 岩-机作用模型

2.4.1 TBM 岩-机作用模型介绍

TBM 岩-机作用模型可分为理论模型和经验模型，前者最具代表性的模型为 CSM(Colorado School of Mines)模型，后者为 NTNU(Norwegian University of Science and Technology)模型和围绕现场掘进指数 FPI(field penetration index)构建的模型。

FPI 指数是 TBM 滚刀法向力 F_n 与贯入度 P 的比值，用于评价岩体的可掘性。FPI 消除了油缸总推力、刀盘转速、净掘进速度、滚刀数量的影响，可以对不同 TBM 的掘进性能进行评价。因此将 FPI 引入到 TBM 掘进性能预测当中，根据岩体参数预测 FPI 值，进而利用滚刀法向力得到 TBM 贯入度。从该过程可以看出 FPI 实际隐含着一个简易的岩-机作用模型，首先通过输入岩体参数得到特定的

F_n-P 关系，再通过设定操作参数 F_n 得到岩-机作用的结果——贯入度 P，这也是构建 TBM 岩-机作用模型的基本思路之一。

然而 FPI 模型有一个巨大的局限性，其计算公式的构造决定了 F_n-P 为线性相关，而众多室内破岩试验与现场掘进试验得到的结果显示 F_n-P 应为非线性关系，这意味着在同一掘进步中可以得到不同的 FPI 值。图 2.56 为典型的 F_n-P 关系图，代表 TBM 在一个掘进步中逐渐增加推力得到的贯入度响应。FPI 值即为曲线上某一点与原点构成的直线斜率，图中的三条虚线斜率代表不同操作参数下的 FPI 值，可以看出在单个掘进步中 FPI 随着贯入度增加而减小，并且在贯入度较小时，FPI 值的变化幅度巨大。这说明 FPI 是受 TBM 操作参数影响的指标，在根据现场施工数据库构建 FPI 经验模型时，若数据量较少且 TBM 未处于理想工作状态，获取的 F_n-P 关系将存在显著误差。即便数据库比较理想，也难以采用 FPI 模型进行掘进参数优化，因为模型无法反馈真实的 F_n-P 关系变化，尤其在完整硬岩条件下贯入度较小时，预测误差很大。

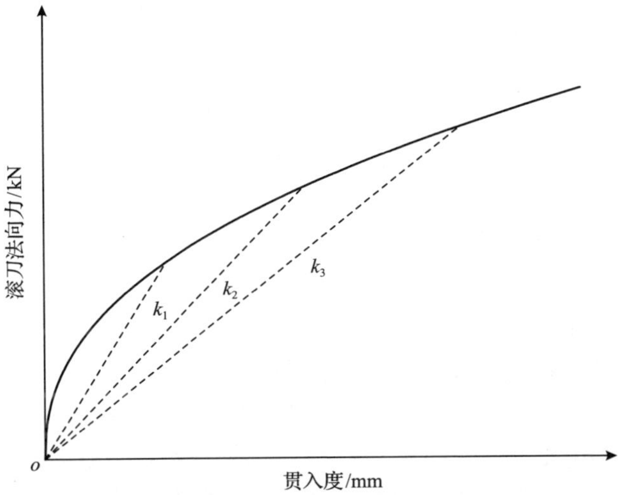

图 2.56 典型滚刀法向力与贯入度关系图

NTNU 模型是基于大量的 TBM 隧道施工数据和地质资料，对岩体参数和设备参数进行回归分析后得到的[34]，它是针对 TBM 施工预测的综合性模型，在滚刀寿命估计、施工成本测算等方面都有涉及，在此仅介绍模型中的贯入度预测部分，其核心预测公式为

$$P=\left(\frac{F_{\mathrm{ekv}}}{F_1}\right)^b \tag{2.13}$$

式中，P 为贯入度，mm；F_{ekv} 为等效滚刀法向力，kN；F_1 为临界滚刀法向力，kN，指贯入度达到 1mm 所需的滚刀法向力；b 为贯入度系数。

参数 F_1 和 b 均由等效岩体系数 K_{ekv} 查表得到，K_{ekv} 是由掌子面节理条件、岩石可钻性指数及孔隙率计算得到，在此通过假定常见的 K_{ekv} 值绘制 F_{ekv}-P 关系图，如图 2.57 所示，K_{ekv} 值越小说明岩体更加完整坚硬，当 $K_{ekv}>2.5$ 时参数 F_1 和 b 的取值变化不大。

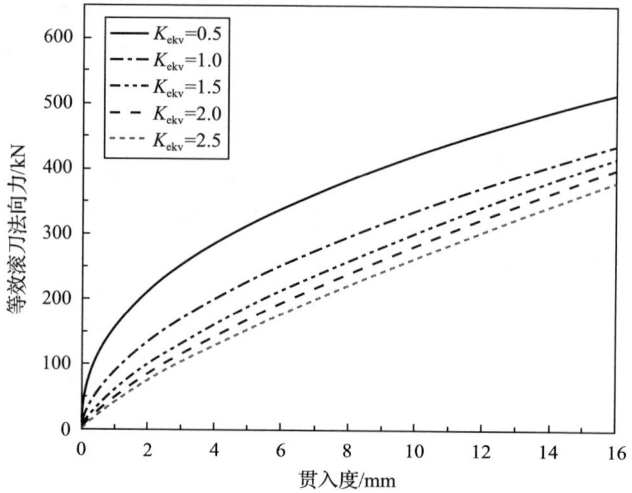

图 2.57　NTNU 模型中等效滚刀法向力与贯入度关系图

由图 2.57 可以看出，NTNU 模型中 F_{ekv}-P 为非线性关系且随岩体条件不断变化，通过特定的岩体条件确立 F_{ekv}-P 曲线后，计算等效滚刀法向力（与滚刀设计法向力、尺寸、刀间距有关）便可预测贯入度 P。NTNU 模型的数据库涵盖了很多工程的岩体条件与机械参数，可称为“通用”的岩-机作用模型，其缺点在于部分参数（如岩石可钻性指数 DRI）由 NTNU 设计的试验得到，试验装置并未推广应用，导致这些参数不易获取，并且模型整体结构较为复杂，推广应用难度大。

1977 年 Ozdemir[1]建立了 CSM 模型，用于预测 V 形滚刀的受力。由于滚刀设计理念的更新换代，Rostami[35]改进了 CSM 模型，用于常截面盘形滚刀的受力预测。CSM 模型是通过滚刀破岩的几何关系进行滚刀受力分析，基于滚刀尺寸、刃宽、刀间距、贯入度和岩石单轴抗压强度及抗拉强度等参数建立非线性的岩-机相互作用模型，如式（2.14）～式（2.18）所示，其中式（2.18）由室内破岩试验数据拟合得到，因此 CSM 模型也可称为半经验模型。

$$F_t = \frac{P^0 \phi R T}{1+\psi} \tag{2.14}$$

$$F_{\mathrm{n}} = F_{\mathrm{t}} \cos\frac{\phi}{2} \tag{2.15}$$

$$F_{\mathrm{r}} = F_{\mathrm{t}} \sin\frac{\phi}{2} \tag{2.16}$$

$$\phi = \cos^{-1}\left(\frac{R-P}{R}\right) \tag{2.17}$$

$$P^{0} = C\sqrt[3]{\frac{S}{\phi\sqrt{RT}}\mathrm{UCS}^{2}\sigma_{\mathrm{t}}} \tag{2.18}$$

式中，F_{t} 为滚刀合力，kN；P^0 为压碎区压强，MPa；ϕ 为岩石与滚刀的接触角，rad；R 为滚刀半径，mm；T 为刃宽，mm；ψ 为与刃尖压力分布相关的常数；P 为滚刀贯入度，mm；C 为常数；S 为滚刀间距，mm；UCS 为岩石单轴抗压强度，MPa；σ_{t} 为岩石抗拉强度，MPa；F_{n} 为滚刀法向力，kN；F_{r} 为滚刀滚动力，kN。

由于 CSM 模型的数据库来自完整岩样的破岩试验，没有考虑岩体节理裂隙对滚刀力的影响，预测的滚刀力偏于保守。虽然 Yagiz[36]和 Ramezanzadeh[37]基于现场掘进数据对 CSM 模型进行了修正，但大都基于某一条隧道的施工记录，样本量过小，其准确性有待检验。

2.4.2　岩体特性模型

基于两个新加坡 TBM 隧道项目的施工数据，龚秋明[31]提出了岩体特性模型(rock mass characteristics，RMC)，该模型假设在一般岩体条件下岩体可掘性指数 FPI 与贯入度 P 呈幂函数关系，大致服从式(2.19)所示关系。

$$\mathrm{FPI} \approx \mathrm{BI}_{(1)}P^{-0.75} \tag{2.19}$$

式中，$\mathrm{BI}_{(1)}$为岩体特征可掘性指数，可理解为 TBM 贯入度为 1mm 时所需滚刀法向力的大小。

该假设来自 TBM 现场掘进试验数据[38]，如图 2.58 所示。可以看出在不同的岩体条件中，P 的幂指数在–0.60～–0.79 范围内变化，式(2.19)最终将幂指数设定为–0.75，此时 FPI 的预测值比实测值稍低。图 2.58 中每条曲线均存在一个临界点，位于贯入度为 0.5～1.0mm，当贯入度小于临界点的时候，FPI 随着掘进速度的降低迅速增加；相反，在掘进速度超过临界值点的时候，FPI 随着贯入度的增加缓慢降低，该规律与室内破岩试验结果相吻合。

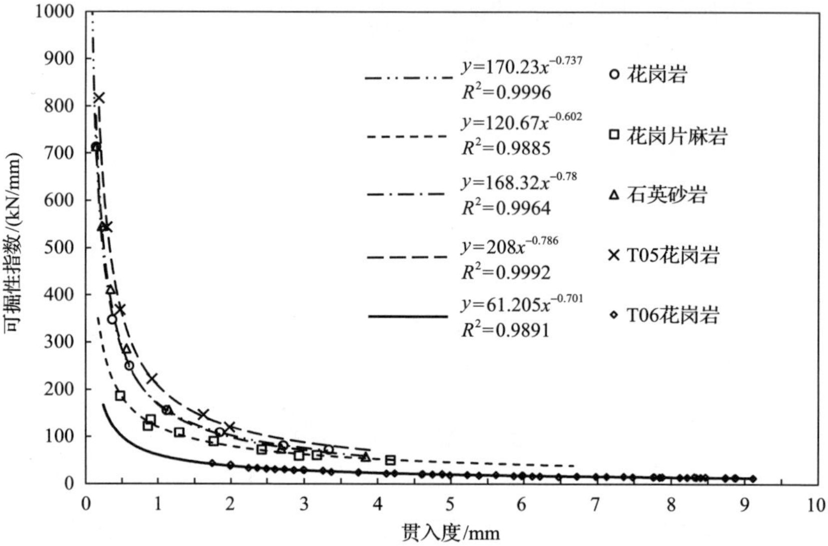

图 2.58　可掘性指数随贯入度的变化

在该假设的基础上，TBM 在不同岩体条件中掘进得到的 FPI-*P* 曲线将有其特定的 $BI_{(1)}$值，可用于比较不同岩体的可掘性。$BI_{(1)}$是贯入度为 1mm 时的 FPI 值，进一步消除了操作参数对定义岩体可掘性的影响。由图 2.58 可以看出，岩体特征可掘性指数在不同岩体中变化范围为 61.2～208kN/mm，它不仅与岩石抗压强度相关，而且和岩体节理分布相关。例如，T05 花岗岩的岩石抗压强度是 172.9MPa，它的岩体特征可掘性指数为 208kN/mm。在花岗片麻岩掘进试验中，岩石抗压强度接近 250MPa，而其岩体特体特征可掘性指数仅为 120.67kN/mm，这说明岩体特征可掘性指数 $BI_{(1)}$可以用于表征岩体的可掘性特征。

将 2.3.1 节中锦屏Ⅱ级水电站引水隧洞的现场掘进试验结果整理成 FPI-*P* 关系图，与正常岩体段数据进行对比，研究高地应力条件对岩-机作用曲线的影响。如图 2.59 所示，高地应力下的岩体可掘性指数 FPI 依旧随贯入度的增大呈不断减小的趋势，但岩体特征可掘性指数 $BI_{(1)}$与幂指数发生了变化。随着地应力的增加，曲线的幂指数明显降低。锦屏 1#引水隧洞、3#引水隧洞、施工排水隧洞掘进试验点的 $BI_{(1)}$值分别为 129.2kN/mm、110.3kN/mm、43.01kN/mm，结合 2.3.1 节的分析，说明不产生岩体板裂化的情况下高地应力条件对完整岩体的破岩有抑制作用；而在岩体产生板裂化的情况下，高地应力条件对 TBM 破岩有促进作用，降低了岩体特征可掘进性指数；在强烈板裂化的情况，岩渣不是随滚刀法向力的增加而增大，而是大块渣片的尺寸变小，岩粉增多，岩体特征可掘进性指数急剧降低。高地应力的作用使岩-机作用曲线发生了变化，不同的岩体对高地应力作用反应不同。

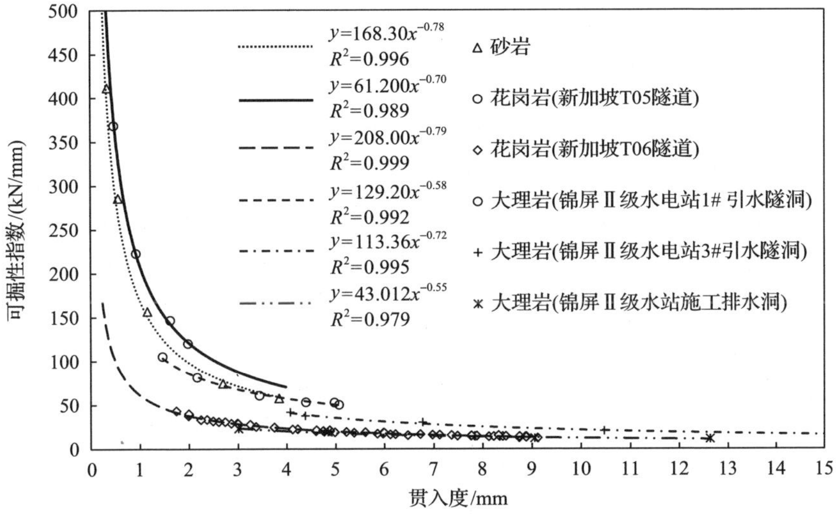

图 2.59 不同地应力条件下可掘性指数与贯入度关系图

虽然可以分析高地应力对式(2.19)的影响趋势，但数据量小难以定量确定高地应力条件下 FPI-*P* 的函数形式。因此暂不考虑地应力的影响，对正常岩体条件下的岩体参数与掘进数据进行反分析，预测不同岩体的特征可掘性指数 $BI_{(1)}$。岩体参数与掘进数据来自新加坡污水处理项目的两条 TBM 施工隧道(T05、T06)，隧道埋深 22～41m，沿线分布有不同风化程度的花岗岩以及部分残积土，经 CERCHAR 磨蚀性试验检测，现场花岗岩的磨蚀性极高。通过长期的现场跟踪，进行掌子面素描并采集岩芯进行岩石物理力学测试，获得精确的岩体参数用于建立模型。最终选用的参数有岩石单轴抗压强度 UCS，岩石脆性指数 *Bi*(由岩石单轴抗压强度与抗拉强度比值计算得出)，体积节理数 J_v 以及最密节理组与洞轴线交角 α。经非线性回归分析，最终得到的模型结果如式(2.20)所示。

$$BI_{(1)} = 37.06\text{UCS}^{0.26} Bi^{-0.10} (0.84e^{-0.05J_v} + e^{-0.09\sin\alpha + 30}) \tag{2.20}$$

将由式(2.20)得到的 $BI_{(1)}$预测结果代入式(2.19)，即可得到待预测岩体的岩-机相互作用曲线，通过设定合理的滚刀法向力即可预测 TBM 贯入度。该岩-机相互作用模型可在施工过程中为操作参数的优化提供参考[30]。

尽管 RMC 模型的数据库中岩体参数分布范围广泛，但岩性单一，用于其他岩性预测时需要重新对 RMC 模型中的常数系数进行修订。由于 RMC 模型尚未考虑滚刀尺寸、刃宽、刀间距参数的影响，以及岩体的地应力和地下水赋存条件，这些参数对 TBM 掘进性能的影响需要更多的现场掘进数据进行补充更新。

2.4.3 中铁装备岩-机关系模型

根据 TBM 掘进参数随时间的变化规律，将 TBM 任一掘进循环划分为空推段、上升段、稳定段和停止段，具体划分方法将在 6.2.3 节中介绍。通过在吉林引松供水工程开展现场掘进试验，对不同地层条件下 TBM 掘进参数上升段数据进行分析发现：①滚刀法向力随贯入度增加而增加，如图 2.60 所示，两者存在明显的线性关系，如式(2.21)所示，而且不同里程处岩体越完整、强度越大，滚刀法向力越大；②刀盘转速对滚刀法向力-贯入度关系的影响不大，如图 2.61 所示，且岩体破碎比能几乎不受转速的影响，如图 2.62 所示，因此，在建立中铁装备岩-机关系(China railway engineering corporation，CREC)模型时不引入转速作为计算参数。

$$F_n = aP + b\ ,\quad R^2 > 0.85 \tag{2.21}$$

式中，F_n 为 TBM 滚刀法向力，kN；P 为贯入度，mm；a 为贯入度对滚刀法向力的影响系数；b 为滚刀侵入岩体并产生有效压痕的最小门槛值。

上升段曲线斜率 $a=\Delta F/\Delta P$，表示滚刀压入岩石后增大单位贯入度所需滚刀法向力的大小。当 P 无限趋近于 0 时 F_n 趋近于 b，b 表示滚刀挤压岩体但并未压入岩体中或尚未在岩体表面产生刻痕时滚刀作用在岩石表面的力的大小，只有当 $F_n > b$ 时才能破碎掌子面岩体，故认为 b 为滚刀破岩门槛值。

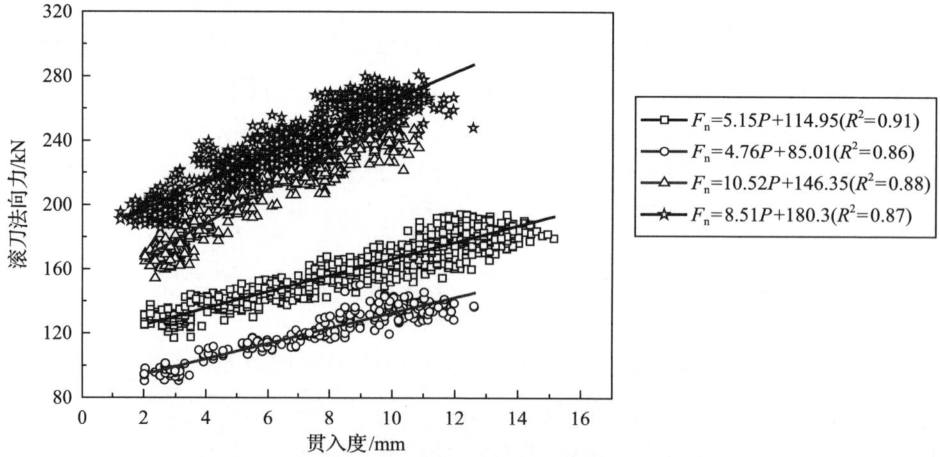

图 2.60　转速相同条件下不同掘进里程的 TBM 滚刀法向力与贯入度关系

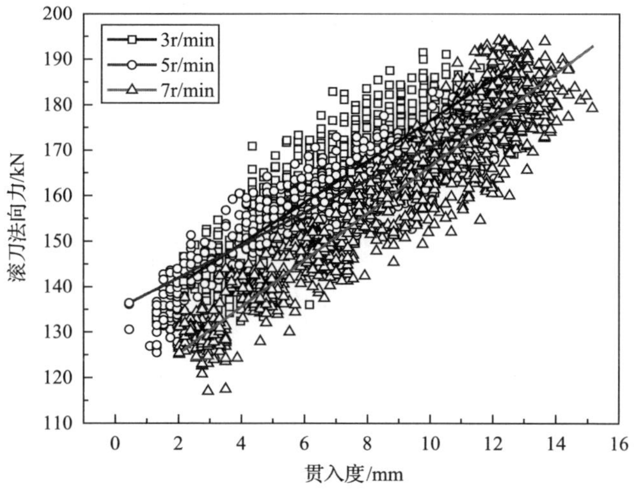

图 2.61　不同转速对滚刀法向力的影响

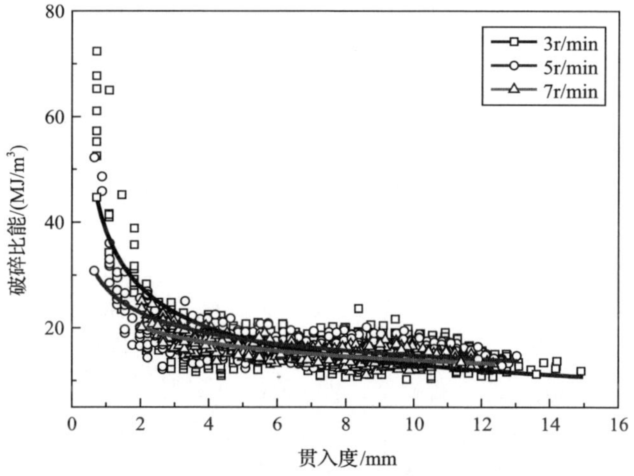

图 2.62　不同转速对破碎比能的影响

随机选取石灰岩地层 196 组掘进循环作为数据样本进行回归拟合，得到 a、b 值区间范围概率分布如图 2.63 所示，a 值的主要分布范围为 6～15，b 值的主要分布范围为 85～185。现场统计发现，当围岩越破碎、强度越低时，a、b 值越小。在掌子面岩体范围内，包含了非常多的裂隙或者节理，当岩体越破碎时，增加单位贯入度所需要的滚刀法向力增量越小，故 a 是与岩体节理数量 J_v 相关的函数。当 P=1mm 时，$F_n=a+b$，表示滚刀压入岩石表面 1mm 时所需滚刀法向力，即滚刀在岩石表面产生 1mm 深的刻痕时滚刀法向力的大小，$a+b$ 表示贯入度为 1mm 时的滚刀破岩力，是与岩体强度和节理条件相关的函数，岩石强度越高，节理数量越少，滚刀破岩所需的法向力越大。因此，a、b 值和岩体参数的相关关系可用式(2.22)和式(2.23)表示。

$$a = f(J_v)\ ,\quad 0<J_v<35 \tag{2.22}$$

$$a + b = g(\mathrm{UCS}, J_v)\ ,\quad 0 < J_v < 35;\ \ 0 < \mathrm{UCS} < 100 \tag{2.23}$$

式中，UCS 为岩石单轴抗压强度，MPa；J_v 为岩体体积节理数，条/m^3。

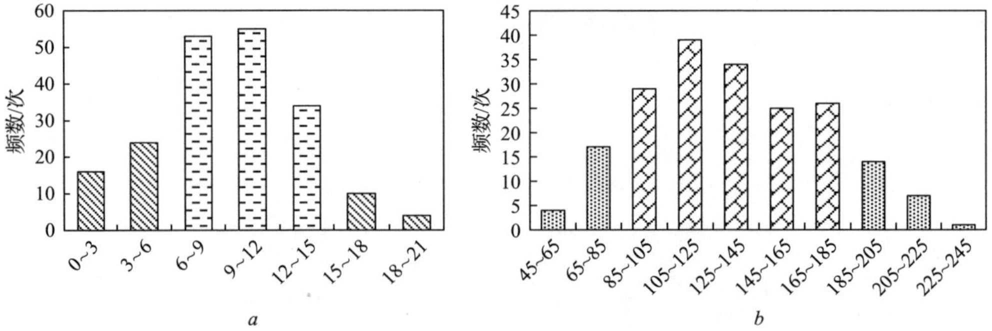

(a) a值区间概率分布　　(b) b值区间概率分布

图 2.63　a、b 值区间范围的概率分布

综上所述，在 TBM 掘进过程中，掘进循环上升段滚刀法向力随贯入度线性增大，该线性关系中的系数是与岩体参数有关的函数，因此，可采用分步回归的方法建立岩体参数与 TBM 掘进参数关系模型。第一步先建立设备运行参数(F_n)和控制参数(P)之间关系模型，称之为设备参数模型；第二步建立岩体参数和第一步设备参数模型中待定系数之间的关系模型；以上两步建立的模型共同构成了岩体参数与 TBM 掘进参数关系模型，即 CREC 模型。

采用分步回归的方法对石灰岩地层岩-机参数数据进行分步回归拟合分析。首先对每组掘进循环上升段贯入度和滚刀法向力数据进行拟合分别得到 a、b 值；然后分别对 a 值与岩体抗压强度 UCS、$a+b$ 与岩体抗压强度 UCS 以及体积节理数 J_v 进行回归拟合；得到石灰岩地层 TBM 性能预测模型，表达式为

$$a = 0.0235J_v^2 - 1.223J_v + 19.825 \tag{2.24}$$

$$a + b = 1.268\mathrm{UCS} - 2.342J_v + 86.019 \tag{2.25}$$

$$F_n = (0.02J_v^2 - 1.2J_v + 19.8)P + (1.3\mathrm{UCS} - 2.3J_v + 86) \tag{2.26}$$

利用 TBM 掘进性能预测模型，通过掘进参数求解岩体参数，提出岩体参数预测方法，可预测 TBM 所掘岩体的抗压强度和体积节理数，经验证该岩体参数

预测准确度能够满足工程需求，为 TBM 操作者根据当前地质条件调整掘进方案提供参考依据。将 TBM 性能预测模型公式变换得到岩体参数预测模型，即

$$\begin{cases} F_{\mathrm{n}} = aP + b \\ \mathrm{UCS} = b + 22.3J_{\mathrm{v}} - 86 \\ J_{\mathrm{v}} = 30 \pm 25\sqrt{0.08a - 0.144} \end{cases} \tag{2.27}$$

CREC 模型目前仅用于评价石灰岩地层中的 TBM 性能表现，当岩性改变时，可以适当调整本模型的参数；当遭遇高地应力地层时，也可以通过增加地应力修正系数的方法使其与之适应，因此本模型拥有良好的可推广性。

参 考 文 献

[1] Ozdemir L. Development of theoretical equations for predicting tunnel borability[D]. Golden: Colorado School of Mines, 1977.

[2] Snowdon R A, Ryley M D, Temporal J. A study of disc cutting in selected British rocks[J]. International Journal of Rock Mechanics and Mining Sciences and Geomechanics Abstracts, 1982, 19(3): 107-121.

[3] Bilgin N, Copur H, Balci C. TBM Excavation in Difficult Ground Conditions: Case Studies from Turkey[M]. New York: John Wiley & Sons, 2016.

[4] Cho J W, Jeon S, Yu S H, et al. Optimum spacing of TBM disc cutters: A numerical simulation using the three-dimensional dynamic fracturing method[J]. Tunnelling and Underground Space Technology, 2010, 25(3): 230-244.

[5] Gong Q M, Du X L, Li Z, et al. Development of a mechanical rock breakage experimental platform[J]. Tunnelling and Underground Space Technology, 2016, 57: 129-136.

[6] 龚秋明, 何冠文, 赵晓豹, 等. 掘进机刀盘滚刀间距对北山花岗岩破岩效率的影响实验研究[J]. 岩土工程学报, 2014, 37(1): 54-60.

[7] 马洪素, 龚秋明, 王驹, 等. 围压对TBM滚刀破岩影响规律的线性切割试验研究[J]. 岩石力学与工程学报, 2016, 35(2): 346-355.

[8] Yin L J, Miao C T, He G W, et al. Study on the influence of joint spacing on rock fragmentation under TBM cutter by linear cutting test[J]. Tunnelling and Underground Space Technology, 2016, 57: 137-144.

[9] 吴帆, 殷丽君, 张浩, 等. 镶齿滚刀破岩机理及效率的旋转破岩试验[J]. 中国公路学报, 2018, 31(10): 150-159.

[10] 龚秋明, 董贵良, 殷丽君, 等. 线性和旋转切割方式滚刀破岩试验对比研究[J]. 施工技术, 2017, 46(11): 61-66.

[11] Maurer W C, Rinehart J S. Impact crater formation in rock[J]. Journal of Applied Physics, 1960, 31(7): 1247-1252.

[12] Bieniawski Z T. Mechanism of brittle fracture of rock: Part I—Theory of the fracture process[J]. International Journal of Rock Mechanics and Mining Sciences and Geomechanics Abstracts, 1967, 4(4): 395-406.

[13] Lawn B R, Wilshaw R. Indentation fracture: Principles and applications[J]. Journal of Materials Science, 1975, 10(6): 1049-1081.

[14] Lawn B R, Swain M V. Microfracture beneath point indentations in brittle solids[J]. Journal of Materials Science, 1975, 10(1): 113-122.

[15] Lindqvist P. Stress fields and subsurface crack propagation of single and multiple rock indentation and disc cutting[J]. Rock Mechanics and Rock Engineering, 1984, 17: 97-112.

[16] Cook N, Hood M, Tsai F. Observations of crack growth in hard rock loaded by an indenter[J]. International Journal of Rock Mechanics and Mining Sciences and Geomechanics Abstracts, 1984, 21(2): 97-107.

[17] Roxborough F F, Phillips H R. Rock excavation by disc cutter[J]. International Journal of Rock Mechanics and Mining Sciences and Geomechanics Abstracts, 1975, 12(12): 361-366.

[18] Gertsch R, Gertsch L, Rostami J. Disc cutting tests in Colorado Red Granite: Implications for TBM performance prediction[J]. International Journal of Rock Mechanics and Mining Sciences, 2007, 44(2): 238-246.

[19] Chiaia B. Fracture mechanisms induced in a brittle material by a hard cutting indenter[J]. International Journal of Solids and Structures, 2001, 38(44): 7747-7768.

[20] Liu H Y, Kou S Q, Lindqvist P A, et al. Numerical simulation of the rock fragmentation process induced by indenters[J]. International Journal of Rock Mechanics and Mining Sciences, 2002, 39(4): 491-505.

[21] Gong Q M, Zhao J, Jiao Y Y. Numerical modeling of the effects of joint orientation on rock fragmentation by TBM cutters[J]. Tunnelling and Underground Space Technology, 2005, 20(2): 183-191.

[22] Gong Q M, Jiao Y Y, Zhao J. Numerical modelling of the effects of joint spacing on rock fragmentation by TBM cutters[J]. Tunnelling and Underground Space Technology, 2006, 21(1): 46-55.

[23] Moon T, Oh J. A study of optimal rock-cutting conditions for hard rock TBM using the discrete element method[J]. Rock Mechanics and Rock Engineering, 2012, 45(5): 837-849.

[24] Cundall P A. A computer model for simulating progressing large-scale movements in blocky systems[C]//Proceedings of the Symposium of the International Society of Rock Mechanics. Rotterdam: A. A Balkema, 1971: 8-12.

[25] Zhao G F. High Performance Computing and the Discrete Element Model: Opportunity and Challenge[M]. London: ISTE Press Ltd., 2015.

[26] Potyondy D O, Cundall P A. A bonded-particle model for rock[J]. International Journal of Rock Mechanics and Mining Sciences, 2004, 41 (8) : 1329-1364.

[27] Ma H S, Yin L J, Ji H G. Numerical study of the effect of confining stress on rock fragmentation by TBM cutters[J]. International Journal of Rock Mechanics and Mining Sciences, 2011, 48 (6) : 1021-1033.

[28] Tuncdemir H, Bilgin N, Copur H, et al. Control of rock cutting efficiency by muck size[J]. International Journal of Rock Mechanics and Mining Sciences, 2008, 45 (2) : 278-288.

[29] Balci C, Tumac D. Investigation into the effects of different rocks on rock cuttability by a V-type disc cutter[J]. Tunnelling and Underground Space Technology, 2012, 30: 183-193.

[30] Gong Q M, Zhao J. Development of a rock mass characteristics model for TBM penetration rate prediction[J]. International Journal of Rock Mechanics and Mining Sciences, 2009, 46 (1) : 8-18.

[31] 龚秋明. 掘进机隧道掘进概论[M]. 北京: 科学出版社, 2014.

[32] Yin L J, Gong Q M, Zhao J. Study on rock mass boreability by TBM penetration test under different in situ stress conditions[J]. Tunnelling and Underground Space Technology, 2014, 43: 413-425.

[33] 龚秋明, 佘祺锐, 王继敏, 等. 不同层厚层状岩体对 TBM 开挖的影响[J]. 岩石力学与工程学报, 2010, 29 (7) : 1442-1449.

[34] Bruland A. Hard Rock Tunnel Boring[D]. Trondheim: Norwegian University of Science and Technology, 1998.

[35] Rostami J. Development of a Force Estimation Model for Rock Fragmentation with Disc Cutters through Theoretical Modeling and Physical Measurement of Crushed Zone Pressure[D]. Golden: Colorado School of Mines, 1997.

[36] Yagiz S. Development of Rock Fracture and Brittleness Indices to Quantify the Effects of Rock Mass Features and Toughness in the CSM Model Basic Penetration for Hard Rock Tunneling Machines[D]. Golden: Colorado School of Mines, 2002.

[37] Ramezanzadeh A. Performance Analysis and Development of New Models for Performance Prediction of Hard Rock TBMs in Rock Mass[D]. Lyon: Institut National des Sciences Appliquées, 2005.

[38] Gong Q M, Zhao J, Jiang Y S. In situ TBM penetration tests and rock mass boreability analysis in hard rock tunnels[J]. Tunnelling and Underground Space Technology, 2007, 22 (3) : 303-316.

第3章　TBM复杂环境不良地质超前探测方法

TBM施工过程中，掌子面前方间或出现的岩溶、断层、破碎岩体等不良地质构造容易引发突水突泥、卡机、塌方等工程地质灾害。工程实践表明，若未能及时探明掌子面前方的致灾构造并采取相应的预处理措施，往往会导致工期延误、机械异常损毁、人员伤亡、甚至被迫停建或改线等严重后果。因此，在TBM施工隧道中应用超前探测手段提前探明掌子面前方的不良地质情况是保障TBM安全高效掘进的关键一环。然而，与钻爆法施工隧道不同，TBM隧道施工环境更为复杂，对超前地质探测方法而言，主要表现在三个方面：①TBM复杂的金属结构和电气系统对地球物理场形成强烈的电磁干扰；②TBM整机占据了隧道内的绝大部分空间，致使可用探测空间十分狭小；③TBM掘进速度快且工序衔接紧密，对探测效率提出了较高要求。因此，TBM隧道复杂环境中的超前地质探测方法应与适用于钻爆法的超前地质探测方法有所区别。本章重点介绍用于水体探测的TBM激发极化超前预报方法和用于断层、破碎带探测的破岩震源地震超前探测方法，以及上述两种方法的TBM机载探测系统和工程实践案例。

3.1　用于水体探测的TBM激发极化超前预报方法

掌子面前方含水体的超前探测是避免TBM隧道遭遇突涌水灾害的关键工序。激发极化法对水体响应敏感，常用于水体探测[1]。TBM激发极化超前预报方法是以探测对象与周围介质之间的激电效应差异为物质基础，通过观测和研究人工建立的激电场分布规律，进行含水构造超前探测。适用于TBM隧道的激发极化超前探测方法采用聚焦测深型观测模式采集观测数据，利用光滑度调节的激发极化反演成像方法获得掌子面前方视电阻率分布，并根据隧道典型含水体超前探测响应特征进行致灾水体空间形态和赋存位置的地质推断。

3.1.1　隧道激发极化超前探测聚焦测深型观测模式

在TBM隧道环境中，观测数据采集需利用掌子面和后方隧道边墙布设供电电极和测量电极，通过采集电位差、半衰时等达到水体探测的目的。由于TBM隧道环境复杂，电磁干扰严重，优选一种能够屏蔽后方干扰且对前方致灾水体响应敏感的观测方式成为首要问题。借鉴聚焦电法和电测深的方法，本节提出了一种用于隧道激发极化超前探测的聚焦测深型观测方式。聚焦测深型观测方式利用了同性电流相互排斥的原理，使掌子面电流产生类似聚束效应，降低了来自掌子面后方的干扰(如 TBM 机械、钢拱架等)。在电法勘探中，通过增大电极距可以增加探测深度，该方法将供电电极向隧道掌子面后方移动，从而使电极极距不断增加，实现对前方不同距离水体信息的感知。

TBM 隧道聚焦测深型观测装置布置如图 3.1 所示，在隧道掌子面上布置阵列式测量电极，组成阵列式测量电极系(测量电极 M_e)，测量电极 M_e 一般不少于 12 个，可采用搭载式电极装置集成于掘进机刀盘上。供电电极系布置在掌子面和隧道轮廓上，第一圈供电电极系包括布置于掌子面靠近中心位置的供电电极(A_0)以及布置于掌子面轮廓线上的 4 个供电电极(A_1～A_4)，其余几圈供电电极在隧道边墙上每隔一定距离布置，每 1 圈 4 个供电电极(供电电极 A_1～A_4)；在隧道后方边墙上布置 2 个无穷远电极(测量电极 N_e 与供电电极 B)，一般测量电极 M_e 与供电电极 B 的间距 BM_e 应大于 10 倍的测量电极 M_e 与供电电极 A 的间距 AM_e。探测开始时，首先向掌子面轮廓上的 4 个供电电极(A_1～A_4)和掌子面上的供电电极(A_0)供入同极性电流，测量电极分别采用二极法和三极法装置进行数据采集。采集完毕后，更换下一圈供电电极进行供电，此时掌子面上的供电电极(A_0)不再供电，继续通过测量电极进行数据采集，直到供电电极系移动到预定位置探测结束，实现移动式测深。供电电极系一般布设不少于 15 圈，最后一圈供电电极系距离掌子面的距离不低于 80m。

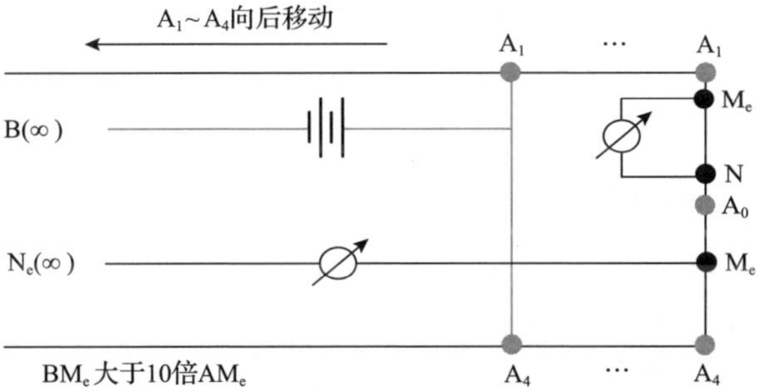

图 3.1　聚焦测深型探测示意图

多同性源供电在理论上能使电流向掌子面前方聚焦，并可以一定程度压制掌子面后方及旁侧的干扰，多同性源电极向掌子面后方移动，增大供电电极与测量电极极距实现测深，能够有效获取掌子面前方不同距离有效信息。通过数值计算、模型试验和现场试验，发现同性源供电电极和测量电极之间的距离的改变能够使该观测形式具备向前测深的能力，探测范围可达到前方 30m。

针对 TBM 隧道聚焦测深型观测模式的聚焦效应，开展单点探测和聚焦探测的数值模拟，绘制单点探测和聚焦探测的电流线分布图以及电流密度云图，如图 3.2 (a) 与 (c) 可以看出，采用聚焦测深型观测方式时，掌

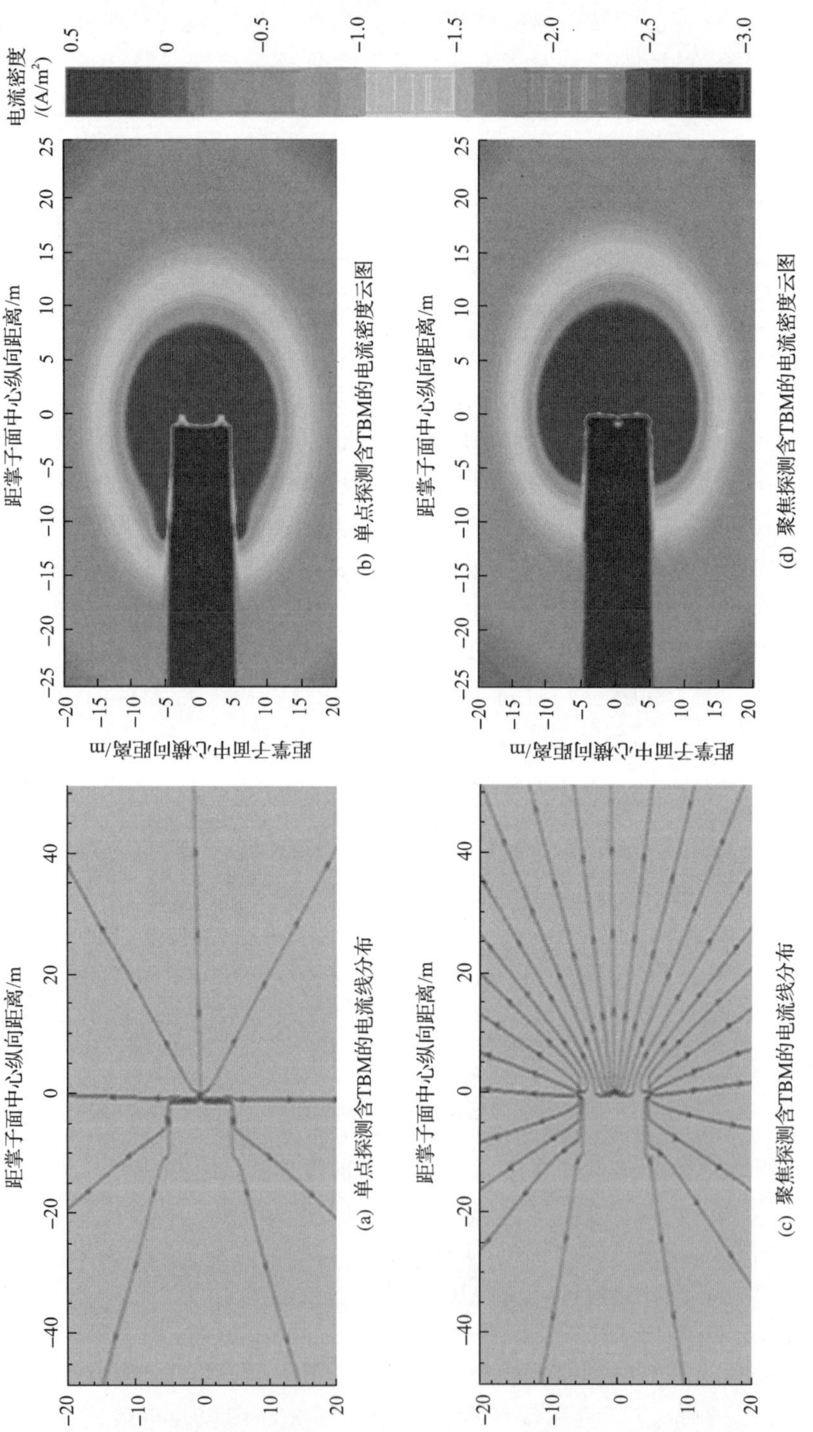

图 3.2　TBM环境单点与聚焦探测电流线分布图和电流密度云图

子面前方的电流线高于单点供电模式下的电流线，且在模拟 TBM 所在的区域中，聚焦测深型观测装置电流少于单点供电模式下的电流；同时，通过对比图 3.2(b)与图 3.2(d)可以看出，在掌子面前方相等距离处，聚焦测深型观测装置形成电流密度更大。因此，聚焦测深观测装置可压制 TBM 干扰，并使得掌子面前方电流更强，利于获取有效观测数据。

为研究掌子面附近低阻干扰对单点探测和聚焦探测数据异常的影响程度，分别开展单点探测和聚焦探测数值模拟，研究 TBM 隧道刀盘和护盾存在时对探测数据的影响。

在两组模型掌子面前方 10m 处设置 30m×30m×2m 大小的低阻体，不同探测情况的视电阻率曲线和异常比曲线如图 3.3(c)所示。可以看出，当不存在 TBM 干扰时，视电阻率为 100Ω·m；而存在 TBM 干扰时，视电阻率低于 100Ω·m。与此同时，数值模拟结果表明，在隧道掌子面存在刀盘和护盾时，数值模拟结果表明聚焦探测模式受 TBM 的干扰低于单点探测模式的响应，且当 TBM 与围岩脱离接触以后聚焦探测模式所受 TBM 的干扰更小。因此，聚焦探测模式对于掌子面附近的干扰具有一定压制作用。

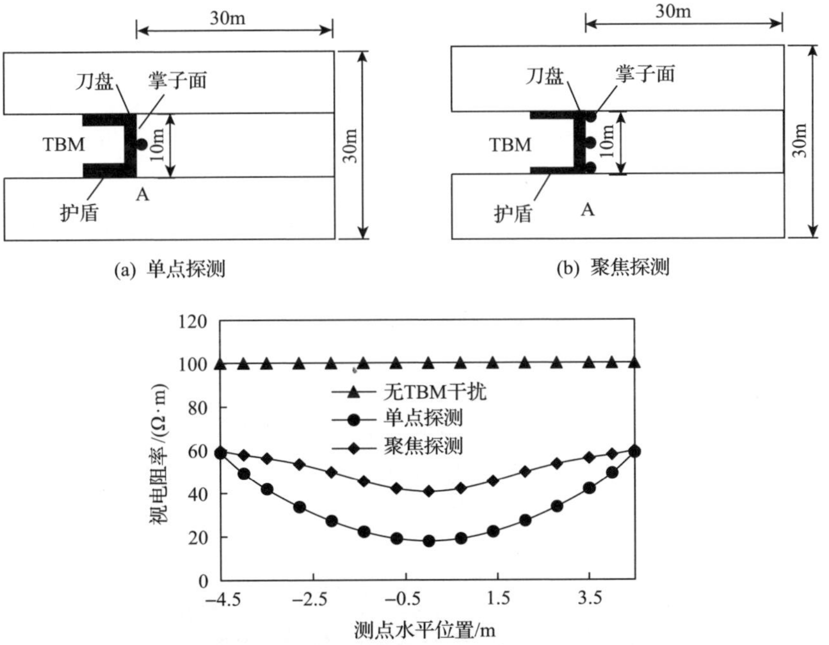

(a) 单点探测　(b) 聚焦探测

(c) 单点与聚焦模式干扰响应对比

图 3.3　TBM 环境单点与聚焦探测干扰响应对比

隧道探测环境复杂，隧道台车等施工机械额外增加了隧道电磁环境的复杂性，对探测产生了严重干扰。尤其对于采用 TBM 施工工法的隧道，TBM 隧道中可用观测空间小，TBM 刀盘、护盾、撑靴等金属构件干扰电场严重。因此，为了将激发极化技术用于 TBM 环境，进行了系统研究和专门改进，提出了一套 TBM 干扰的处理办法：①数据采集之前，使 TBM 刀盘后退，撑靴脱离边墙；②采用聚焦观测装置进行数据采集。采取以上措施后，为了进一步压制干扰，针对隧道激发极化超前探测聚焦测深型观测模式又提出了 TBM 干扰去除算法。

采用聚焦观测模式、增大接触电阻后，针对剩余 TBM 干扰，采用干扰去除算法进一步去除观测数据的干扰。基于有/无 TBM 的数据类比，提出了 TBM 干扰的去除方法，具体步骤如下：

(1) 实测和仿真干扰特征。TBM 干扰特征获取流程如图 3.4 所示。采集 TBM 进场前无干扰数据，记录为 U_1；采集 TBM 进场后干扰数据，记录为 U_2，对观测数据进行对比分析，数值模拟得到 TBM 干扰特征，如图 3.5～图 3.7 所示。图 3.5

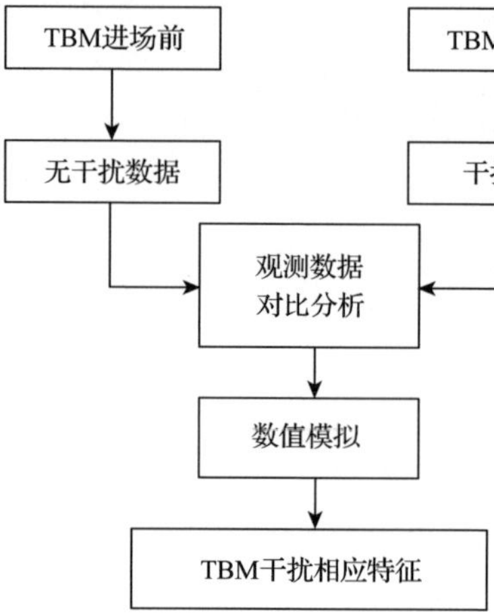

图 3.4　TBM 干扰特征获取流程

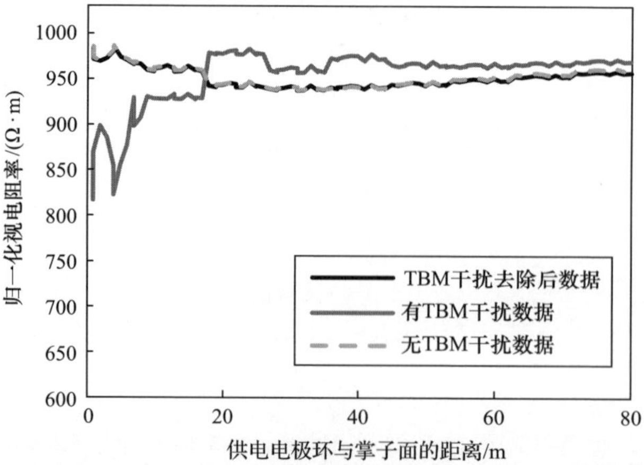

图 3.5　TBM 干扰去除方法数值模拟(工况 1)

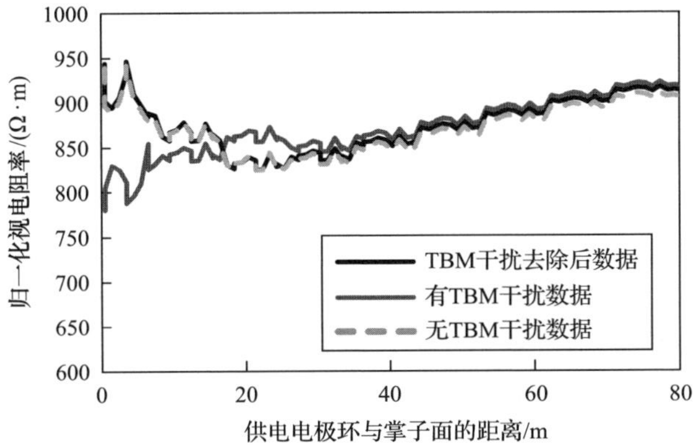

图 3.6　TBM 干扰去除数值模拟(工况 2)

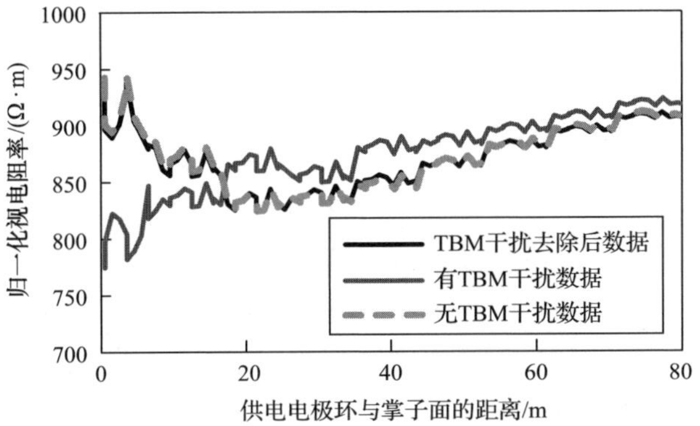

图 3.7　TBM 干扰去除数值模拟(工况 3)

中工况 1 为低阻异常体距离掌子面 28m 时的数值模拟，图 3.6 中工况 2 为低阻异常体距离掌子面 18m 时的数值模拟，图 3.7 中工况 3 为低阻异常体距离掌子面 12m 时的数值模拟。

(2) 求取 TBM 干扰电位。根据实测和仿真得到的干扰特征，进而求取由 TBM 干扰引起的电位。

(3) 归一化干扰电位减除。在进行实际工程运用时，采集 TBM 施工隧道的实际观测电位 U_s，通过减除由 TBM 干扰引起的电位差值 ΔU，再对视电阻率进行归一化处理，得到去除干扰后的等效视电阻率。

$$\rho_s' = \frac{U_1 U_s + U_1 U_2 - U_1^2}{I^2 \rho_b} \tag{3.1}$$

式中，U_1 为无 TBM 且无异常体的电位；U_2 为有 TBM 干扰且无异常体的电位；U_s 为实际探测有 TBM 干扰且有异常体的实测电位；ρ_b 为围岩背景视电阻率；I 为探测电流。

存在 TBM 干扰、无 TBM 干扰以及 TBM 去除干扰后的数据对比如图 3.5～图 3.7 所示，结果显示，采用 TBM 干扰去除方法处理后的视电阻率曲线干扰降低。

3.1.2 基于距离加权函数的反演成像方法

激发极化反演通过观测视电阻率数据重建地下电性参数的分布模型，是实现地下异常体空间定位的主要手段。目前通常采用的线性反演方法存在依赖初始模型，易陷入局部最优、反演精度不足等问题，尤其对于 TBM 隧道超前探测而言，往往对较远距离的低阻体成像不准确，例如把较远距离的异常体映射到掌子面附近的浅部位置，不能很好地反映含水构造等异常体的真实位置。针对上述问题，考虑应用隧道聚焦测深型观测模式，提出一种基于深度加权函数的激发极化反演成像方法。

由于随着异常体距离掌子面深度 z 的增大，观测数据的敏感性(即敏感度矩阵 $\boldsymbol{A}_{\mathrm{s}}$)迅速衰减，导致视电阻率反演没有固有的深度分辨率，使得常规光滑约束反演存在较远距离异常体过度集中到浅部的问题。为了克服由于核矩阵中的值随深度的增加而迅速减小的问题，需引进一个合适的调节函数来“抵消”核函数随深度增加而快速衰减。为了提高较远距离网格数据的敏感性，采用减小较远距离网格光滑度等效补偿对应深度敏感度的思路，利用敏感度矩阵 $\boldsymbol{A}_{\mathrm{s}}$ 随深度 z 增加而减小的特点，构造一个权重调节函数施加在光滑度矩阵中，使得光滑度随深度 z 增加而减小，从而实现对敏感度矩阵 $\boldsymbol{A}_{\mathrm{s}}$ 的反向补偿。光滑度调节函数如式(3.2)所示。

$$w_{\mathrm{m},Z} = \alpha \sum_{y=1}^{n_Y} \sum_{x=1}^{n_X} \sum_{i=1}^{n} \boldsymbol{A}_{\mathrm{s}i}(x, y, h) \tag{3.2}$$

式中，α 为一常数，其取值为 $\alpha = 1\Bigg/\left[\sum_{z=1}^{n_Z} \sum_{y=1}^{n_Y} \sum_{x=1}^{n_X} \sum_{i=1}^{n} \boldsymbol{A}_{\mathrm{s}i}(x, y, z)\right]$；$x$、$y$、$z$ 为异常体的位置坐标；n_X、n_Y、n_Z 为反演区域中 X、Y、Z 三个方向的单元数量；h 为反演单元与掌子面平面的垂直距离；n 为观测数据的数量。

通过该调节函数，可以近似表达核函数的衰减效应，将其引入到激发极化法视电阻率反演中，则携带光滑度调节函数的视电阻率反演目标函数模型约束项可以写成[2]

$$\phi_{\mathrm{m}} = \lambda(\Delta \boldsymbol{m}^{\mathrm{T}} \boldsymbol{C}_X^{\mathrm{T}} \boldsymbol{\varLambda}_X \boldsymbol{C}_X \Delta \boldsymbol{m} + \Delta \boldsymbol{m}^{\mathrm{T}} \boldsymbol{C}_Y^{\mathrm{T}} \boldsymbol{\varLambda}_Y \boldsymbol{C}_Y \Delta \boldsymbol{m} + \Delta \boldsymbol{m}^{\mathrm{T}} \boldsymbol{C}_Z^{\mathrm{T}} \boldsymbol{\varLambda}_Z \boldsymbol{C}_Z \Delta \boldsymbol{m}) \tag{3.3}$$

式中，λ 为拉格朗日常数，用于控制数据方差项和模型方差项之前的权重；$\Delta \boldsymbol{m}$ 为模型参数增量向量；$\boldsymbol{C}_X$、$\boldsymbol{C}_Y$ 与 $\boldsymbol{C}_Z$ 为 X、Y 与 Z 方向的光滑度矩阵；$\boldsymbol{\varLambda}_X$、$\boldsymbol{\varLambda}_Y$ 与 $\boldsymbol{\varLambda}_Z$

为加权对角阵。

$$\begin{cases} \boldsymbol{\varLambda}_{Xi} = \dfrac{1}{(\Delta x_i)^2}\left[w_{\mathrm{m},Z}\right]^2 \\ \boldsymbol{\varLambda}_{Yi} = \dfrac{1}{(\Delta y_i)^2}\left[w_{\mathrm{m},Z}\right]^2 \\ \boldsymbol{\varLambda}_{Zi} = \dfrac{1}{(\Delta z_i)^2}\left[w_{\mathrm{m},Z}\right]^2 \end{cases} \tag{3.4}$$

在反演目标函数中同时施加光滑度调节函数和数据加权函数，则包含光滑度调节函数与数据加权函数的激发极化反演目标函数为

$$\begin{aligned} \boldsymbol{\Phi} &= \phi_{\mathrm{d}} + \lambda\phi_{\mathrm{m}} \\ &= \boldsymbol{W}_{\mathrm{d}}^{\mathrm{T}}(\Delta\boldsymbol{d} - \boldsymbol{A}_{\mathrm{s}}\Delta\boldsymbol{m})^{\mathrm{T}}W_{\mathrm{d}}(\Delta\boldsymbol{d} - \boldsymbol{A}_{\mathrm{s}}\Delta\boldsymbol{m}) \\ &\quad + \lambda(\Delta\boldsymbol{m}^{\mathrm{T}}\boldsymbol{C}_X^{\mathrm{T}}\boldsymbol{\varLambda}_X\boldsymbol{C}_X\Delta\boldsymbol{m} + \Delta\boldsymbol{m}^{\mathrm{T}}\boldsymbol{C}_Y^{\mathrm{T}}\boldsymbol{\varLambda}_Y\boldsymbol{C}_Y\Delta\boldsymbol{m} + \Delta\boldsymbol{m}^{\mathrm{T}}\boldsymbol{C}_Z^{\mathrm{T}}\boldsymbol{\varLambda}_Z\boldsymbol{C}_Z\Delta\boldsymbol{m}) \end{aligned} \tag{3.5}$$

式中，ϕ_{d} 为实际观测数据与理论正演观测数据的方差；ϕ_{m} 为相邻的网络视电阻率的差异程度；λ 为 ϕ_{d} 与 ϕ_{m} 的权重；$\Delta\boldsymbol{d}$ 为实测数据与正演理论数据的差向量；W_{d}=diag$\{w_{\mathrm{d}1}, w_{\mathrm{d}2}, \cdots, w_{\mathrm{d}n}\}$，$w_{\mathrm{d}i}(i=1, 2, \cdots, n)$为第 i 个观测数据的标准差，n 为观测数据的数量。

对应的反演方程为

$$\left[(W_{\mathrm{d}}\boldsymbol{A})^{\mathrm{T}}W_{\mathrm{d}}\boldsymbol{A} + \lambda(\boldsymbol{C}_X^{\mathrm{T}}\boldsymbol{\varLambda}_X\boldsymbol{C}_X + \boldsymbol{C}_Y^{\mathrm{T}}\boldsymbol{\varLambda}_Y\boldsymbol{C}_Y + \boldsymbol{C}_Z^{\mathrm{T}}\boldsymbol{\varLambda}_Z\boldsymbol{C}_Z)\right]\Delta\boldsymbol{m} = (W_{\mathrm{d}}\boldsymbol{A}_{\mathrm{s}})^{\mathrm{T}}W_{\mathrm{d}}\Delta\boldsymbol{d} \tag{3.6}$$

因此，通过在反演方程中施加观测数据加权函数与光滑度调节函数，可以提高“携带较远距离异常体信息”观测数据对目标函数贡献的权重，弥补构造模型随深度快速衰减的缺陷，从而改善反演结果过度集中在浅部的问题，提高对较远距离异常体的定位精度。

3.1.3　典型含水体超前探测响应特征分析

研究典型突水突泥灾害源的地球物理响应特征对于解译和识别地质异常，做出合理准确的判断具有重要意义。本节针对隧道开挖的两类典型异常体——充水充泥岩溶体和富水夹泥断裂带的超前探测响应特征进行介绍。

1. 充水充泥岩溶体的激发极化超前探测响应特征

在隧道模型掌子面前方距离 d 处设置 4m×4m×4m 低阻充水溶洞，其溶洞与掌子面的距离 d 依次设置为 8m、11m、15m、22m，模型设置如图 3.8(a)所示，

反演成像效果和定位效果如图 3.8(b)～(e)所示，结合系统的反演数值模拟总结出充水充泥岩溶体的成像特征和规律：在反演图像中呈现的团状低视电阻率区域是充水充泥岩溶体存在的特征；反演图像的视电阻率值随深度增大而增大。在实际工程应用中，可以根据反演成像特征进行充水充泥岩溶体定位。

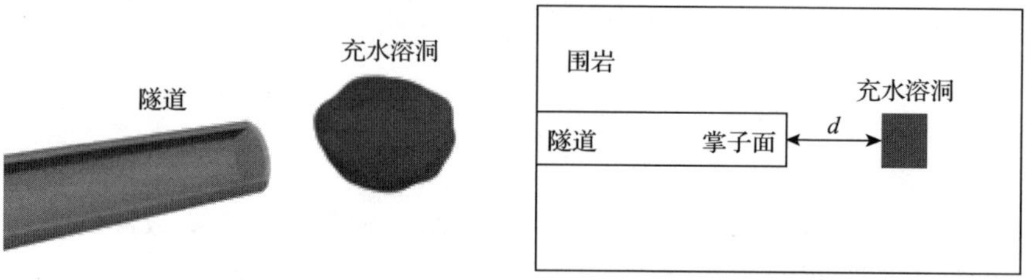

(a) 充水充泥岩溶体计算模型

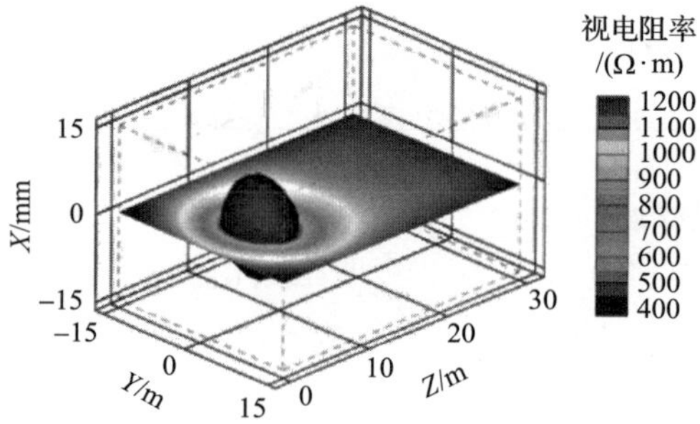

(b) $Z=8m$

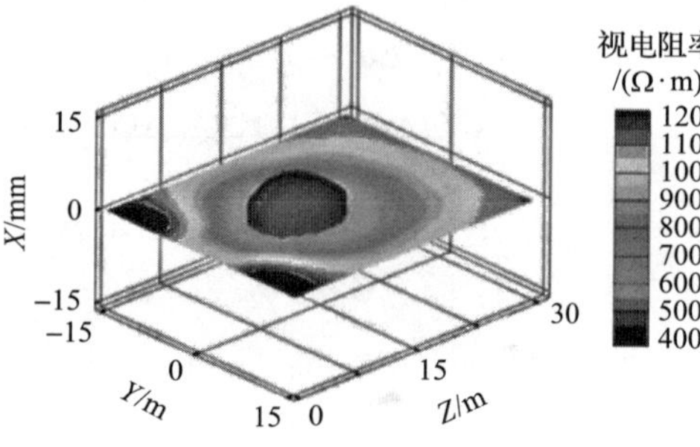

(c) $Z=11m$

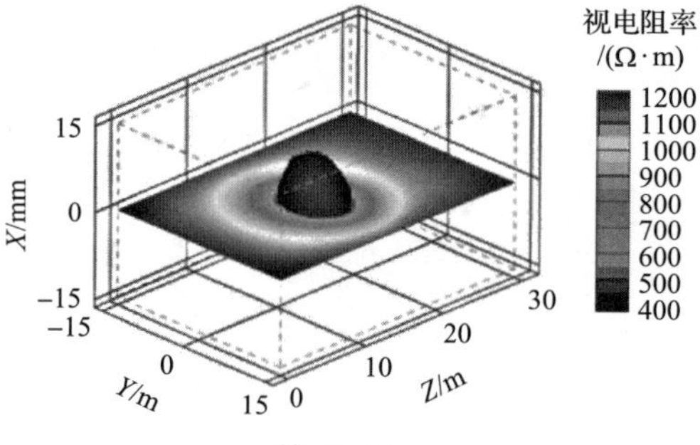

(d) $Z=15m$

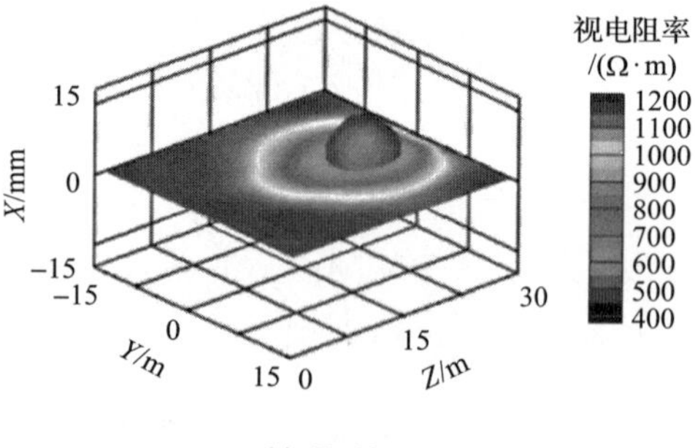

(e) $Z=22m$

图 3.8　充水充泥岩溶体数值模拟结果

2. 富水夹泥断裂带的激发极化超前探测响应特征

在隧道模型掌子面前方距离 d 处设置导水断层，导水断层与掌子面的距离 d 依次设置为 8m、11m、15m、22m，模型设置如图 3.9(a)所示，反演成像效果和定位效果如图 3.9(b)～(e)所示。结合系统的激发极化反演数值模拟，总结出富水夹泥断裂带的成像特征和规律：富水夹泥断裂带在反演图像中呈现板状低视电阻率区域的特征；反演图像的定位精度，随着含水构造的深度增加而逐渐降低，其反演的形态有增大趋势；富水夹泥断裂带的位置与形态与反演成像相似。在实际工程应用中，可以根据反演结果直接给出富水夹泥断裂带的位置。

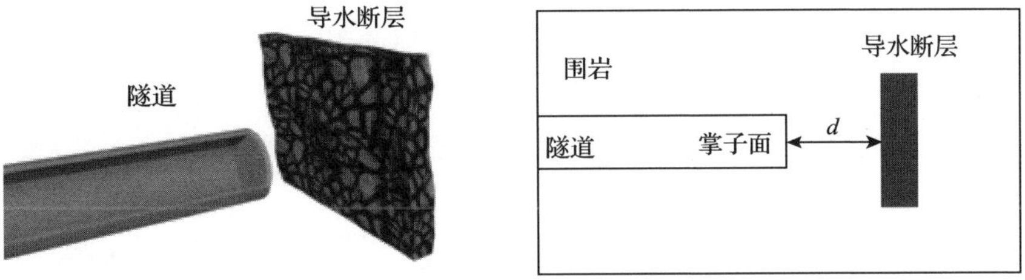

(a) 导水断层计算模型

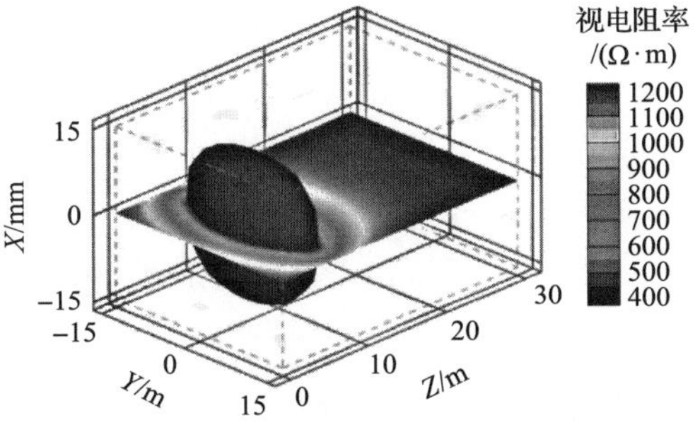

(b) $Z=8\text{m}$

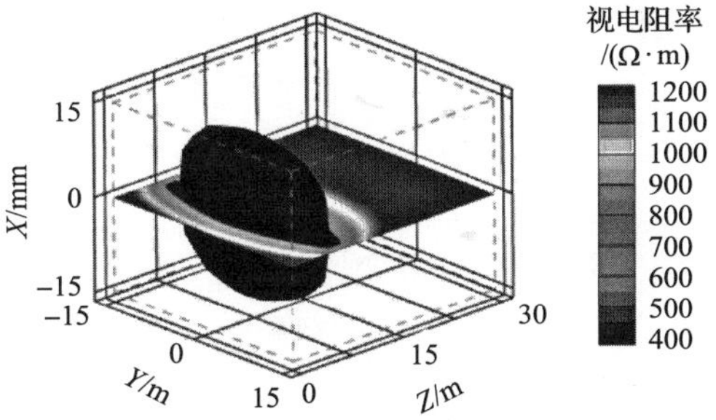

(c) $Z=11\text{m}$

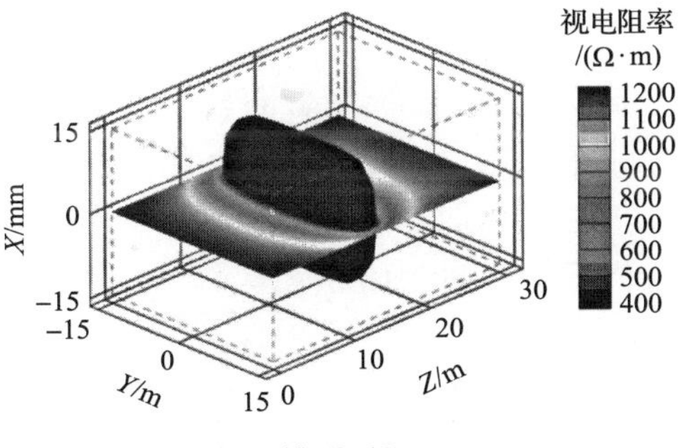

(d) $Z=15\text{m}$

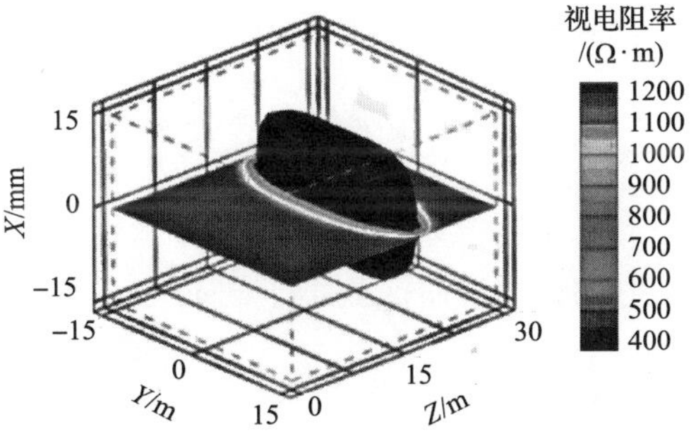

(e) $Z=22\text{m}$

图3.9　富水夹泥断裂带数值模拟结果

3. 含水体水量估算方法

针对孔隙裂隙型含水体，应采用基于半衰时之差的水量估算方法。根据大电流和小电流供电下的半衰时数据求得半衰时之差，绘制半衰时之差曲线求取半衰时之差与横轴的包络面积，利用半衰时之差的包络面积与水量间的正相关关系，通过对实际工程长期探测积累，不断修正半衰时之差与水量的拟合关系式进行水量估算。在激发极化水量探测时，在同一水文地质单元中，经过前期探测积累建立数据库；通过开挖验证数据积累可得包络面积与水量的统计关系，进而可利用这个统计关系对水量进行估算。

针对溶洞水等较大水体，可采用基于低阻区域体积估计的水量估算方法。首先对反演结果中低视电阻率区域进行提取，得到低阻异常体的空间展布，进而计算出低阻异常体的体积，同时通过地质资料获取该段围岩的孔隙度，最后用低阻异常体的体积乘以孔隙度系数可以估算该预报范围的水量。

3.2 用于断层等不良地质探测的破岩震源地震超前探测方法

TBM 破岩震源超前探测是一种适用于 TBM 施工隧道的超前预报方法，不同于传统的隧道主动震源(如炸药、锤击等)地震超前预报方法，它利用 TBM 掘进过程中刀具破岩震动作为震源，能够随 TBM 掘进边掘边探，是一种适应 TBM 施工的快速探测方法，应用前景广阔[3~6]。该方法主要利用不良地质体与周围岩体介质之间的弹性性质差异，通过观测和研究 TBM 破岩震动产生的地震波在岩体中的传播规律，来推测探测掌子面前方的地质情况，探测目标主要为存在明显波阻抗差异的断层破碎带等不良地质体。

3.2.1 TBM 破岩震源地震观测方式及波场特征分析

1. TBM 破岩震源地震的观测方式

TBM 破岩震源超前探测是在刀盘后方安装先导传感器近似获取破岩震动信号，在 TBM 隧道边墙上安装接收传感器采集破岩震动在地层中传播引起的地震信号，通过将先导传感器信号与接收传感器信号进行地震干涉处理，恢复出有效反射信息，进而探测掌子面前方的不良地质情况，如图 3.10 所示。

2. TBM 破岩震源地震的波场特征分析

为系统性研究破岩震源信号特征，开展了系统的现场试验[7]，对实测破岩震源信号的时域和频域特征进行了分析研究。典型信号如图 3.11 和图 3.12 所示，可以看出：从时域上看，TBM 破岩震源信号为连续信号，信号波形与噪声信号的形态特征比较接近；从频域上看，TBM 破岩震源信号主频范围为 50～100Hz，与现场实测时 TBM 刀盘转动的频率比较接近，但同时存在工频干扰以及掘进过程中皮带运输、电机振动、人工噪声等方面的干扰，多种波场在时域和频域相互重叠，使其破岩震源信号变得非常复杂。

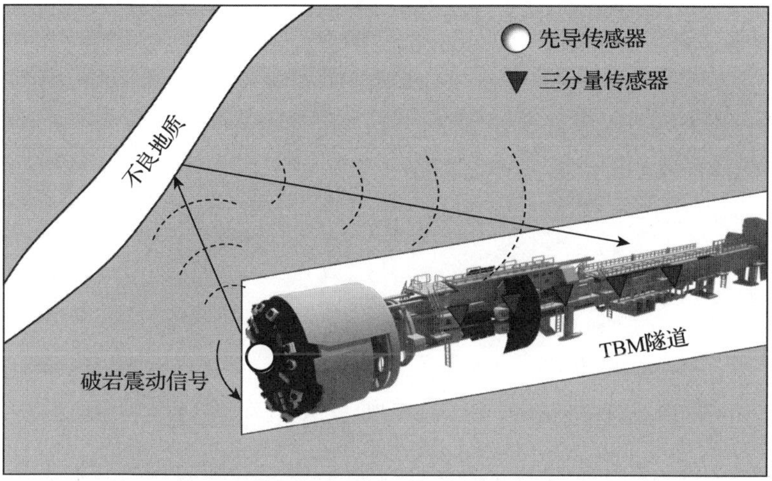

图 3.10　TBM 破岩震源地震波超前探测方法观测方式示意图

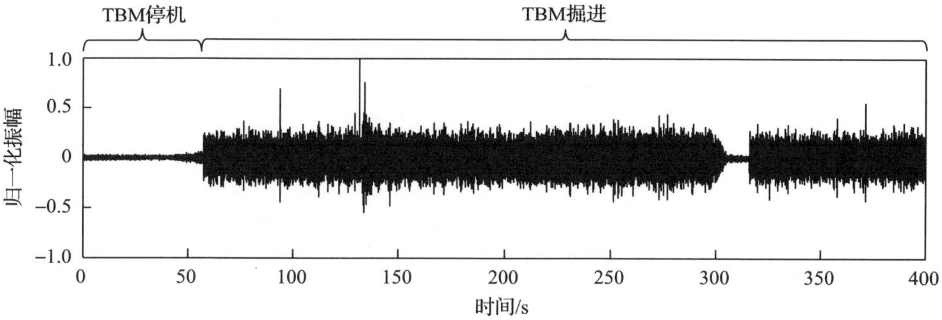

图 3.11　TBM 掘进与停机期间的破岩震源信号对比

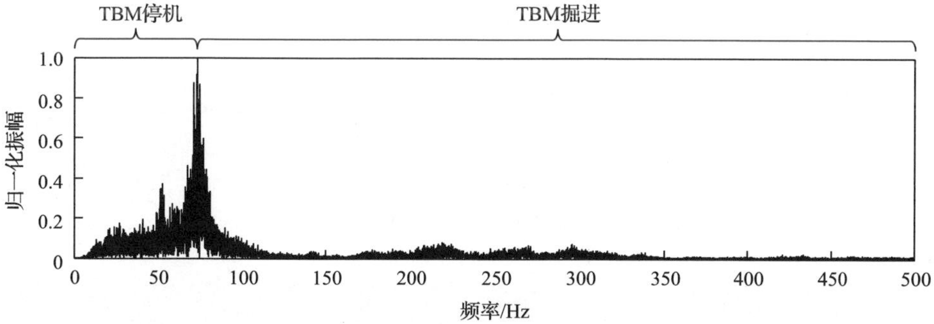

图 3.12　典型 TBM 破岩震源信号的频谱

在此基础上，结合 TBM 实际工作情况进行了 TBM 破岩震动信号的数值模拟，揭示了典型不良地质体条件下的破岩震源地震波场特征及传播规律。以 90°岩性分界面模型为例，采用如图 3.13 所示的正演模型和观测方式，分别以雷克子波(震源位于掌子面中心位置）和 TBM 破岩震动为震源，开展了破岩震源地震波正演模拟。

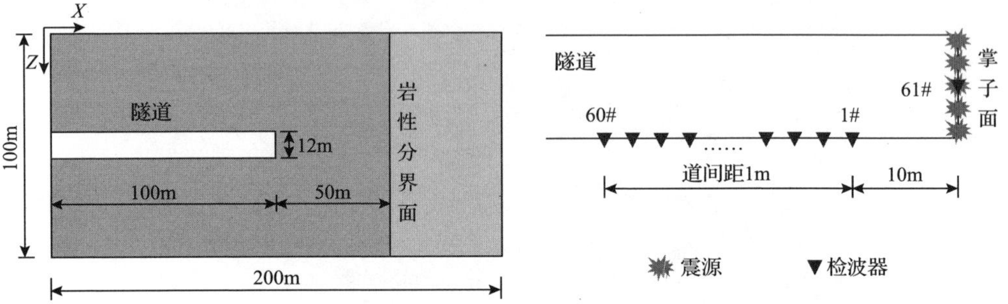

(a) 正演模型　　(b) 震源和检波器分布情况

图 3.13　TBM 破岩震源正演模拟（以 90°岩性分界面模型为例）

如图 3.14 所示，分别选取在时间 T=16ms、T=28ms、T=40ms 时的波场快照进行对比分析，可以看出，当采用雷克子波震源时，能够明显区分直达纵波 P、直达横波 S，在 28ms 时遇到反射界面，会产生反射纵波 PP、透射纵波 TP、由纵波产生的反射转换横波 PS；在 40ms 时，波场变得更加复杂，除纵波产生的反射、透射和转换波外，可看到反射横波 SS、透射横波 TS、下边界的反射波 B1。当采用 TBM 破岩震源时，掌子面多个震源相互作用下形成复杂的地震波场，波场快照中直达纵波和横波能量最强，两者混叠在一起难以区分，当遇到反射界面时能够看到明显的透射波，但由于反射波能量较弱，在波场快照中难以分辨出来，另外，与雷克子波这种脉冲震源不同，在整个正演模拟过程中 TBM 破岩震源是持续激发的，直达波能量一直保持在相对较高的水平，对有效的反射信息造成干扰。

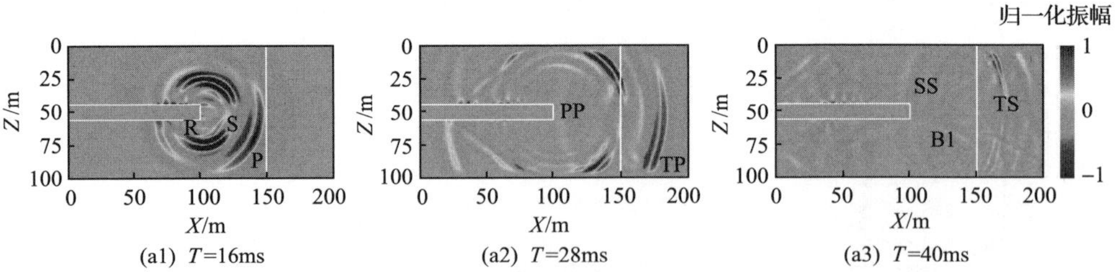

(a1) T=16ms　　(a2) T=28ms　　(a3) T=40ms

(a) 雷克子波震源 X 分量波场快照

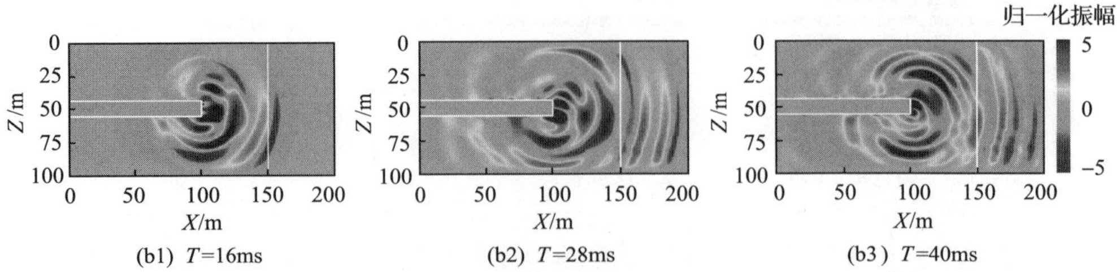

(b1) T=16ms　　(b2) T=28ms　　(b3) T=40ms

(b) TBM破岩震源 X 分量波场快照

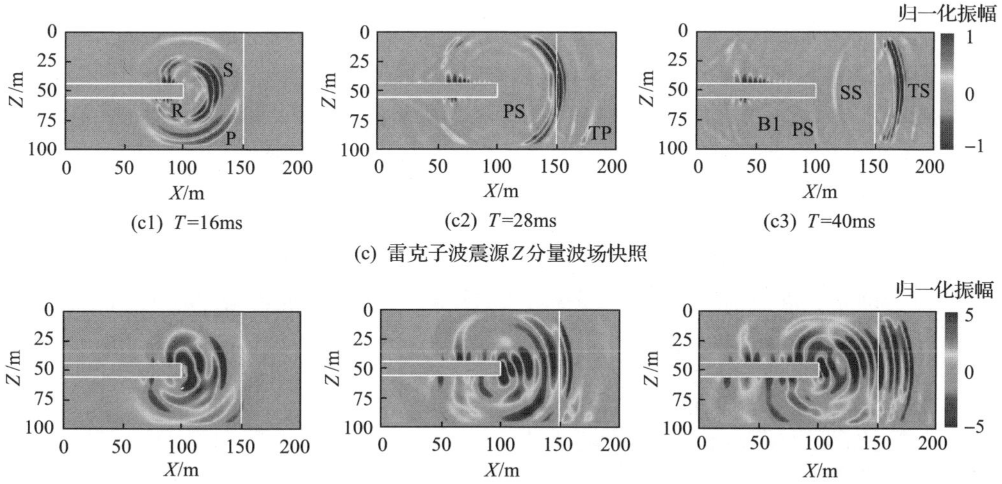

(c1) T=16ms　(c2) T=28ms　(c3) T=40ms

(c) 雷克子波震源 Z 分量波场快照

(d1) T=16ms　(d2) T=28ms　(d3) T=40ms

(d) TBM破岩震源 Z 分量波场快照

图 3.14　90°岩性分界面模型不同震源条件下的波场快照

不同震源条件下得到的检波器地震记录如图 3.15 所示(仅选取了前 0.1s 时间内的地震记录)，可以看出，雷克子波震源地震记录经过自动增益处理(auto gain control，AGC)后，结合波场快照，能够区分出直达波(P、S)、岩性分界面反射波

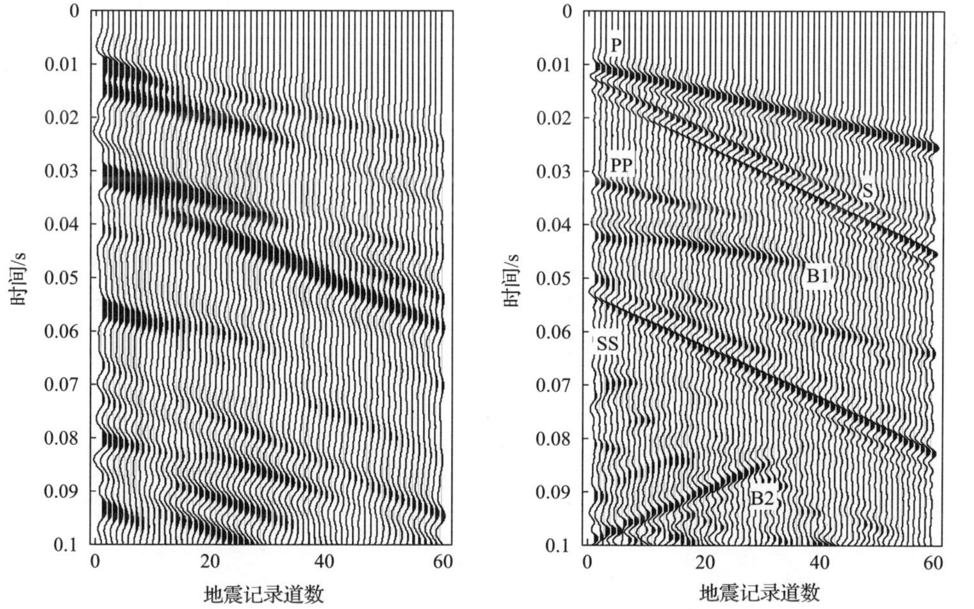

(a) TBM破岩震源 X 分量地震记录　(b) 雷克子波震源 X 分量地震记录(AGC后)

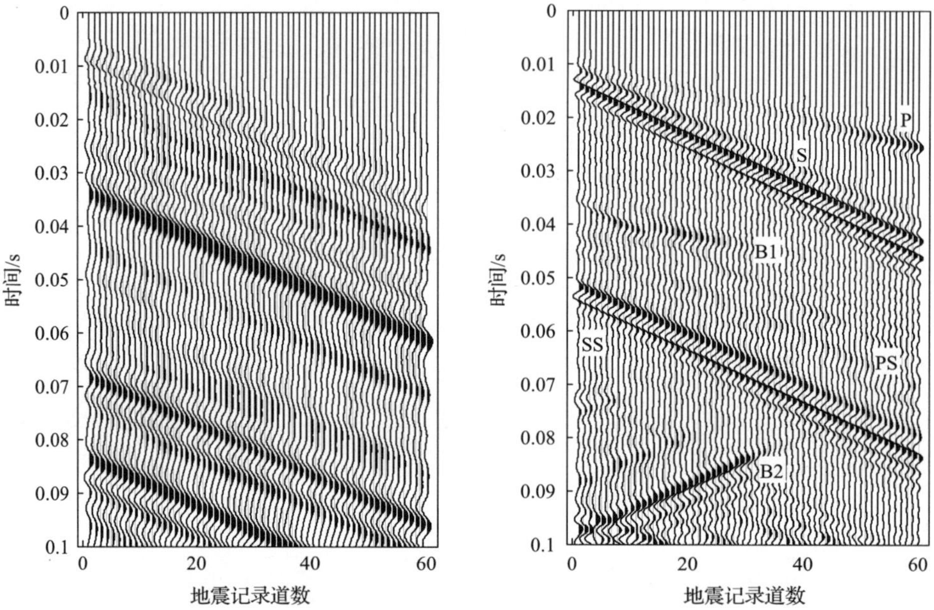

(c) TBM破岩震源Z分量地震记录　　(d) 雷克子波震源Z分量地震记录(AGC后)

图 3.15　90°岩性分界面模型不同震源条件下的地震记录

(PP、PS、SS)、模型边界产生的干扰波(B1、B2)。相比之下，TBM 破岩震源形成的地震记录中以直达波为主，且能量较强，给地震记录识别带来较大干扰，导致有效的反射波信息难以被区分出来。

3.2.2　基于光滑约束互相干干涉的 TBM 破岩震源波场特征恢复

通过 TBM 破岩震源的特征总结和正演模拟可以看出，TBM 破岩震源是一种不可控的连续震源，得到的地震记录无法按照传统地震勘探的方法进行处理和解释。为使这种非常规震源激励条件下的地震记录变得可处理，需要对 TBM 破岩震源地震信号进行波场特征恢复处理，得到相当于脉冲震源激励条件下的地震记录，其基本流程如图 3.16 所示。

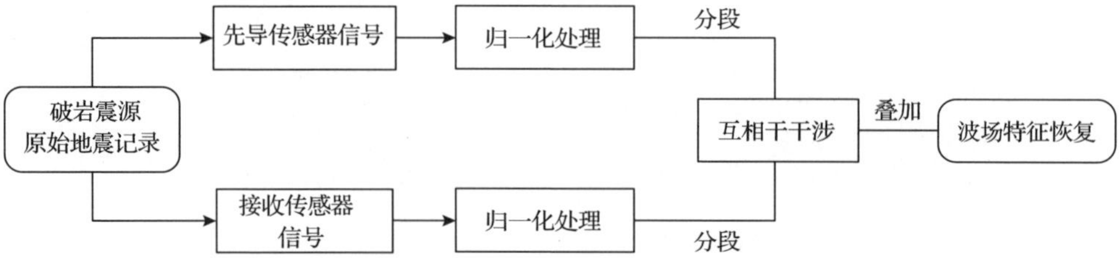

图 3.16　TBM 破岩震源地震记录重构基本流程

1. 互相干干涉方法的基本原理

互相干干涉是一种基于频率域谱振幅标准化的地震干涉方法，可用于恢复环境噪声中的波场特征，其对记录的谱振幅采用归一化算法，在频率域的表达式为[8]

$$H_{\mathrm{AB}}(\omega)=\frac{G(r_{\mathrm{A}},\omega)G^{*}(r_{\mathrm{B}},\omega)}{\left|G(r_{\mathrm{A}},\omega)\right|\left|G(r_{\mathrm{B}},\omega)\right|} \tag{3.7}$$

式中，$G(r_{\mathrm{A}},\omega)$ 和 $G(r_{\mathrm{B}},\omega)$ 分别为 r_{A} 和 r_{B} 检波器处格林函数在频率域的表达；$G^{*}(r_{\mathrm{B}},\omega)$ 为 $G(r_{\mathrm{B}},\omega)$ 的复共轭。

由式(3.7)可知，互相干干涉计算中震源信号的能量谱得到压制。为提高算法稳健性，在其中加入正则化参数，即

$$H_{\mathrm{AB}}(\omega)=\frac{G(r_{\mathrm{A}},\omega)G^{*}(r_{\mathrm{B}},\omega)}{\left|G(r_{\mathrm{A}},\omega)\right|\left|G(r_{\mathrm{B}},\omega)\right|+\varepsilon_{\mathrm{H}}} \tag{3.8}$$

式中，ε_{H} 为正则化项，其计算值为

$$\varepsilon_{\mathrm{H}}=\varepsilon\left\langle\left|G(r_{\mathrm{A}},\omega)\right|\left|G(r_{\mathrm{B}},\omega)\right|\right\rangle \tag{3.9}$$

式中，$\left\langle\left|G(r_{\mathrm{A}},\omega)\right|\left|G(r_{\mathrm{B}},\omega)\right|\right\rangle$ 为格林函数 $G(r_{\mathrm{A}},r_{\mathrm{B}},\omega)$ 的平均能量谱。

2. 基于自适应光滑约束的互相干干涉方法

为提高 TBM 破岩震源信号的波场特征恢复效果，提出了基于自适应光滑约束的改进互相干干涉方法，优化了常规互相干算法正则化参数不易选定、波场特征恢复记录中仍存在干扰波等问题。首先，对原始数据进行分段，为避免分段后数据首尾不连续、转换到频率域出现旁瓣泄漏的问题，分别对起始段进行余弦锥度处理。在此基础上，采用快速傅里叶变换将时间域数据转化到频率域中进行地震干涉处理。改进互相干干涉方法为

$$H_{\mathrm{constraint}}(\omega)=\frac{G(r_{\mathrm{A}},\omega)G^{*}(r_{\mathrm{B}},\omega)}{D'} \tag{3.10}$$

式中，$G(r_n,\omega)$ 为 r_n 检波器处格林函数在频率域的表达；D' 为采用高斯加权滤波器进行短窗平滑处理后的加权值，其求解如式(3.11)所示。

$$D' = \frac{\sum_{n=-k}^{k} D_n W_n}{\sum_{n=-k}^{k} W_n} \tag{3.11}$$

$$D=(\left|G(r_{\mathrm{A}},\omega)\right|\left|G(r_{\mathrm{B}},\omega)\right|+\varepsilon_{\mathrm{H}_{\mathrm{constraint}}}) \tag{3.12}$$

式中，D 为选择窗口 $2k+1$ 的中心值；W 为在一个窗口中的每一个相邻值的高斯权重值；$\varepsilon_{\mathrm{H}_{\mathrm{constraint}}}$ 为自适应约束算子。

$$\varepsilon_{\mathrm{H}_{\mathrm{constraint}}}=\delta(x)\varepsilon_{\mathrm{H}} \tag{3.13}$$

式中，$\delta(x)$ 表示当数据在频率域中当且仅当能量谱值为零时，对该点增加相应的正则化值，其值为相邻样点的平均值，以此来解决频域计算时分母为零导致的不稳定现象。

3. TBM 破岩震源波场特征恢复效果

三层垂直岩性界面地质模型如图 3.17 所示，分别对正演的主动源地震观测记录、TBM 破岩震源地震观测记录和恢复波场特征分析。已知实际探测中往往提取 S 波进行 TBM 破岩震源探测，因此对 V_X 分量数据进行特征对比：图 3.18(a) 为常规主动源地震探测观测记录，由上到下同向轴分别为直达 S 波、第一个岩性界面的反射 S 波、第二个岩性界面的反射 S 波、转换波、第三个岩性界面的反射 S 波，以上同向轴清晰、易识别；图 3.18(b) 为 TBM 破岩震源地震探测观测记录，表现为连续的直达 S 波，具有较强的能量，与其相比反射波能量弱、被淹没在直达波中，不易识别；图 3.18(c) 为改进互相干干涉算法恢复的波场记录，由上到下同向轴分别为直达 S 波、第一个岩性界面的反射 S 波、第二个岩性界面的反射 S 波、第三个岩性界面的反射 S 波，以上同向轴清晰、易识别，与主动源地震记录相比转换波等干扰波得到了一定压制。

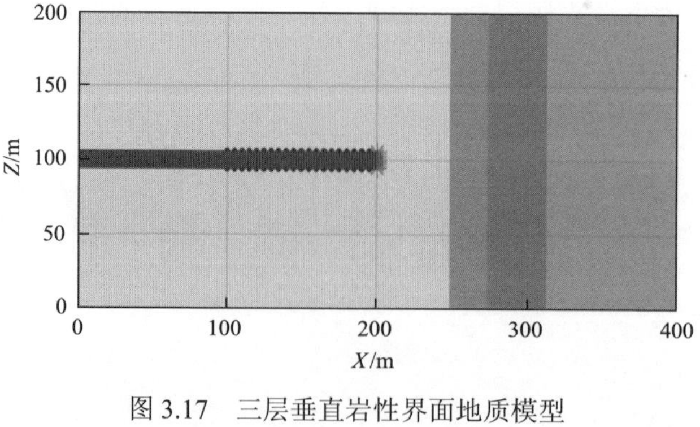

图 3.17　三层垂直岩性界面地质模型

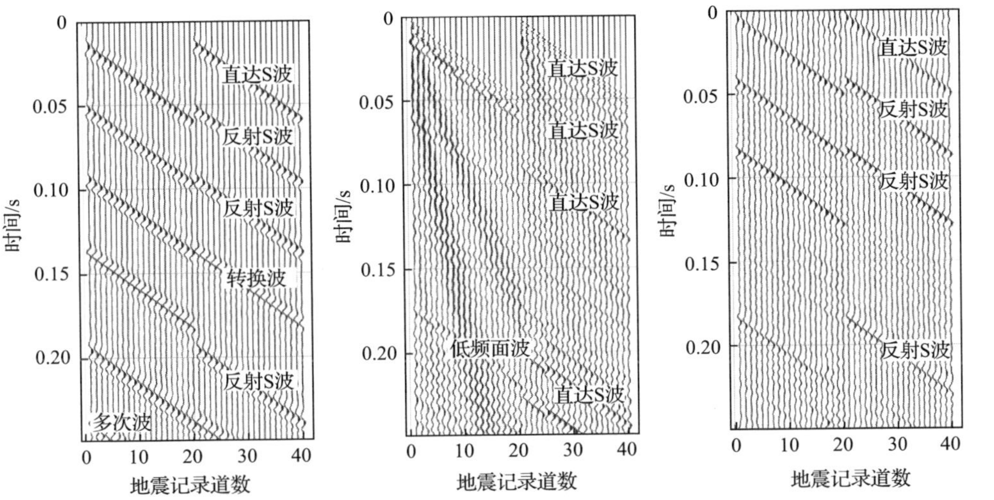

(a) 主动源地震记录(AGC后)　(b) TBM破岩震源地震记录　(c) 改进互相干干涉结果(AGC后)

图 3.18　多垂直岩性界面地震记录对比（V_X分量）

3.2.3　TBM 破岩震源地震数据处理与偏移成像方法

通过波场特征恢复的地震记录，可进一步采用常规地震探测方法进行处理。因此，针对 TBM 施工隧道探测需求，形成了一套 TBM 破岩震源地震数据处理与偏移成像方法。为验证方法的有效性，对典型不良地质体开展了正演模拟，然后进行数据处理与偏移成像规律研究，可以为 TBM 破岩震源地震波超前探测现场资料的处理以及解释提供理论基础。

1. TBM 破岩震源地震数据处理与成像流程

由于 TBM 掘进破岩震源本身的特殊性和非常规性，再加上 TBM 隧道全空间复杂环境对地震波场的影响，导致 TBM 破岩震源重构地震记录中仍存在着大量的干扰波，相对于传统隧道地震波超前探测方法，其信噪比较低，给有效信号的识别和后续数据处理带来了较强的干扰。根据地震波的干涉特性，通过多个地震波场的延时、叠加，实现地震波场在某个特定方向上的干涉加强的特点，研究了基于接收阵列的 TBM 破岩震源地震波束向前定向方法。结合破岩震源探测过程中 TBM 不断向前掘进的特点，从共炮点道集和共检波器点道集两方面出发，分别采用基于接收阵列的波束形成方法实现了 TBM 破岩震动地震波场的向前定向传播，提高了重构地震记录的信噪比[9]。

在此基础上，结合常规地震波超前探测方法，提出了 TBM 破岩震源地震波超前探测的数据处理流程，主要包括：波场特征恢复、基于接收阵列的波束形成、波形处理和成像。最终实现基于 TBM 破岩震源数据处理的前方不良地质偏移成像[10~12]。具体流程如图 3.19 所示。

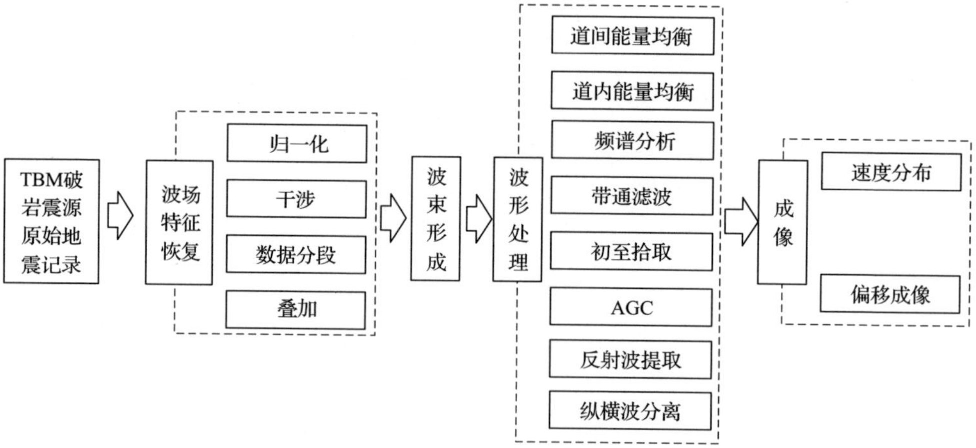

图 3.19　TBM 破岩震源地震波超前探测方法流程图

2. 典型不良地质模型破岩震源超前探测正演模拟及偏移成像

建立岩性分界面、断层、破碎带、溶洞、复合地层等典型不良地质模型，开展了系统的 TBM 破岩震源地震波超前探测正演模拟与偏移成像研究，代表性结果如图 3.20～图 3.22 所示，得到以下成像规律：

(1) 对于岩性分界面来说，其偏移成像结果对应一组弧形的反射同相轴，第一个能量较强的弧形反射同相轴位置即为岩性分界面位置，对于倾斜或弯曲的岩性分界面，偏移成像结果中弧形反射同相轴密集且能量最强处的切线与之相对应。

(2) 对于断层破碎带来说，断层破碎带前后界面各对应一组弧形反射同相轴，当断层破碎带厚度较大时，偏移成像结果能够较好地反映断层破碎带前后界面位置，随着厚度的减小，断层破碎带前后界面对应的两组反射同相轴也逐渐靠近，直至重叠在一起变得难以分开，此时前界面的位置能够得到较好的反映，但通过反射同相轴判断得到的后界面位置发生了较大的偏差。特别是充填有岩石碎块及软弱介质的破碎带模型，在破碎带区域内弧形反射同相轴正负交替出现，但从弧形反射同相轴上很难反映出破碎带内部的详细情况。

(3) 对于溶洞来说，其偏移成像结果与断层破碎带类似，溶洞前后界面同样各自对应一组弧形反射同相轴。当溶洞直径较大时，偏移成像结果能够较好地反映溶洞前后界面位置；随着直径的减小，溶洞前后界面对应的两组反射同相轴也逐渐靠近，直至两者重叠在一起变得难以分开，此时前界面的位置能够得到较好的反映，但通过反射同相轴判断得到的后界面位置发生了较大的偏差。

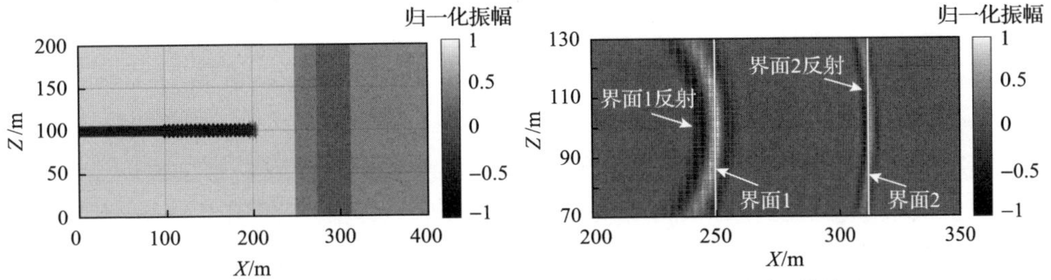

(a) 双垂直岩性界面模型　(b) 偏移成像结果

图 3.20　双垂直岩性界面模型破岩震源数据处理及偏移成像结果

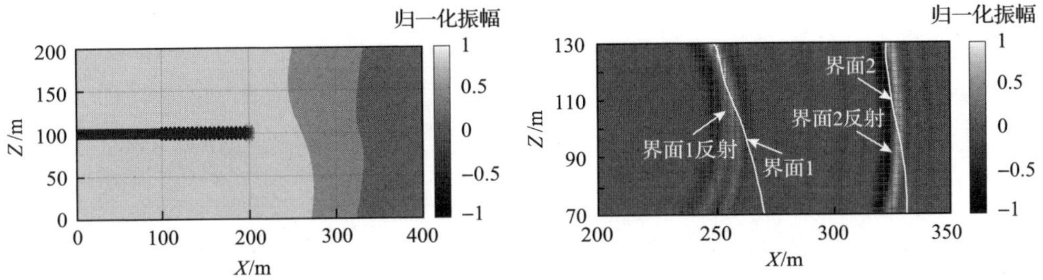

(a) 两层曲面界面地质模型　(b) 偏移成像结果

图 3.21　两层曲面界面地质模型破岩震源数据处理及偏移成像结果

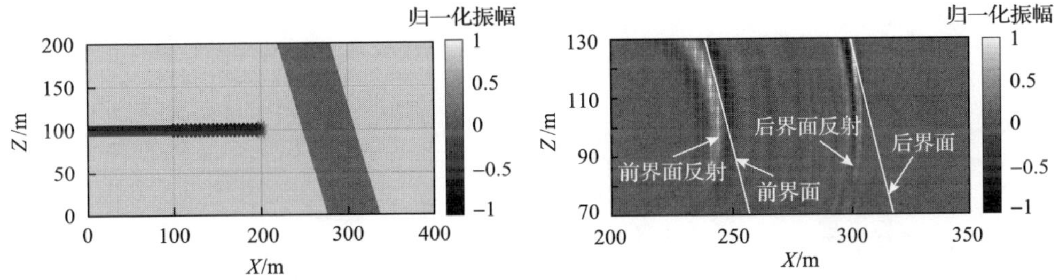

(a) 倾斜断层地质模型　(b) 偏移成像结果

图 3.22　倾斜断层地质模型破岩震源数据处理及偏移成像结果

3.3　TBM 掘进不良地质超前探测系统搭载与应用

TBM 复杂的金属结构和电气系统占据了掘进面后方大部分隧道空间，因此钻爆法隧洞中可用的地震波法、电法等超前预报方法难以用于 TBM 隧道环境。同时，TBM 施工隧道的掘进效率高、工序紧，为了适应 TBM 施工隧道特点，开展

TBM 搭载的激发极化超前探测系统研究以及 TBM 搭载的破岩震源超前探测系统研究[13]。

3.3.1　TBM 搭载的不良地质超前探测系统

1. TBM 搭载的激发极化超前探测系统

TBM 隧道搭载式激发极化超前地质预报系统主要包括激发极化探测主机、测量电极、供电电极、液压系统和电缆等，探测示意图如图 3.23 和图 3.24 所示。同极性供电电极布置在 TBM 刀盘、护盾及后方边墙等位置；测量电极布置在 TBM 刀盘上；B、N 电极安装在掘进面后方无穷远处；探测主机安装于 TBM 主控室内。探测时，液压驱动电极伸出接触围岩，供电电极依次供电，测量电极用于接收信号。搭载总体方案需要根据具体情况进行调整。

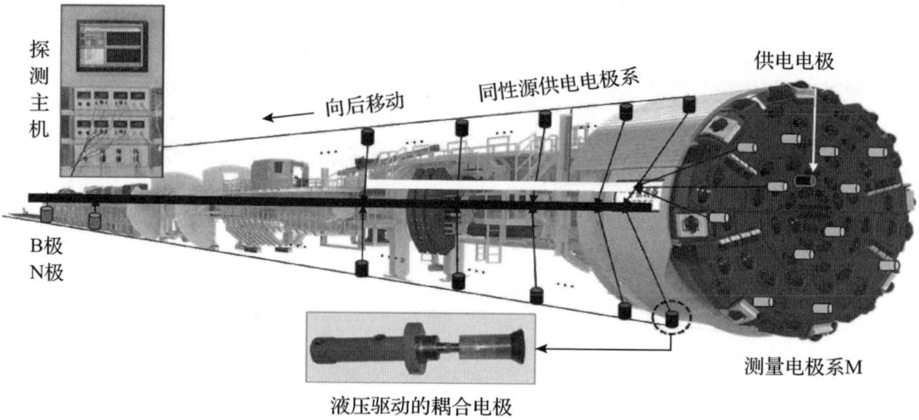

图 3.23　TBM 搭载激发极化超前探测系统示意图

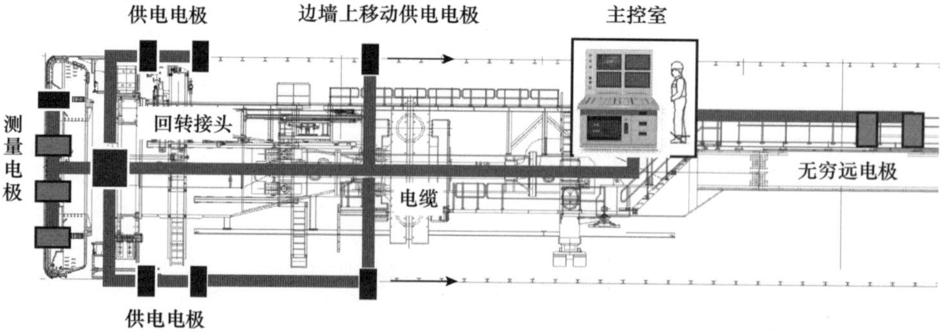

图 3.24　TBM 搭载激发极化系统布置图

由于隧道掘进面被 TBM 刀盘占据，搭载式探测和非搭载式探测的测量电极数量和布置形式均需考虑 TBM 刀盘的型式、结构、尺寸、刀具布置等因素。综合考虑上述因素和探测效果对数据量的要求，建议测量电极数量不少于 12 个；刀盘直径的增加或条件许可时，宜适当增加测量电极数量，且应在刀盘上尽量均匀分布。供电电极采用多同性源电极环，可实现聚焦测深探测，减少干扰。

探测主机和液压控制器安装在 TBM 主控室内，统一安置在具有恒温恒湿功能的专用机柜中，如图 3.25 所示。探测时，通过主机柜控制液压油缸推出电极接触掘进面，人工安装无穷远电极，探测完毕后控制液压油缸收回，将无穷远电极回收至收纳盒中，保证设备的正常行进不受影响。

图 3.25　安装于 TBM 主控室的激发极化超前探测系统

2. TBM 搭载的破岩震源超前探测系统

为适应 TBM 破岩震源超前地质探测需要，研制了具备长时间采集功能的破岩震源地震探测主机，能够根据探测需要进行连续采集，探测主机安置在具有恒温恒湿功能的专用机柜中。

先导传感器需要具备足够的量程和抗冲击性能，一般安装在 TBM 刀盘后方固定位置，比如可在刀盘后面板、TBM 驱动箱附近等位置，如图 3.26 所示，可以连续记录 TBM 掘进破岩过程中产生的振动信息。检波器采用空间阵列式观测方式，以获得较全面的波场信息。

(a) 吉林引松供水工程

(b) EH工程

图 3.26　先导传感器现场安装照片

3.3.2　工程应用与评价

1. 工程现场搭载

在吉林引松供水工程“永吉号”TBM(见图 3.27)、高黎贡山隧道工程“彩云号”TBM(见图 3.28)、EH 工程多台 TBM 先后完成了激发极化、地震的搭载、验证及应用，截至 2019 年底共进行 800 余次探测，做到了不遗漏任何一个重大灾害源，取得了良好的效果。

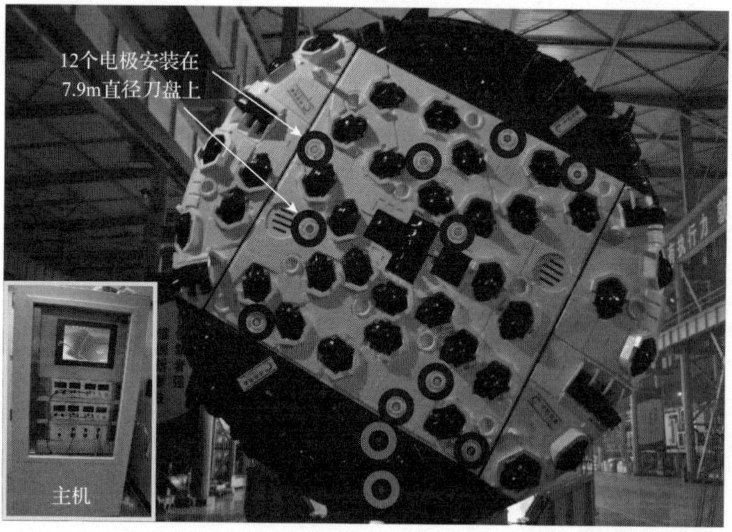

图 3.27　吉林引松供水工程“永吉号”TBM 上搭载的超前探测系统

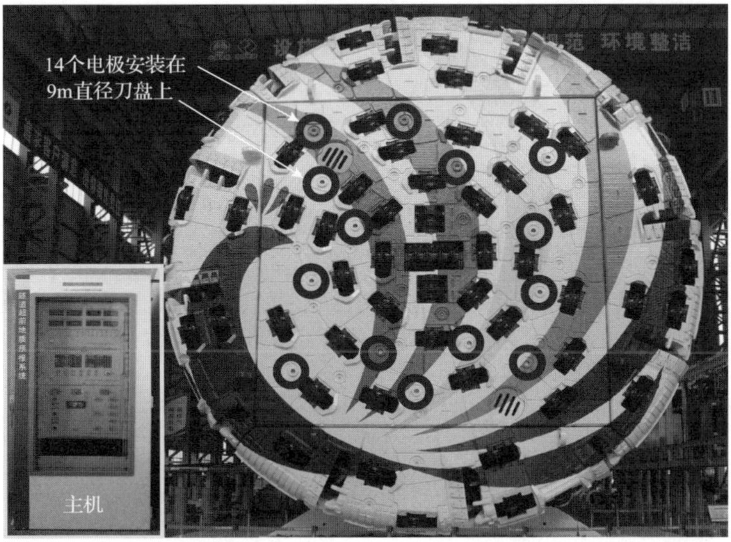

图 3.28　云南高黎贡山隧道工程“彩云号”TBM 上搭载的超前探测系统

2. 云南大瑞铁路高黎贡山隧道地震超前探测案例

大理至瑞丽铁路位于云南省西部地区，东起广大铁路终点大理站，向西经永平、保山和潞西等市县，穿苍山、笔架山、高黎贡山等山脉，跨西洱河、澜沧江等大江大河，西至瑞丽，线路长 330.103km，其中，高黎贡山隧道是亚洲最长的铁路山岭隧道，也是全线重点控制性工程，如图 3.29 所示。高黎贡山隧道地质构

图 3.29　大瑞铁路高黎贡山隧道

造极为复杂，工区位于印度板块与欧亚板块相碰撞缝合带附近，穿越其两两相互碰撞汇聚的金沙江缝合带、澜沧江缝合带、保山地块与腾冲地块碰撞汇聚之怒江缝合带，褶皱、断裂构造相当发育。工程地质条件具有“三高”（高地热、高地应力、高地震烈度）、“四活跃”（活跃的新构造运动、活跃的地热水环境、活跃的外动力地质条件和活跃的岸坡浅表改造过程）的特征，施工难度极高，工程建设风险突出。

开挖段 D1K222+164～D1K222+120m，围岩较破碎，洞壁较干燥，裂隙较发育，小掉块，岩性为灰白色粗粒花岗岩。D1K222+140～D1K222+145m 段发育有一条贯穿整个洞壁的石英脉，宽约 0.5m。D1K222+120～D1K222+089m 段围岩破碎，洞壁潮湿，裂隙发育，在 D1K222+118～222+108m 段发育密集掉块，D1K222+108～222+085m 段发育细小裂隙、掉块。根据地质分析，推断前方为隧道塌方掉块高风险段，为了探明掌子面前方地质情况，进行了 TBM 破岩震源超前探测。经处理后，探测结果如图 3.30 所示，综合分析结果如下：

(1) D1K222+084～D1K222+044m 段：在反射图像上，出现零星正负反射，推断该段围岩较破碎，其中，D1K222+065m、D1K222+050m 附近围岩破碎，易发生掉块。

(2) D1K222+044～D1K222+020m 段：在反射图像上，出现明显正负反射，推断该段围岩破碎，其中，D1K222+034m、D1K222+024m 附近易发生掉块或塌腔。

(3) D1K222+020～D1K221+984m 段：在反射图像上，出现零星正负反射，推断该段围岩较破碎，其中，D1K222+010m、D1K221+988m 附近易发生掉块。

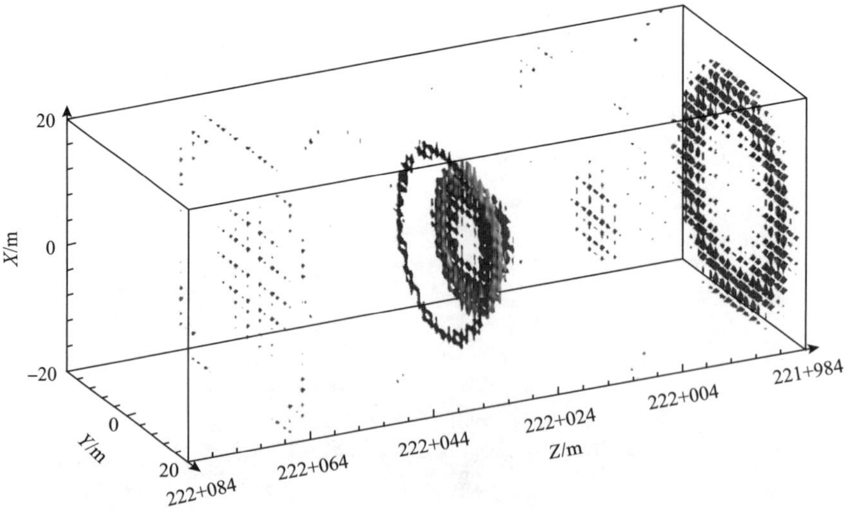

图 3.30　TBM 破岩震源超前探测结果

开挖揭露地质素描如图 3.31 所示，TBM 破岩震源超前探测结果较准确地探明了掌子面前方 100m 范围内存在的 3 个破碎区，其中 D1K222+045m 处揭露的破碎岩体如图 3.32 所示。根据探测结果，该段落采取搭接连续超前探测保障施工安全，并在探测结果指导下采用收缩 TBM 护盾、低转速连续掘进的施工方案顺利通过破碎区域。

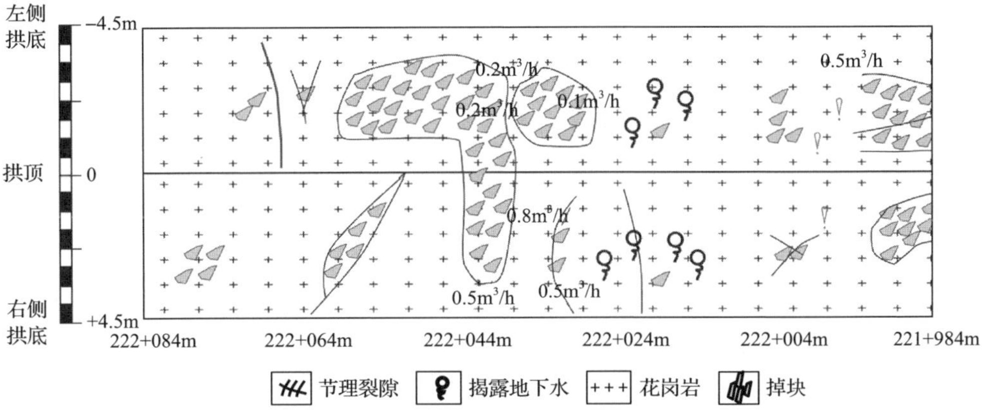

图 3.31 开挖揭露地质素描图

图 3.32 D1K222+045m 附近破碎岩体

参考文献

[1] 李术才. 隧道突水突泥灾害源超前地质预报理论与方法[M]. 北京: 科学出版社, 2015.

[2] 聂利超. 隧道施工含水构造激发极化定量超前地质预报理论及其应用[J]. 岩石力学与工程学报, 2015, 34(11): 2374.

[3] Sattel G, Frey P, Amberg R. Prediction ahead of the tunnel face by seismic methods-pilot project in Centovalli Tunnel, Locarno, Switzerland[J]. First Break, 1992, 10(1): 19-25.

[4] 曾昭璜. 隧道地震反射法超前预报[J]. 地球物理学报, 1994, 37(2): 267-271.

[5] Brückl E, Chwatal W, Mertl S, et al. Exploration ahead of a tunnel face by TSWD—tunnel seismic while drilling[J]. Geomechanics and Tunnelling, 2008, 1(5): 460-465.

[6] Li S C, Liu B, Xu X, et al. An overview of ahead geological prospecting in tunneling[J]. Tunnelling and Underground Space Technology, 2017, 63: 69-94.

[7] Liu B, Chen L, Li S C, et al. Three-dimensional seismic ahead prospecting method and application in TBM tunneling[J]. Journal of Geotechnical and Geoenvironmental Engineering, 2017, 143(12), DOI: 10.1061/(ASCE)GT.1943-5606.0001785.

[8] Wapenaar K. Green's function retrieval by cross-correlation in case of one-sided illumination[J]. Geophysical Research Letters, 2006, 33(19): L19304.

[9] Li S C, Ren Y X, Liu L B, et al. Reverse time migration of seismic forward-prospecting data in tunnels based on beamforming methods[J]. Rock Mechanics and Rock Engineering, 2019, 52(9): 3261-3278.

[10] 刘斌, 许新骥, 李术才, 等. 隧道掘进机破岩震源三维地震超前探测装置及方法: 中国, 104678427A[P]. 2015-03-11.

[11] Li S, Ren Y, Liu L, et al. Reverse time migration of seismic forward-prospecting data in tunnels based on beamforming methods[J]. Rock Mechanics and Rock Engineering, 2019, 52(3): 3261-3278.

[12] Li S C, Liu B, Xu X, et al. Rock breaking seismic source and active source three-dimensional seismic combined advanced detection system using tunnel boring machine: U.S., 10519771[P]. 2019-12-31.

[13] Liu B, Guo Q, Liu Z, et al. Comprehensive ahead prospecting for hard rock TBM tunnelling in a limestone complex geology: A case study in Jilin, China[J]. Tunnelling and Underground Space Technology, 2019, 93, DOI: 10.1016/j.tust.2019.103045.

第 4 章　TBM 渣片感知与分析

在 TBM 掘进过程中，滚刀切割岩体形成渣片。渣片的形态特征和尺寸分布由掘进参数和岩体特征共同决定。通过渣片特征对掘进参数和岩体条件进行分析是评价 TBM 掘进性能和掌子面前方地质条件的一个重要途径。渣片特征与破岩效率之间存在较强的相关性，当采用比能作为破岩效率的评价指标时，通过渣片尺寸分布计算得到的粗糙度指数 CI 与比能呈负相关关系[1]。此外，在较完整岩体条件下，当破岩效率较高时，渣片的形状会呈现扁平状[2]。基于这种相关性，可以通过渣片特征来评价刀具类型[1]、滚刀间距[3]、滚刀切深[4]等刀具参数对破岩效率的影响。然而这些研究一般是在岩体参数不变的情况下开展的，与实际施工中的岩体条件差异较大。

目前，关于渣片特征与岩体参数关系的研究较少。Gong 等[5]通过数值模拟节理岩体的滚刀破岩过程发现节理特征影响了渣片的形成过程。龚秋明等[6]研究了不同厚度的大理石岩层在 TBM 开挖后的渣片特征，发现在薄层岩体中所形成的渣片块度更大，更容易造成掌子面失稳。Yin 等[7]通过开展花岗岩滚刀线性切割试验发现，在节理间距分别为 100mm 和 400mm 时，滚刀破岩形成的渣片尺寸和形状差异较大。

从现场观察、室内试验以及数值模拟的研究成果来看，渣片特征对于判断岩体条件和评价破岩效率都非常重要。然而，获得渣片尺寸分布的方法主要以筛分法为主，渣片的轴长只能通过人工测量获得。由于人工取样方式具有随机性，为了得到具有统计意义的渣片数据，需要进行大量的渣片采样，这项工作非常耗时耗力。此外，通过手动筛分得到的数据具有滞后性，很难实时指导 TBM 施工。为了提高渣片的分析效率，Farrokh 等[8]采用图像处理的方法对运渣车上的渣片进行分析，并研究渣片尺寸与隧道收敛之间的关系。Rispoli 等[9]通过对渣场的渣片进行影像分析得到了渣片的尺寸分布，并研究了渣片的粗糙度指数与掘进参数和岩体参数的关系。尽管通过图像分析软件可以快速得到渣片尺寸分析结果，但他们采用的都是离线分析方法，无法实时反馈岩体信息。此外，渣场的渣片经过了多次转运，在转运过程中，渣堆表面的渣片分布都发生了变化，直接从皮带上获取渣片更能够反映实际岩体条件，同时减少信息获取的滞后性。但是，从皮带上进行渣片取样需要停止皮带机，会影响 TBM 的正常施工。机器视觉方法可在无接触条件下，准确、快速地获得测量结果，非常适用于渣片在线分析。

渣片体积和质量监测对监控 TBM 隧道的超挖具有非常重要的意义[10]。在 TBM 隧道中，超挖主要是由于 TBM 遭遇了破碎带或者不稳定岩体[11]。因此，通过监测渣片质量和体积可实现掌子面失稳预警，避免大规模塌方与卡机的风险。

本章介绍了基于机器视觉的 TBM 渣片在线分析系统，可直接采集渣片图像、质量流量与体积流量，并采用图像处理算法对渣片特征进行提取。它是一种非接触式的监测方法，可以和 TBM 施工同步进行。其分析结果可以实时反馈给操作者，从而辅助判断岩体参数并优化 TBM 操作参数，并对掌子面失稳进行预警。本章将详细介绍渣片在线分析系统的组成和设计、渣片图像分析方法及其工程应用。

4.1　渣片在线分析系统

4.1.1　渣片在线分析系统研制

渣片在线分析系统由数据采集子系统、通信和控制子系统、数据库及数据处理子系统和软件子系统四部分组成，其设计框架如图 4.1 所示。数据采集子系统用于获取渣片的图像、质量流量和体积流量等数据，通信和控制子系统用于数据传输和控制设备的自动启停，数据库及数据处理子系统用于数据存储和图像分析，软件子系统为用户提供信息可视化、数据查询和用户管理等服务。

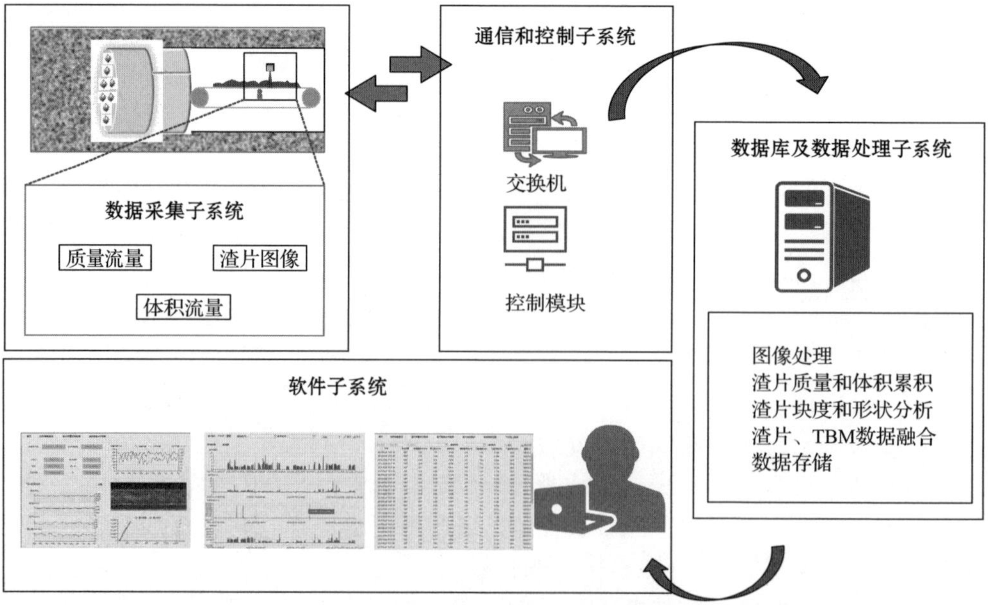

图 4.1　渣片在线分析系统设计框架

1. 数据采集子系统

数据采集子系统位于 TBM 后配套系统的皮带处，它包括测速轮、皮带秤、扫描仪和拍照装置，数据采集子系统的结构如图 4.2 所示。TBM 出渣采用的环形皮带包括上下两层，测速轮和皮带秤安装在上皮带和下皮带之间。扫描仪和拍照装置被封装在一个钢制的防水机箱中，整体安装在皮带上方 0.8m 的位置。

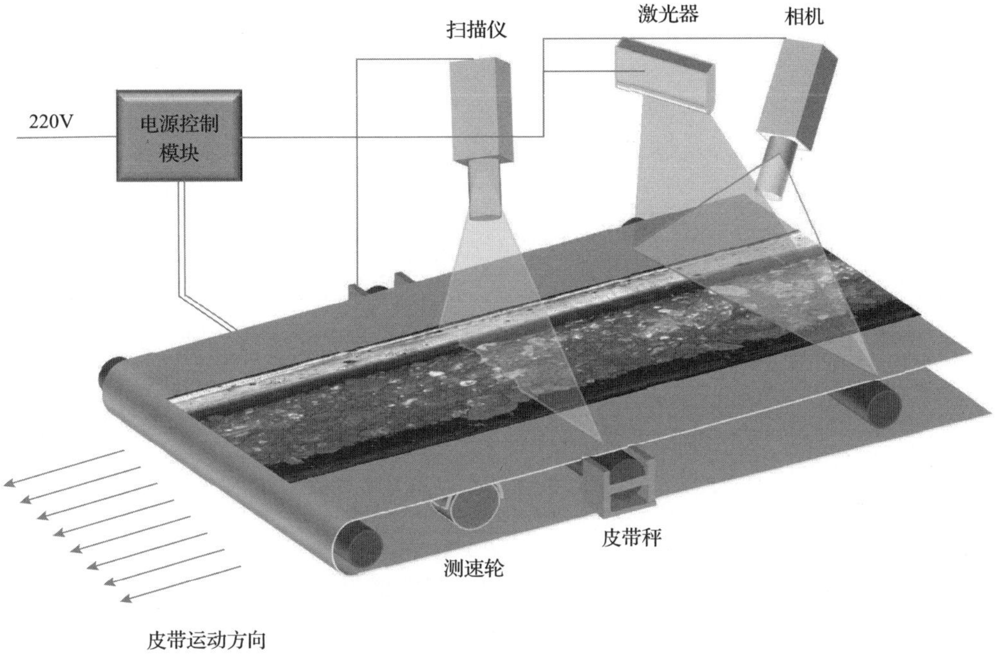

图 4.2　数据采集子系统的结构示意图

2. 通信和控制子系统

1) 通信子系统

通信子系统结构如图 4.3 所示，其枢纽是位于 TBM 控制室的工控机。工控机配备有 3 个独立的网卡(network interface card，NIC)，分别连接 3 个不同的网络，负责数据处理、储存和可视化。NIC1 负责接收数据采集子系统发送的数据，包括渣片图像、质量流量和体积流量等数据。NIC2 连接到 TBM 系统的局域网，用于实时获取 PLC 掘进参数并保存在服务器的数据库中。NIC3 连接到互联网，用于渣片在线分析系统工作状态的远程访问。不同工程的数据还可以通过通信子系统传输到云服务器上，建立更加完备的数据仓库。

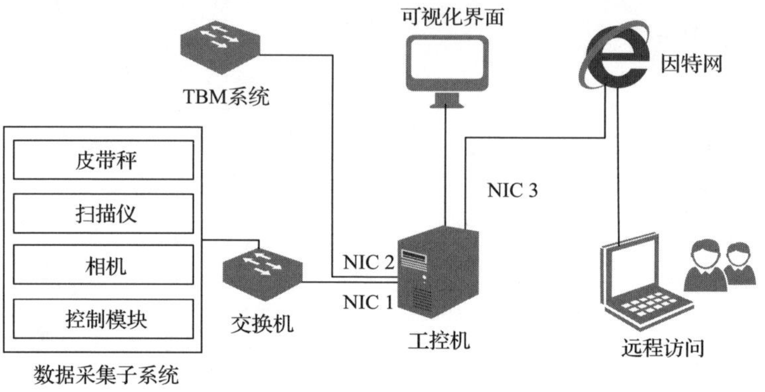

图 4.3　通信子系统结构示意图

2)控制子系统

控制子系统包括测速轮、皮带秤和电源控制模块。测速轮和皮带秤分别持续监测皮带的速度和渣片的质量流量，通过通信子系统将监测值实时传输至电源控制模块。电源控制模块根据获得的皮带速度和渣片质量流量来控制扫描仪和相机的工作状态。当皮带速度大于启动阈值，且渣料质量流量大于流量阈值时，电源控制模块判定皮带上有渣料输送，给扫描仪和相机供电。当皮带速度为 0 时，电源控制模块停止供电。

3. 数据库及数据处理子系统

数据库及数据处理子系统使用 MongoDB 作为数据库管理系统(database manager system，DBMS)，用于存储、检索和管理不同类型的数据源，包括工程地质勘察数据、TBM 施工数据和渣片数据。

工程地质勘察数据主要包括沿隧道轴线的基本地质数据，如岩性、岩石强度、断层分布、地下水分布等数据。TBM 施工数据主要包括操作者的控制行为、实时的掘进性能和里程等数据，是岩-机状态分析的必要依据。渣片数据包含原始图像数据以及图像处理之后的特征数据。除此之外，数据库中还存储了渣片在线分析系统的控制参数，如相机的采集时长、流量阈值和速度阈值等。

4. 软件子系统

软件子系统可满足多源异构数据的实时分析需求，同时为用户提供信息可视化、数据查询和用户管理等服务，软件子系统架构如图 4.4 所示。

软件子系统的主界面显示了 TBM 的监控参数、渣片质量和体积流量以及渣片图像等三方面的实时监控信息，如图 4.5 所示。界面左上方显示主要掘进参数的实时值，左下方显示主要掘进参数一分钟的历史数据曲线，右上方显示 1min

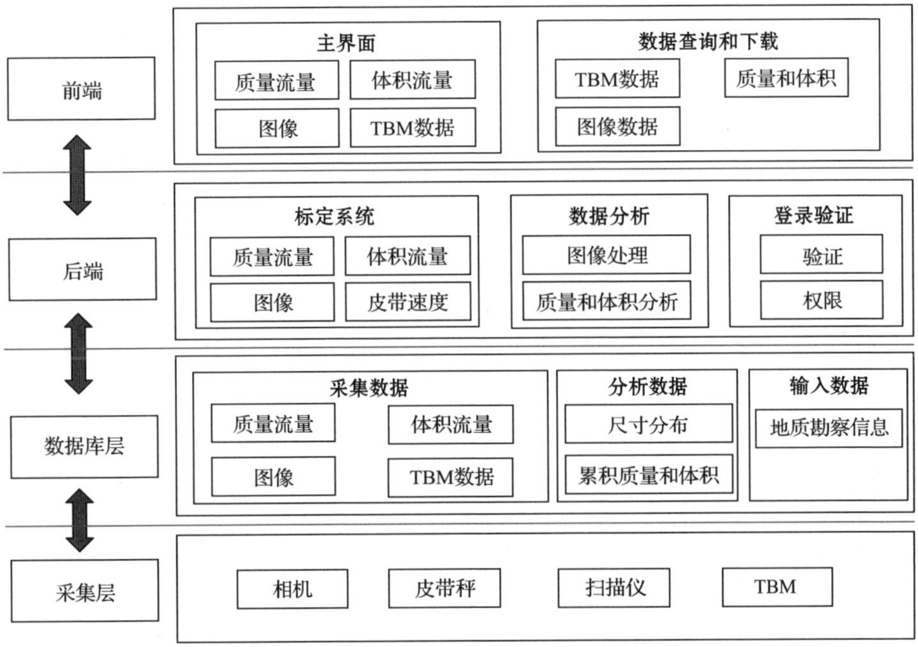

图 4.4　软件子系统架构

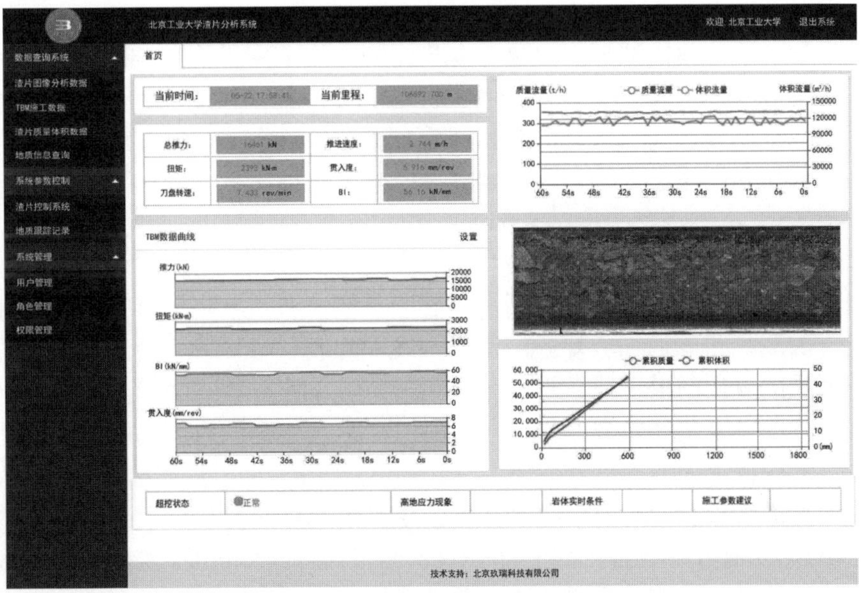

图 4.5　软件子系统的主界面

的渣片质量流量和体积流量曲线，右下方显示每个掘进步中累积质量和累积体积与推进油缸位移的关系曲线，右中间显示实时渣片图像。

4.1.2　渣片图像数据处理方法

渣片图像分割是渣片图像数据处理的核心环节。目前根据渣片形状和尺寸对TBM渣片图像进行正确分割面临许多挑战。首先，渣片图像经常无法呈现完整的渣片轮廓，部分岩渣的岩粉含量较高，渣片被大量岩粉覆盖，导致渣片完整轮廓不易辨别，渣片互相重叠也影响了图片中渣片轮廓的完整性；其次，渣片图像中的目标尺寸、纹理特征、灰度和对比度的差异较大，需要足够强健的算法提取图像局部特征和全局特征。

传统图像分割算法主要基于图像的分布、变化、颜色特征构建目标与背景之间的边界线，所以单纯通过传统图像分割算法难以实现渣片图像的准确分割。近年来，随着深度学习技术的不断发展，提出了一些基于深度学习的渣片图像分割算法。Shu 等[12]直接通过卷积神经网络(convolutional neural network，CNN)对渣片尺寸分布进行了等级划分，在一定程度上降低了图像分割难度。Chen 等[13]使用整体嵌套卷积网络(holistically-nested convolutional network，HCN)对水泥碎片进行分割，并采用形态学操作来增强图像的分割结果。Liang 等[14]使用 U-Net 网络对岩石碎片进行分割，并采用分水岭算法来处理岩石的颗粒重叠问题。其中，U-Net网络以 VGG-16 作为编码器，并通过增加连接层来引入下采样中的同尺度特征，使渣片图像分割更为准确。

为了解决渣片图像的分割问题，本节提出一种 CNN 结构。该网络以 U-Net 网络作为编码-解码结构，实现对渣片的区域和轮廓同时预测。两个预测模型共享同一个下采样结构，而上采样部分将作为独立的预测模型。通过后处理算法将预测的渣片区域和轮廓进行融合，得到最终的分割结果。

1. 图像处理流程

渣片图像处理流程如图 4.6 所示，它包括线上和线下两个阶段。线下阶段使用已收集的渣片图像训练渣片分割模型，线上阶段利用线下阶段已训练好的模型对实时采集的渣片图像进行分割。

线下阶段先采集涵盖多种岩体条件的渣片全尺寸图像构建数据集，通过有经验的人员对图像上的渣片进行二进制标记，前景标记为 1，后景标记为 0，从而获得表示渣片的区域和轮廓的二进制图像。这些全尺寸图像和相应的标记将被裁剪成多张小尺寸图像。小图像的尺寸选择对于网络训练非常重要，需遵循几个原则。首先，小图像的尺寸应该尽可能大，使得足够多的信息被输入到网络。其次，图像的尺寸选择应该是一般渣片尺寸的数倍，保证一张图像能够包括多个渣片。最后，为充分利用计算机资源，需选择比较合理的图像尺寸，将小图像的尺寸设定为 512 像素×512 像素。

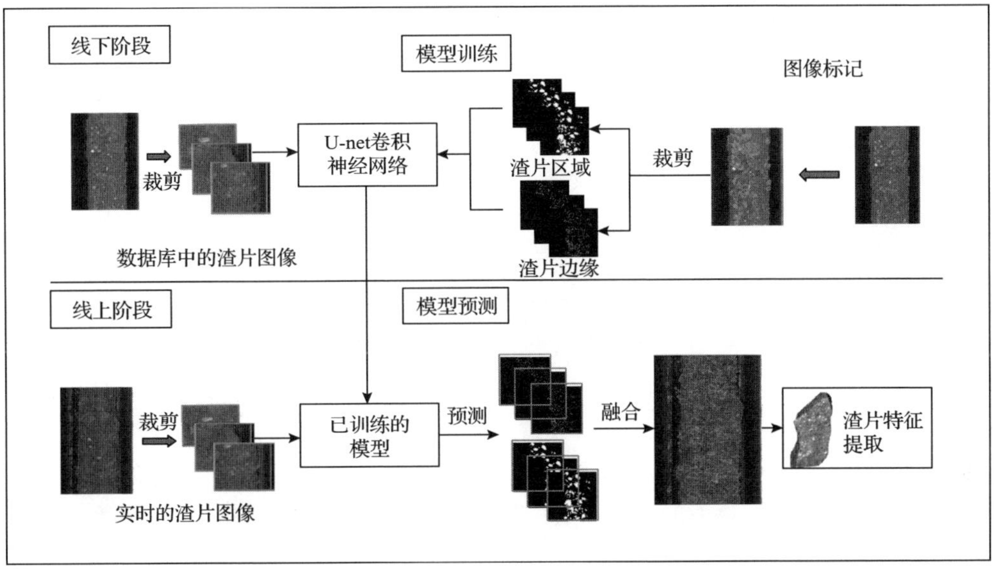

图 4.6　渣片图像处理流程

在获得裁剪好的渣片小尺寸图像之后，为提高模型的泛化能力，线下阶段还需要对小尺寸图像进行旋转和镜像操作。此外，为让模型能够更好的识别出大小各异的渣片，线下阶段还对图像进行一定比例的缩放来让模型学习不同尺度的渣片特征。最后，为提高模型的鲁棒性，线下阶段随机对一些图像增加噪声来模糊图像。通过以上操作，线下阶段构建了包含 2000 张训练图像的数据集用于 CNN 训练，并将训练好的模型集成在系统的软件中，供线上阶段执行图像分割任务时调用。

在线上阶段，实时采集的渣片图像经裁剪后输入到训练好的模型中，分别得到渣片区域和渣片轮廓的预测结果。然后，将渣片区域和渣片轮廓的预测结果分别按照裁剪的顺序合并成与原始图像尺寸相同的两张二进制图像。最后，采用传统的分水岭算法将两部分预测结果融合，得到最终的分割结果。

2. 图像分割算法

1) 基本概念

CNN 是一种包含卷积计算且具有深度结构的前馈神经网络(feedforward neural networks，FNN)。CNN 除了包含输入层和输出层，还有一些隐藏层，这些隐藏层一般是由卷积层、池化层和激活层等组成。这些层与层之间相互连接构成复杂非线性变换，使得 CNN 具有强大的非线性学习能力。渣片图像分割的 CNN 结构中所包含的基本层如下：

(1) 输入层。它是 CNN 的第一层，在训练和预测过程中，图像数据都被传递到输入层。

(2)卷积层。卷积层由一组卷积核组成，它的参数需要通过反向传播算法进行学习。每个卷积核在输入的宽度和高度上滑动，并在每个空间位置计算输入和卷积核之间的点积，得到特征映射。卷积核的尺寸也称为感受野，通常使用小尺寸的模板，例如 3×3 的模板尺寸。

(3)Relu 激活层。Relu 激活层的作用是在神经网络中引入非线性变化，一般在卷积层输出之后使用。它是一组非常简单的函数，可以写成 $f(x)=\max(0,x)$。

(4)池化层。池化层通常采用 2×2 的窗口尺寸对特征图进行局部池化操作，将上一层神经元的输出组合到下一层单个神经元中来减少参数数量和计算量。

(5)反卷积层。在池化操作之后，特征映射的分辨率会降低，反卷积是一种基于学习的上采样操作，从特征映射还原到输入的像素空间，实现像素级的分割。

(6)Sigmoid 层。它一般作为激活函数使用，在 CNN 中用于模型的输出层，其作用是将输出特征映射转为 0 到 1 之间的概率，从而得到相应的预测类别。

2)问题建模

在渣片图像分割时，为了充分利用渣片的区域和轮廓信息来改善渣片重叠的问题，建立了两个分类器，分别用于预测渣片的区域和轮廓。该过程可以通过如下的方式进行表述：令 A 为渣片灰度图像的空间，$A=R^{w\times h\times 1}$；令 B 为标注图像的空间，即渣片的区域或者轮廓，记作 $B=\{0,1\}^{w\times h\times 1}$；问题的目标是找到一个预测函数 f，建立从 A 到 B 的映射关系，这个预测函数需要满足对于训练集的数据，使得所定义的损失函数值最小这一条件。利用反向误差传播算法，通过调整函数 f 的参数使得损失函数值最小。而实际训练中，由于神经网络损失函数的非凸性，通常是调整网络参数和结构，使损失函数值尽可能逼近最小值。在得到训练好的预测函数 f 之后，对于待分割图像，则可通过预测函数 f 得到渣片区域和轮廓。

3)网络结构

U-Net 网络是一种基于编解码框架的对称结构，最初用于解决细胞图像的分割。虽然 U-Net 网络结构相对较浅，但是 U-Net 网络采用上卷积取代上采样并引入了跳跃连接层，从而获得了更好的性能。岩石渣片图像与生物细胞图像具有相似性。首先，相比一些复杂的自然图像，它们的图像内容比较单一，一般只包括待识别物体和背景，因此较浅的网络就可以学习到重要的特征。其次，它们的目标和背景之间都具有较高的复杂性，并且轮廓都不明显。最后，渣片图像与生物图像一样，训练数据集的构建成本较大，因此渣片分割网络不应依赖于大规模训练数据来构建模型。考虑这些相似性，以 U-Net 网络作为渣片图像分割网络的结构基础。

U-Net 网络结构如图 4.7 所示。网络结构的输入为裁剪好的小图像，其尺寸为 512 像素×512 像素。网络结构包括下采样和上采样两个路径。下采样路径也称为编码器，通过四个不同下采样块组成，抽象出原始输入图像的高级特征。每个下采样块都包含两个 3×3 卷积层和一个 2×2 的池化层。每个卷积层采用 Relu 激活函数，使用步长为 1。为了保持卷积操作之后尺寸一致并避免丢弃图像边缘信息，所有特征图都按照 0 来填充边缘。此外，在卷积层的输入与线性激活层之间，加入了正则化操作，将一个批次中的输入进行归一化，从而提高模型的训练速度。与下采样路径相对应的是上采样路径，它是对下采样的高级特征映射的解码过程，并最终映射到输入的像素空间中。上采样路径包括两个分支，分别是渣片的区域和轮廓的分类器。与下采样过程一样，每个上采样路径也包含四个上采样块。区别于下采样块的采用池化层降低数据尺寸，上采样块则采用 2×2 的反卷积层将特征映射的尺寸扩大，从而提高特征分辨率。每个上采样块也包含与下采样相同的卷积结构。除此之外，上采样块中还通过跳跃联结层引入下采样中同尺寸的特征映射，这种思路在 ResNet 网络[15]中被提出，可以有效地保留原始空间信息和解决梯度消失问题。两个上采样分支的最后一层特征映射都通过 *sigmoid* 函数转为像素的分类概率，其概率决定像素属于前景或者背景。由于渣片的区域和轮廓之间存在高度的相关性，因此认为它们可以共享下采样特征。在实际训练过程中，两个解码器的反向传播误差可以共同用于编码器(下采样)中的参数调整。

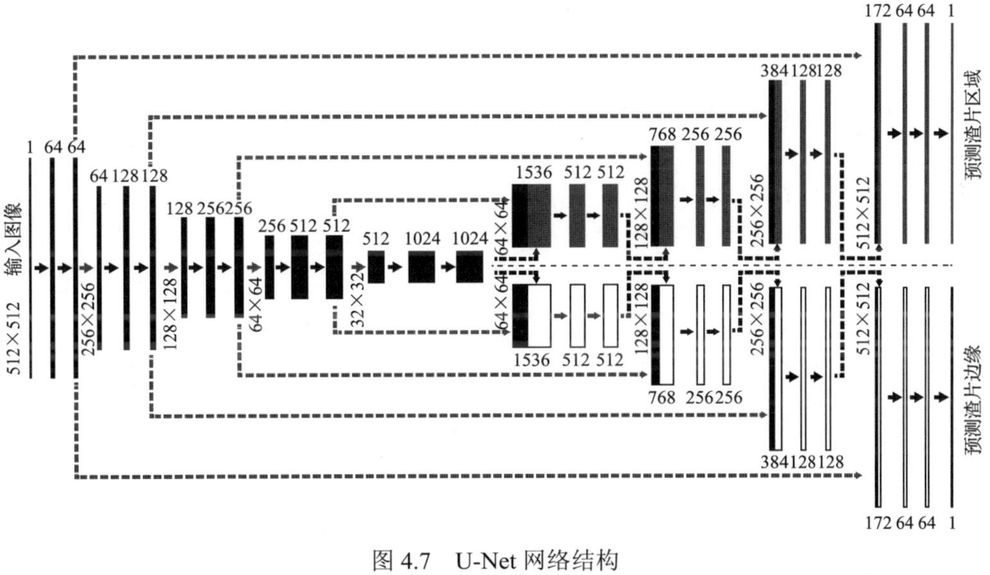

图 4.7　U-Net 网络结构

特征图；3×3 卷积；2×2 最大池化；跳跃连结(复制)；2×2 卷积转置

4) 损失函数

损失函数用来计算模型的预测与实测值之间的误差，误差再通过反向传播算法对神经网络的参数进行调整。因此，损失函数的选择对于模型的训练和性能评价非常重要。模型结构中的两个上采样分支的输出具有与原始输入数据分辨率相同的二分类概率，一般采用经典的 BCE 损失函数。但对于图像分割任务而言，由于图像渣片密度的分布差异，导致前景和背景的像素比例非常不平衡。此外，对于渣片轮廓的预测任务，属于轮廓的像素只占极少数，而大部分像素属于背景。针对该问题，基于 *Dice* 系数提出 *Dice* 损失函数，对像素类别的不平衡问题进行改善，而不需要引入额外的权重。*Dice* 系数用于度量两个集合的相似度指标，其取值范围为 0～1，如式(4.1)所示。

$$Dice=\frac{2\left|X\cap Y\right|}{\left|X\right|+\left|Y\right|} \tag{4.1}$$

式中，$X\cap Y$ 为 X 和 Y 的交集元素个数；$\left|X\right|$ 和 $\left|Y\right|$ 分别表示 X 和 Y 的元素的个数。

对于图像分割任务而言，X 和 Y 分别表示实际的前景像素集合与预测的前景像素的集合，*Dice* 损失函数则可定义为 $loss=1-Dice$。由于模型的输出包括轮廓和区域两个分类预测结果，因此最终的损失函数为

$$loss=2-\alpha\frac{2\sum_{i=1}^{n}Ap_iAg_i}{\sum_{i=1}^{n}Ap_i^2+\sum_{i=1}^{n}Ag_i^2+s}-\beta\frac{2\sum_{i=1}^{n}Bp_iBg_i}{\sum_{i=1}^{n}Bp_i^2+\sum_{i=1}^{n}Bg_i^2+s} \tag{4.2}$$

式中，$Ap_i\in\{0,1\}$和 $Ag_i\in\{0,1\}$分别表示在渣片区域的预测类别和实际类别；$Bp_i\in\{0,1\}$和 $Bg_i\in\{0,1\}$分别表示在渣片轮廓的预测类别和实际类别；s 为附加的光滑因子，避免分母为零，设定为 1；α 和 β 分别为渣片区域预测损失和轮廓预测损失的权重系数，用于调整两个损失函数对梯度更新贡献的差异。

在实际训练过程中，两种损失的权重系数可以按照其在总损失中的比例进行动态调整，损失比例越大，其相应权重系数越大，如式(4.3)和式(4.4)所示。

$$\alpha=\frac{loss_A}{loss_A+loss_B} \tag{4.3}$$

$$\beta=\frac{loss_B}{loss_A+loss_B} \tag{4.4}$$

式中，$loss_A$ 和 $loss_B$ 分别为渣片区域预测和轮廓预测的损失值。

5)模型训练和评估

模型训练的本质是通过优化算法不断改变神经网络的可训练权重或者偏差，实现预测值与实测值之间的偏差最小化，即损失函数值最小。在训练期间，设定每个训练 batch(更新一次网络参数所使用的图像数量)为 8。学习率是控制权重参数更新步长的正标量，决定了模型的收敛速度和预测精度。在训练开始，初始学习率设定为 0.001，并且在随后的每 30 个 *epoch*(一个 *epoch* 定义为所有的训练数据完成一次训练)，学习率降低为原来的 10%，使得模型能够尽可能逼近于全局最

优。模型共被训练 120 个 *epoch*。

为了度量模型对渣片区域和轮廓的像素级预测性能，除了作为损失函数的 *Dice* 系数之外，还采用了其他 5 个评价指标。对于像素级的度量，所采用的评价指标为像素准确率 PA 和模型综合得分 *F*1。其中，PA 为最基本的图像分割评价指标，表示预测结果中正确分类的像素占比。*F*1 为召回率和精准度的调和平均值，它受极端值影响较小，更适合评价不平衡数据的分类问题，PA 和 *F*1 计算如式(4.5)所示。

$$\begin{cases} Precision = \dfrac{\mathrm{TP}}{\mathrm{TP+FP}} \\ Rcall = \dfrac{\mathrm{TP}}{\mathrm{TP+FN}} \\ \mathrm{PA} = \dfrac{\mathrm{TP+TN}}{\mathrm{TP+TN+FP+FN}} \\ F1 = \dfrac{2 \times Precision \times Rcall}{Precision + Rcall} \end{cases} \tag{4.5}$$

式中，*Precision* 和 *Rcall* 分别为精准度和召回率；TP 为将正类预测为正类的数量；TN 为将负类预测为负类的数量；FP 为将负类预测为正类的数量；FN 为将正类预测为负类的数量。

对于理想的模型，精准度和召回率都为 1，此时的 *F*1 也为 1。

6) 训练结果

模型训练过程损失值与 *F*1 如图 4.8 所示。随着训练次数的增加，损失函数逐渐减小，当 *epoch* 达到 30 次左右时，预测渣片区域的损失趋近稳定，而渣片轮廓预测的损失在 40 次以后才降低到较低水平。从 *F*1 来看，对渣片区域预测比轮廓预测要收敛更快，准确性更好。二者主要的差异在于轮廓像素远小于渣片区域像素的数量，这说明像素类别的不平衡程度不仅影响了模型的收敛速度，也影响了模型最终的预测精度。

两种典型渣片图像的模型预测结果如图 4.9 所示，分别选取了有积水的渣片图像和有较多岩粉的渣片图像。对于有积水的渣片图像，渣片与背景的对比度较高，渣片的重叠程度小，预测结果准确度高；而对于以岩粉为背景的渣片图像，渣片轮廓不清晰，可辨识程度较低。这是由于渣片图像像素预测实际上是概率预测，而概率是连续变化的，因此预测模型对区域边界局部标记点的凸点不敏感。由于渣片区域边界相邻像素梯度变化比较剧烈，预测结果和标记图像差异较大，从图 4.9 中可以看出，模型将部分重叠区域预测成了单块渣片轮廓。尽管采用一些形态学操作，如膨胀、腐蚀，可以对较小重叠的区域轮廓进行分割，但是对于较大的重叠区域依然无法准确分割，这将导致欠分割的问题。因此，单纯使用渣片区域预测并不能很好地实现分割，引入渣片轮廓预测信息有助于改善该问题。

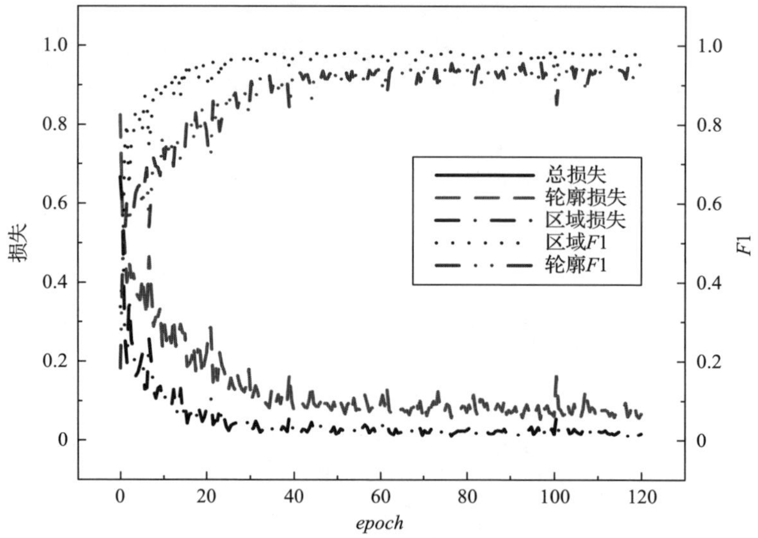

图 4.8　模型训练过程损失值与 $F1$ 曲线

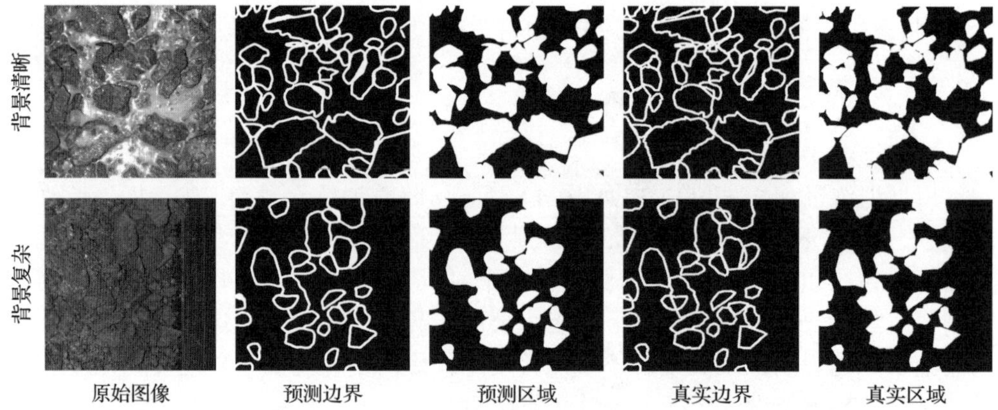

图 4.9　两种典型渣片图像的模型预测结果

渣片区域和轮廓预测模型性能表现如表 4.1 所示。在测试集上，渣片区域和轮廓预测模型的 PA 值分别为 97.3%和 97.7%，$F1$ 分别为 96.3%和 92.1%。渣片区域和轮廓的 PA 值基本一致，但渣片轮廓的 $F1$ 显著低于渣片区域的 $F1$。PA 反映了像素分类的准确性，但由于渣片轮廓识别属于类别不平衡问题，其值的参考意义不大。而 $F1$ 同时考虑了召回率和精准率，能够对类别不平衡问题的预测结果进行更合理的评价。*Dice* 分值用于评价前景重叠区域的占比，渣片区域的 *Dice* 分值要显著优于渣片轮廓。综上，模型在渣片区域预测上的综合表现优于渣片轮廓预测。

表 4.1　渣片区域和轮廓预测模型性能表现

数据集	分类器	PA/%	*F*1/%	*Dice* 得分/%
训练集	区域	98.8	97.9	98.2
	轮廓	98.5	93.4	92.3
测试集	区域	97.3	96.3	97.2
	轮廓	97.7	92.1	91.5

7) 后处理

通过 CNN 预测渣片的区域和轮廓，将两种预测结果进行后处理融合得到最终分割结果。融合的方法主要有基于学习的神经网络方法、阈值分割法、分水岭方法等。分水岭方法具有模型简单、计算简便等优点，因此采用分水岭方法对渣片区域和轮廓预测结果进行后处理融合，最终得到渣片图像的分割结果。

8) 分割结果

两种典型渣片图像分割结果如图 4.10 所示，可以看出 CNN 图像分割算法能够很好地分割不同的渣片图像。特别是对于前景和背景对比度较高的图像，分割结果非常准确，如图 4.10(a) 所示。然而，当背景复杂或碎片严重重叠时，模型容易出现欠分割，如图 4.10(b) 所示。为了确保渣片粒径分布统计的精度，模型只能识别粒径大于 10mm 的渣片。

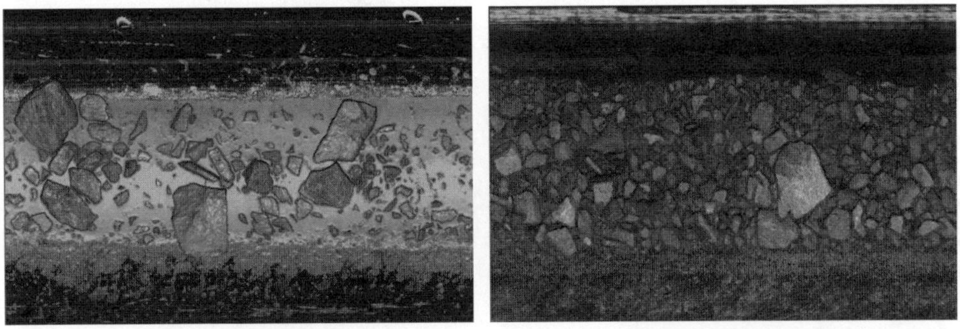

(a) 背景对比度较高的图像识别　　(b) 背景复杂的图像识别

图 4.10　两种典型渣片图像分割结果

3. 渣片尺寸提取和分布

渣片尺寸和形状是渣片轮廓最重要的特征，它们受岩体条件和掘进参数的影响明显，选取用于统计的渣片特征参数如表 4.2 所示。最小外接矩形的长度和宽度分别称为长轴和短轴，用于表示渣片尺寸的大小，其比值(轴长比)用于描述渣片的形状，如图 4.11(a) 所示。

表 4.2　渣片特征参数

特征	描述
长轴	最小外接矩形的长
短轴	最小外接矩形的宽
主轴	等效椭圆的主轴
次轴	等效椭圆的次轴
面积	渣片轮廓内的面积
周长	渣片轮廓的长度
轴长比	短轴与长轴的比值

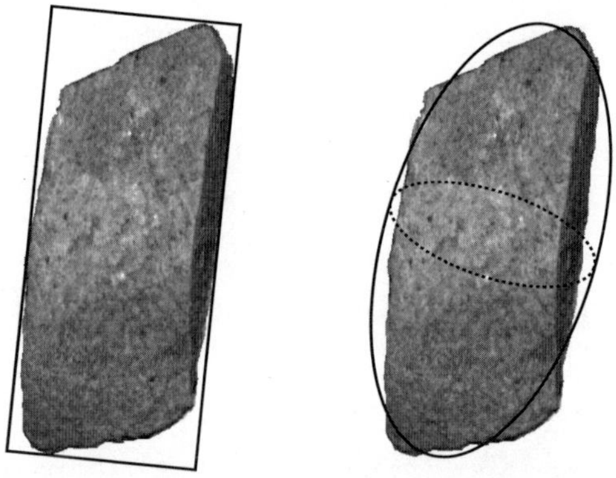

(a) 最小外接矩形　(b) 等效椭圆

图 4.11　渣片的不同尺寸特征

为了统计渣片的体积分布，将渣片从二维图像映射成为三维图像，渣片被假想为椭球体，等效椭圆的主轴和次轴分别为渣片的长轴和短轴，如图 4.11(b)所示。渣片的体积可以通过其等效椭圆的主轴和次轴来计算，即

$$V_{\mathrm{rf}}=\frac{4}{3}\pi a^2 b \tag{4.6}$$

式中，a 和 b 分别为等效椭圆的主轴和次轴。

最小外接矩形的短轴被用于渣片筛分统计，虽然这种简化的方法与室内筛分试验存在一定的差异，但其目的是构建渣片尺寸分布的统一描述来判断岩体条件。在该尺寸分布评价中，以渣片短轴作为主要特征。对于完整岩体，大多数渣片的短轴不大于滚刀刀间距；对于节理岩体，短轴的分布范围较大。因此，用短轴作为特征尺寸有助于区分岩体条件。

4.1.3　系统调试和工程验证

1. 室内调试

在实验室内建立了渣片在线分析系统实验平台，用于验证渣片图像的清晰度、渣片质量流量及体积流量的测量精度，如图 4.12 所示。使用直径为 1cm 左右的砂石模拟渣片。砂石的大小和形状比较均匀，其体积可通过质量和松散密度进行估算。通过多次测量，得到砂石的松散密度为 1678kg/m^3。对皮带秤和扫描仪进行标定后，在模拟环境下对进行了测试，每次使用的砂石质量约为 300kg，质量和体积测量结果如表 4.3 所示。测试结果表明在皮带运行速度约为 4m/s 的条件下，可获得清晰的渣片图像，质量测量误差约在±2%以内，体积测量误差在±4%以内。

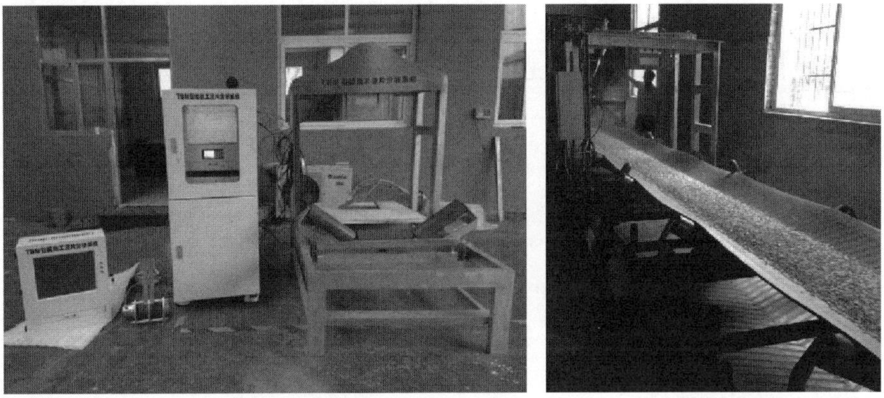

(a) 总体硬件系统　(b) 模拟试验平台

图 4.12　系统室内调试

表 4.3　质量和体积测量结果

试验编号	实际重量 /kg	实际体积 /m^3	测量重量 /kg	测量体积 /m^3	重量误差 /%	体积误差 /%
1	296.4	0.1766	294.1	0.1834	–0.78	3.83
2	288.1	0.1716	284.3	0.1655	–1.32	–3.55
3	294.4	0.1755	297.6	0.1776	1.09	1.20
4	283.0	0.1685	288.2	0.1737	1.84	3.09
5	310.2	0.1849	309.05	0.1825	–0.37	–1.28

2. 渣片在线分析系统工程应用

1) EH 工程概况

渣片在线分析系统安装于 EH 工程 TBM 隧洞。该隧洞标段全长 21.170km，其中 TBM 掘进段的长度为 21.115km，由 1 台中铁工程装备集团有限公司生产制造的 TBM 施工。刀盘直径为 7.03m，布置滚刀 49 把，刀盘的刀间距布置如图 4.13 所示，TBM 技术参数指标如表 4.4 所示。隧洞沿线工程地质剖面图如图 4.14 所示，包含岩性、里程和埋深。

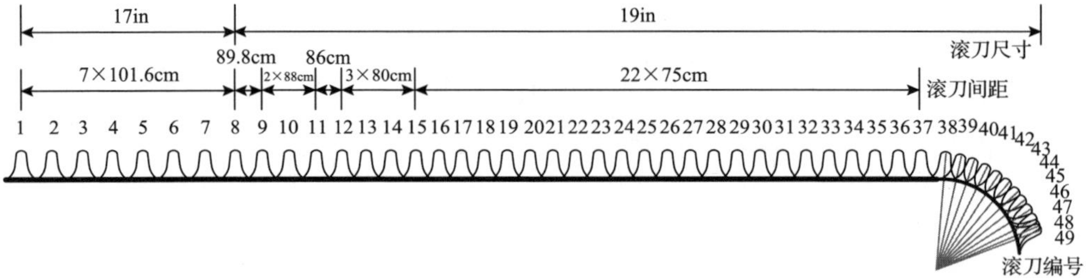

图 4.13　刀盘的刀间距布置

表 4.4　TBM 技术参数指标

技术参数	设计值
刀盘直径/mm	7030
最大刀盘功率/kW	8×350=2800
推进油缸行程/mm	1800
额定推力/kN 最大推力/kN	19635 27488
刀盘扭矩/(kN·m)	5664（@4.72r/min） 2970（@9.0r/min）
滚刀数量/把	49
TBM 刀盘重量/t	约 590
TBM 总重量/t	约 1400

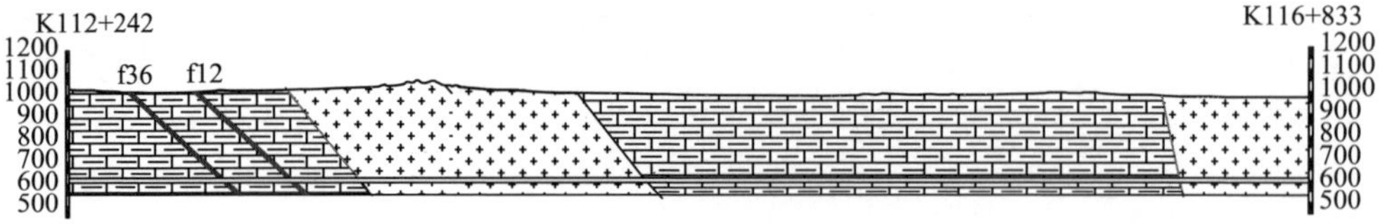

图 4.14　隧洞沿线工程地质剖面图

花岗岩；凝灰岩；断层；隧洞轴线

2) 现场设备安装

TBM 出渣系统由主机皮带、后配套皮带和连续皮带三级皮带组成。主机皮带从刀盘延伸到主梁末端，并将渣片传送至后配套皮带上。后配套皮带将渣片传送至后配套末端并转移给连续皮带。连续皮带直接延伸到洞外。主机皮带长度较短，受渣片冲击力大，导致其张力变化大，此外，主机皮带位于工作平台下方，其可安装空间小，因此主机皮带不适合安装渣片在线分析系统。虽然连续皮带弥补了主机皮带的劣势，但距离掌子面较远，随着 TBM 掘进里程的增加，存在信息采集延迟的问题。后配套皮带有充足的安装空间和比较稳定的皮带张力，适合安装渣片在线分析系统，如图 4.15 所示，安装位置距离掌子面约 150m。虽然采集到的渣片信息相比掌子面岩体条件实时信息存在约 40s 的延迟，但是这段时间内地质条件并不会有较大变化，因此可以忽略其影响。位于 TBM 操作室的渣片在线分析系统工控机如图 4.16 所示，它可以使操作者直接观察到系统反馈的信息。

图 4.15　渣片在线分析系统现场安装图

图 4.16　渣片在线分析系统工控机

3）渣片质量和体积监测

渣片在线分析系统监测到的渣片质量和体积流量实时曲线如图 4.17 所示。可以看出，质量和体积流量都有明显的波动，说明皮带上的渣量是持续变化的。相比质量流量，体积流量的变化幅值更大，这是因为体积流量除了受渣量的影响外，还受到渣片随机堆积的影响。累积渣片质量和体积随推进油缸位移的变化曲线如图 4.18 所示。虽然流量曲线是波动的，但是累积质量和体积的变化随推进油缸的位移是严格线性的，这说明掌子面没有塌方发生，与开挖之后揭露的实际围岩条件相吻合。

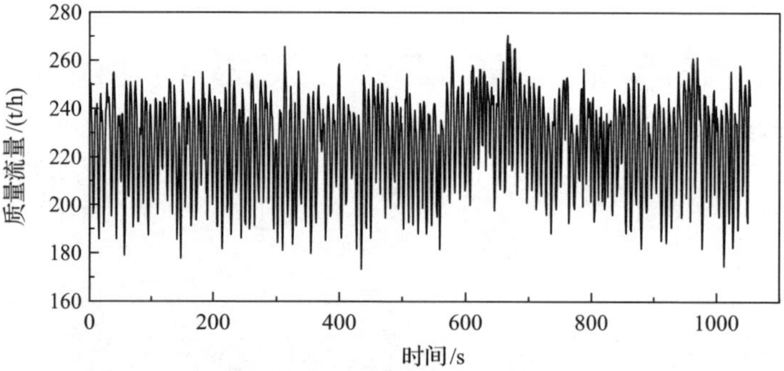

(a) 渣片质量流量实时曲线

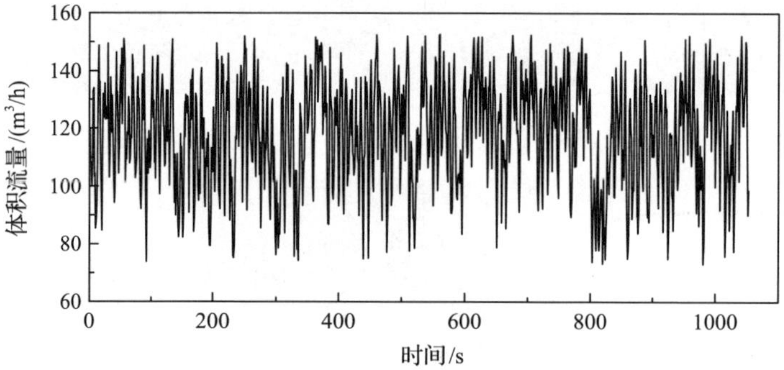

(b) 渣片体积流量实时曲线

图 4.17　渣片质量和体积流量实时曲线

以 TBM 某一组掘进循环的监测数据为例，累积渣片质量和体积分别为 200.93t 和 104.85m^3，通过隧洞直径和开挖长度计算得到理论的开挖体积为 69.85m^3，由此计算出岩体的密度约为 2870kg/m^3，渣料的体积松散系数约为 1.50。相比完整的岩体密度(2700kg/m^3)，测得的岩体密度略微偏大，其原因可归结为两个方面：一方面，皮带在长期运行过程中受负载、保养等因素的影响张力发生了变化，因此，皮带秤和扫描仪在日常使用中要经常重新标定；另一方面，TBM 掘进过程中刀盘冷却水会混入渣片中，使监测到的渣片质量大于渣片实际质量。因此渣片质量测量值会比实际值偏大。当掌子面或洞周产生较大范围塌方时，瞬时的质量流量和体积流量会显著增加。因此，质量流量和体积流量的变化可以辅助判断岩体的失稳。

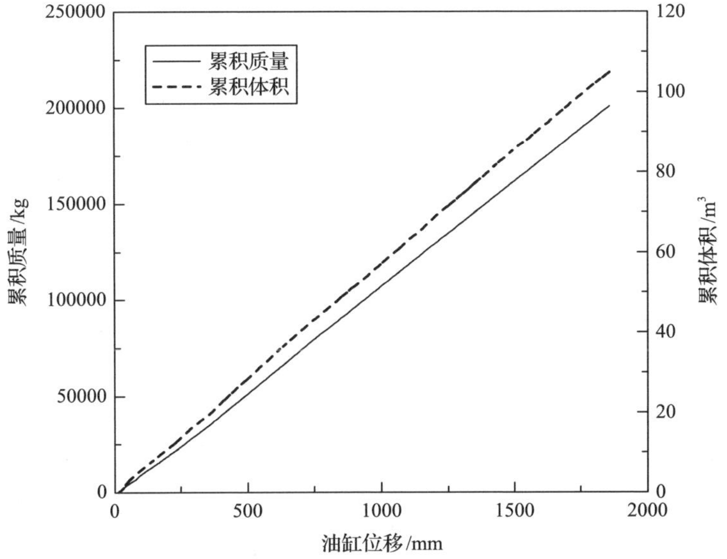

图 4.18　累积渣片质量和体积随推进油缸位移的变化曲线

4)渣片图像分析结果

工程试验对象为一段长约 45m 的隧洞，里程范围为 114+600～114+555m，开挖的地层为花岗岩。开挖后该段岩体条件可分为两类。在里程 114+600～114+575m，岩体为微风化花岗岩，有一组密闭节理，节理间距为 200～400mm，岩体稳定性很好，为Ⅱ类围岩，如图 4.19(a)所示。在里程 114+575～114+555m，节理发育，有 3 组节理，节理间距分别是 50～100mm、100～200mm、200～400mm，为Ⅲ类围岩，洞顶和洞周出现了掉块和塌方，如图 4.19(b)所示。

(a) 稳定岩体条件

(b) 破碎岩体条件

图 4.19　隧洞洞壁照片

由图像分析得到的渣片尺寸分布如图 4.20 所示。在里程 114+575m 处，尺寸分布发生了比较明显的变化，与岩体条件变化相吻合。对于完整性好的岩体条件段，相同尺寸级别的渣片累积通过率要显著高于较破碎段，表明整体渣片尺寸小，如图 4.21(a)所示。由于岩体节理较少，渣片主要由相邻滚刀相互作用产生的侧向裂纹贯通形成，渣片尺寸较小，并且有较多岩粉产生。而对较破碎岩体段，整体渣片尺寸更大，其中大于 125mm 的渣片质量分数约为 16%，这说明渣片中包含许多大渣片，如图 4.21(b)所示。对于节理发育的岩体，岩体内部的节理面增多，滚刀侵入形成的裂纹扩展到节理面，成为渣片产生的主要方式。

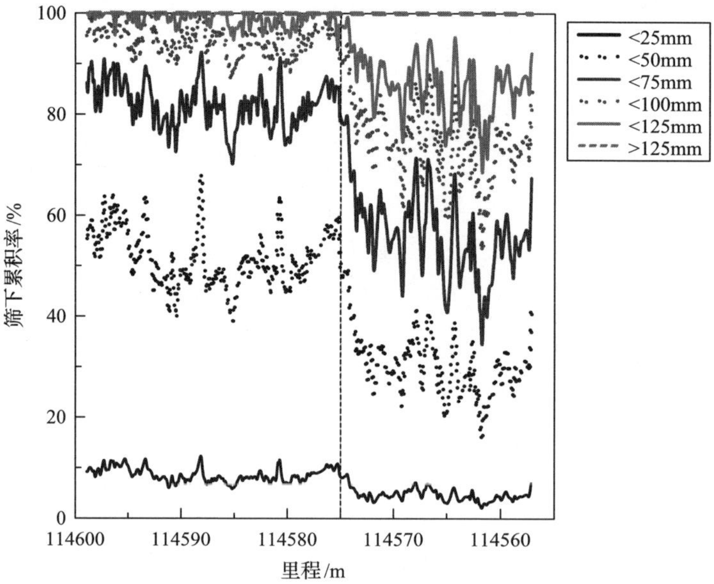

图 4.20　图像分析得到的渣片尺寸分布

(a) 岩体较完整条件下渣片图像

(b) 岩体较破碎条件下渣片图像

图 4.21　两种岩体条件下的渣片图像

综上所述，渣片在线分析系统的分析结果能够正确反映出岩体条件的变化，可以为 TBM 隧道施工决策提供帮助。本节主要对渣片特性与岩体之间的相关性进行定性分析，以验证渣片在线分析系统的应用价值。

4.2　融合渣片参数与掘进参数的岩体条件识别

渣片是 TBM 滚刀破岩的直接产物，岩体参数和掘进参数共同影响了渣片的形状和尺寸分布特征。一方面，在已知掘进参数的条件下，可以通过渣片参数和掘进参数对岩体参数进行感知；另一方面，在已知岩体参数的条件下，可以通过渣片参数来评价掘进参数的优劣，从而优化 TBM 运行参数。本节通过对渣片参数、掘进参数和岩体参数进行综合分析，建立融合渣片参数与掘进参数的岩体条件预测模型。

4.2.1　渣片的统计特征参数

尺寸分布是 TBM 渣片形态最直接的特征。小粒径(0～20mm)的渣片主要形成于滚刀破岩压碎区或者二次破碎过程。中等粒径(20～65mm)的渣片一般是在较完整岩体条件下由滚刀破岩产生的侧向裂纹相互作用形成，其形状以片状为主，而在节理发育的岩体条件下，此粒径范围的渣片以块状居多。大粒径(65～150mm)的渣片一般是由滚刀与节理面的相互作用形成，这类渣片的比例代表了岩体中结构面的分布状态。超过 150mm(2 倍刀间距)的特大渣片，是影响 TBM 施工安全的异常渣片，特大渣片的比例增多反映了掌子面的不稳定性。为了对渣片的尺寸分布特征进行定量描述，以曲率系数、不均匀系数和粗糙度指数作为主要评价指标。

1) 曲率系数和不均匀系数

曲率系数和不均匀系数分别用于描述颗粒级配曲线的平滑度和级配均匀程度，计算式为

$$C_c = \frac{{d_{30}}^2}{d_{10}d_{60}} \tag{4.7}$$

$$C_u = \frac{d_{60}}{d_{10}} \tag{4.8}$$

式中，d_{10}、d_{30} 和 d_{60} 分别为累积质量分布为 10%、30%和 60%所对应的特征粒径；C_u 为级配的不均匀系数；C_c 为级配的曲率系数。

2) 粗糙度指数

粗糙度指数是评价颗粒级配中大尺寸渣片质量分数的指标，级配中大粒径颗粒越多，粗糙度指数就越大。粗糙度指数是每个筛分等级剩余累积质量与总质

量的比例之和，计算式为

$$x_i = \frac{w_i}{w_总} \times 100\% \tag{4.9}$$

$$\mathrm{CI} = \sum_{i=1}^{n} x_i \tag{4.10}$$

式中，w_i为大于第 i 组粒径的岩片总质量；$w_总$为岩片总质量；x_i为第 i 组粒径的累积筛余率；CI 为粗糙度指数。

4.2.2 岩-机-渣相关性分析

为探究岩-机-渣之间的关系，构建岩体条件识别模型，依托 EH 工程 TBM 施工项目开展了现场数据收集工作。该工程段的基本情况在 4.1.3 节中进行了介绍，所研究的开挖段长度为 1.5km，岩性为花岗岩，岩石的单轴抗压强度为 110～140MPa，围岩类别以Ⅱ类和Ⅲ类为主，少量Ⅳ类。以一次图像采集周期(20～30s)的渣片图像解析结果作为一个样本点，共收集 8000 多组数据，以此为基础开展了 TBM 岩体条件识别研究。

1. 典型岩体条件的数据分析

不同岩体参数条件下的渣片参数和掘进参数如表 4.5 所示。可以看出，节理是影响渣片特征的关键岩体参数。随着岩体节理J_v的增大，不均匀系数逐渐增大，曲率系数逐渐降低，粗糙度指数逐渐增大。不同岩体参数条件下的渣片累积分布曲线如图 4.22 所示，渣片图像中不同粒径等级的形态描述如表 4.6 所示。

表 4.5 不同岩体参数条件下的渣片参数和掘进参数

断面编号	岩体参数	渣片参数								掘进参数			
	J_v /(条/m^3)	曲率系数	不均匀系数	粗糙度指数(＞10mm)	粗糙度指数(＞40mm)	最大粒径/mm	大于净刀间距渣片占比/%	特大块渣片占比/%	大岩片平均轴长比	推力/kN	扭矩/(kN·m)	贯入度/mm	刀盘转速/(r/min)
1	0～2	1.055	1.9175	206	168	70.1	5.1	0	0.57	19280	2134	2.6	7.54
2	4～6	1.000	2.1794	175	200	80.6	5.2	0	0.72	15124	2813	5.05	7.81
3	8～10	0.935	2.3103	307	290	101.7	10.1	0.58	0.77	13322	2645	6.10	7.46
4	12～14	0.907	2.6120	282	358	121.7	20.5	0.93	0.73	12127	2109	6.44	7.40
5	16～18	0.972	2.7410	356	462	194.3	35.1	6.60	0.75	8400	2195	7.9	7.30
6	20～25	0.917	2.8769	361	468	158.28	28.3	6.01	0.75	5542	1133	10.9	7.29

注：净刀间距表示减去滚刀刀刃宽之后的刀间距，为正常岩体破岩下的岩片中轴参考值。

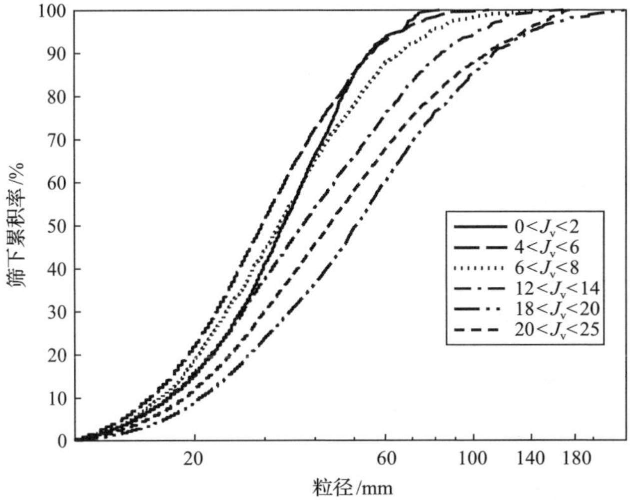

图 4.22　不同岩体参数条件下的渣片累积分布曲线

表 4.6　渣片图像中不同粒径等级的形态描述

编号	渣片图像	描述
1	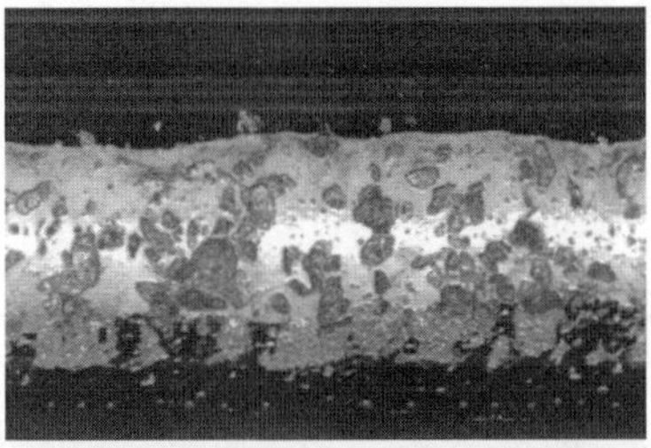	渣量很少，岩粉和刀盘喷水形成了泥，渣片主要以片状的小岩片为主，可见的片状渣片不多；没有>65mm 的渣片。
2	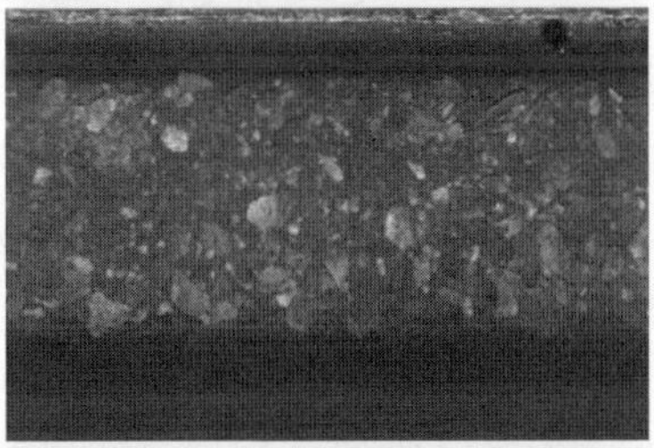	渣量适中，岩粉较多，渣片的薄片状特征明显，块状渣片很少，大于 65mm 的渣片较少。
3		渣量适中，渣片的整体尺寸增大，一些不规则的块状渣片增多，块状和片状均匀出现，片状渣片的厚度增加。

续表

编号	渣片图像	描述
4		渣量较多，整体尺寸较大，长条形块状渣片较多，片状渣片的比例明显较少，岩粉的比例仍然较大。
5		渣量较大，渣料中基本以块状渣片为主，特大块开始频繁出现，片状渣片几乎没有。
6		渣量非常大，渣料基本全部为块状渣片，岩粉较少，大部分渣片都可观察到代表节理面的菱角特征或者平面特征。

在滚刀破岩过程中，裂纹沿着能量释放最快的路径传播，由节理产生的自由面代表了能量最低点，对裂纹的扩展方向和扩展模式有重要影响。完整岩体条件下，相邻滚刀挤压形成的侧向裂纹相互贯通是渣片形成的主要机制，刀间距成为限制渣片尺寸的关键。节理发育的岩体条件下，TBM 破岩机制逐渐转变为滚刀挤压产生的裂纹与节理面共同作用。随着节理面发育到一定程度，TBM 掘进只需要滚刀对掌子面的岩体进行扰动，即可以产生大量渣片，甚至在极其破碎的岩体条件下，掌子面发生失稳现象。

在岩体节理逐渐增多的过程中，渣片特征的变化主要体现在尺寸和形状两个方面。完整岩体条件下，渣片具有薄片状和小尺寸特征，如表 4.6 中的 1～2 所示。随着节理面的增多，渣片的尺寸显著增大，块状和片状的渣片均有出现，同时伴随大量的岩粉产生，如表 4.6 中的 3～4 所示。当节理足够发育时，渣料中的渣片尺寸整体增大，特大块的渣片开始频繁出现，片状渣片较少甚至没有，渣片上具有明显的棱角特征，如表 4.6 中的 5～6 所示。

节理与掘进参数的关系也非常明显，随着节理的增加，掘进所需要的推力不断减小，贯入度不断增大，这表明岩体的可掘性在不断提高。虽然，掘进参数对渣片的形态存在一定程度影响，但不如节理的影响显著。因此，采用渣片参数可以较准确地推测出岩体中的节理发育程度，进一步融合掘进参数之后，可以更加准确地推测出围岩类别。

2. 全量数据统计分析

通过对全量数据进行分析，得到岩体节理与掘进参数、渣片参数特征之间的关系，相关性系数如表 4.7 所示。可以看出，与岩体的节理相关性较大的掘进参数主要是贯入度、推力和推进速度，这些参数主要受岩体可掘性的影响。在同种花岗岩条件下，岩石强度的差异性较小，决定岩体可掘性的主要岩体参数是体积节理数。随着体积节理数增大，岩体的可掘性提高，贯入度和推进速度增大，其所需的推力减小。在渣片参数中，粗糙度指数是与岩体体积节理数最相关的指标，该指标受颗粒级配中大粒径渣片占比的影响较大。当岩体的节理裂隙较发育时，渣料中的大粒径渣片比例增大，粗糙度指数也增大。

表 4.7　岩体体积节理数与掘进参数、渣片参数的相关性系数

掘进参数	相关性系数	渣片参数	相关性系数
贯入度	0.789	曲率系数	0.644
推力	−0.759	不均匀系数	−0.558
掘进速度	0.754	最大粒径	0.456
粗糙度指数	0.652	刀盘转速	−0.244
刀盘扭矩	−0.169	—	—

不同体积节理数下的渣片参数箱型图如图 4.23 所示。可以看出，粗糙度指数

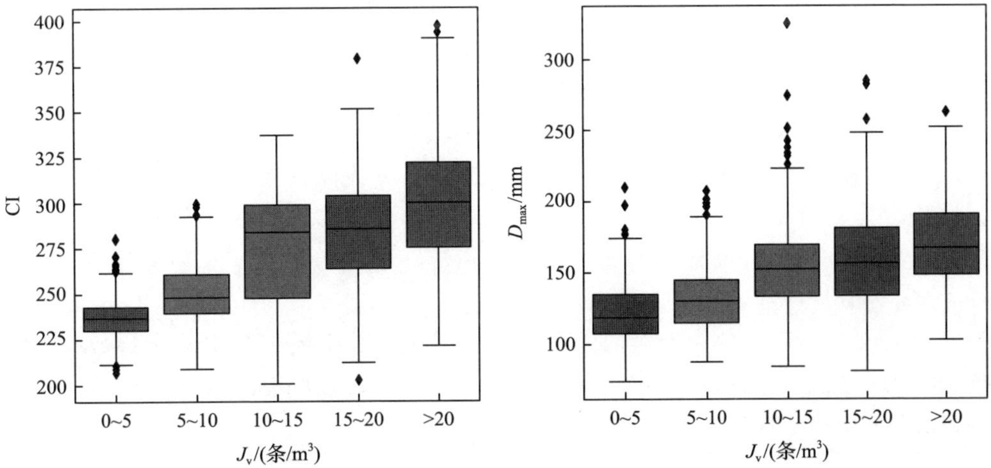

(a) 粗糙度指数　(b) 最大粒径

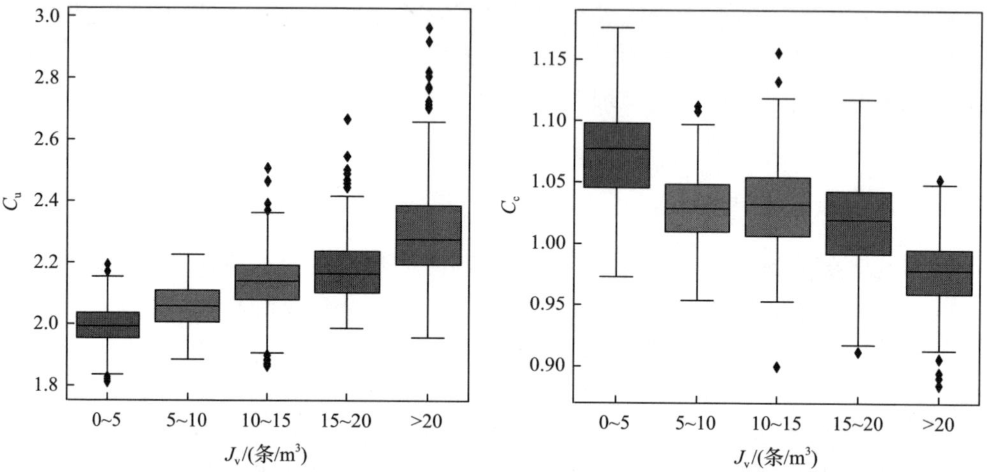

(c) 不均匀系数　　(d) 曲率系数

图 4.23　不同体积节理数下的渣片参数箱型图

和最大粒径均随着体积节理数的增大而增大，表明随着岩体的节理裂隙增多，渣片的整体尺寸在增大，渣片参数的方差也随之增大，说明大岩块比例增加，渣片参数的分布更不均匀，统计结果更容易受到大块渣片的随机性出现所影响。此外，随着岩体体积节理数增加，级配曲线的粒径向大尺寸部分平移，造成了整体级配粒径跨度大，从而使得不均匀系数增大，曲率系数减小。

4.2.3　基于渣片参数和掘进参数的岩体等级预测模型

为有效表征不同围岩等级下 TBM 掘进参数与渣片参数之间的复杂关系，采用主成分分析(principal component analysis，PCA)与随机森林(random forest，RF)的人工智能方法构建 PCA-RF 组合模型，用于 TBM 围岩等级预测。建模过程包括特征提取和模型构建两个部分，如图 4.24 所示。

1)渣片参数与掘进参数的特征提取

给定一个时长为 T 的掘进区间，产生的渣片图像和掘进参数共同构成一组样本，用于该段围岩等级的识别。若该区间产生了 n 张渣片图像，则总的渣片分割数据集合为 $C=\{c_1, c_2, \cdots, c_i, \cdots, c_n\}$，其中 c_i 表示第 i 张渣片图像分割得到的渣片数据，计算渣片的特征分布曲线、粗糙度指数、不均匀系数、曲率系数、最大粒径和 d_{50} 等渣片参数。

该时段的掘进参数为一组时间序列数据，选择其中最主要的 4 个参数：刀盘推力、刀盘扭矩、刀盘转速和贯入度，计算该统计时段的掘进参数平均值，作为掘进参数的评价指标。

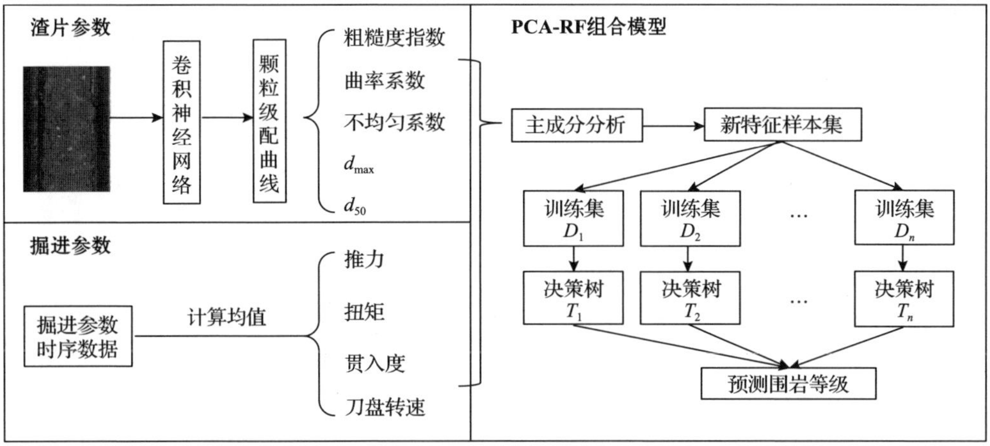

图 4.24　基于渣片参数和掘进参数的围岩等级预测流程图

2) 主成分分析与随机森林组合模型

掘进参数与渣片参数之间的信息既相互补充，又存在冗余。为了消除数据特征之间的共线性，引入 PCA 方法对掘进参数和渣片参数降维。

对含有 m 个变量、n 个样本的总体观测样本 $X_{m\times n}$ 按式(4.11)进行标准化处理。

$$x_{ij}^{*}=\frac{x_{ij}-\overline{x}_j}{\sqrt{\operatorname{var}(x_j)}},\quad i=1,2,\cdots,m;j=1,2,\cdots,n \tag{4.11}$$

式中，$\overline{x}_j=\frac{1}{n}\sum_{i=1}^{n}x_{ij}$, $\operatorname{var}(x_j)=\frac{1}{n-1}\sum_{i=1}^{n}(x_{ij}-\overline{x}_j)^2$。

通过样本数据的协方差矩阵可以得到相关系数矩阵 $\boldsymbol{R}=(r_{ij})$，相关系数计算式为

$$r_{ij}=\frac{\operatorname{cov}(X_i,X_j)}{\sqrt{\operatorname{var}(X_i)}\sqrt{\operatorname{var}(X_j)}} \tag{4.12}$$

对特征方程$|\lambda\boldsymbol{E}-\boldsymbol{R}|=0$进行求解，得到 m 个非负特征根 $\lambda_1\geqslant\lambda_2\geqslant\cdots\geqslant\lambda_m\geqslant0$，则第 i 个主成分的贡献率为 $\lambda_i/\sum_{i=1}^{m}\lambda_i$，其中 $i=1,2,\cdots,m$，前 q 个主成分的累积贡献率为 $\sum_{i=1}^{q}\lambda_i/\sum_{i=1}^{m}\lambda_i$。通常，按照贡献的重要性从大到小排序，当前 q 个主成分的累积贡献率大于等于 85%，认为总体信息量的丢失可以接受。由此样本维数由 m

减少为 q，完成数据降维。

通过降维后得到的样本集 $X_{q\times n}$，可作为随机森林模型的输入来预测围岩等级。随机森林模型是以决策树为基分类器的一种集成学习模型，主要是利用多个弱分类器的结果投票表决得到一个强分类器。在围岩等级预测任务中，所采用的基分类器为分类回归树算法(classification and regression tree，CART)，它是一种基于二叉树的模型，以基尼指数为指标完成最优特征的选择以及最优切分点的计算。最优切分点按式(4.13)计算。

$$(D_j, m) = \frac{|D_{j\_L}|}{|D_j|} R_{Gini} D_{j\_L} + \frac{|D_{j\_R}|}{|D_j|} R_{Gini} D_{j\_R} \tag{4.13}$$

式中，$R_{Gini(D_j)} = 1 - \sum_{y=1}^{Y} (p_y)^2$ 为数据集 D_j 的基尼指数；Y 为围岩等级；p_y 为训练子集 D_j 中属于第 y 类围岩的概率。

在所有可能的特征 q 中以及所有可能的阈值中，选择基尼指数最小的特征及其对应的阈值作为最优特征和最优切分点。对左分支结点和右分支结点分别递归计算分支点，直至训练集的基尼指数小于预定阈值时，分类决策树停止生长，此时，围岩等级训练集基本被正确分类。

对 n 个相互独立的训练集 D_j，分别按照上述过程计算，生成 n 个不同的分类决策树，将这些分类决策树组合就构成了围岩等级预测的随机森林模型 $H(h_1, h_2, \cdots, h_n)$。围岩等级的预测结果即为多个决策树的投票表决结果，可以表示为

$$h_p = R_{majorityvote}[H(h_1, h_2, \cdots, h_n)], \quad p = 1, 2, 3, \cdots, n \tag{4.14}$$

式中，p 为分类决策树的个数。

3) 模型评估与验证

数据库包含Ⅱ、Ⅲ、Ⅳ三种围岩类别。所采用的模型评价指标包括准确率、精确率、召回率和 $F1$。PCA-RF 组合模型对不同围岩等级的预测效果如表 4.8 所示。模型在测试集上的整体分类准确率为 86.9%。虽然数据集中Ⅳ类围岩的样本数较少，但是该类别的预测效果最好，测试集上的准确率达到了 96.3%，这说明 TBM 在Ⅳ类岩体条件下掘进时，其掘进参数和渣片参数会有显著的变化，渣片中大块的数量会迅速增加，因此Ⅳ类围岩相比Ⅱ、Ⅲ类具有更好的辨识度。对于Ⅱ类和Ⅲ类围岩，由于其渣片和掘进参数的差异性相对较小，导致模型在区分这两类围岩时，分类边界不够准确，使得预测准确率较低。

表 4.8　PCA-RF 组合模型对不同围岩等级的预测效果

围岩等级	训练集				测试集			
	精确率/%	召回率/%	$F1$	样本数	精确率/%	召回率/%	$F1$	样本数
Ⅱ	87.5	93.8	0.906	2864	85.7	92.2	0.888	1276
Ⅲ	90.3	83.7	0.868	2407	87.5	80.3	0.837	1008
Ⅳ	97.0	87.8	0.921	333	96.3	87.3	0.915	118

为了验证 PCA-RF 组合模型的有效性和准确性，同时使用支持向量机(support vector machine，SVM)、K 最近邻(K-nearest neighbor，KNN)等其他不同的模型进行训练和测试，其对比结果如表 4.9 所示。可以看出，PCA-RF 组合模型在围岩等级预测中的效果最好。这是由于 PCA 算法可以对数据特征进行降维，一定程度上消除了特征之间的共线性和冗余信息，同时提高了模型的执行效率，对于 TBM 实时预报有重要的意义；RF 算法在误差和异常值方面采用的是无偏估计，具有更强的泛化能力，尤其是在图像分割误差影响的情况下，该算法可以较好地平衡不同围岩等级下数据间的误差。

表 4.9　不同预测模型在围岩等级预测中效果对比

预测模型	准确率/%
KNN	83.7
SVM	85.1
PCA-SVM	85.3
RF	85.6
PCA-RF	86.9

参 考 文 献

[1] Tuncdemir H, Bilgin N, Copur H, et al. Control of rock cutting efficiency by muck size[J]. International Journal of Rock Mechanics and Mining Sciences, 2008, 45(2): 278-288.

[2] Gong Q M, Zhao J, Jiang Y S. In situ TBM penetration tests and rock mass boreability analysis in hard rock tunnels[J]. Tunnelling and Underground Space Technology, 2007, 22(3): 303-316.

[3] Liu J, Cao P, Han D Y. The influence of confining stress on optimum spacing of TBM cutters for cutting granite[J]. International Journal of Rock Mechanics and Mining Sciences, 2016, 88: 165-174.

[4] Yin L J, Gong Q M, Ma H S, et al. Use of indentation tests to study the influence of confining stress on rock fragmentation by a TBM cutter[J]. International Journal of Rock Mechanics and Mining Sciences, 2014, 72: 261-276.

[5] Gong Q M, Zhao J, Jiao Y Y. Numerical modeling of the effects of joint orientation on rock fragmentation by TBM cutters[J]. Tunnelling and Underground Space Technology, 2005, 20(2): 183-191.

[6] 龚秋明, 佘祺锐, 王继敏, 等. 不同层厚层状岩体对TBM开挖的影响[J]. 岩石力学与工程学报, 2010, 29(7): 1442-1449.

[7] Yin L, Miao C, He G, et al. Study on the influence of joint spacing on rock fragmentation under TBM cutter by linear cutting test[J]. Tunnelling and Underground Space Technology, 2016, 57: 137-144.

[8] Farrokh E, Rostami J. Correlation of tunnel convergence with TBM operational parameters and chip size in the Ghomroud tunnel, Iran[J]. Tunnelling and Underground Space Technology, 2008, 23(6): 700-710.

[9] Rispoli A, Ferrero A M, Cardu M, et al. Determining the particle size of debris from a tunnel boring machine through photographic analysis and comparison between excavation performance and rock mass properties[J]. Rock Mechanics and Rock Engineering, 2017, 50(10): 2805-2816.

[10] Mooney M A, Walter B, Frenzel C. Real-time tunnel boring machine monitoring: A state of the art review[C]//Proceedings of the North American Tunneling, Society for Mining, Metallurgy, and Exploration, Littleton, 2012: 73-81.

[11] Barton N R. TBM Tunnelling in Jointed and Faulted Rock[M]. Boca Raton: CRC Press, 2000.

[12] Shu L, Osinski G R, Mcisaac K, et al. An automatic methodology for analyzing sorting level of rock particles[J]. Computers & Geosciences, 2018, 120: 97-104.

[13] Chen H, Jin Y, Li G, et al. Automated cement fragment image segmentation and distribution estimation via a holistically-nested convolutional network and morphological analysis[J]. Powder Technology, 2018, 339: 306-313.

[14] Liang H, Zou J. Rock image segmentation of improved semi-supervised SVM-FCM algorithm based on chaos[J]. Circuits Systems and Signal Processing, 2020, 39(2): 571-585.

[15] He K, Zhang X, Ren S, et al. Deep residual learning for image recognition[C]//Proceedings of the IEEE Conference on Computer Vision and Pattern Recognition, Las Vegas, 2016: 770-778.

第5章 TBM设备运行状态监测

TBM 运行状态是岩-机相互作用的直接反映，运行状态的优劣直接影响设备的掘进性能。实时获取设备运行状态可以及时调整 TBM 掘进方案及控制参数，从而提高 TBM 掘进效率，降低施工成本，减少施工事故的发生。

TBM 掘进过程中的大部分设备运行数据都会被监测，如各油缸行程、各液压子系统压力、电机功率、刀盘转速等一系列的机电液数据，这些数据对判断设备的健康状态与破岩效率是非常有用的。但对于刀盘状态的实时监测尚缺乏有效的手段，因此在 TBM 掘进过程中经常出现刀具异常破坏或超磨等问题，甚至导致刀具大面积磨损、刀盘磨损或刀盘开裂等事故的发生，严重影响了工程进度，增加了施工成本。因此 TBM 刀盘运行状态监测与 TBM 主机振动监测是 TBM 智能化施工研究的关键技术。

本章重点介绍了刀盘状态监测系统与主机振动监测系统的研制，并对其工程应用进行了实例展示。通过对监测数据进行系统分析，获得滚刀磨损规律及主机振动规律。该系统可为 TBM 智能化施工提供有力的数据支撑，辅助判定刀盘工作状态，为 TBM 施工提供指导，降低施工风险。

5.1 刀盘状态监测

TBM 掘进过程中，刀盘系统直接与岩体相互作用，对岩体进行破碎。在破岩过程中滚刀受到三向力，与掌子面岩体发生滚动运动和相对滑动，造成滚刀的磨蚀。磨蚀速度与岩体条件、滚刀材质、滚刀参数及刀盘设计参数相关。在 TBM 掘进过程中，每日停机检修时都会对刀具及刀盘进行检查，但在完整岩体条件下滚刀磨损速度快，在岩体条件急剧变化的情况下滚刀会出现偏磨、崩刃等现象，因此需要及时掌握滚刀及刀盘的工作状态。在盾构施工过程中会遇到诸如砂卵石地层、复合地层等磨蚀性较大或难以掘进的地质条件，刀具及刀盘极易磨损或损坏，从而影响刀盘的破岩性能。刀具磨损到一定程度时应及时更换，否则会加重周围其他滚刀的载荷，加速滚刀磨损，甚至造成整个刀盘的损坏[1]。

TBM 及盾构的刀具磨损检测方法主要有开舱检测法[2]、异味添加剂法[3]、掘进参数分析法[4]、岩渣形状分析法[5]和实时监测法[6]等。开舱检测法是检测刀具磨损最直接、最有效的方法。异味添加剂法适用于 TBM 的滚刀磨损检测，但只能反映单个刀具的破坏。掘进参数分析法通过分析掘进机工作的掘进速度和扭矩推算出刀具的磨损量，因掘进机的施工工况不同，推进设备的推力、岩体条件或土体参数、土舱压力也不尽相同，很难应用到实际工程中的滚刀磨损估算。岩渣形状分析法主要是对切削后的岩渣进行分析，新旧刀具切削岩体产生的岩渣的形状、大小、切口断面和断裂棱角有所不同，据此判断刀具的磨损情况，岩渣形状受到的影响因素众多，此种方法难以实用。

滚刀磨损和滚刀转速的实时监测方法和技术也在不断创新和改进。夏毅敏等[7]发明了一种电感式位移传感器，用于测量滚刀刀刃面到传感器的距离，传感器的分辨率为 0.1mm。张斌等[8]发明了一种基于平行激光光路通断的 TBM 滚刀磨损量在线监测方法。郑伟等[9]设计了一种基于电涡流传感器的 TBM 滚刀磨损量在线监测系统，利用电涡流传感器将磨损前后刀圈与传感器的距离信号转化为电压信号，通过无线传输将信号传出，达到实时监测目的。任德志等[10]采用电涡流传感器，研制了低功耗短距离无线数据采集与传输系统，该系统曾在南宁地铁 1 号线进行了测试。兰浩等[11]设计了一种基于电涡流传感器的 TBM 滚刀转速在线实时监测系统，电涡流传感器检测到安装在转动刀体上的 6 个 2mm 高的圆形金属凸起，由此获得滚刀的实时转速。孙志洪等[6]改进了上述系统，设计了一套复合盾构滚刀磨损无线实时监测系统，并进行了工程试验，但该系统传感器量程小、介质中无线传输通信质量不稳定及安装结构易损坏，实际应用效果不好。刘泉声等[12]发明了一种 TBM 滚刀磨损在线实时监测方法，采用磁感应的测量原理，传感精度 1.0mm，量程可达 100mm，但未见应用。

罗宾斯公司研制了一套刀具监测系统[13]，通过安装在刀轴上的电子传感器实时监测滚刀的振动、转速和温度，通过安装在刀盘内的数据接收器处理刀具传感器发出的信号，然后通过有线或无线的方式将数据传输到上位机，该系统根据滚刀转速反算刀具的刀圈直径，判断刀具磨损，但监测用的滚刀刀轴是特制的。海瑞克公司设计了一套滚刀转动监测系统，可实时监测 TBM 滚刀的转动和温度。

综上所述，目前的刀具监测系统主要采用电涡流传感器对滚刀磨损或滚刀转动进行监测，电涡流传感器体积大，量程一般在 30mm 左右，安装受限且功耗较大。罗宾斯公司和海瑞克公司设计的监测系统仅监测滚刀的转速与温度，且需要特殊设计的组件。如何有效地对刀盘工作状态进行监测成为掘进机隧道施工中亟待解决的问题。

5.1.1 刀盘状态监测系统

研制刀盘状态监测系统的目的是监测施工中滚刀的转速、磨损量、刀盘温度等参数，结合开挖的地层条件和 TBM 操作参数，实时预测滚刀寿命，并综合判定刀盘工作状态，为施工提供指导。

1. 刀盘状态监测系统设计方案

刀盘状态监测系统由传感器子系统、控制与数据传输子系统、算法及显示子系统三部分组成，如图 5.1 所示。

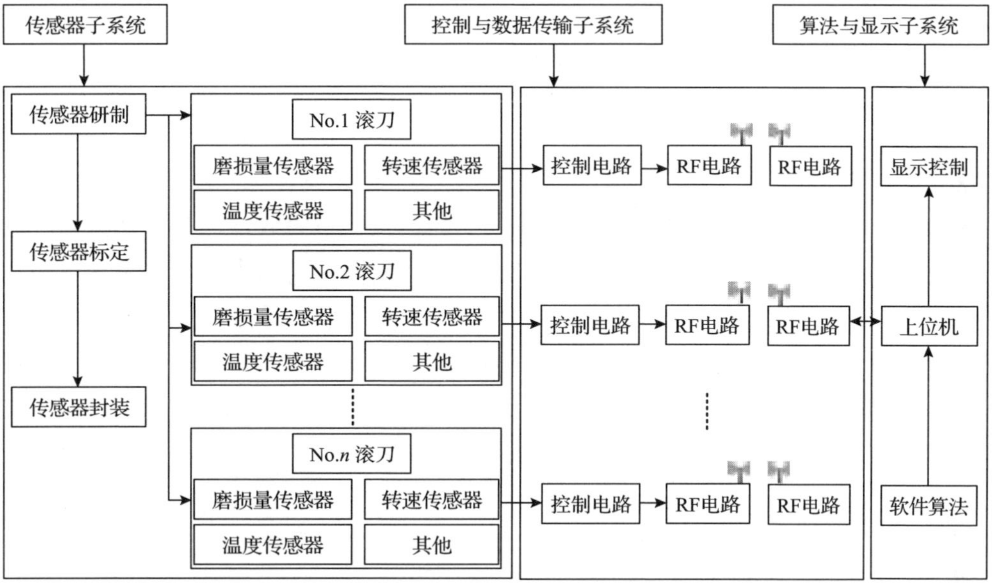

图 5.1　刀盘状态监测系统设计图

传感器子系统由滚刀磨损量、滚刀转速、温度等传感器组成，各传感器可单独工作，也可按现场要求灵活组合，同时需要进行传感器的研制、标定、封装以及有限空间内不同传感器的布置与安装。

控制与数据传输子系统可分为控制与无线数据传输子系统和控制与有线数据传输子系统。它们的控制单元相同，数据传输方式根据刀盘的结构以及实际工作环境，可以选择有线数据传输或无线数据传输。无线数据传输方式具有安装灵活，监测节点多等特点。有线数据传输方式具有实时性更高，数据传输速率更快等优点，但限于刀盘结构，可监测节点数相对较少。

控制与无线数据传输子系统由控制部分、射频部分、主副冗余传送部分组成。包括不同类型传感器的控制软硬件、监测系统的工作状态控制软硬件、TBM 或盾构舱内的高效无线数据传输软硬件。控制部分负责传感器状态控制、系统数据逻辑、简单算法等功能，分为传感器控制与上位机控制。射频部分实现无线数据在泥水和渣土中的有效传播。主副冗余传送部分采用独特多路径设计，实现数据冗余传送，提高数据的可靠性，将无线数据转换为有线数据，并通过中心端转换为网络数据后传送给上位机。

控制与有线数据传输子系统由控制部分、串行通信总线及集线器、滑环、串口服务器等组成。控制部分与无线数据传输方式中的控制部分承担相同的功能，但控制逻辑有所不同，以实现更加高效的实时性传输。通信总线经过滑环引出压力舱隔板之后，经过中心端即串口服务器转换为 TCP/IP 传输到上位机。

算法及显示子系统负责对接收到的数据进行分析、判断、计算，包括 TBM 实时监测数据与施工数据的分析算法、界面软硬件显示等。

2. 传感器研制

由于 TBM 或盾构机滚刀安装在滚刀刀箱内，如果对其磨损量及转速进行监测，传感器的安装空间有限，还需要考虑传感器安装后对刀盘刚度、施工过程及传感器本身耐久性的影响。综合考虑传感器的工作环境，采用非接触式的磁传感器技术，设计了磁位移量、磁开关量传感器来在线监测滚刀磨损和转速，其技术原理如图 5.2 所示。

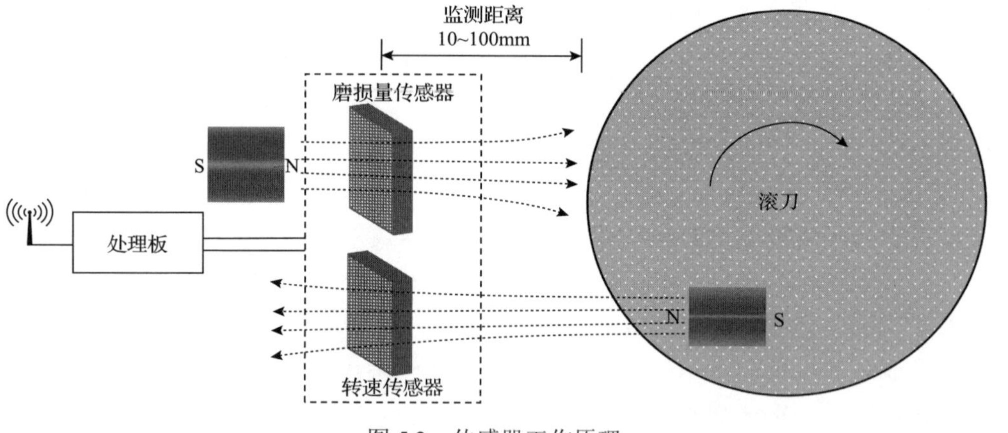

图 5.2　传感器工作原理

由于滚刀不具有磁性，在磨损量传感器处配置一块激励磁铁，激励磁铁在传感器及滚刀周围产生磁场。随着滚刀磨损量增加，转动过程中磁通密度发生变化，磨损量传感器感应到此变化，以数字信号形式传送到上位机。上位机根据预先标定的数据，通过查表法或拟合法求得滚刀的磨损量。转速传感器的激励磁铁安装在滚刀刀毂，随着滚刀转动，转速传感器监测到磁场强度产生周期性的变化，生成脉冲信号，经处理器计数后，获得滚刀转速并上传给上位机。刀盘温度监测采用低功耗数字输出温度传感器。磨损量传感器最大量程达 80mm，精度为 0.1mm。转速传感器最大探测距离为 100mm，温度传感器分辨率为 1℃。

根据刀盘结构及刀箱结构，研制了集成磨损量传感器、转速传感器及温度传感器于一体的多种结构，包括嵌入式传感器、倾斜式传感器以及跨接式传感器，以适应不同的安装需求。其中倾斜式传感器安装于刀箱箱体内侧，其结构设计和实物如图 5.3 所示。传感器采用无磁钢作为前面板，以消除面板对磁场的影响。无磁钢比普通钢具有更好的耐磨性能，其防护性更好。图 5.4 所示为某盾构施工项目的倾斜式传感器安装示意图。

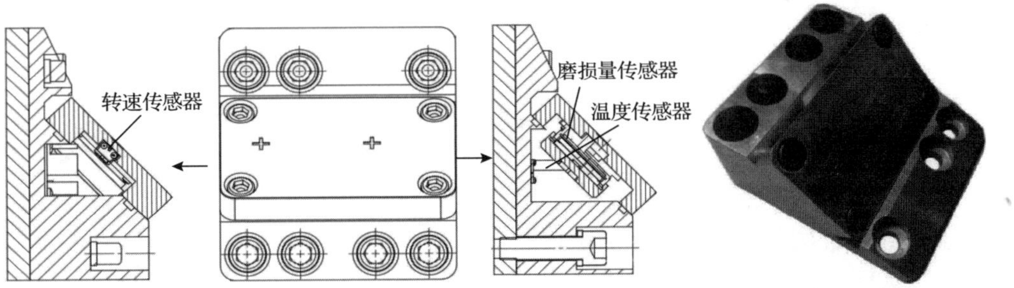

(a) 结构设计图　　(b) 传感器实物图

图 5.3　倾斜式传感器

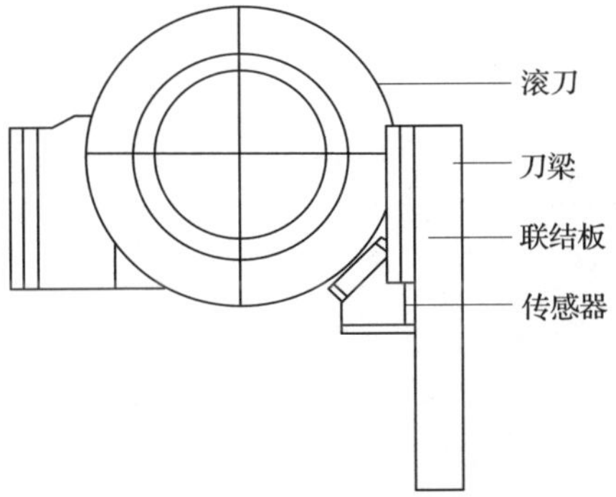

图 5.4　传感器安装示意图

3. 系统软件

1) 系统软件框架设计

上位机软件具有传感器标定、参数采集与存储、多参数综合分析、结果展示与用户管理等多种功能，由五大模块组成，包括数据采集接收模块、数据分析模块、数据展示模块、参数设置模块和用户管理模块。各个模块按其功能分成相对独立的子模块，按用户权限来实现各模块数据的相互调取，如图 5.5 所示。

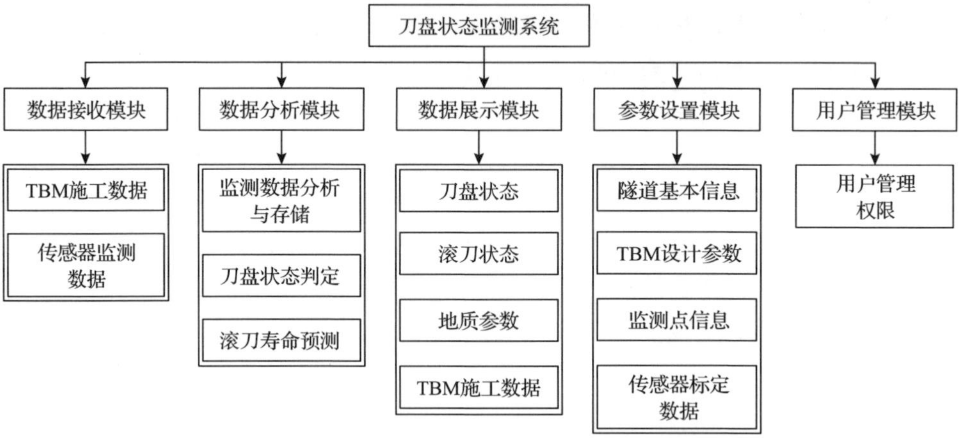

图 5.5　上位机软件结构图

2) 系统软件界面

上位机软件主界面如图 5.6 所示，界面左侧显示刀盘实时状态及传感器安装位置，中间部分显示监测的滚刀磨损量、转速、监测点的刀盘温度及集成传感器的电量等信息，界面右侧显示实时的掘进参数，界面最下方显示隧道的掘进里程及隧道沿线的工程地质信息。

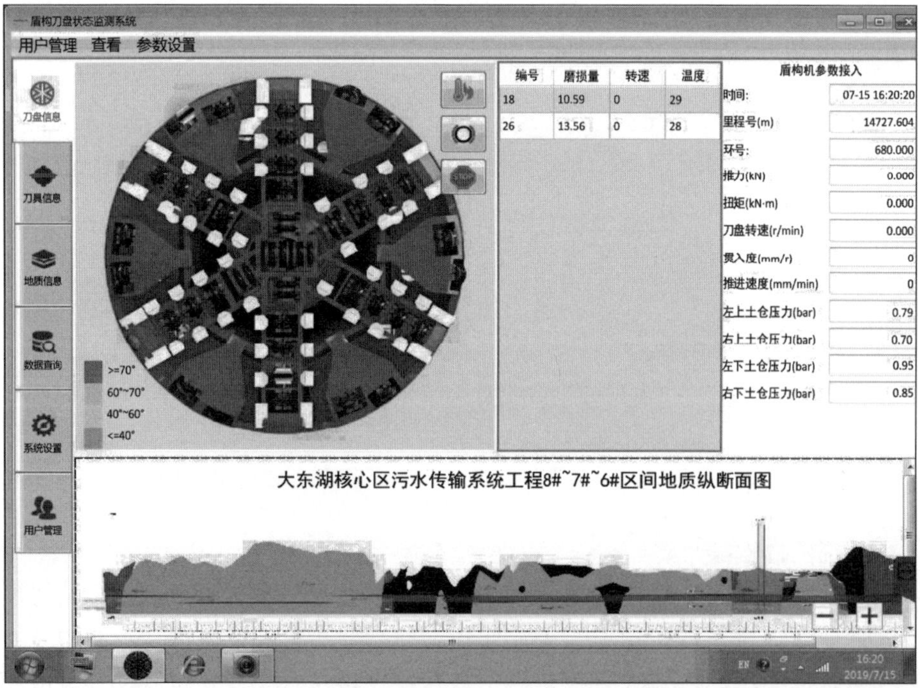

图 5.6　上位机软件主界面

除主界面外，上位机软件还包含刀具信息界面、地质信息界面、数据查询界面、系统设置界面和用户管理界面。其中，刀具信息界面用来显示所有被测量滚刀的信息，如滚刀磨损量、滚刀转速和监测点温度等，如图 5.7 所示，可以看到滚刀当前的轮廓曲线、滚刀磨损量和滚刀转速随里程的变化曲线，也可以显示每个监测滚刀的所有数据。地质信息界面用来显示隧道的工程地质剖面及与之相对应的 TBM 或盾构施工参数。数据查询界面可以查询掘进机掘进数据及刀盘状态监测系统监测的所有数据。系统设置界面主要是对刀盘参数及刀具参数进行设置，上传传感器的标定参数。

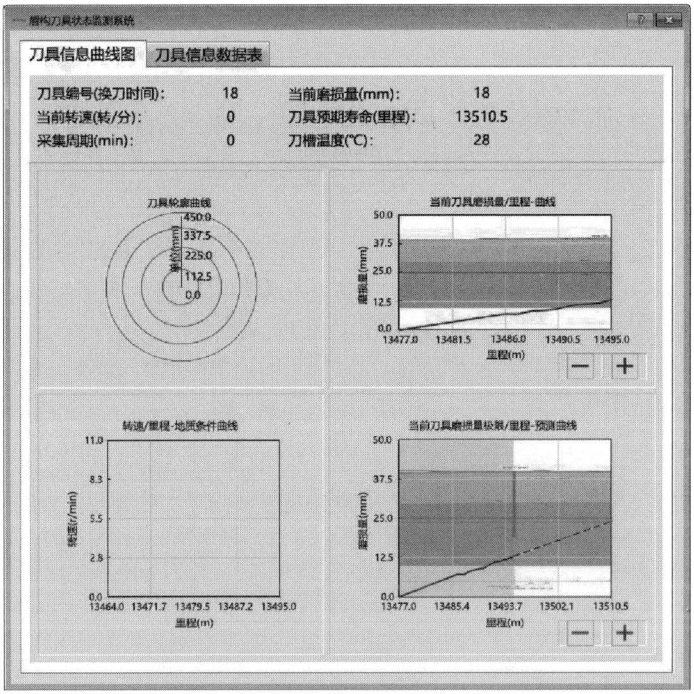

图 5.7　刀具信息界面

4. 系统搭建与测试

1）系统搭建

在系统的软、硬件设计完成后，按照系统的设计要求进行系统搭建，如图 5.8 所示。其中传感器安装在滚刀刀箱内，中心端固定在刀盘中心，上位机安装监测系统软件，并与中心端相联。传感器与中心端之间通过无线或有线方式连接，中心端与上位机通过网络连接。

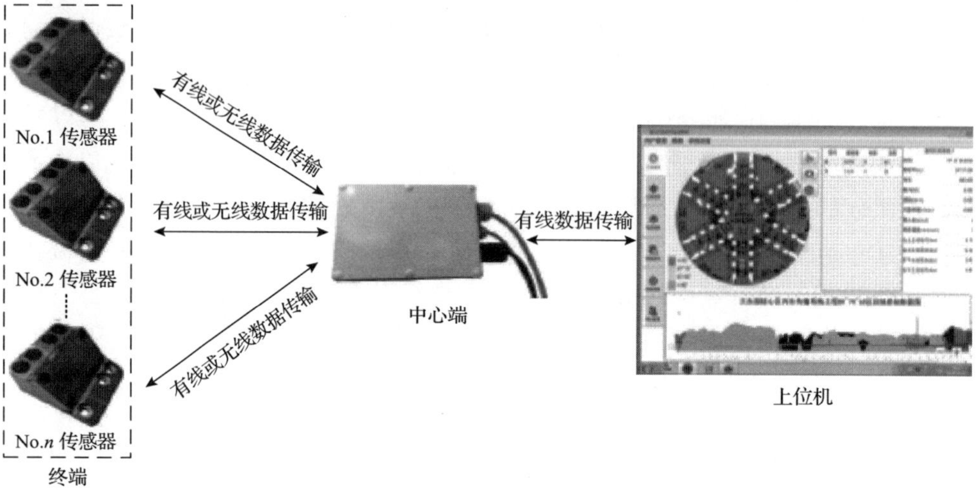

图 5.8　系统搭建

2) 实验室测试

实验室测试应用了特制的标定装置，如图 5.9 所示。标定装置由标定箱、刀轴连接座、电机、导轨、光栅尺、传感器及传感器吊杆组成。标定箱为一个四周封闭无上盖金属箱体，底部带有脚轮方便移动，内部可以装水、渣土、泥浆等介质，用于测试不同介质对传感器读数的影响。滚刀支撑位于标定箱的两个侧面内部，由不锈钢制成，用于安装支撑滚刀并提供转轴。转轴通过密封装置与外部电机连接，实现滚刀的转动。导轨垂直于滚刀刀轴安装，在导轨下方设置一吊杆，用于安装并调整传感器位置。导轨上安装光栅尺，其活动端随吊杆同步运动，光栅尺可精确测量传感器到滚刀刀刃间的距离，标定装置实物如图 5.10 所示。

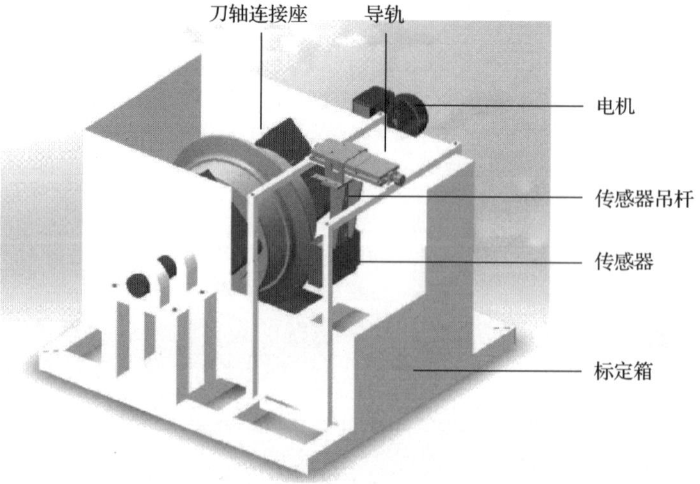

图 5.9　标定装置结构图

图 5.10　标定装置实物图

标定前应用无线传输方式搭建监测系统，把传感器装入标定装置，通过传感器支架移动传感器或启动电机转动刀具，在上位机上观察传感器的读数是否发生变化或测定滚刀的转速是否与实际转速一致来测试系统是否工作正常，待系统工作正常后进行标定试验。通过导轨调整传感器与滚刀刀刃之间的距离，以模拟滚刀的磨损量，此时磨损量传感器会输出不同的电压值，光栅尺测读磨损量的变化。传感器在四种介质中的测试如图 5.11 所示，测试时记录不同距离对应的电压值，每种介质中测试三次，取平均值。四种介质中的测试曲线如图 5.12 所示。可以看出，随着传感器与滚刀刀刃之间距离的增大，即模拟滚刀磨损量增加，传感器输出的电压值逐渐减小，且在四种介质中的变化趋势相同，说明传感器在四种介质中工作性能良好，但其结果存在细微差别，在实际应用中需要考虑实际应用环境，以达到更高的测量精度。

3) 工厂测试与标定

因实验室标定装置的电磁环境与传感器的工作环境存在较大差异，在掘进机刀盘制造完成后，在传感器实际安装位置对传感器进行标定。为了标定方便，专门设计制作了适合刀盘上传感器测试的标定装置，如图 5.13 所示。标定装置用螺母固定于滚刀刀箱的紧固螺栓上，传感器固定在标定装置上，如图 5.14 所示，使

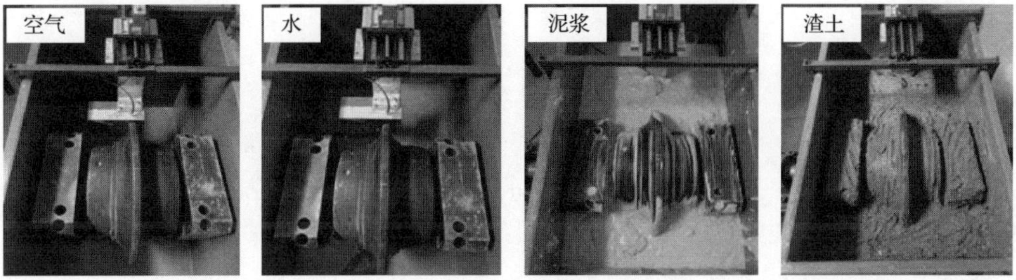

图 5.11　四种介质中测试图

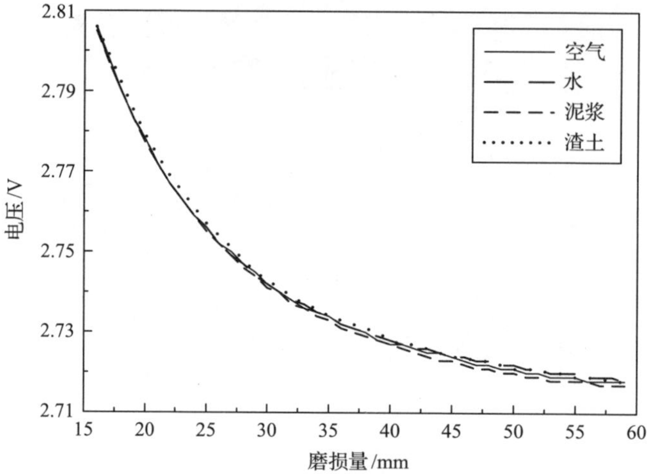

图 5.12　传感器在四种介质中的标定曲线

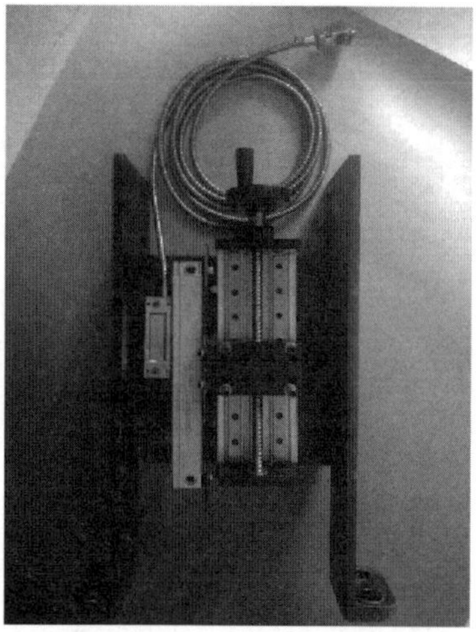

图 5.13　安装于刀盘上的标定装置

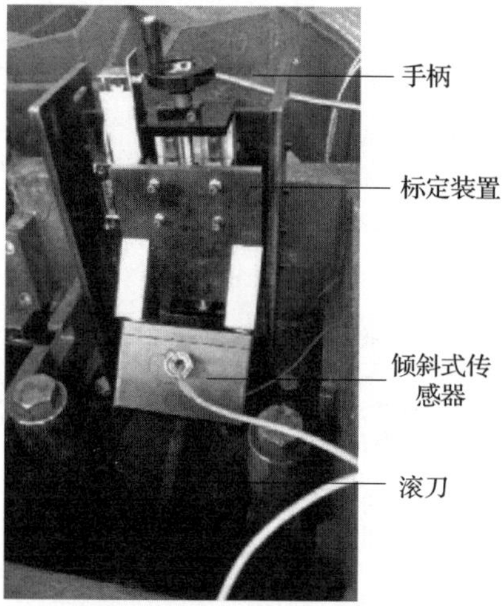

图 5.14　标定装置安装图

磨损量传感器正对刀刃并与刀刃垂直。通过转动标定装置上的手柄改变传感器与滚刀刀刃之间的距离来模拟滚刀磨损量的变化，通过光栅尺测量传感器与滚刀刀刃之间的距离。

标定工作开始后，通过标定装置的转动手柄控制传感器与滚刀刀刃之间的距离，以 1mm 为单位，距离从 6mm 逐渐增大到 50mm，上位机软件的标定模块记录、显示并存储每一个距离所对应的电压值，工厂标定如图 5.15 所示。标定工作重复进行三次，取三次读数平均值作为最终标定数据，其标定曲线与图 5.12 相似，证明传感器可以准确测读磨损量。不同位置传感器对应的标定曲线略有不同，主要原因是不同位置的电磁环境略有差异。说明系统在工程应用中需要对不同安装位置的传感器进行逐一标定，获得每个传感器准确地标定曲线。

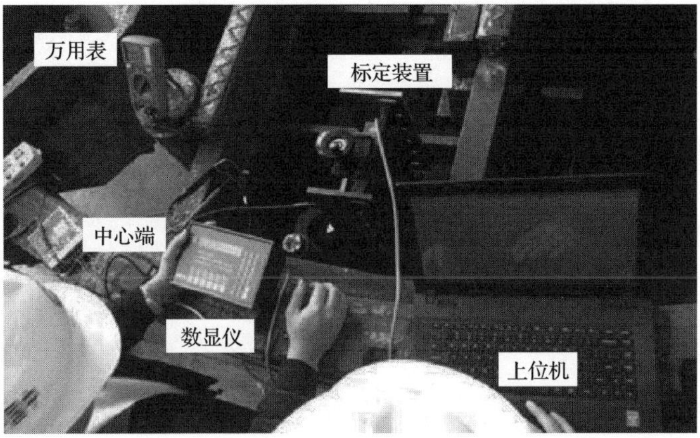

图 5.15　磨损量传感器标定图

5.1.2　刀盘状态监测系统及工程应用

1. 依托工程概况

依托工程为武汉市大东湖核心区污水传输系统工程 7 号竖井至 8 号竖井区间，如图 5.16 所示。区间总长约为 1612m，选用复合式土压平衡盾构机进行开挖(见图 5.17)，刀盘最大转速 3r/min，额定扭矩 3500kN · m，脱困扭矩 4200kN · m，最大推进速度 80mm/min，最大推力 2811t。刀盘共装有 30 把滚刀和 26 把刮刀。

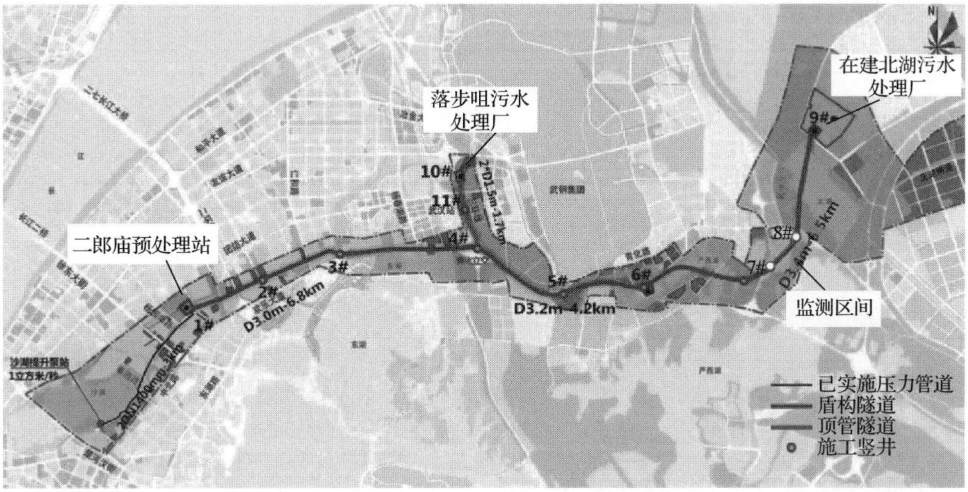

图 5.16　依托工程区间隧洞示意图

图 5.17　复合式土压平衡盾构机

7 号竖井—8 号竖井区间隧洞工程地质纵断面如图 5.18 所示，沿线地形总体平缓，部分地段变化大。拟建隧洞均位于岩层中，岩石种类较多，风化程度不一。盾构由 8 号竖井始发，开挖中遇到的地层如表 5.1 所示，围岩类别主要为Ⅳ～Ⅴ类，岩体节理、裂隙较发育。

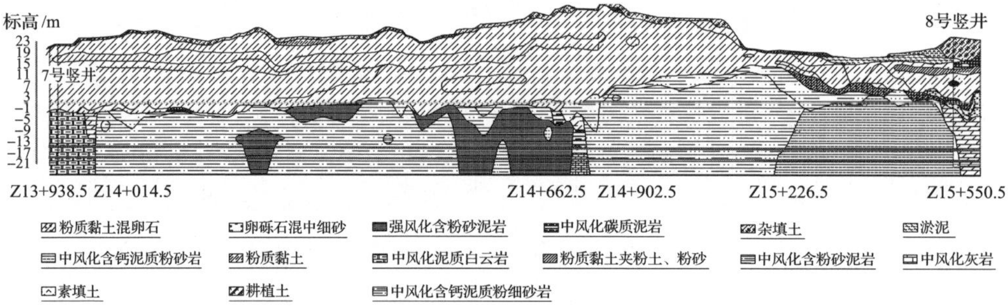

图 5.18　工程地质纵断面图

表 5.1　隧洞围岩和土石分类

里程/m	环号	岩土名称	围岩分类
15550.5～15226.5	0～270	中风化含钙泥质粉砂岩	IV
15226.5～14902.5	270～540	中风化含钙泥质粉细砂岩	IV～V
14902.5～14854.5	540～580	中风化碳质泥岩	V
14902.5～14854.5	540～580	中风化灰岩	II～III
14866.5～14662.5	580～740	强风化含粉砂泥岩	IV
14662.5～14014.5	740～1280	中风化含粉砂泥岩	IV
14014.5～13938.9	1280～1343	中风化泥质白云岩	III

2. 系统安装

选取位于刀盘不同位置处的两把滚刀进行刀盘状态监测，18 号滚刀为面板刀，安装半径为 1.518m；26 号滚刀为边滚刀，安装半径为 2.149m。根据刀盘结构及监测点数目，选用倾斜式传感器结构，传感器安装如图 5.19 所示。选用有线方式进行数据传输，其线路通过刀梁上预加的保护槽引入到盾体内的电滑环上，电滑环后端引出的 RS485 线与固定在主控室内的中心端相连，中心端通过网线实现与上位机的连接，系统布置如图 5.20 所示。

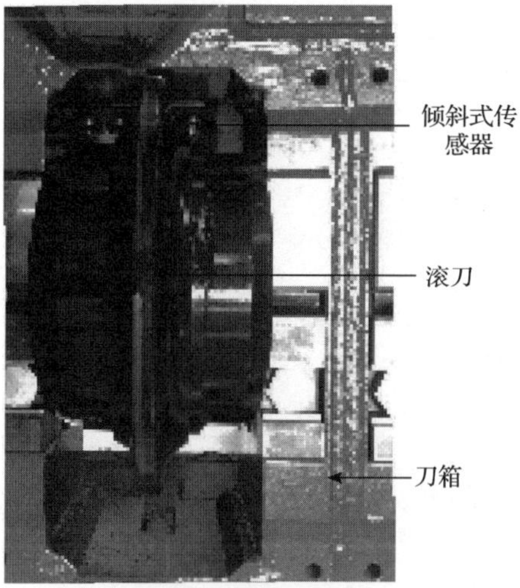

图 5.19　传感器安装

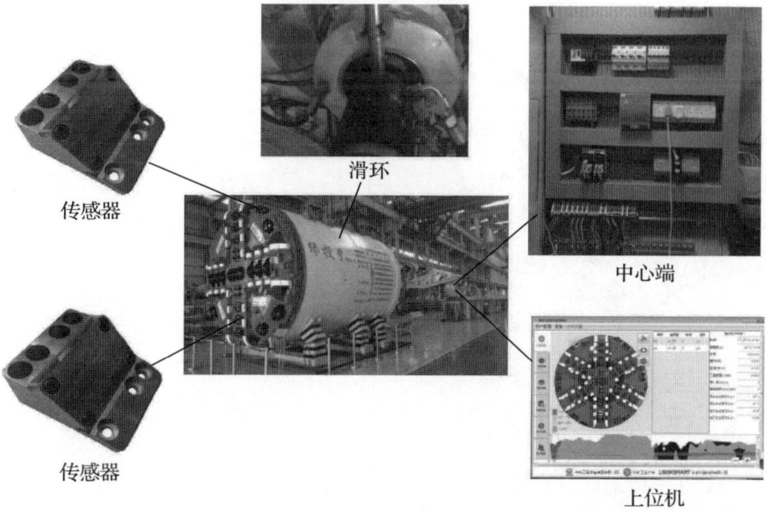

图 5.20　系统布置图

3. 系统运行结果

盾构于 2019 年 4 月 6 日从 8 号竖井始发，截至 2019 年 9 月 28 日，盾构由 7 号竖井出洞检修，期间共掘进 1343 环，累计开挖约 1600m。掘进期间监测系统运行状态良好，上位机软件显示，盾构掘进至 1103 环时，26 号滚刀停转并报警，掘进至 1280 环时，18 号滚刀停转并报警。出洞后发现，两监测点传感器完好，未发生损坏。26 号滚刀发生多平面偏磨，滚刀周长 112.8cm，磨损量 19.4mm，18 号滚刀刀圈脱落，如图 5.21 所示。

图 5.21　滚刀磨损状态

5.1.3　滚刀磨损规律与异常破坏分析

刀盘状态监测系统的监测数据包括滚刀磨损量、滚刀转速、刀盘温度，输入参数有盾构或 TBM 的施工参数、隧道沿线工程地质条件。对这些参数进行深度挖掘，可以获得地层对滚刀磨损影响、滚刀磨损对 TBM 运行参数的影响、滚刀异常破坏原因等，为滚刀设计、施工换刀规划、施工参数优化、施工预警提供支持。

1. 不同地层对滚刀磨损影响

图 5.22 为不同地层条件下滚刀轨迹长度与磨损量关系曲线，磨损量数据取每环最后 10 个磨损量监测值的平均值，滚刀轨迹长度为刀盘转动圈数与每圈滚刀滚动长度的乘积。依托工程 18 号滚刀取前 1280 环数据，26 号滚刀取前 1100 环数

据。分析可知，盾构掘进不同地层时滚刀磨损量与滚刀轨迹长度皆呈线性相关，但一次项系数相差较大，即相同地层条件下滚刀的磨损量与滚刀轨迹长度成正比，不同地层下滚刀磨损速度不同。

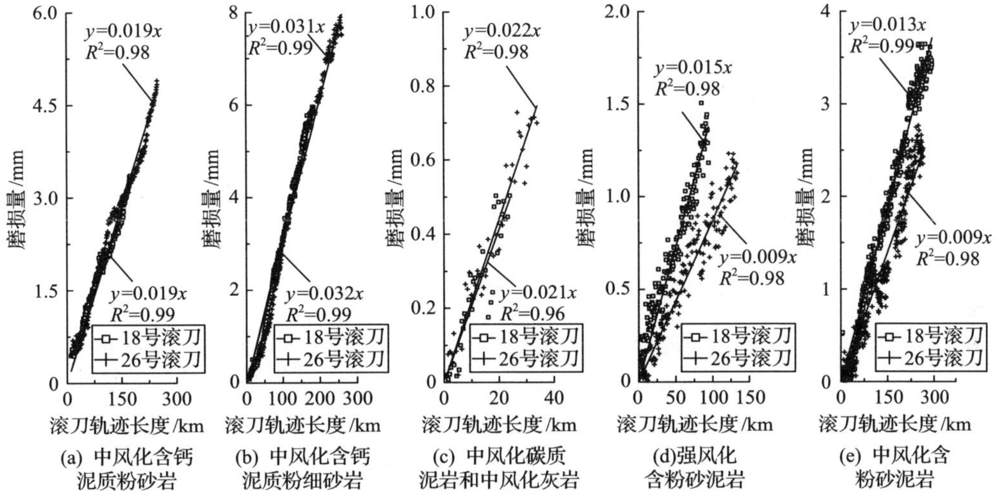

图 5.22　不同地层条件下滚刀轨迹长度与磨损量关系曲线

图 5.23 给出了不同地层条件下滚刀的磨损速度。就同一把滚刀而言，中风化含钙泥质粉细砂岩中的磨损速度最快，在强、中风化含粉砂泥岩中的磨损速度最慢。地层磨蚀性差异是造成滚刀磨损速度不同的主要原因。滚刀对地层磨蚀性指

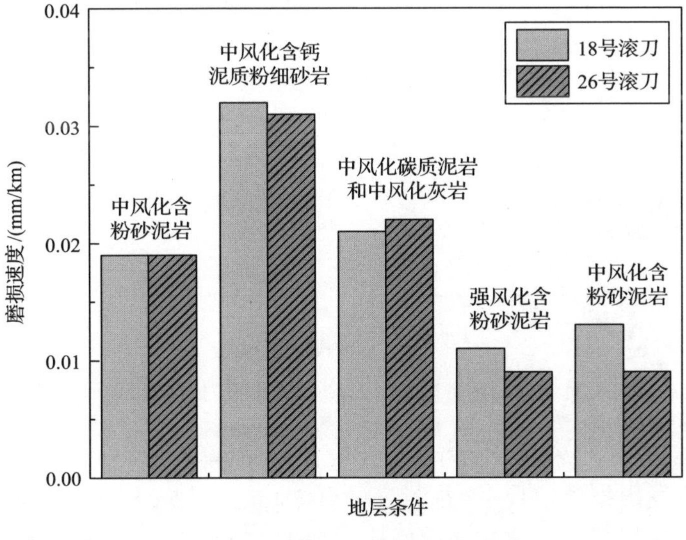

图 5.23　不同地层下滚刀磨损速度

数比较敏感，中风化含钙泥质粉细砂岩的磨蚀性最高，强、中风化含粉砂泥岩的磨蚀性最低。对于不同安装半径的两把滚刀，前三类地层中，两把滚刀磨损速度基本一致，后两类地层中，26 号滚刀磨损速度较小。这是因为盾构掘进前期，两滚刀磨损量及其差值相对较小，磨损后的刃宽差异不明显。即滚刀磨损量较小时，安装半径越大，滚刀磨损越快。盾构开挖至强风化含粉砂泥岩地层时，两滚刀磨损量差值达到最大，26 号与 18 号滚刀磨损量分别为 13.4mm 与 9.6mm，差值接近 4mm。较大的刃宽差异是造成后两类地层中 26 号滚刀磨损速度变慢的主要原因，另一方面也说明磨损量 13mm 左右是一个临界值，磨损量超过该数值后，滚刀的磨损速度将降低。

2. 滚刀失效原因分析

依托工程的 26 号滚刀监测数据显示，盾构掘进至 1072 环时，上位机软件显示 26 号滚刀停转并发出报警信号，而后滚刀恢复转动，但转速较小，同时报警消除，继续掘进至 1103 环时，上位机软件再次显示 26 号滚刀停转并发出报警信号。盾构掘进至 1343 环时，系统连续 20 次监测的磨损量如图 5.24 所示，滚刀发生严重偏磨，存在多个偏磨面，最大磨损量接近 23mm。对停转状态下监测数据统计发现，26 号滚刀在 1343 环平均磨损量为 19.20mm。

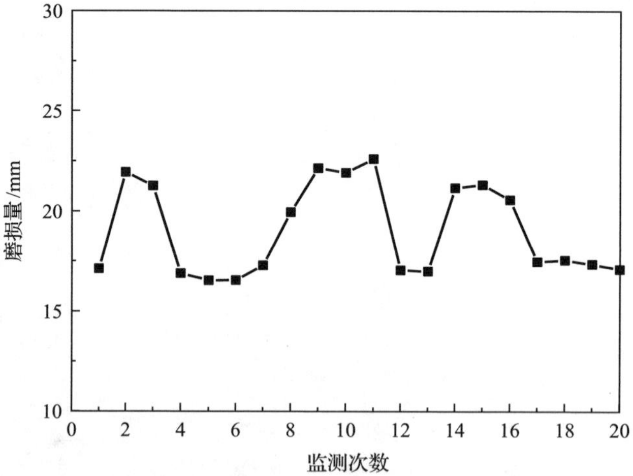

图 5.24　盾构掘进至 1343 环时 26 号滚刀磨损量监测值

依托工程的 18 号滚刀监测数据显示，掘进至 1280 环后，上位机软件显示 18 号滚刀停转并发出报警信号，磨损量突增至 38mm。图 5.25 为 18 号滚刀掘进 1280 环过程中滚刀磨损量及转速变化。盾构在掘进 1280 环前半段时 18 号滚刀各项数据显示正常，滚刀磨损量维持在 14.6mm 左右，3:05 分后磨损量数据在 14.7～25.1mm 间无规律跳动，3:34 分后磨损量增至 38mm 并保持恒定。因 38mm 为系统设置显示的磨损量上限，按传感器标定值，此时滚刀实际磨损量大于 50mm，与刀圈脱落特征相似，可初步判断 18 号滚刀刀圈脱落。

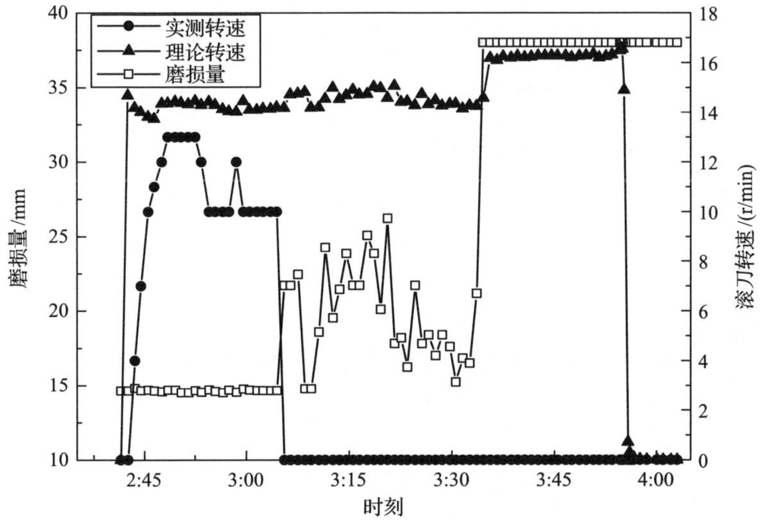

图 5.25　盾构掘进至 1280 环过程中 18 号滚刀磨损量及转速曲线

上述分析表明，磨损量暴增及滚刀停转可判断为刀圈脱落。在一定时段内监测到的磨损量大幅波动及滚刀停转或滚刀转速远小于正常转速，可判断为多级平磨。说明刀盘状态监测数据可应用到滚刀偏磨与脱落等异常状态的判定及报警。

3. *滚刀磨损对掘进参数的影响*

盾构掘进过程中，刀盘状态监测系统实时接入盾构运行参数，包括刀盘推力、刀盘扭矩、推进速度、土仓压力等。图 5.26 为盾构掘进参数每环平均值及滚刀磨损量随环号变化曲线。1280 环前，刀盘转速变化范围为 1.6～2.2r/min，推进速度主要在 25～45mm/min 波动，土仓压力变化范围较大，进洞时为 0.3bar①，在 200 环时达到最大 1.6bar，而后在 0.51～1.0bar 左右波动。分析发现，刀盘转速、推进速度、土仓压力等掘进参数与滚刀磨损速度、磨损量间未发现明显相关性。

① 1bar=10^5Pa，下同。

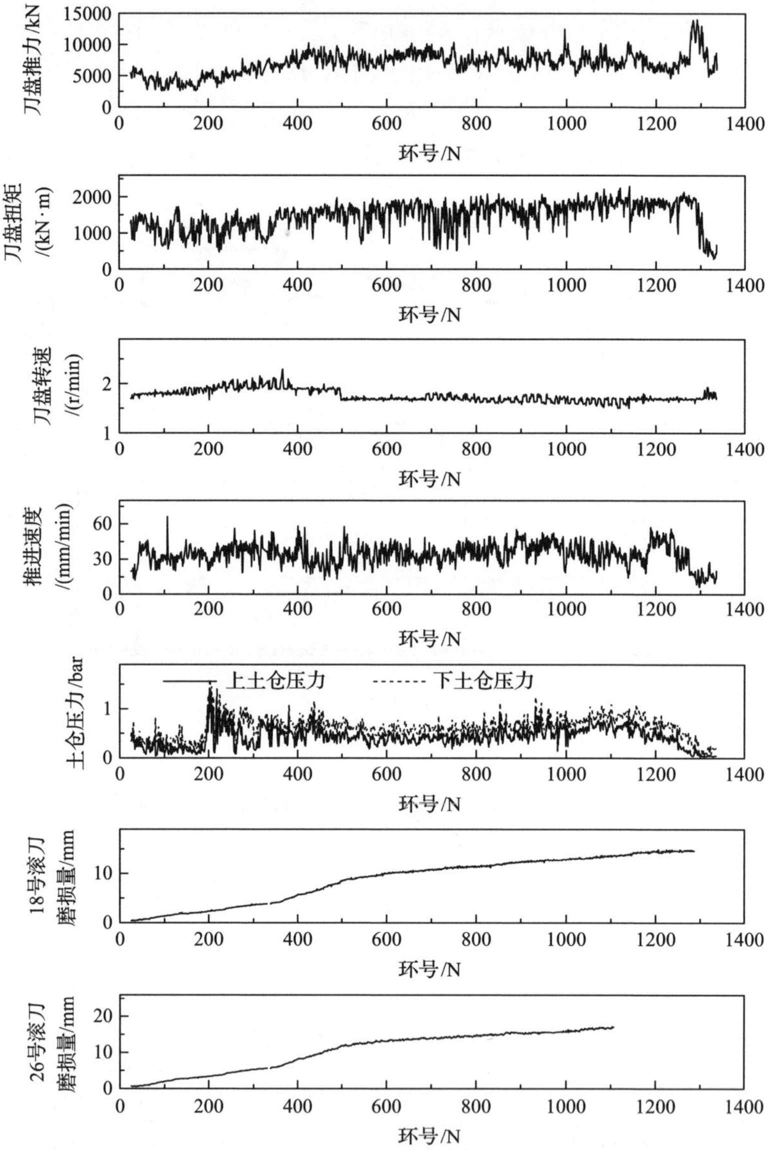

图 5.26　掘进参数、磨损量随掘进长度的变化

对刀盘推力分析后发现，刀盘推力总体呈现先大幅度提高后平稳波动的趋势，盾构掘进前 500 环，刀盘推力由最小的 4500kN 逐步提高至 9500kN，增幅超过 1 倍。这是由于该区间地层磨蚀性较高，滚刀磨损速度较快，磨损量增幅超过 10mm，滚刀磨损前后刃宽差异极大。刃宽增加造成刀刃与岩石接触面积增大，为达到相同的进尺深度，盾构需要提供更大的刀盘推力。盾构掘进后期，地层磨蚀性低，

滚刀磨损速度慢，磨损量变化小，刃宽增加不明显，刀盘推力平稳波动。对刀盘扭矩分析后发现，整个过程中刀盘扭矩呈现逐步提升趋势，其增长幅度小于刀盘推力，由最初的 1300kN·m 左右上升到 1900kN·m 左右，滚刀磨损量增加同样造成刀盘扭矩提高，但增加幅度较小。

4. 滚刀转速分析

滚刀转速监测主要是为了获得滚刀的运动状态，如滚刀实时转速、滚刀与掌子面相对滑动以及滚刀是否停转等。刀盘转动过程中，受岩土体摩擦影响，滚刀与掌子面间可能会产生相对滑动，滚刀实际转速与理论转速间存在差值。滚刀理论转速及滚刀与掌子面间相对滑动计算式为

$$\omega_t = \frac{N\left[R+(r-\delta)\right]}{r-\delta} \tag{5.1}$$

$$\varDelta_\omega = \omega_t - \omega_m \tag{5.2}$$

式中，ω_t 为滚刀理论转速，r/min；ω_m 为滚刀实测转速，r/min；$\varDelta_\omega$ 为滚刀与掌子面间相对滑动，r/min；N 为刀盘转速，r/min；R 为滚刀安装半径，mm；r 为滚刀直径，mm；δ 为滚刀磨损量，mm。

监测数据显示，依托工程的 18 号滚刀在前 1280 环时转速相对稳定，而后发生停转，26 号滚刀在 880 环前转速相对稳定，而后转速大幅度降低，故 18 号滚刀和 26 号滚刀分别取前 1280 环和 880 环数据进行分析。图 5.27 给出不同地层条件下两滚刀转速变化规律。同一把滚刀在不同地层条件下平均实测转速差异较大，在磨蚀性较低的强风化含粉砂泥岩中最为明显，滑动值达到最大。如 26 号滚刀掘进强风化含粉砂泥岩时的平均实测转速最小，仅为 13.1r/min，滑动值达到 6.5r/min，即滚刀有 1/3 的时间处于滑动状态。这一现象出现的主要原因有两方面：一方面与传感器测量精度及软件算法相关；另一方面说明掘进所有地层时滚刀与掌子面间皆存在相对运动，容易出现滑动或停转现象，地层磨蚀性越小该现象越显著。

对安装半径不同的滚刀转速分析可知，无论何种地层条件下，26 号滚刀的滑动值皆大于 18 号滚刀，地层磨蚀性越低时两者的差值越大，如在低磨蚀性的中风化含粉砂泥岩地层两者差值接近 1.4r/min。即盾构掘进相同时间，安装半径较大的滚刀与掌子面间的相对滑动距离较长，偏磨概率更大。

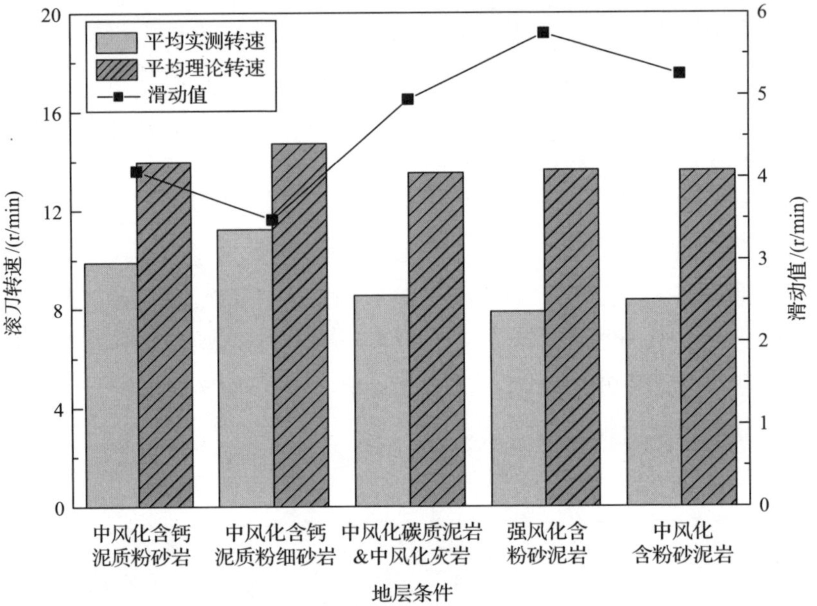

(a) 18号滚刀转速

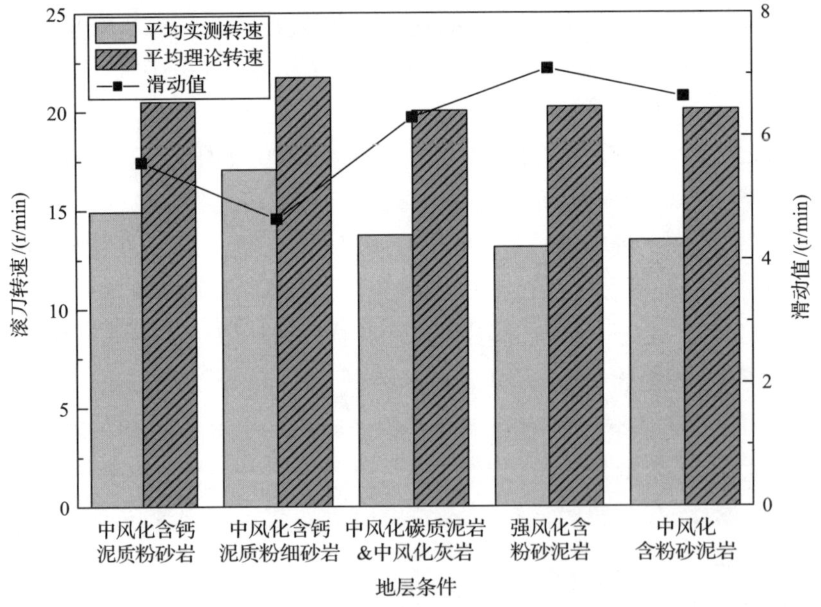

(b) 26号滚刀转速

图 5.27　不同地层条件下滚刀转速变化规律

5. 刀盘温度分析

当排土不畅或刀盘上出现泥饼时，刀盘温度上升。滚刀发生偏磨等异常磨损时，滚刀与岩土体间发生滑动摩擦，温度也会快速升高。图 5.28 为盾构掘进过程中 18 号与 26 号滚刀位置处刀盘温度及刀盘转速随时间的变化曲线。分析发现，滚刀处刀盘温度与实际掘进情况有很好的一致性，盾构在掘进过程中，刀具和刀盘与岩土体相互作用，产生热量，滚刀处刀盘温度升高，随着盾构连续掘进时间越长，刀盘温度越高，盾构停机后，刀盘温度逐渐下降。在较高磨蚀性的中风化含钙泥质粉细砂岩时，滚刀处刀盘温度最高达到 47℃，刀盘本体处于正常工作状态。

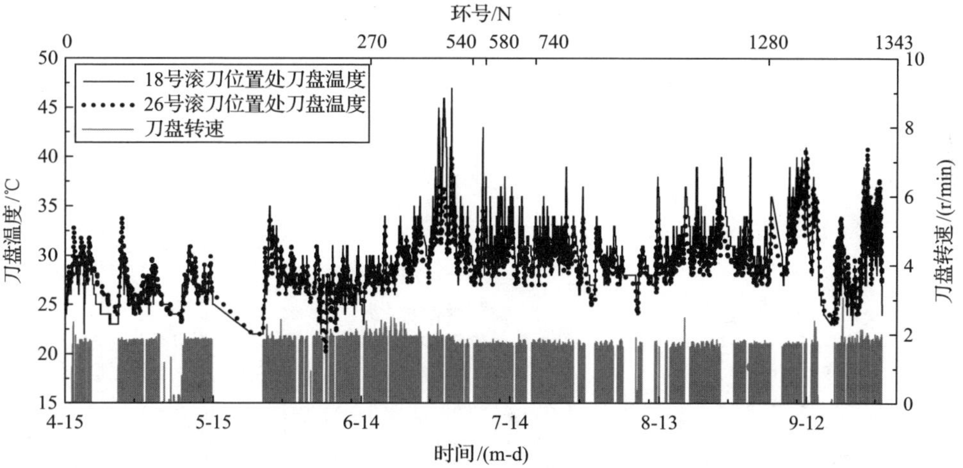

图 5.28　刀盘温度、刀盘转速与时间关系

在前述分析中，18 号滚刀在 1280 环脱落，16 号滚刀在 1072 环开始有停转现象，并开始有偏磨现象，但在相同点位，刀盘温度都在正常范围内，说明少量滚刀的失效或异常状态不能明显反映在刀盘温度的变化上。

5.2　主机振动监测

TBM 是典型的低速重载设备，以 EH 工程为例，设备总推力可达到 19000kN，刀盘扭矩可达到 3000kN·m，刀盘转速工作区间为 2～8r/min，推进速度工作区间为 10～60mm/min。在 TBM 破岩过程中，滚刀与岩石相互作用产生的切削力通过刀轴依次向刀盘、驱动箱、主梁、撑靴、洞壁传递，使整个主机系统承受着巨大交变载荷。破岩产生的频繁高冲击与振动是造成滚刀批量异常磨损、刀盘开裂的直接原因。

现阶段通过理论研究、数值模拟[14, 15]等难以获得刀盘振动准确值，且由于 TBM 刀盘常处于电磁屏蔽严重、温度高、湿度大、高冲击等恶劣工况下，导致传感器的选取及数据传输存在较多难以解决的问题，因而对刀盘振动现场监测难度很大，目前市场上也尚无成熟的 TBM 振动在线监测系统供现场使用。在 TBM 施工中，现场操作者往往通过在主控室的直观感受对设备的振动进行大致估计，从而调整掘进参数以改善设备振动状况。但由于个人的主观感受不同、工作经验不同，对振动的评估存在极大的离散性、不确定性。本节介绍了 TBM 主机振动监测系统的研发与应用，解决了恶劣工况下信号实时传输与长期供电的难题，为开展不同地质、不同控制参数条件下 TBM 主机振动响应规律的研究奠定了基础。

5.2.1 主机振动监测系统及工程应用

1. 主机振动监测系统设计方案

TBM 主机振动监测系统由无线加速度传感器、数据传输、数据采集处理三个模块组成，如图 5.29 所示。

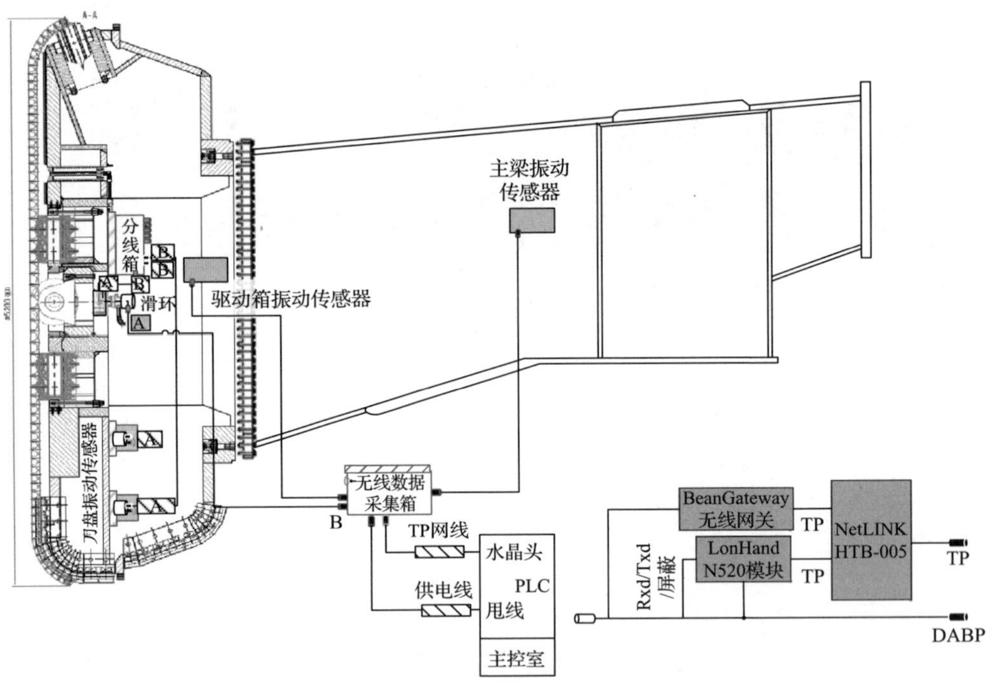

图 5.29 主机振动监测系统整体方案图

传感器模块可实时采集刀盘、驱动箱、主梁振动信号。由于 TBM 刀盘背部、驱动与主梁安装空间有限，在传感器选型时选用无线数据传输方式。

数据传输模块由无线数据收发节点控制、协议转换、标准 ModBus 协议通信等模块组成，可同时接收多个无线加速度传感器发射的信号，以实现对刀盘、驱动及主梁不同位置振动情况的监测。数据采集处理模块使用专业的振动采集软件进行在线/离线采集，安装软件的电脑终端与网关通过网线连接，可实现历史数据、实时数据的时域、频域分析。

2. 传感器选型

考虑到 TBM 转速低、载荷大、布线困难的特点，系统选用三轴无线加速度传感器对刀盘、主梁、驱动箱振动进行实时监测，如表 5.2 所示。它是基于压阻效应原理，通过测量输出电压来实现对 3 个方向上加速度的测量，测量数据通过无线方式发送至网关。无线加速度传感器测量范围可调，最大量程为$-24g \sim 24g$，其实物图及防护罩如图 5.30 所示。

表 5.2　振动加速度传感器选型与测点布置

测点位置	传感器类型	测量量程	数据传输	产地
刀盘	Beanair 三轴加速度传感器	$-24g \sim 24g$	无线传输	德国
主梁	Beanair 三轴加速度传感器	$-24g \sim 24g$	无线传输	德国
驱动箱	Beanair 三轴加速度传感器	$-24g \sim 24g$	无线传输	德国

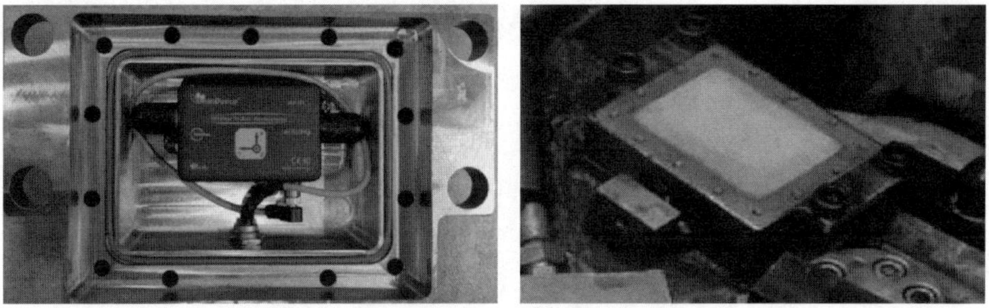

图 5.30　无线振动加速度传感器及其防护罩

3. 主机振动监测系统工程应用

TBM 主机振动监测系统搭载于 EH 工程 XE 段 TBM3 施工段，对应桩号为 45+687～72+890m，全长 28.203km。其中，桩号 45+047～56+789m 段为 TBM3-1 掘进段；桩号 59+089～70+890m 段为 TBM3-2 掘进段；其余为钻爆段。工程地质以华力西晚期侵入的片麻花岗岩地层为主，还包括泥盆系黑云母片麻岩、石炭系凝灰质砂岩、奥陶系黑云母石英片岩等地层。TBM 设备装机功率 3500kW，额定最大总推力 19635kN。

在刀盘破岩过程中，振动依次由刀盘向驱动箱、主梁传递，主机监测系统分别在刀盘、驱动箱、主梁三个位置安装加速度传感器，其安装位置如图 5.31 所示，同时设计了防护罩以提高振动监测系统的可靠性。

振动测试过程中，通过采集软件控制振动数据的采集与接收，同时记录现场掘进参数、岩体条件，如图 5.32 所示。为了分析不同掘进参数下主机振动响应规律，测试中掘进参数设置如表 5.3 所示，每组试验可同时对刀盘、驱动箱、主梁振动进行同步采集，加速度传感器采集频率设为 200Hz。

图 5.31　主机振动监测系统安装图

图 5.32　振动试验准备与测试记录

表 5.3　TBM 振动测试试验控制参数设置

推进速度设定比例/%	刀盘转速设置/(r/min)	样本采集时间/min
	4	
	5	
	6	
	7	
4、6、8、10～19	7.2	2
	7.4	
	7.5	
	7.7	
	7.9	

注：TBM 掘进时，推进速度是通过设定相对于最大推进速度的比例来设置的。

5.2.2　振动数据规律分析

1. 掘进参数对主机刀盘振动的影响规律

通过在岩性单一且岩体条件稳定的施工段开展单因素试验，分析掘进控制参数对刀盘振动的影响规律。掘进参数对刀盘振动的影响如图 5.33 所示。随着刀盘转速、推进速度增大，刀盘振动越来越剧烈；随着总推力、刀盘扭矩增大，刀盘振动亦随之增大。为了保障 TBM 高效、平稳、安全运行，进一步确定了试验标段下 TBM 最佳控制参数，如图 5.33 中的虚线框所示。

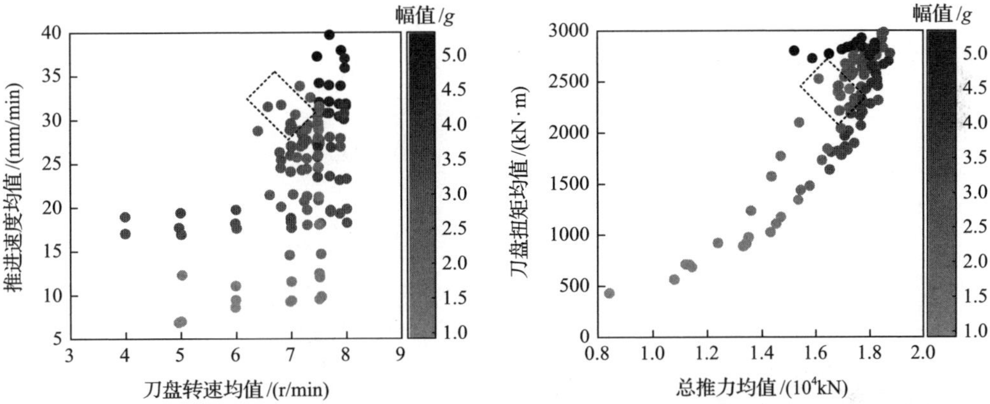

(a) 推进速度和刀盘转速对刀盘振动的影响　　(b) 刀盘扭矩和总推力对刀盘振动的影响

图 5.33　掘进参数对刀盘振动的影响

2. 岩体参数对主机刀盘振动的影响规律

为了分析岩体参数对主机刀盘振动的影响规律，在石灰岩-花岗岩地质过渡段开展了现场测试。通过现场素描、取芯及强度试验分别获取掌子面单位体积节理数(J_v)及岩体单轴抗压强度(UCS)。通过数据分析，不同岩体节理、单轴抗压强度下主机刀盘振动时域及频域响应如图 5.34 所示。

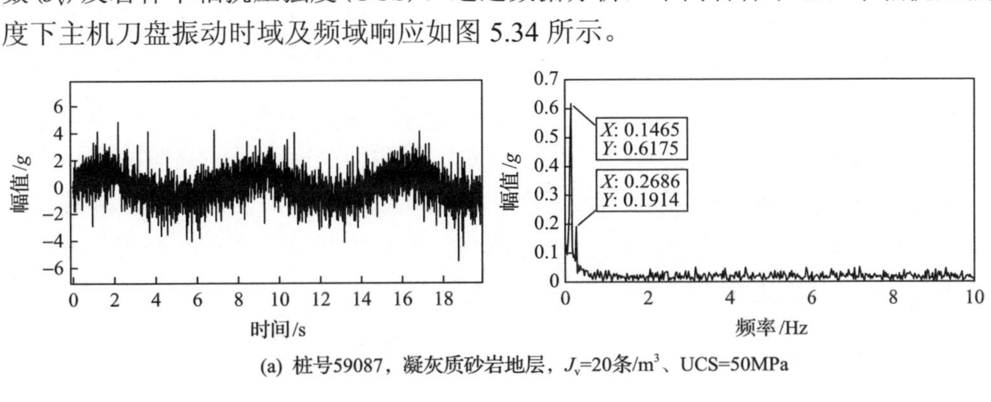

(a) 桩号59087，凝灰质砂岩地层，J_v=20条/m³、UCS=50MPa

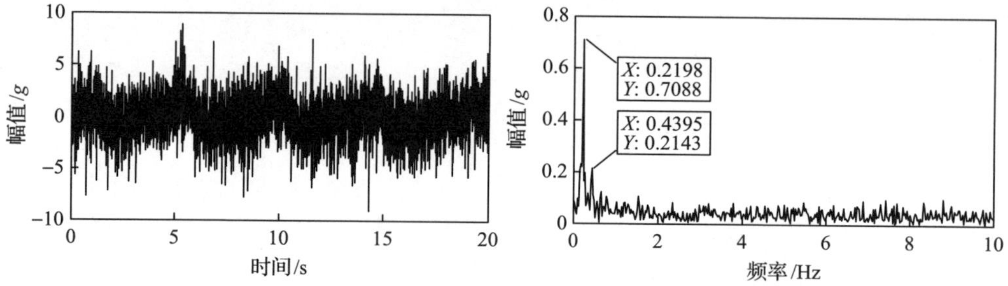

(b) 桩号59032，凝灰质砂岩地层，J_v=13条/m³、UCS=80MPa

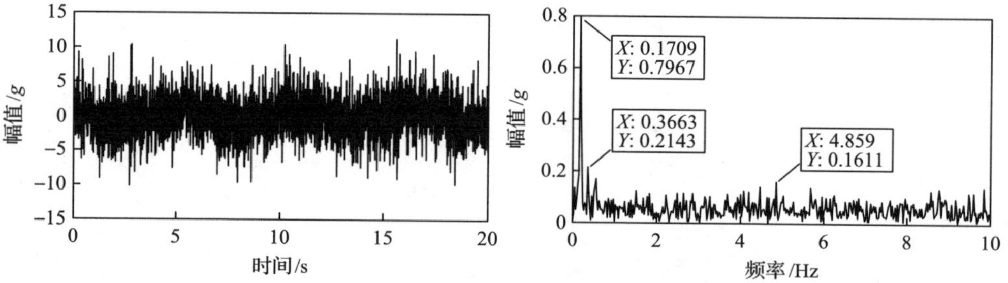

(c) 桩号59010，花岗岩地层，J_v=10条/m³、UCS=100MPa

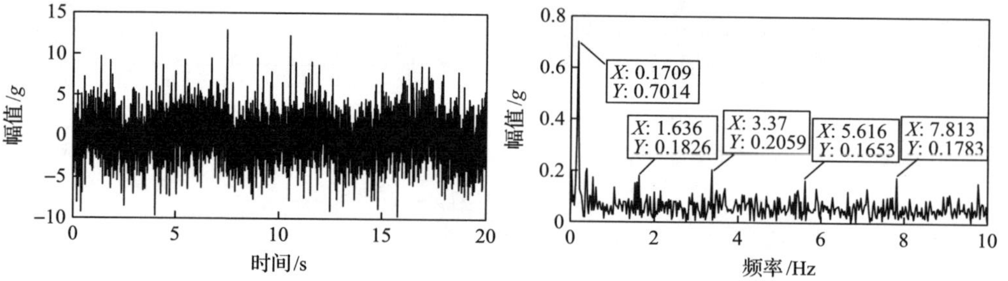

(d) 桩号58076，花岗岩地层，J_v=6条/m³、UCS=120MPa

图 5.34　不同地质条件下的刀盘振动时域-频域图

通过时域、频域分析可以看出，当 TBM 处于凝灰质砂岩地层时，时域信号振动幅值较小、冲击较少，均方幅值约为 2.3g，频谱中以主机刀盘转频为基频，且二倍频幅值较小。当进入花岗岩地层时，随着岩体完整性变好、单轴抗压强度增大，时域信号振动幅值上升明显、冲击频繁，均方幅值约为 6.7g，频谱中出现了若干个以主机刀盘转频为基频的谐波分量，说明刀盘所承受的高频冲击较大，荷载约为凝灰岩砂岩地层的三倍，因而花岗岩地层对刀盘的抗震性能要求较高。通过分析岩体参数与主机振动之间的影响规律，可为新机设计和旧机改造时不同地质条件下刀盘的抗震适应性设计提供指导。

3. 刀盘、驱动箱、主梁振动相关关系

通过同步测量刀盘、驱动箱、主梁振动，分析刀盘振动与其他部位振动的相关关系。刀盘振动与驱动箱、主梁振动的相关关系如图 5.35 所示。刀盘振动均方幅值与驱动箱、主梁振动均方幅值存在显著线性关系，即随着刀盘振动增大，主梁、驱动箱振动均方幅值呈线性增长，这与振动由刀盘向驱动、主梁传递时线性衰减保持一致，因此可通过监测驱动、主梁的振动来获取刀盘振动状态，建立以驱动、主梁振动为基础的刀盘振动关联模型，为优化掘进参数提供指导建议。

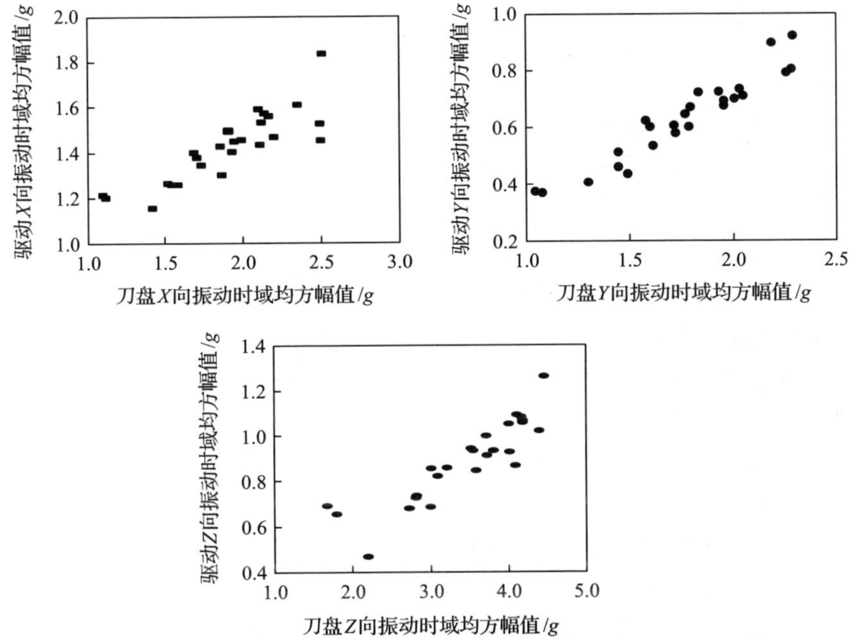

(a) 刀盘振动均方幅值与驱动箱振动均方幅值散点图

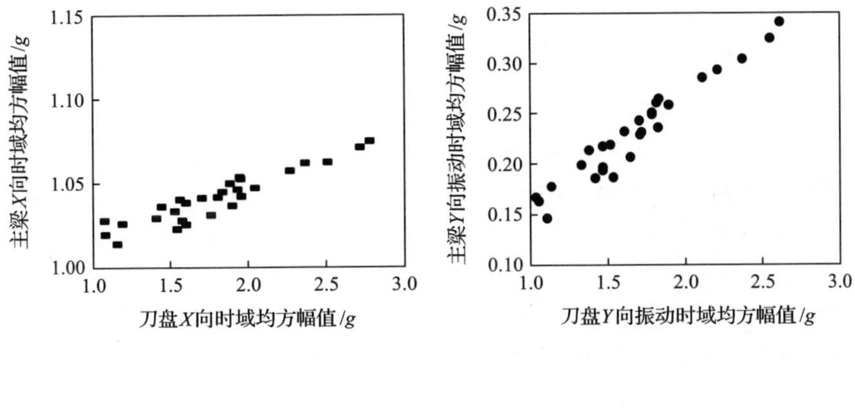

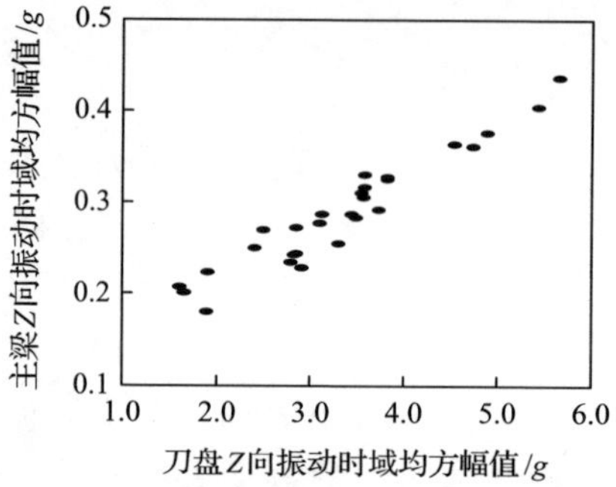

(b) 刀盘振动均方幅值与主梁振动均方幅值散点图

图 5.35　刀盘振动与驱动箱、主梁振动的相关关系

参 考 文 献

[1] 张厚美. 盾构隧道的理论研究与施工实践[M]. 北京: 中国建筑工业出版社, 2010.

[2] 薛亚东, 赵丰, 赵瀚翔, 等. 一种测量盘型滚刀磨损量及磨损形状的装置及方法: 中国, 106767621B[P]. 2017-01-23.

[3] 张厚美. 复合地层中盾构刀具磨损的检测方法研究[C]//上海国际隧道工程研讨会文集. 上海: 同济大学出版社, 2005: 461-471.

[4] 马广州. 盾构掘进中刀具磨损的跟踪检测[J]. 隧道建设, 2006, 26(s2): 65-68.

[5] 闫长斌, 樊明辉, 陈馈, 等. 基于岩渣粒径分布规律的 TBM 刀具消耗分析[J]. 煤炭学报: 1-13[2020-07-03]. https: //doi. org/10. 13225/j. cnki. jccs. 2019. 1474.

[6] 孙志洪, 李东利, 张家年. 复合盾构滚刀磨损的无线实时监测系统[J]. 隧道建设, 2016, 36(4): 485-489.

[7] 夏毅敏, 兰浩, 朱宗铭, 等. 一种 TBM 滚刀磨损实时监测装置: 中国, 103148771A[P]. 2013-06-12.

[8] 张斌, 刘建琴, 郭伟, 等. TBM 滚刀磨损检测装置: 中国, 103234903A[P]. 2013-08-07.

[9] 郑伟, 赵海鸣, 兰浩, 等. TBM 滚刀刀圈磨损量在线监测系统[J]. 仪表技术与传感器, 2015, (4): 46-50.

[10] 任德志, 孙晓平. 基于 CC1101 的盾构滚刀磨损监测系统的设计[J]. 矿山机械, 2015, 43(4): 120-124.

[11] Lan H, Xia Y M, Zhu Z M, et al. Development of on-line rotational speed monitor system of TBM disc cutter[J]. Tunnelling and Underground Space Technology, 2016, (57): 66-75.

[12] 刘泉声, 张建明, 张晓平, 等. 一种 TBM 滚刀磨损在线实时监测装置及监测方法: 中国, 105352420A[P]. 2016-02-24.

[13] Shananan A. Cutter instrumentation system for tunnel boring machines[C]// Proeedings of North American Tunneling Conference, Portland, 2010: 110-115.

[14] 辛书杰, 周远航, 张萌, 等. 盾构/TBM 专用振动监测传感器 VM-BOX 的研发[J]. 隧道建设, 2018, 38(4): 709-714.

[15] 张晓波, 刘泉声, 张建明. TBM 掘进刀具磨损实时监测技术及刀盘振动监测分析[J]. 隧道建设, 2017, 37(3): 380-385.

第6章　TBM施工信息管理云平台

TBM施工涉及人、机、地质等多因素耦合影响，施工过程复杂，施工决策的科学性、合理性依赖于施工信息的实时全面获取与准确分析挖掘。但是由于TBM行业长期处于较低的信息化水平，一直未形成统一的数据采集和存储标准，也缺乏统一的数据管理平台。各类数据分散存储于不同的参建单位，数据格式、存储方法各不相同，数据质量参差不齐，数据壁垒异常严重，给数据的分析、挖掘、应用带来很大难题，大量数据未得到充分利用[1, 2]。要解决TBM行业中普遍存在的“缺数据、缺平台、缺分析”问题，必须建立一种集数据采集、存储、分析和挖掘多功能于一体的TBM施工信息管理云平台，为项目各参建方提供远程监控、安全预警、数据共享等信息服务，同时作为行业基础研究知识获取和规律挖掘的重要工具。

6.1　TBM施工数据采集传输

TBM施工项目关联方众多，设计数据、管理数据、施工数据分散孤立，施工过程中会产生海量的多源异构数据，对这些数据进行采集、传输和存储需要综合考虑安全、成本、便捷、智能等需求，数据获取归集工作难度较大。

6.1.1　TBM施工数据特点

TBM施工数据类型多元、关系复杂，包括了地质、岩体、设备、维保、预警等基础数据，岩-机相互作用产生的衍生数据和计算分析产生的中间数据，其特点如下：

(1)空间性。TBM施工数据以里程为主要标识。对于同一段掘进里程，反映TBM设备运行参数特征的数据和反映该段里程地质信息的数据由于产生和获取途径不同，分别存放于不同类型文件下，TBM设备运行数据及其对应的地质数据通过标记掘进方向和距离桩号相关联。

(2)实时性。TBM设备数据产生于安装在TBM设备上的传感器，传感器实时跟踪记录TBM设备运行时产生的数据，一般按秒级采集，能实时反映当前地质环境变化和设备运行状态。

(3) 多源异构性。TBM 施工数据涉及多种不同类型的数据，如 TBM 设备数据存放于.txt 文件中，工程地质资料以.xlsx、.doc、.jpg 等格式存放，施工监控保存了大量视频资料，这些数据的格式和标准多样，且结构化、非结构化数据量差异巨大，不便采用统一的格式进行管理。

(4) 海量性。TBM 拥有近千个传感器点位，一般按秒级进行记录，同时配有成套化的视频监控，感知检测系统等，每台 TBM 每天产生的传感数据和视频图片等超过 2.5GB。以每年接入 100 台计，每年的数据量约为 2.5GB×100×360=90TB。

TBM 施工数据体量大、类型多、生成快速和价值密度低[3]，符合大数据基本特征，如图 6.1 所示，科研利用大数据技术解决 TBM 数据采集、存储和挖掘所面临的难题。

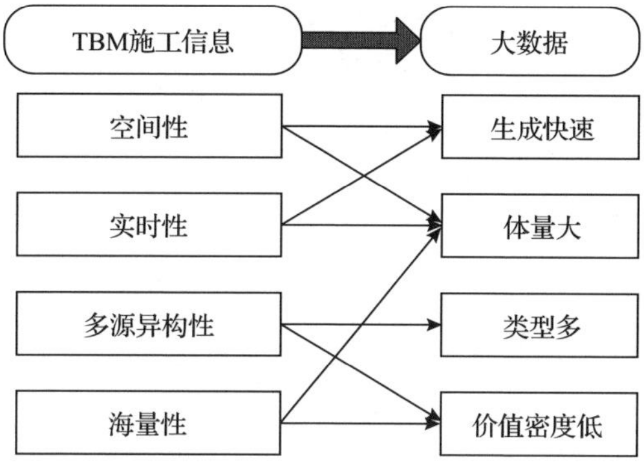

图 6.1　TBM 施工数据大数据特征

6.1.2　TBM 施工数据采集终端的设计

传统的 TBM 数据自动采集系统存在设备体积大、现场搭载困难、维护成本高等问题，为此研发了一种基于 ARM 微处理器的 TBM 施工数据采集终端。该终端基于 Linux 平台运行，所有依赖库均采用开源代码，具备协议解析、协议转换、数据处理、数据缓存、数据传输、数据存储、数据解析、远程控制八大功能，具有体积小、功耗低、易维护等优点，可实现数据的实时采集、高效传输和便捷搭载，如图 6.2 所示。

1. 系统设计

TBM 施工数据采集终端系统架构如图 6.3 所示，共包含感知层、设备层、存储层三个层次。感知层是数据采集的直接对象，主要包括项目成套化外购的感知系统，TBM 出厂时搭载的众多传感器和控制器。设备层设计了一套嵌入式的软、硬件系统，从 PLC 读取数据，经过协议解析，发送至远程数据中心，同时接受远

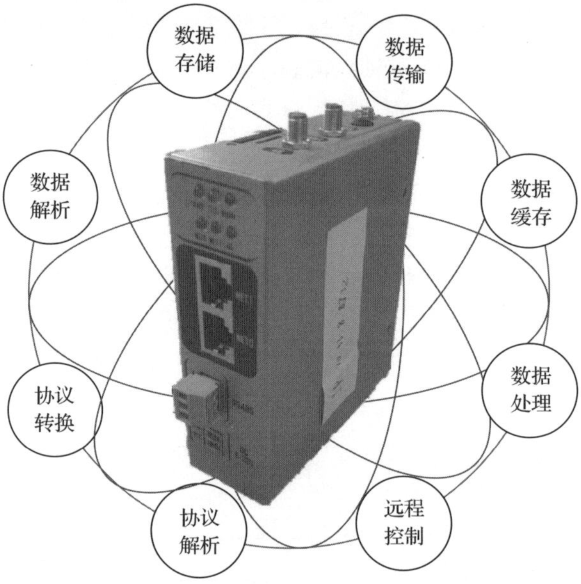

图 6.2　TBM 施工数据采集终端功能组成

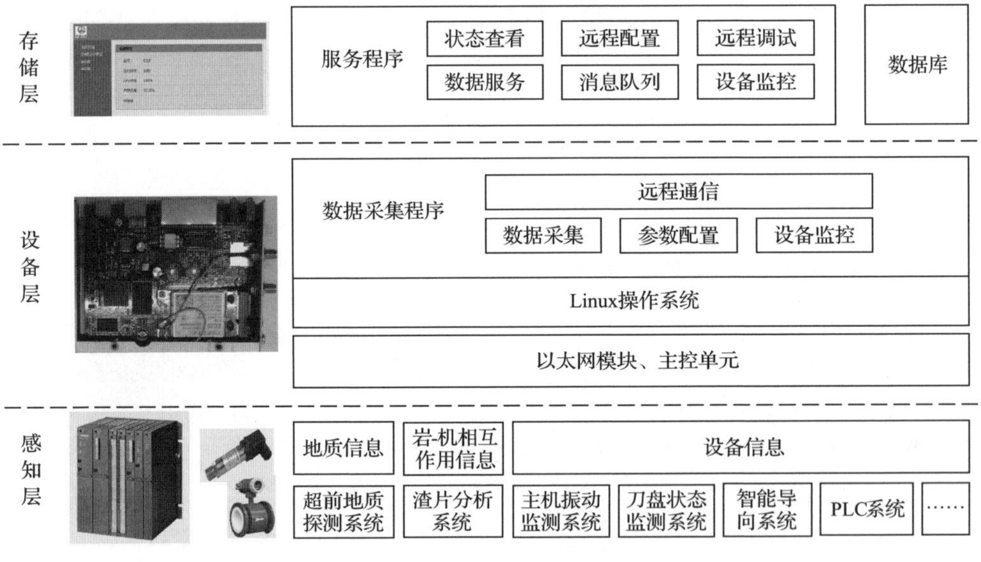

图 6.3　TBM 施工数据采集终端系统架构

程服务器的反向控制。存储层位于远程数据中心，接受来自多个采集终端的数据，负责将现场数据自动存储至服务器，为管理人员提供可视化管理界面。

TBM 施工数据采集终端采用单进程多线程模式进行通信，共设计 6 个相对独立的线程，在后台持续运行，如图 6.4 所示。各线程通过共享内存对象实现相互通信，具体功能如下：PLC 读取和本地缓存、本地 Web 控制界面、运行状态监控、消息队列和反向控制、PLC 历史数据传输、PLC 实时数据传输。

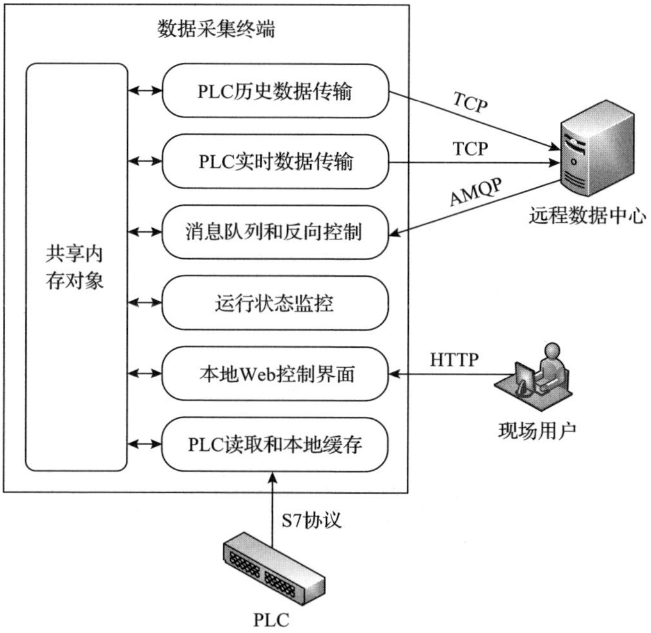

图 6.4　TBM 施工数据采集终端线程模型

2. 硬件系统

TBM 施工数据采集终端的硬件架构如图 6.5 所示。整个终端硬件的核心是一块 AM3352 处理器，负责数据的解析、存储、处理与传输等程序逻辑的实现。终端设计有两个 RJ45 以太网模块，其中一个连接 PLC，另一个接入互联网。除 RJ45 以太网口以外，还设计有 Wi-Fi 模块和 2G/3G/4G 模块多种互联网接口。采用 Nand Flash 存储器用于存储可执行程序、配置文件、配置数据库、缓存数据库等持久化文件。

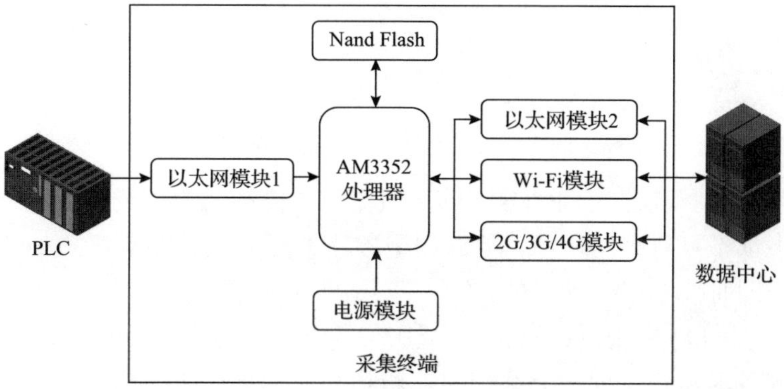

图 6.5　数据采集终端硬件架构

3. 软件设计

(1)数据缓存和传输模块。数据传输采用自定义的 TCP 方式，终端对数据进行序列化，传输至远程服务器后进行反序列化，最后存入数据库，PLC 数据的序列化格式定义如表 6.1 所示。数据远程传输分为实时数据传输和历史数据传输两部分。实时数据按照指定时间间隔从内存缓存中读取当前数据，直接推送至远程服务器。历史数据按照指定查询条件从缓存数据库中读取以往数据，并按照时间顺序打包，发送至远程服务器。当数据发送成功后，便将该数据从缓存数据库中删除，如图 6.6 所示。当网络临时中断时，历史数据将在采集终端临时数据库持续缓存，当网络恢复时缓存数据将重新发送，确保远程服务器存储的历史数据不会缺失。实时数据传输和历史数据传输可共同保障数据传输的实时性、完整性和准确性。

表 6.1　PLC 数据序列化格式定义

序列名称	数据类型	功能描述
时间戳	int64	数据采集时的本地时间
消息编号	int32	数据采集时的缓存流水号，用于判断数据是否已更新
CRC32	uint32	数据的校验码，用于判断数据完整性
Data	二进制数据	二进制序列化后的数据

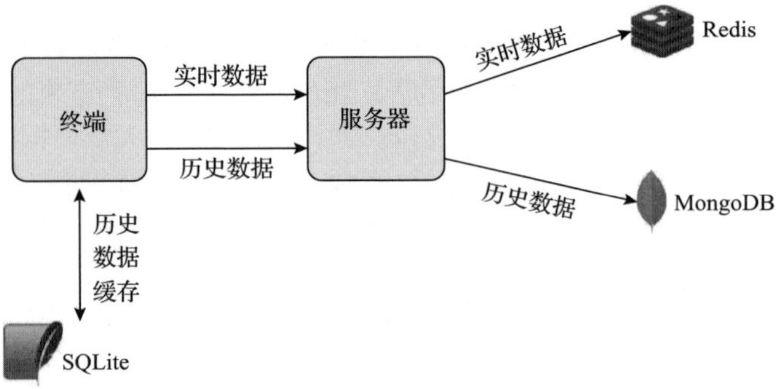

图 6.6　数据远程传输模式

(2)远程控制模块。由于 TBM 施工数据采集终端位于现场施工网络环境，绝大数情况下都不具有公网端口，故远程服务器不能主动对终端建立 TCP 连接。为达到服务器即时控制终端的目的，在终端采用短连接方式对服务器进行 RabbitMQ 长轮询，该连接将一直阻塞直到超时或服务器有新的请求。RabbitMQ 暴露于公网环境，当服务器需要反向控制终端时，将格式化的指令放于指定终端所对应的加密队列名中，即可被终端立刻收到，并将执行结果放置于另一提前约定的队列中，从而实现反向控制，如图 6.7 所示。

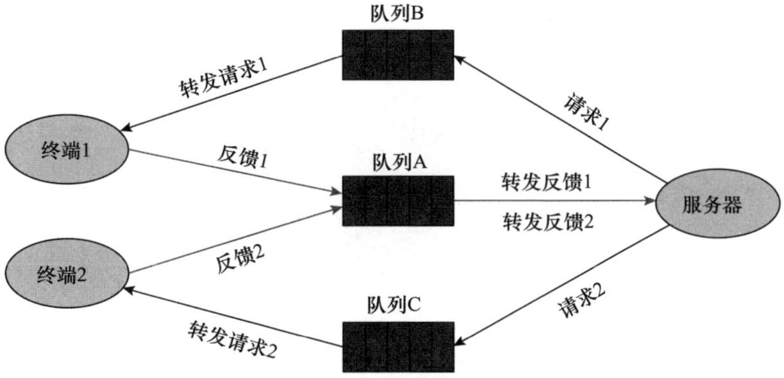

图 6.7　消息队列实现反向控制原理

(3) 远程监控可视化模块。设计通过 Web 界面形式对 TBM 施工数据采集终端进行权限控制、状态查看、远程配置、远程调试。权限控制根据用户角色设置监控的特定采集终端；状态查看可以对采集终端的已运行时间、CPU 占用率、内存占有率、传输进度、数据丢失率等进行自由查看；远程配置实现了远程对终端 PLC 点位信息编辑和导入导出，传输频率、缓存数据库参数等的设置；远程调试实现了程序版本更新、文件替换、错误日志查看、shell 命令执行、重启等功能。

6.1.3　数据采集传输系统的搭载运行

市场上 TBM 数据采集一般采用“上位机+下位机”模式，TBM 搭载的众多传感器信号均通过下位机 PLC 进行采集，在 PLC 中进行逻辑与数学运算后传输至上位机工控机进行显示，如图 6.8 所示。此外，TBM 可选配的成套化系统，如导向系统、不良地质超前探测系统、TBM 锚杆钻机随钻测量系统、岩体渣片图像识别系统可以直接与上位机工控机通信。PLC 与成套化系统一起通过特定适配协议接入 TBM 施工数据采集终端，进一步地发送至远程服务器。TBM 施工过程中如设备维保、刀具更换、材料消耗、地层加固等信息由现场一线人员记录，按既定规则上传相关信息至数据库中。此外，与 TBM 施工相关的监测数据、试验数据、照片、视频等任意格式信息文件都可通过 Web 端上传至远程服务器数据库，完成信息全面收集。

TBM 施工数据采集终端安装在 TBM 主控室，施工数据先被缓存至本地，再通过 TCP/IP 与远程服务器建立连接并实时传输。数据传输系统具有低耦合性，通过定义标准协议和接口，允许不同项目数据并行发送和接收，保证 TBM 集群施工时系统的可拓展性，如图 6.9 所示。与大数据中心连接的服务器端利用数据持久化、分布式缓存 Redis 等技术实现数据的持久保存和高效访问，为大数据管理提供保证。

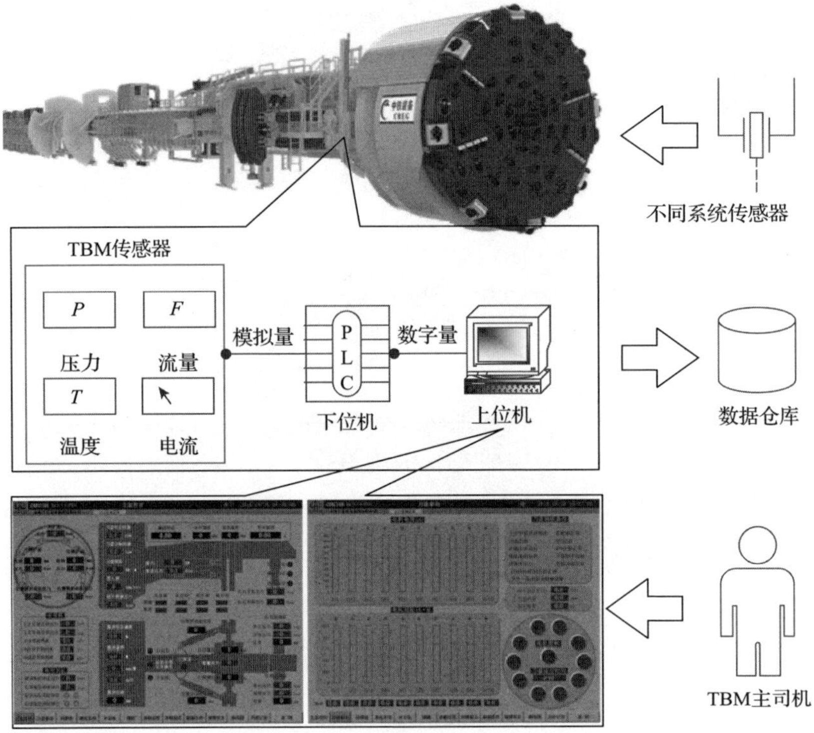

图 6.8　TBM 数据采集系统架构

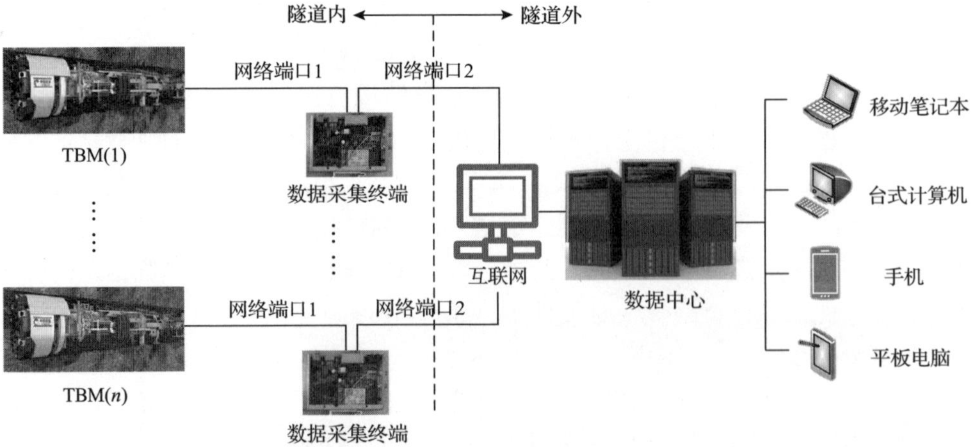

图 6.9　TBM 集群施工数据传输

6.2　TBM 施工数据存储

6.2.1　TBM 施工数据标准化

根据数据来源及获取途径，TBM 施工数据可分为 TBM 设备数据和现场采集数据两大类，如图 6.10 所示。按照 TBM 全生命周期阶段划分，TBM 施工数据可进一步细分为如下几部分：

(1) 工程地质勘察概况。包含勘察报告中的工程基本情况、气象要素、工程地质条件、水文地质条件、隧道围岩类别等信息。

(2) 施工揭露的地质及岩体数据。包含地质数据与岩体数据两类。地质数据以隧道埋深、区域地质特征为代表，岩体数据种类较多，如岩性、单轴抗压强度、弹性模量、抗拉强度、抗剪强度、磨蚀强度、节理、断层、节理面与隧道轴线的夹角、可钻性指数 DRI 等。在 TBM 掘进过程中，施工数据库也可存储 TBM 开挖揭露的地质和岩体信息，如掌子面前方岩体照片、地质素描等。

(3) TBM 设备数据。包含 TBM 设计参数及掘进过程中实时产生的所有运行参数，主要源于设备自身搭载的压力、温度、流量等传感器感知信息。

(4) TBM 预警信息。故障、报警参数信息。

(5) 其他施工数据。设备维保记录、支护等级数据、施工材料消耗、刀具更换数据等。

(6) 影像资料。图片信息、监控视频等。

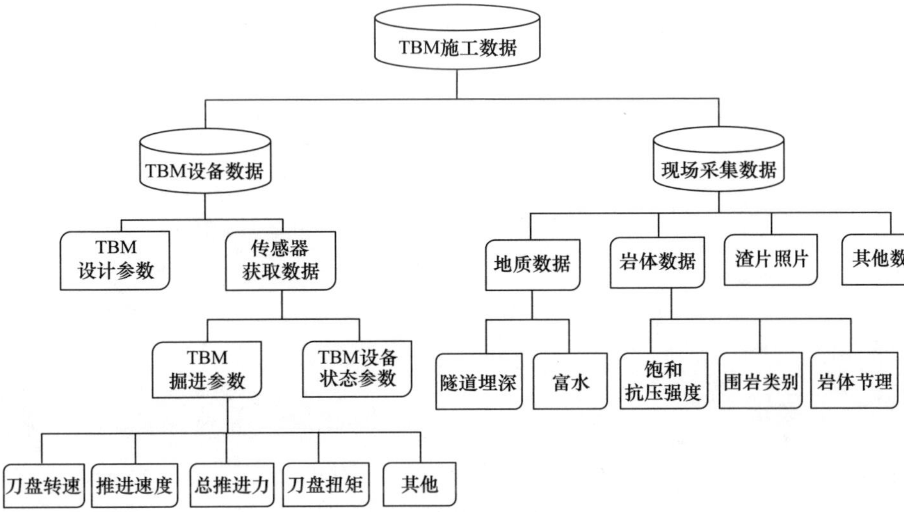

图 6.10　TBM 施工数据分类

对 TBM 施工数据格式、名称、存储规则等进行统一，实现 TBM 施工海量数据的标准化和格式化。首先，针对 TBM 施工数据的多源异构特性，定义完整的 TBM 设备参数命名及存储规则，对其名称、单位、保存频率、数据格式等进行标准化定义，如图 6.11 所示；其次，对现场采集数据，如超前地质探测信息、岩体力学信息、地质素描图、现场岩体照片等，分类建立详尽且标准的存储方案，如图 6.12 所示；最后，建立完善的数据类别与数据存储地址映射表，为大数据储存、调用、分析、挖掘等提供标准化入口，如图 6.13 所示。

DataModel Version 1.xlsx

	A	B	C	D	E	F	G	H	I	J	K
1	Collection	序号	Document			存储Document					
2				一级参数名称	二级参数名称	单位	通讯值数据类型	运算	检测值数据类型	测量值范围	
3	主参数										
4		1		刀盘转速	rpm	BYTE	/10	REAL	0－25.6rpm	0	
5	Collection	2	Main Parameters Document	刀盘扭矩	kN · m	UINT		UINT	0－65535kN · m	0	
6		3		推进速度	mm/min	BYTE		UINT	0－256mm/rpm	0	
7		4		总推进力	kN	UINT	*2	UINT	0－131070kN	0	
8	S00工程										
9		1		环号			UINT		UINT	0－65535环	3290
10		2		掘进里程		m	UINT		UINT	0－65535m	7345.6
11		3		剩余里程（m）		m	UINT		UINT	0－65535m	
12		4		偏差	前点偏差X	mm	INT		INT	±32767mm	
13		5			前点偏差Y	mm	INT		INT	±32767mm	
14		6			后点偏差X	mm	INT		INT	±32767mm	
15		7			后点偏差Y	mm	INT		INT	±32767mm	
16		8		俯仰角	前盾俯仰角	°	BYTE	/10－12.8	REAL	±12.8°	0.35
17		9			前盾滚动角	°	BYTE	/10－12.8	REAL	±12.8°	-0.03
18		10			尾盾俯仰角	°	BYTE	/10－12.8	REAL	±12.8°	-0.2
19		11			尾盾滚动角	°	BYTE	/10－12.8	REAL	±12.8°	-0.03
20	工程 Collection	12	Tunneling Parameters Document		盾构水平倾度（mm/m）(水平倾向)		BYTE	-128	REAL	±128mm/m	
21		13			盾构竖直倾度（mm/m）（竖向倾向）		BYTE	-128	REAL	±128mm/m	
22		14		坐标	切口环中心点绝对坐标X	m	REAL		REAL		
23		15			切口环中心点绝对坐标Y	m	REAL		REAL		
24		16			切口环中心点绝对坐标Z	m	REAL		REAL		
25		17			盾尾中心点绝对坐标X	m	REAL		REAL		
26		18			盾尾中心点绝对坐标Y	m	REAL		REAL		
27		19			盾尾中心点绝对坐标Z	m	REAL		REAL		
28		20			激光到52号滚刀测距	mm	REAL		REAL		
29		21			激光到57号滚刀测距	mm	REAL		REAL		0
30		22			激光到66号滚刀测距	mm	REAL		REAL		0
31		23		钻机密度			REAL		REAL		0
32		24		岩石密度			REAL		REAL		2.85
33	S01 高压										1928
34		1			变压器T1温度（动力变压器温度）	℃	BYTE		BYTE	0－256℃	81
35	高压 Collection	2	High Hydraulic Document		变压器T2温度	℃	BYTE		BYTE	0－256℃	80
36		3			主驱动变压器T1温度（主驱动变压器温度）	℃	BYTE		BYTE	0－256℃	85
37		4			主驱动变压器T2温度	℃	BYTE		BYTE	0－256℃	76
38	S02 液压										
39		1		油温与液位	主液压油箱温度	℃	BYTE		BYTE	0－256℃	46
40		2			液压油箱液位	%	BYTE		BYTE	0－256%	41

设备数据表 / 设备信息表 / 分组表 / 岩石参数表 / 滚刀磨损表

图 6.11　TBM 设备数据存储映射关系

DataModel Version 1.xlsx

	A	B	C	D	E	F	G	H	I
1		序号	参数名称	小类	重要等级	数据类型	参数单位	备注	
2	岩石种类								
3		1		岩性描述	★	定性	无	岩性、软硬程度、颜色、风化程度、矿物组成及含量	
4		2	岩石种类 Document	岩样实物	★			实物	编号
5		3		岩样（石）照片	★			照片	照片编号
6	围岩分类								
7		1	围岩分类 Document	围岩等级分类	★	定性定量结合	/	Ⅰ、Ⅱ、Ⅲ、Ⅳ、Ⅴ	
8	物理性质								
9		1		风化程度	★	定性或定量	无	采用调查和测绘，结合物探及钻探，风化程度分为：未风化、微风化、中等风化、强风化、全风化、残积土。可根据波速比、风化系数等定量指标划分，也可根据经验划分。《水利水电工程地质勘查规范》(GB50487-2008)	量化与数字化
10		2		密度	★	定量	g/cm3	《工程岩体试验方法标准》(GB/T 50266-99)	二进制
11		3		天然重度	★		kN/m3		二进制
12		4		饱和重度	★		kN/m3		二进制
13		5	岩石物理性质 Document	渗透系数	★		m/s	《铁路工程水文地质勘查规程》（TB10049-2004）、《工程地质手册》	二进制
14		6		孔隙率	☆		%		二进制
15		7		含水率	☆		%		二进制
16		8		吸水率	☆		%		二进制
17		9		软化系数	☆		/		二进制
18		10		坚固系数	☆		/	坚固性系数f=R/100(R为岩石标准试样的单向极限抗压强度值，单位 kg/cm2)。根据坚固性系数将岩石分为：极坚固岩石f=15～20(坚固的花岗岩，石灰岩，石英岩等)；坚硬岩石f=8～10(如不坚固的花岗岩，坚固的砂岩等)；中等坚固岩石f=4～6(如普通砂岩，铁矿等)；不坚固岩石f=0.8～3(如黄土、仅为0.3)	二进制
19		11		波速	☆		m/s		二进制
20	变形指标								
21		1		弹性模量	☆	定量	MPa		二进制
22		2	岩石变形指标 Document	泊松比	☆		/		二进制
23		3		变形模量	☆		Mpa		二进制
24	抗剪能力								
25		1		抗剪强度	★	定量	kPa		二进制
26		2	岩石抗剪能力 Document	黏聚力	★		°		二进制
27		3		内摩擦角	★		MPa		二进制
28	抗拉强度								
29		1	岩石抗拉强度 Document	巴西劈裂抗拉强度	★	定量	MPa		二进制
30	腐蚀指标								
31		1		磨蚀性矿物含量	★	定量	%		二进制
32		2	岩石腐蚀指标 Document	磨蚀性	★		0.1mm-1	专用钢针(CAI)的针头磨损值Ab值	二进制
33		3		岩石硬度	★		/	测试方法有静压法、动压法、刻划法、弹跳法、摇摆法、研磨法等	二进制
34	抗压指标								
35		1		点荷载强度指标IS(50)	★	定量	MPa		二进制
36		2	岩石抗压指标 Document	单轴饱和抗压强度	★		MPa		二进制
37		3		干燥状态抗压强度	★		MPa		二进制

设备数据表 / 设备信息表 / 分组表 / 岩石参数表 / 滚刀磨损表

图 6.12　现场采集数据存储映射关系

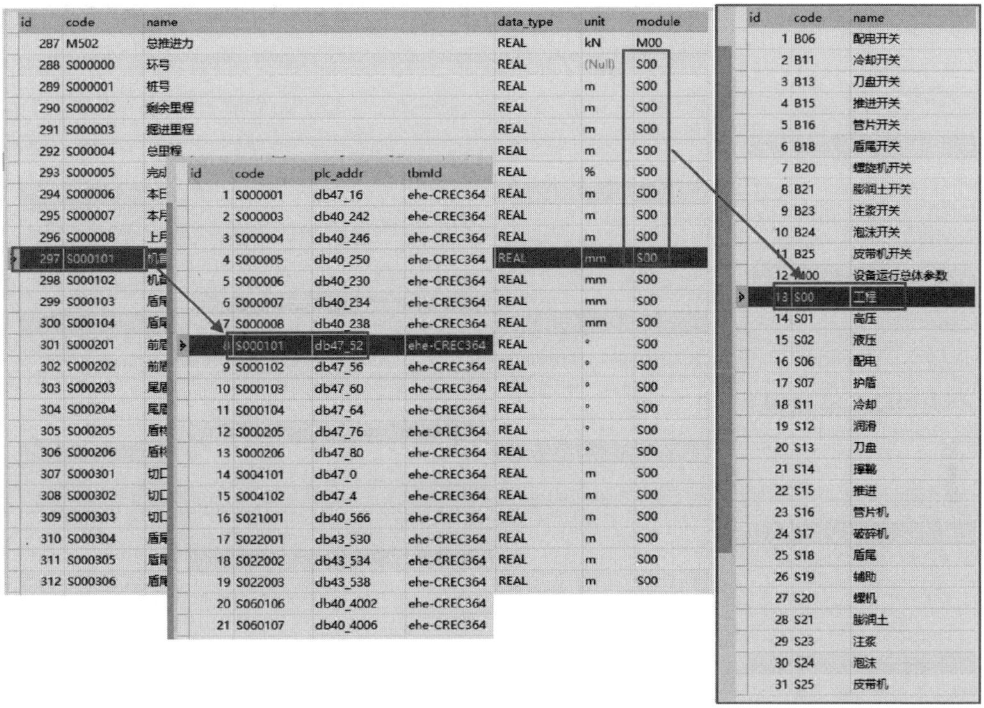

图 6.13　TBM 施工数据标准化示意

制定符合 TBM 施工特点的数据标准化基本原则如下：

(1) TBM 所有信息均遵守时空唯一性原则，时间和里程相互对应，TBM 数据以时间戳作为数据唯一标识。

(2) 数据保持物理意义统一、命名规则统一、格式统一、存储地址统一。

(3) 同一项目所有类别数据通过项目号、时间戳、里程等进行相互关联。对于人工录入数据和上传文件，必须依照信息平台设定的规则，只接受特定数据类型格式的文件。

6.2.2　TBM 施工数据库设计

单一的关系型数据库难以满足 TBM 施工数据存储需求，需要建立一套科学的数据存储方案。

1. TBM 施工数据库架构设计

根据各个数据库的特点，TBM 施工数据库系统集成了关系型数据库 MySql、非关系型数据库 MongoDB、缓存数据库 Redis 和分布式文件存储系统 HDFS 等多类数据库，通过数据适配存储实现数据的高效存储和调用，具体架构如图 6.14 所示。

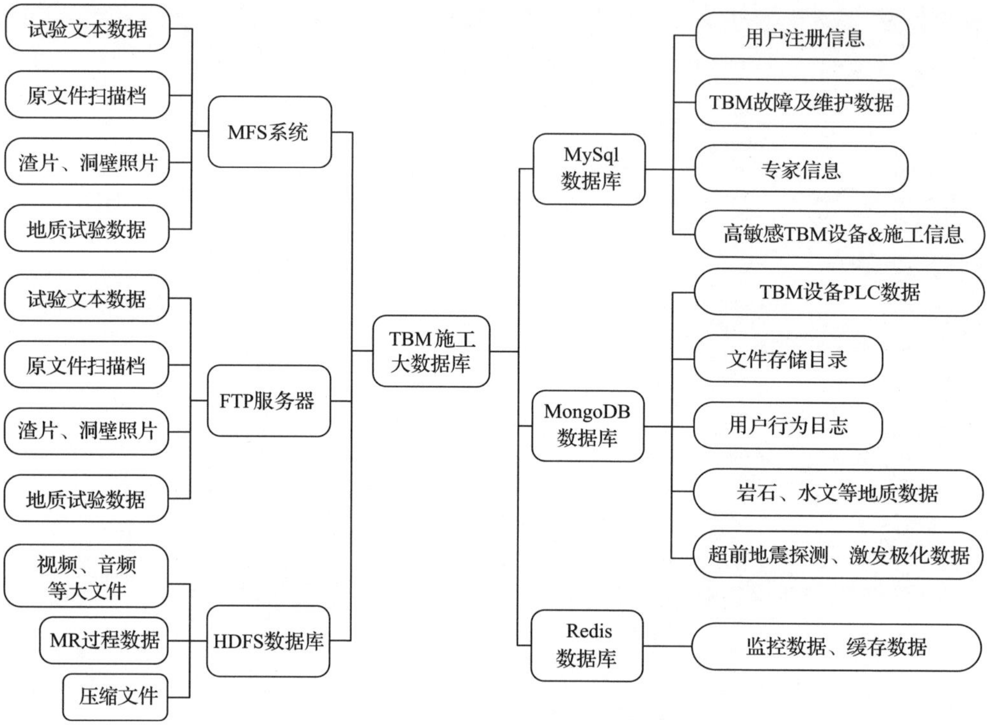

图 6.14　TBM 施工数据库架构

(1)关系型数据库 MySql 具有安装简单、操作方便、可伸缩性好、安全性高等优点，可用来存放设备运行参数、用户信息、权限信息、专家经验等高敏感、高安全性项目数据。

(2)半关系型数据库 MongoDB 既有非关系数据库高并发、高吞吐、多存储格式的特性，又具有关系型数据库的功能，使用方便，并有专业公司负责维护，在存储非结构化数据时具有显著优势，如表 6.2 所示。

表 6.2　传统关系型数据库与 MongoDB 数据库性能对比

传统关系型数据库特点		MongoDB 数据库特点
优点	缺点	优点
二维表结构直观且易于理解	海量数据存储难	数据分离存储
可实现 Join 等复杂查询	横向可拓展性差	数据可拓展性好
基于 Sql 语言、操作方便	并发操作频繁、读写性能差	高并发、高吞吐性可提高数据库并发性能
数据统一	非结构化数据存储难	属性、格式、大小无限制

(3)Redis 是一种分布式内存数据库，可用于缓存数据存储、高度读/写等应用场景，主要包括缓存失效处理(主动更新)、缓存内容及数据结构选择、缓存雪崩

处理、缓存穿透处理等功能。TBM 数据库系统使用 Redistribute 主要用来存储 Session 数据、即时数据等，为平台提供远程监控相关的数据支持。

(4) HDFS (hadoop distributed file system) 是一种分布式的文件存储系统，是 Hadoop 生态系统的核心部件，具有高容错性、高吞吐量、扩展方便等优点，可用于海量数据存储。TBM 施工过程中产生的所有数据最终都需要存储在 HDFS 中，以备数据分析、挖掘使用。

2. TBM 施工大数据库设计

TBM 施工数据库系统是以非关系型数据库 MongoDB 为主，MySql、Redis、HDFS 等多系统相结合的综合数据存储系统。

1) MongoDB 数据库设计

MongoDB 存储的数据可分为两类：一类为 TBM 施工过程中实时获取的海量半结构化数据，以字符型为主，Schema 列数不确定且存储方式为稀疏表，通常以时间和桩号为查询序列，以此实现快速查询和统计分析，如图 6.15 所示；另一类为图片、文档等非结构化数据，该类数据大小一般在 50MB 以内，除数据自身外，还带有附属相关信息，便于平台快速查询、预览和调用，这部分数据主要存放于 MongoDB 中 GridFs 系统，如图 6.16 所示。

半结构化数据库名称：tbmcloud

表名：Device_CommonData_${tbmID}

Key	Value	Type
(1) CREC360-190901235959	{ 202 attributes }	Document
_id	CREC360-190901235959	String
Timestamp	1,567,353,599,000 (1.6T)	Int64
TimeStr	2019-09-01 23:59:59	String
TbmId	CREC360	String
S000001	101,682.359 (0.10M)	Double
S000003	8,572.141 (8.6K)	Double
S000004	12,724.5 (12.7K)	Double
S000005	67.367	Double
S000006	9.508	Double
S000007	9.508	Double
S000008	0	Double
S000101	-14.958	Double
S000102	2.874	Double
S000103	14.225	Double
S000104	-7.993	Double
S000205	-2.469	Double

图 6.15　MongoDB 半结构化数据存储表

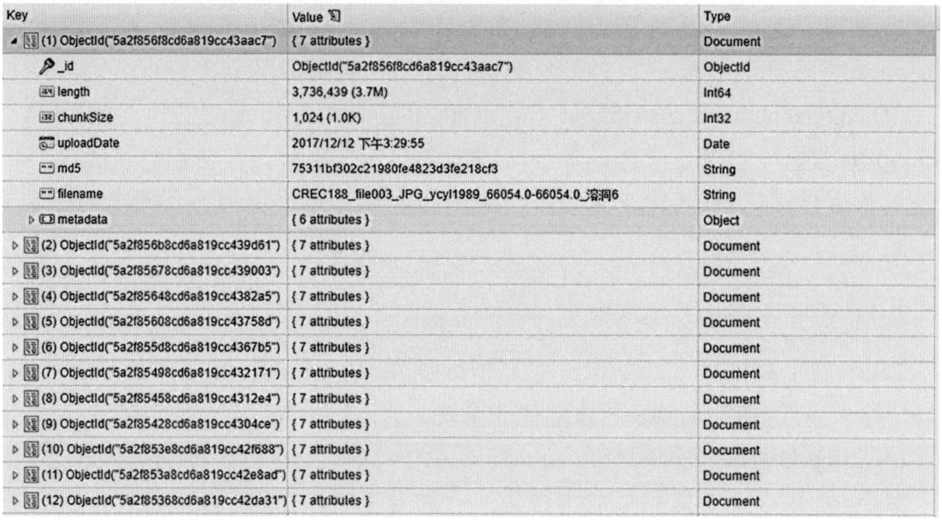

Key	Value	Type
(1) ObjectId("5a2f856f8cd6a819cc43aac7")	{ 7 attributes }	Document
_id	ObjectId("5a2f856f8cd6a819cc43aac7")	ObjectId
length	3,736,439 (3.7M)	Int64
chunkSize	1,024 (1.0K)	Int32
uploadDate	2017/12/12 下午3:29:55	Date
md5	75311bf302c21980fe4823d3fe218cf3	String
filename	CREC188_file003_JPG_ycyl1989_66054.0-66054.0_溶洞6	String
metadata	{ 6 attributes }	Object
(2) ObjectId("5a2f856b8cd6a819cc439d61")	{ 7 attributes }	Document
(3) ObjectId("5a2f85678cd6a819cc439003")	{ 7 attributes }	Document
(4) ObjectId("5a2f85648cd6a819cc4382a5")	{ 7 attributes }	Document
(5) ObjectId("5a2f85608cd6a819cc43758d")	{ 7 attributes }	Document
(6) ObjectId("5a2f855d8cd6a819cc4367b5")	{ 7 attributes }	Document
(7) ObjectId("5a2f85498cd6a819cc432171")	{ 7 attributes }	Document
(8) ObjectId("5a2f85458cd6a819cc4312e4")	{ 7 attributes }	Document
(9) ObjectId("5a2f85428cd6a819cc4304ce")	{ 7 attributes }	Document
(10) ObjectId("5a2f853e8cd6a819cc42f688")	{ 7 attributes }	Document
(11) ObjectId("5a2f853a8cd6a819cc42e8ad")	{ 7 attributes }	Document
(12) ObjectId("5a2f85368cd6a819cc42da31")	{ 7 attributes }	Document

图 6.16　MongoDB 非结构化数据存储表

备注：表名前半部分“Device_CommonData_”为固定前缀，后半部分${tbmID}为每台 TBM 设备的项目编号。

非结构化数据库名称：tbmFile

表名：${fileType}_${tbmID}

备注：前缀${fileType}为每种文件的归类，可定义为非结构类型设备数据压缩文件、洞壁照片、项目概述等类别，后缀${tbmID}为每台 TBM 设备的项目编号。

2) MySql 数据库设计

MySql 数据库可用于存放用户基本信息、设备运行参数、地质信息等高敏感、高安全性项目数据等。

(1) 建立 sys_user 用户表，用于记录用户基本信息，如表 6.3 所示。

表 6.3　MySql 数据库所存储的基本用户信息

字段说明	字段名	类型
ID	id	bigint
账号	username	varchar(50)
密码	password	varchar(50)
用户名	Nick_name	varchar(50)
身份证号	personcode	varchar(50)
性别	sex	int
公司/单位	company	varchar(50)
邮箱	email	varchar(50)

续表

字段说明	字段名	类型
用户状态	status	int
手机号	phone	varchar(15)
角色 id	role_id	bigint，fk

(2) 建立 proj_tbm_info 设备信息表，用于记录所有设备及其项目编号，如表 6.4 所示。

表 6.4　MySql 数据库所存储的 TBM 设备信息

字段说明	字段名	类型
ID	id	bigint
项目编号	tbmId	varchar(50)
出厂编号	code	varchar(50)
坐标经纬度	lng	double
坐标经纬度	lat	double
起始桩号	op_num_start	double
结束桩号	op_num_end	double
掘进方向	direction	int
施工单位	builder	varchar(50)
设备类型	append	int
备注	remark	text

(3) 建立 proj_geology_info 地质信息表，用于记录地质相关信息，如表 6.5 所示。

表 6.5　MySql 数据库所存储的现场采集信息

字段说明	字段名	类型
ID	id	bigint
工程编码	tbmId	varchar(50)
埋深	op_depth	varchar(50)
围岩类别	op_rock_class	varchar(50)
单轴抗压强度	op_ucs	varchar(50)
岩性	op_rock	varchar(50)
富水	op_water	varchar(50)
节理	op_jvs	varchar(50)
起始桩号	op_num_start	double
结束桩号	op_num_end	double
备注	remark	text

3) Redis 数据库设计

Redis 数据库查询效率极高，可支持可分布式部署，适合存储数据量较小且需频繁访问的数据，如实时监控数据、缓存数据、Session 等。Redis 缓存数据存储表设计如图 6.17 所示。

数据表：RealTime.Std.${tbmId}

备注：表名前半部分“RealTime.Std.”为固定前缀，后半部分${tbmID}为每台 TBM 设备的项目编号。

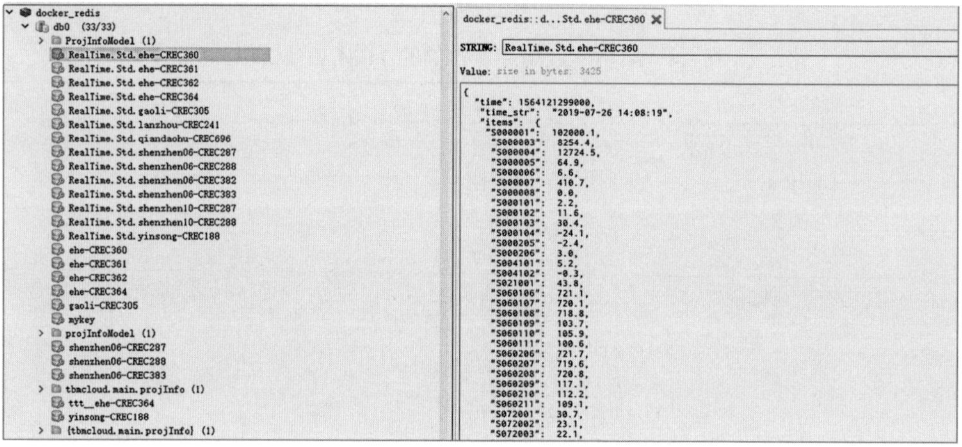

图 6.17 Redis 缓存数据存储表设计

6.2.3 数据预处理

TBM 施工数据预处理包括施工段提取、掘进循环划分、异常值处理、小波降噪处理、数据归一化等步骤。通过 TBM 施工数据预处理操作，可提高数据分析的准确性。

1. 施工段提取

施工段提取是为了剔除大量停机数据，避免处理无用数据、耗费计算资源。在 TBM 施工过程中，操作者通过控制刀盘转速 N、刀盘扭矩 T_t、总推力 F_t 和推进速度 V 等关键运行参数，以实现启停设备的目的。若四个参数均为零值，则视为停机状态。因而，判断 TBM 施工数据是否为停机段，定义式为

$$I_c = f(N)f(T_t)f(F_t)f(V) \tag{6.1}$$

函数 $f(x)$ 定义式为

$$f(x)=\begin{cases}1, & x \neq 0 \\ 0, & x = 0\end{cases} \tag{6.2}$$

式中，x 表示设备参数刀盘转速 N、刀盘扭矩 T_t、总推力 F_t 或者推进速度 V 的数值；$I_c = 0$ 表示 TBM 处于停机段，$I_c = 1$ 表示 TBM 处于正常施工段，如图 6.18 所示。

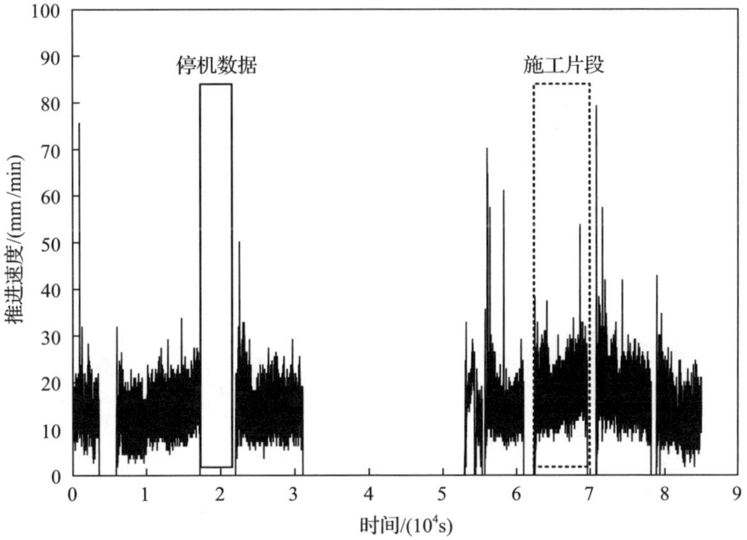

图 6.18　施工段和停机数据示意图

2. TBM 掘进循环划分

掘进循环划分是为了提取出信息丰富的循环上升段、稳定段数据。根据滚刀破岩过程的特点，TBM 设备运行参数在掘进循环中呈现阶段性变化，TBM 的正常掘进过程是由多组掘进循环组成的，其中每组掘进循环都可划分为四个阶段：空推段、上升段、稳定段和停止段。各个阶段内 TBM 运行参数特点如下：

(1) 空推段。TBM 掘进循环开始时，滚刀距掌子面有很小的间隙，从刀盘推进到滚刀接触岩石的这段时间，TBM 主要克服盾体与围岩间摩擦力做功，此时刀盘扭矩较小，总推力大小与围岩类别密切相关，保持在 3000～5000kN 范围内。

(2) 上升段。刀盘开始接触掌子面，随着滚刀切入掌子面岩体，操作者缓缓调高刀盘转速、推进速度，刀盘扭矩、总推力也随之迅速增大，此时 TBM 运行参数的变化反映了滚刀破岩过程中设备的动态响应，包含了丰富的岩-机作用信息。

(3) 稳定段。岩体状态、设备状态较为稳定，设备运行参数波动较小，该阶段反映了正常掘进条件下设备性能优劣，是 TBM 掘进循环的主要过程。

(4) 停止段。TBM 推进油缸达到最大行程，停止向前推进，推力迅速下降至零，该循环结束，TBM 换步进行下一循环的掘进。

在掘进循环划分中，基于总推力、刀盘扭矩等掘进参数的变化特点，提出阈值自适应的循环自动划分方法，以实现空推段、上升段、稳定段数据自动提取，循环分段流程如图 6.19 所示。

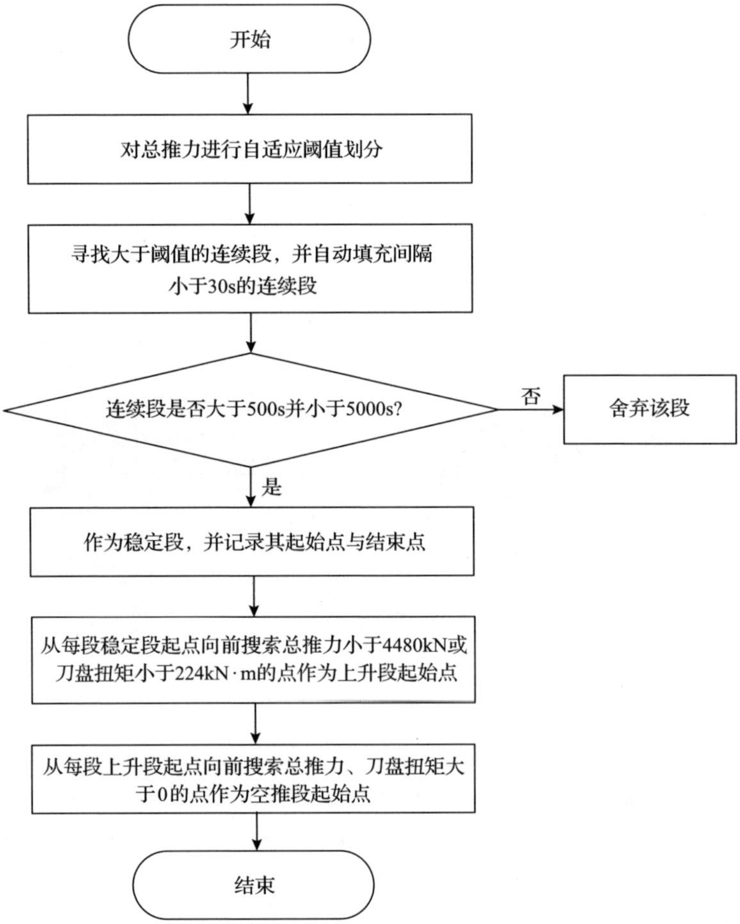

图 6.19　循环分段流程图

各阶段划分方法如下：

(1) 稳定段划分。以总推力为划分标准，通过最大类间方差法自适应确定阈值，以实现循环稳定段的自动划分，其具体实施过程如下：

①初始化循环总推力中上升段与稳定段间阈值 g_0，并统计循环中总推力小于 g_0 的数据个数记作 D_0，总推力大于 g_0 的数据个数记作 D_1。

②将循环总推力中上升段数据占整个循环的比例记为 w_0，并计算循环上升段总推力的平均值 μ_0，若总推力 $F_t < g_0$，则视为上升段；将循环总推力中稳定段数据占整组循环的比例记为 w_1，并计算循环稳定段总推力的平均值 μ_1，若总推力 $F_t \geqslant g_0$，则视为稳定段。

③根据循环总推力中上升段、稳定段数据所占比例 w_0、w_1 及其平均值 μ_0、μ_1，可计算整组循环总推力的均值 μ 及类间方差 S_c。

$$w_0 = \frac{D_0}{D_0 + D_1} \tag{6.3}$$

$$w_1 = \frac{D_1}{D_0 + D_1} \tag{6.4}$$

$$w_0 + w_1 = 1 \tag{6.5}$$

$$\mu = w_0\mu_0 + w_1\mu_1 \tag{6.6}$$

$$S_c = w_0(\mu_0 - \mu)^2 + w_1(\mu_1 - \mu)^2 \tag{6.7}$$

进一步化简得到

$$S_c = w_0 w_1 (\mu_0 - \mu_1)^2 \tag{6.8}$$

④将整组循环总推力的均值 μ 作为新的循环总推力上升段与稳定段间阈值 g_1，再按照步骤①～③计算新的循环总推力的均值 μ' 及类间方差 S_c'。对比类间方差 S_c、S_c'，如果 $S_c' > S_c$，则将循环总推力的均值 μ' 作为循环总推力上升段与稳定段间最终阈值，此时循环稳定段数据划分结束；否则，继续执行步骤①～③，直至稳定段划分结束。

(2) 上升段划分。在稳定段起始点确定后，向前搜索总推力、刀盘扭矩大于某一阈值作为上升段的起始点。通过对掘进循环上升段阈值进行统计分析，总推力、刀盘扭矩上升段阈值为 4480kN、224kN · m，分别表示滚刀破岩所需克服的摩擦力和空转扭矩。

(3) 空推段划分。在上升段起始点确定后，向前搜索总推力、刀盘扭矩大于 0 作为空推段起始点，至此循环划分结束。

依照上述方法对 TBM 掘进循环进行空推段、上升段及稳定段的数据划分，分段效果如图 6.20 所示。

3. 异常值处理

在 TBM 掘进循环中，由 TBM 数据采集传输系统采集到的原始数据中会出现一些明显偏离其他监测数据且不符合统计规律的个别异常数据，如图 6.21 所示。异常值处理是为了降低受异常数据影响而导致 TBM 运行参数误报警的概率。在掘进循环划分后，采用箱形图对循环稳定段数据进行异常值剔除。箱形图不需要考虑数据是否符合正态分布，即使数据异常值占全部数据 25%比例，也能将数据分布表达清晰，且简单可靠、易于实现。此处以推进速度为例详细阐述异常值处理的实施过程：

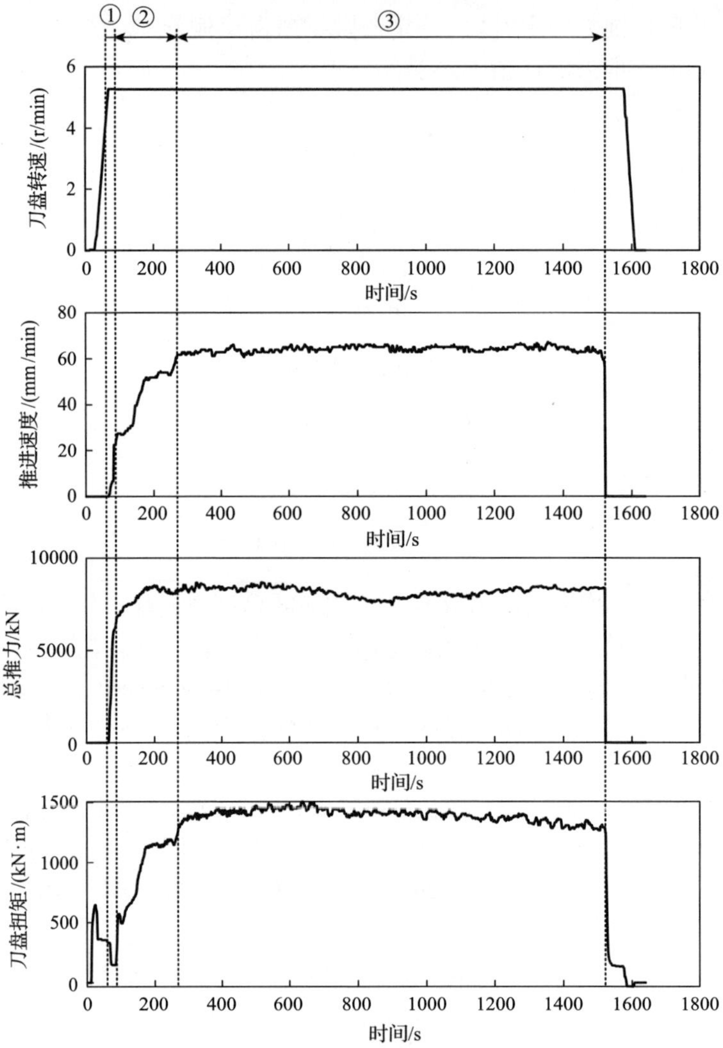

图 6.20　循环空推段、上升段及稳定段数据划分结果

①空推段；②上升段；③稳定段

(1) 将施工段推进速度数据按照从小到大的顺序排列，全部数据被分成样本数量相等的四部分，其中每部分包括 25%的数据，处在各分位点的数值就是四分位数。

(2) 选取第一、第三四分位数 Q_1、Q_3，Q_1 和 Q_3 分别等于总体全部数据由小到大排列后第 25%、75%的数值。

(3) 计算四分位距 IQR= Q_3–Q_1，并按照如下原则获取箱形图上、下限阈值。

下限阈值：

$$L_1 = Q_1 - 1.5\text{IQR} \tag{6.9}$$

上限阈值：

$$U_1 = Q_3 + 1.5\text{IQR} \tag{6.10}$$

(4) 通过判断施工段推进速度数据是否超出$[L_1, U_1]$范围来剔除异常值，如果超出范围，则视为异常数据，以中位数替代异常值；否则，视为正常数据。

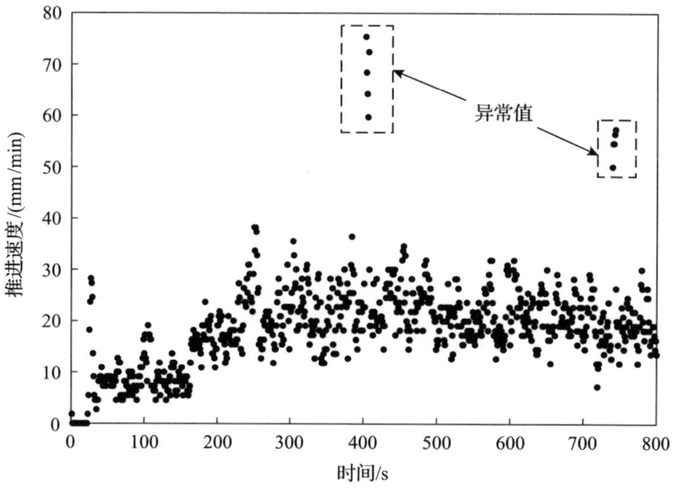

图 6.21　原始数据中推进速度异常值展示

4. 小波降噪处理

降噪处理是为了消除原始数据中随机噪声的影响，提升数据质量。采用小波分解-重构方法消除单个 TBM 施工片段中的高频噪声，其实施步骤如下：

(1) 将需要处理的数据离散采样，得到 $x(z)$，此时原始数据的小波分解和重构可通过子带滤波的形式实现，其分解和重构结构示意图如图 6.22 所示。图中，$F_0(z)$、$F_1(z)$ 分别为低通滤波器和高通滤波器对应的滤波系数；$H_0(z)$、$H_1(z)$ 分别为低通滤波器和高通滤波器的镜像滤波器对应的滤波系数，满足 $H_0(z)=F_0(-z)$，$H_1(z)=F_1(-z)$。

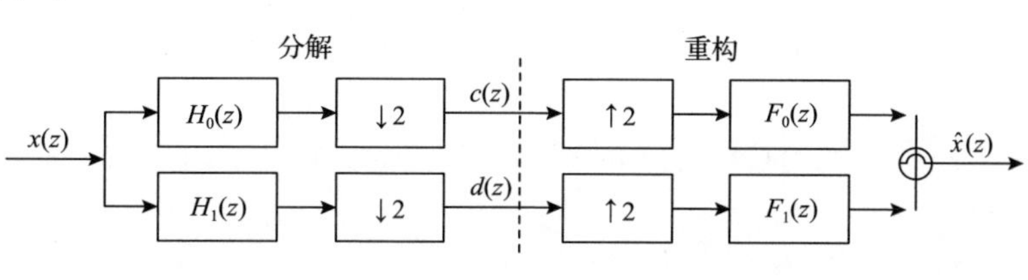

图 6.22　小波变换信号分解与重构示意图

(2) 信号的分解过程为：一方面，信号 $x(z)$ 经过低通滤波器后进行“下采样”(↓2)，得到尺度和分辨率均减半的平均信号 $c(z)$，即低频成分；另一方面，信号

$x(z)$经过高通滤波器后进行“下采样”(↓2)，得到尺度和分辨率均减半的细节信号 $d(z)$，即高频成分。信号分解的公式为

$$c_{j+1}(z)=\sum_{m\in z}c_j(m)F_0(m-2z) \tag{6.11}$$

$$d_{j+1}(z)=\sum_{m\in z}c_j(m)F_1(m-2z) \tag{6.12}$$

(3)信号的重构过程为：平均信号经过 2 个样本之间插入零值进行拉伸，即“上采样”(↑2)，再经过低通滤波器得到大尺度低分辨率的逼近，即低通输出；细节信号经过“上采样”(↑2)后，再经过高通滤波器，即可得到高通输出，两者相加即可得到重构的信号 $\hat{x}(z)$。信号重构的公式为

$$c_j(z)=\sum_{m\in z}c_{j+1}(m)F_0(z-2m)+d_{j+1}(m)F_1(z-2m) \tag{6.13}$$

(4)按照步骤(1)～(3)，采用离散小波变换 DWT 函数对原始数据进行低通、高通滤波，获得原始数据的平均部分和细节部分，而后利用逆离散小波变换 IDWT 函数对分解信号进行重构。所获重构信号与原始数据对比如图 6.23 所示。

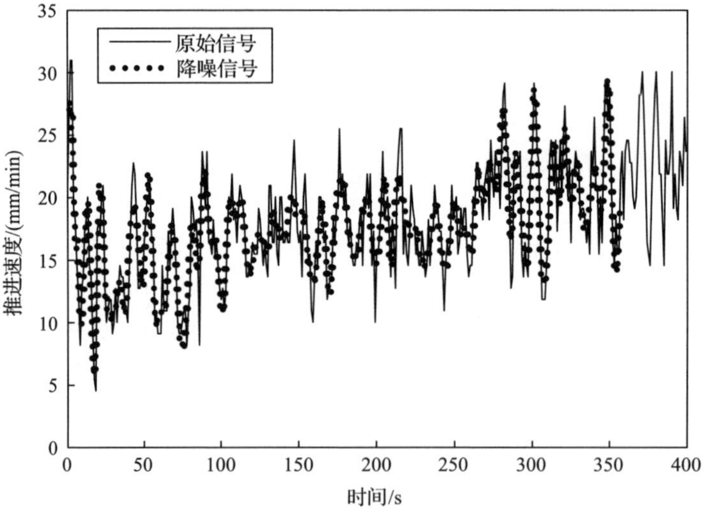

图 6.23　原始数据与小波降噪后数据对比

5. 数据归一化处理

数据归一化处理是为了使预处理的数据被限定在一定的范围内，从而消除奇异样本导致的不良影响，增强数据收敛。为了消除 TBM 运行参数之间的量纲影

响，对 TBM 关键运行参数按照式(6.14)进行归一化处理，以保证各运行参数处于同一数量级，解决原始参数之间的可比性差等问题。TBM 掘进数据归一化也可由 TBM 掘进数据除以设备所对应的 TBM 掘进参数出厂值得到。

$$
\begin{cases}
N' = \dfrac{N}{5} \\
T_t' = \dfrac{T_t}{3000} \\
F_t' = \dfrac{F_t}{15000} \\
p' = \dfrac{p}{10}
\end{cases}
\tag{6.14}
$$

式中，N'、T_t'、F_t'、p' 分别为归一化后刀盘转速、刀盘扭矩、总推力、贯入度。

6.3　TBM 施工信息管理云平台的设计与实现

随着 BIM(building information modeling)技术和 IFC(industry foundation classes)标准的发展，用于建筑、桥梁、隧道等不同施工领域的信息管理平台越来越多[4, 5]。对于 TBM 行业，高效、可伸缩、按需分配的 TBM 施工信息管理云平台，可以实现 TBM 远程监控、地质参数和设备参数调取与分析、岩体信息感知、设备安全预警分析等多种功能，使项目参建各方能够实时、系统、完整地获取现场施工信息，为 TBM 安全高效施工提供保障。

6.3.1　TBM 施工信息管理云平台的搭建方法

云计算能够整合巨大的计算资源池，根据客户需求弹性分配虚拟化资源，满足用户海量数据传输、存储和计算等需求，是支撑大数据的关键技术。云计算架构主要分为三个层次，总体上讲，基础设施即服务(IaaS)提供网络通信、数据存储和计算资源，平台即服务(PaaS)提供访问共享和大数据环境，软件即服务(SaaS)提供基础信息服务和数据挖掘等多种应用。分层服务很好地支撑了 TBM 施工大数据的各类需求，使平台运行更加稳定，如图 6.24 所示。

1. TBM 大数据架构

在系统层面搭建了 Hadoop & Spark 一体化大数据分析平台来适应海量、高增长率和多样化的信息，系统技术架构如图 6.25 所示。借助于 Hadoop 集群及其生态系统，对TBM海量信息进行数据挖掘，找出掘进过程中人-机-岩宏观对应规律。

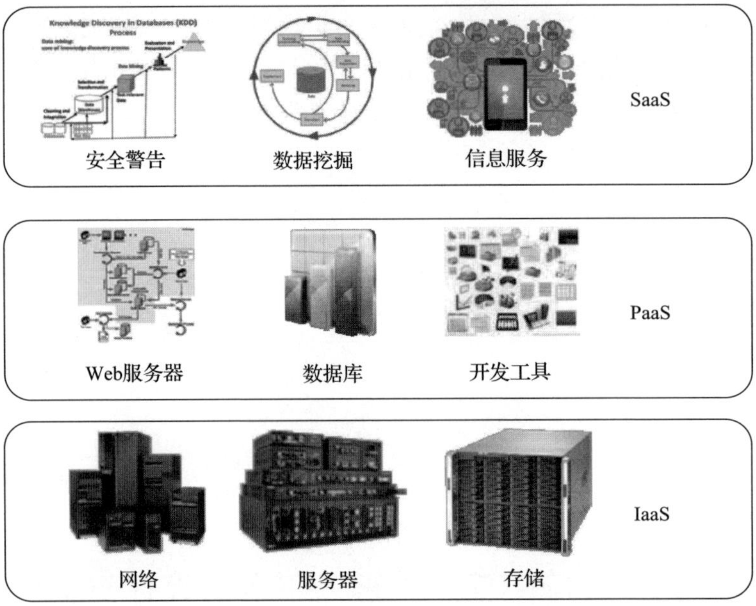

图 6.24　云计算平台分层服务框架

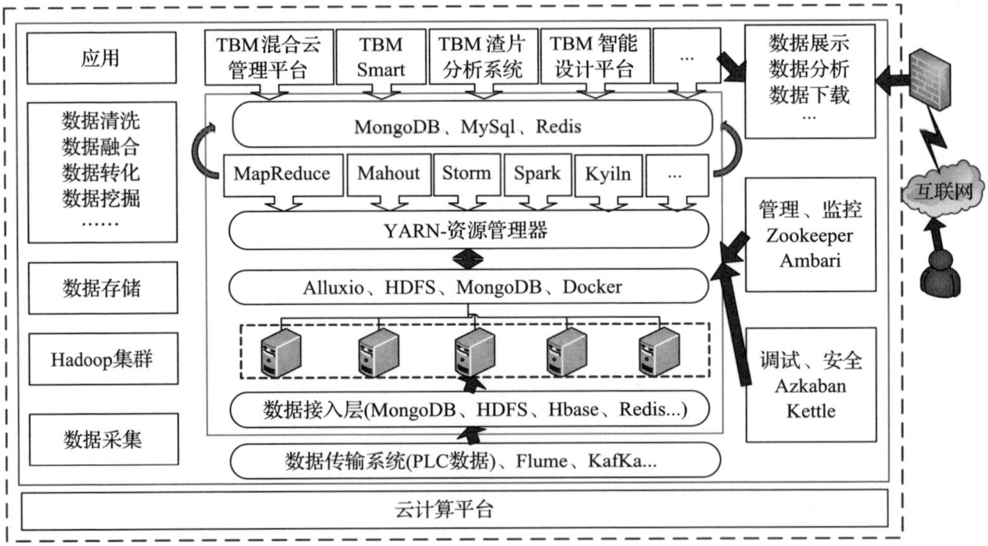

图 6.25　大数据分析平台技术框架

大数据分析平台由四大部分构成：数据输入模块、数据存储模块、算法定义模块、并行分析模块，如图 6.26 所示。数据输入模块可以将原 MongoDB 中的数据首先进行人工清洗，将错误数据、无用数据、失真数据等进行过滤，保证整个数据源的真实有效；完成清洗后将整个可用数据存储在 HDFS 平台上，通过数据的自动冗余分布存储保证数据的安全性；之后将现有算法或自研算法应用到数据有效分析，通过 Hadoop 平台的分布式计算能力，将整个海量数据运算进行分解，采用 Map/Reduce 并行运行提高运算效率同时对数据进行分析。

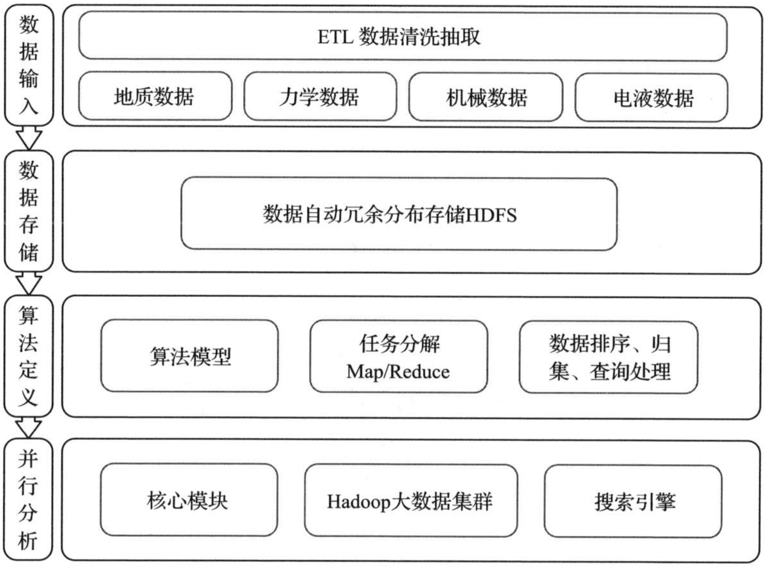

图 6.26　大数据挖掘运算技术框架

2. TBM 施工信息管理云平台方案设计

1) 架构选型

C/S (client/server) 与 B/S (browser/server) 是当前软件开发模式技术架构的两大主流技术，两种模式的特点和适用范围不同。

C/S 架构是较为常见的客户端和服务器结构，服务器提供资源服务，客户端实现处理逻辑。该结构有以下特点：客户端和服务器直接相连，点对点的连接方式更安全，可直接操作本地文本；客户端可以处理一些逻辑事务，并且客户端直接操作界面；对网速的要求比较高，适用于局域网；客户端界面缺乏通用性，且当业务更改时就需要更改界面，重新编写；随着用户数量的增多，会出现通信拥堵、服务器响应速度慢等情况，而且系统的维护成本也比较高。C/S 架构多用于桌面程序，如大众熟知的 QQ、Office 软件等。

B/S 架构为浏览器和服务器结构，它是随着互联网技术的兴起，对 C/S 架构的一种变化或者改进的架构。这种结构下，用户的工作界面是通过 Web 浏览器来实现，只有少部分的事务逻辑在前端实现，主要的业务逻辑在服务器端实现，大大简化了客户端的资源负荷，减轻了系统维护与升级的成本和工作量。当服务器有更改或者更新时，只需要一次性修改服务器的程序，而客户端不用做任何的处理，这是一种典型的瘦客户端方案，更受大众的欢迎和认可。

B/S 架构的软件开发一般是按功能模块分开进行的，专业的功能分给专业的人员来并行开发，这样大大提高了软件的开发效率，而且随着 HTML5、CSS3 等技术的发展以及 SVG 等技术的扩展和支持，客户端可以设计出更加炫酷的界面，从而使平台的人性化体验也大大增强。

鉴于以上 C/S 架构与 B/S 架构各自的特点和优势，TBM 施工信息管理云平台系统采用 B/S 架构，在这种结构下用户界面完全通过 Web 浏览器实现，而不需要在客户端安装相关操作软件，用户的体验性更友好。

2) 开发语言

大数据系统开发所使用的架构大部分都是基于开源软件，出于安全性和稳定性的考虑，绝大多数都运行在 Unix/Linux 操作平台及以 Hadoop 为主的生态系统上。而 Hadoop 系统的底层架构主要采用 Java 开发，为了平台的兼容性，也为了让平台的功能更容易扩展，TBM 施工信息管理云平台选择在 Linux 操作系统上运行，以 Java 语言作开发和用 MySql 及 MongoDB 保存数据。

3) 设计模式

MVC (model view controller) 设计模式是一种适用于中大型平台设计开发的软件设计规范。它是用一种业务逻辑、数据与显示相分离的方法来组织代码，将众多的业务逻辑聚集到一个部件里面，在需要改进或个性化定制界面及用户交互时，不需要重新编写业务逻辑，提高了代码的重用率和程序的可维护性。

MVC 设计模式将视图层、模型层和控制器三者分开，大大降低了功能模块之间的耦合性，功能接口或者方法的重用性高，代码简洁，项目部署快，三层架构可以并行开发，提高了编程的效率，并且使得 Web 应用更容易维护。图 6.27 说明了三者之间的调用关系。

应用管理平台开发以目前业界主流的 MVC 设计模式来实现整体的功能设计。前台主要利用 HTML、Thymeleaf、JavaScript、Vue、Echarts 等实现界面设计，后台以 Java 语言编程和 SpringBoot 框架实现业务逻辑和数据调用。

6.3.2　TBM 施工信息管理云平台的功能介绍

TBM 施工信息管理云平台按照“分散采集、多级集成、按需共享和分层发布”的原则，以 TBM 大数据仓库为依托整合工程所有信息资源。

(1) 基础功能模块。平台向可以实现用户登录、用户注册、用户注册审核、用户管理、角色管理等基础功能，如图 6.28 所示。

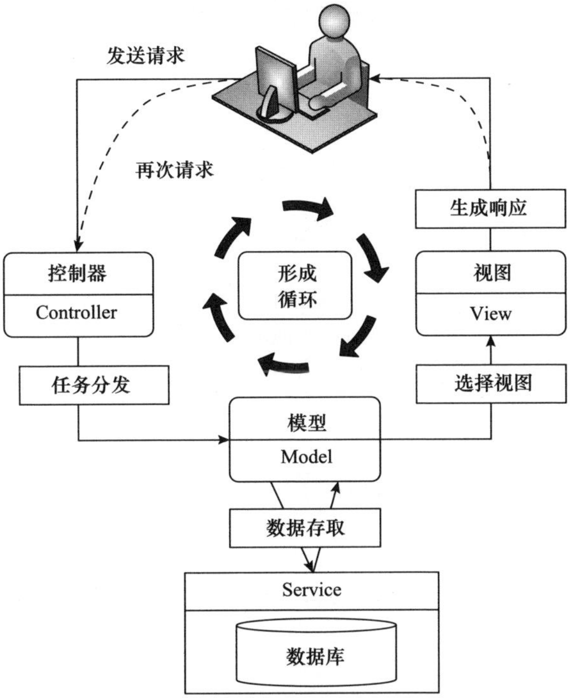

图 6.27 MVC 设计模式结构关系图

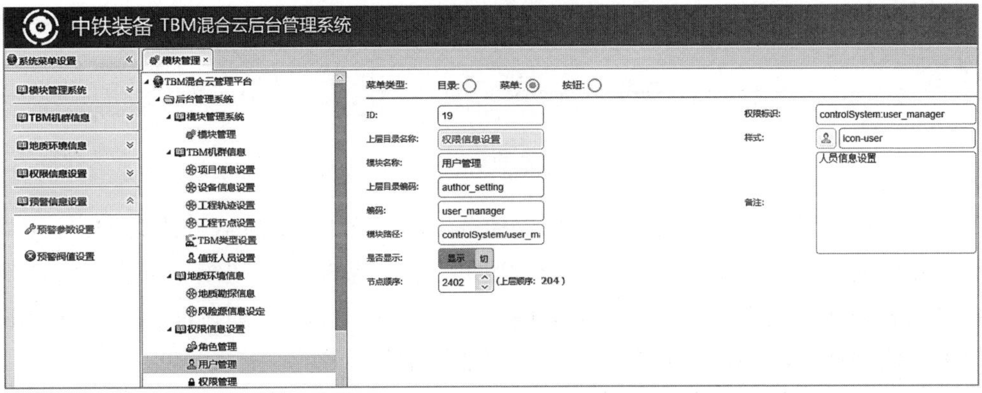

图 6.28 登录/注册与用户管理界面

(2) 实时监控。通过此模块可以实时监控各个 TBM 设备现场的运作情况，动态展现设备的实时数据，如图 6.29 所示。

(3) 工程地质信息查询。以桩号或者时间段来过滤信息，通过后台读取 MongoDB 数据库中的相关信息，将不同桩号或者时间段的岩性、富水、围岩类别、岩石强度等信息以表格或者地质剖面图的形式展现在前端界面上，并可以通过输入桩号查看对应桩号的地质图片信息，如图 6.30 所示。

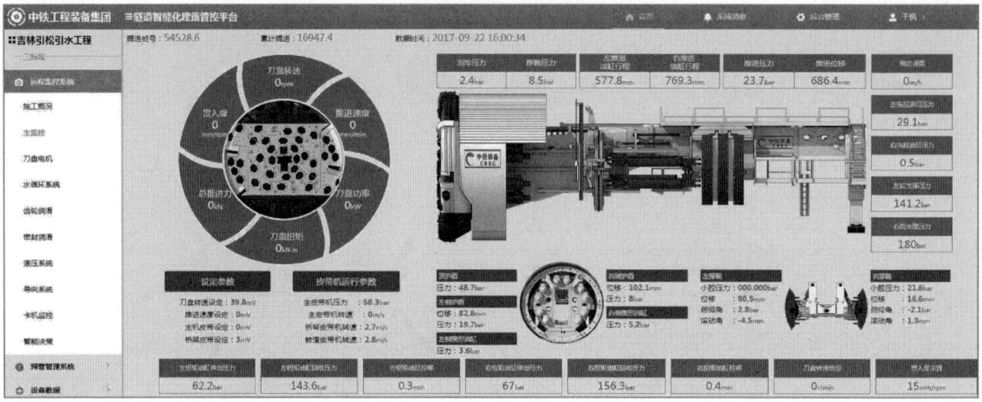

图 6.29　TBM 施工信息管理云计算平台实时监控界面

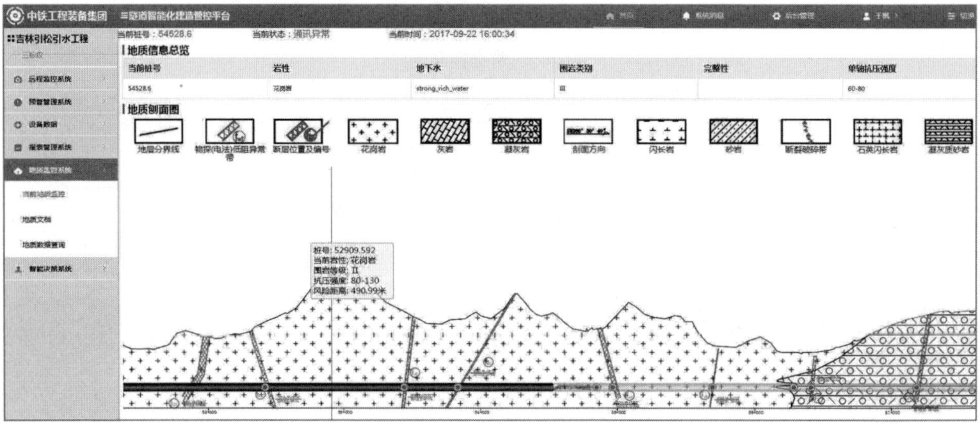

图 6.30　TBM 施工信息管理云平台地质剖面图

(4) 设备数据查询。以桩号或者时间段作为过滤条件，通过后台读取 MongoDB 数据库中的相关信息，将不同桩号或者时间段的刀盘推力、扭矩、转速等信息以表格或者曲线图的形式展现在前端界面上，如图 6.31 所示。通过曲线图下方的滚动条，实现曲线图的放大和缩小，查看更加详细的信息。

(5) 数据上传与下载。通过输入 TBM ID、文件类型、桩号等，将相关的施工或地质文件以 I/O 流的形式上传至服务器，相关文件保存在 MongoDB 的 GridFS 系统中，而文件的地址、上传人、上传日期等信息保存在 MongoDB 数据库中，如图 6.32 所示。

通过输入 TBM ID、文件类型、桩号、数据格式等信息，对要下载的数据进行过滤，并将文件信息以清单的方式展现在前端界面上，可以通过点击界面上的下载按钮实现对选择文件的单个或批量下载。

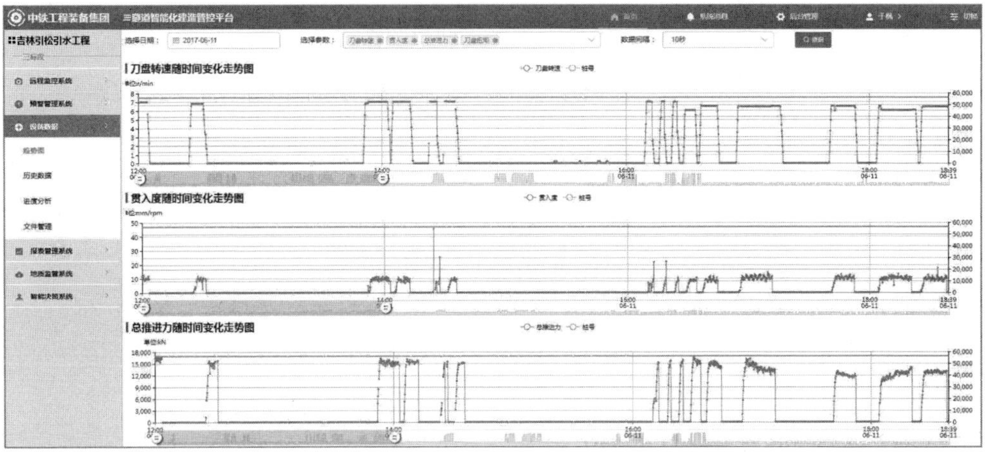

图 6.31　TBM 运行数据走势图

图 6.32　数据上传与下载

(6) TBM 利用率统计及施工日志。统计分析 TBM 每个时段的总掘进里程和 TBM 利用率，以施工日志形式保存对应时段的地质情况和相关施工图片，如图 6.33 所示。

(7) 岩体信息感知。展示激发极化法、三维地震等超前地质探测成果，将探测到的掌子面前方可能存在的断层、富水地层等不良地质信息解译成可视化信息，做到提前预警，如图 6.34 所示。

(8) 护盾应力、应变数据分析。展示 TBM 护盾应力、应变的实时监测数据，实时绘制护盾与围岩挤压应力、应变随时间变化的曲线，通过预警指数判断 TBM 卡机风险，实现风险预警，如图 6.35 所示。

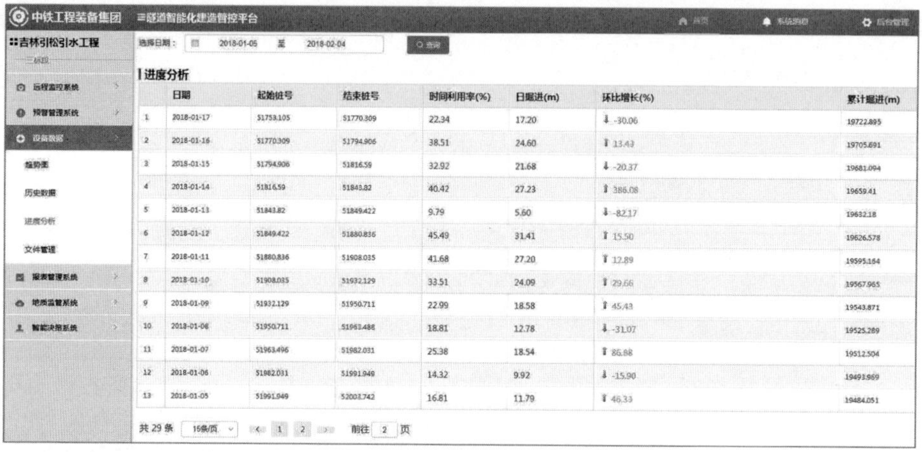

图 6.33　当月每天的施工状况统计

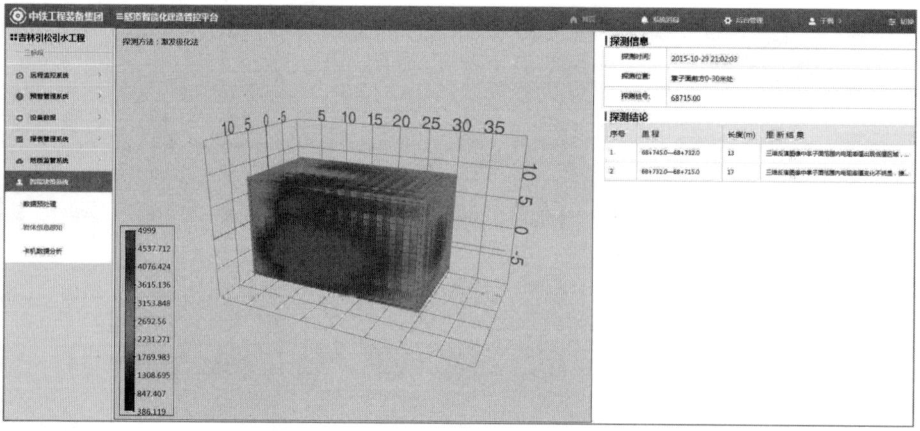

图 6.34　不良地质超前探测可视化展示

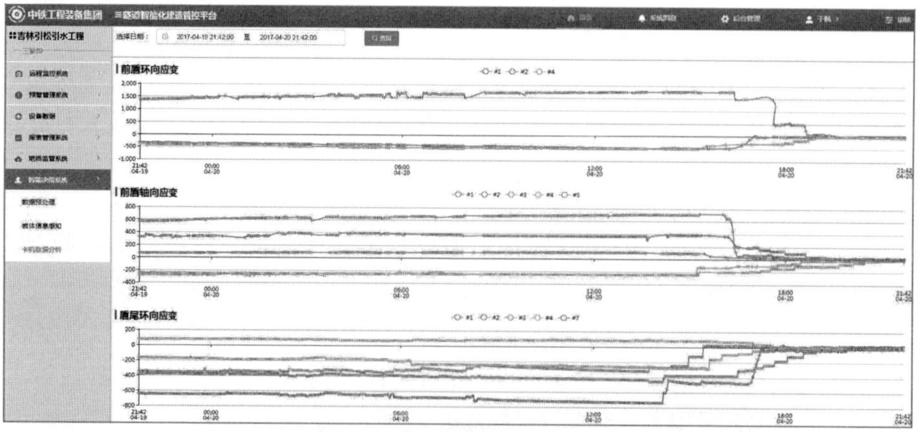

图 6.35　TBM 护盾环向与轴向应变随时间变化曲线

参 考 文 献

[1] Kocha C, Vonthronb A, König M. A tunnel information modelling framework to support management, simulations and visualisations in mechanised tunnelling projects[J]. Automation in Construction, 2017, 83: 78-90.

[2] Han M D, Cai Z X. Dynamic numerical simulation of cutterhead loads in TBM tunneling[J]. Tunnelling and Underground Space Technology, 2017, 70: 286-298.

[3] Hilbert M. Big Data for development: A review of promises and challenges[J]. Development Policy Review, 2016, 34: 135-174.

[4] Meschke G, Nagel F, Stascheit J. Computational simulation of mechanised tunneling as part of an integrated decision support platform[J]. International Journal of Geomechanics, 2011, 11: 519-528.

[5] Hegemann F, Manickam P, Lehner K. Hybrid ground data model for interacting simulations in mechanized tunneling[J]. Journal of Computing in Civil Engineering, 2013, 27(6):708-718.

第 7 章　TBM 掘进参数智能控制技术

TBM 掘进过程智能控制是一个涉及地质、设备、人员操作等多因素耦合与机、电、液多系统协同工作的复杂工程难题，其追求的目标是实现设备安全、高效、经济的全局协调与优化。现阶段 TBM 厂商生产的设备操作系统仅局限于各子系统的分散逻辑控制，针对 TBM 掘进过程动态控制的理论和方法研究较为匮乏，整体系统控制仍以人为经验操控为主。一旦遭遇地层急剧变化或复杂地质条件时，由于缺乏实时的岩-机信息感知方法和操作调整方案，往往导致卡机、引发设备异常损耗甚至机毁人亡，造成重大经济损失和工期延误。

本章从 TBM 施工控制特点出发，基于目前一些掘进控制策略的不足，提出将多模态神经网络控制与模糊仿人控制相结合的控制方法，建立了 TBM 掘进参数复合智能控制系统，可满足实时性、准确性、鲁棒性等性能需求，为 TBM 掘进参数智能控制的研究提供了一种可行的解决方案。

7.1　TBM 掘进参数智能控制策略

7.1.1　TBM 掘进控制的特点

TBM 掘进过程类似汽车驾驶过程，是一个包含环境感知、状态识别、行为决策、操作控制的复杂过程。其中，环境感知主要是对掌子面近前方的岩体情况进行判断；状态识别包含对岩体状态和设备运行状态的识别；行为决策指 TBM 操作者结合当前环境、设备信息，对掘进参数是否调整及调整值进行决策；操作控制即执行机构的液压油缸和电机变频器在接收操作参数的调整值后，调整液压油缸油液流量的输出和电机变频器输出频率，进而调整推进速度和刀盘转速，响应操作者的控制决策。

随着 TBM 施工隧道向高埋深、长距离、大直径的方向发展，面对施工地质的多样性和复杂性，对 TBM 掘进过程的控制目标要求越来越高。此时传统 TBM 执行级 PID 控制方法已不能满足当前施工作业对掘进过程安全、高效、经济的多样性需求，TBM 掘进控制方法面临着以下重大挑战：

(1) 非线性。系统非线性强，采用简单的分段线性化的操作方法难以满足对系统实时、精确控制的需求。

(2) 时变性。在掘进过程中，岩体条件的不稳定或者刀盘系统损耗程度的不稳定都将导致 TBM 掘进控制系统运行环境和系统参数的改变，系统的动态时变性强。

(3) 耦合性。TBM 掘进是岩-机深度耦合的过程，岩-机相互作用关系错综复杂，传统控制策略缺乏有效的控制手段。

(4) 时滞性。TBM 掘进系统是一个大惯性系统，具有大时滞特性，纯滞后的存在将使传统 PID 闭环控制系统的性能变差，严重时将导致系统不稳定。

(5) 可靠性问题突出。采用传统控制策略，受外界条件的改变容易导致控制系统产生较大振荡。例如，岩体条件的急剧变化会导致系统失稳，产生塌方、卡机等问题。

(6) 难以用数学建模方法实现有效控制。TBM 掘进过程建模时涉及岩体、设备等输入因素过多，对未知控制因素与系统不确定性缺乏量化建模方法，难以进行数学描述，导致基于精确数学模型的传统控制方法难以应用。

(7) 掘进效果评价标准难以确定。TBM 掘进参数选取的好坏难以量化评价，缺乏可直接在线测量的评价指标，目前还没有统一的评价标准。

由于缺乏有效的岩体、设备状态实时感知技术、TBM 掘进过程控制决策技术，当前 TBM 施工智能化水平低，其掘进参数控制完全依赖 TBM 操作者个人经验。当地质条件变化剧烈或设备运行异常时，往往由于驾驶经验不足和判断不准确、不及时导致塌方、卡机、刀盘开裂等工程事故发生。因此，亟须开展 TBM 掘进参数控制策略的研究。

7.1.2　TBM 掘进参数智能控制策略研究现状

目前 TBM 掘进参数控制策略的研究可以分为专家经验学习控制、破碎比能最优控制、多目标优化控制三类。

1. 专家经验学习控制

专家经验学习控制通过学习操作者或者专家的决策经验，将经验转化为可量化的模糊控制规则，实现对掘进参数的调控，模糊控制器的结构如图 7.1 所示。Nakayama 等[1]开发了一款自动掘进系统，通过实时监测刀盘扭矩、推力和出渣量，根据模糊逻辑规则调整推进速度；Kuraoka[2]提出了大型泥水盾构的掘进方向模糊纠偏控制策略；周文波[3]基于专家经验和施工历史数据，模拟隧道专家的逻辑思维活动，开发了专家推理系统和“盾构法隧道施工智能辅助决策系统”软件。

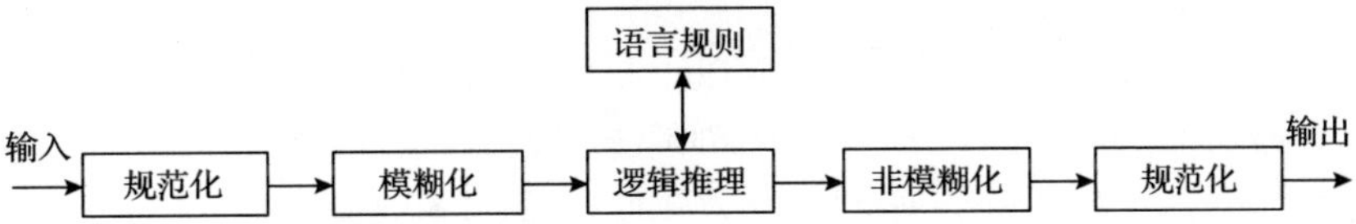

图 7.1　模糊控制器结构

专家经验学习的控制策略可以快速地将经验转化为模糊控制逻辑，用于指导现场人员施工。但这种策略的本质是对专家操作经验的模仿，难以辨别操作参数是否最优。此外，由于盾构和 TBM 设备结构复杂，系统耦合性、非线性程度非常高，所构造的模糊控制规则难以覆盖所有的工况，因此实际控制效果会变差。

2. 破碎比能最优控制

1965 年 Teale[4]提出岩石钻进过程中比能的概念，即开挖单位体积岩石所消耗的能量。根据钻压和扭矩破碎单位体积岩石所做的功，计算破碎单位体积岩石所需的机械能，破碎比能定义为

$$\mathrm{MSE}=\frac{4W_{\mathrm{ob}}}{\pi r_{\mathrm{d}}^{2}}+\frac{480N_{\mathrm{rpm}}T_{\mathrm{ob}}}{r_{\mathrm{d}}^{2}V_{\mathrm{rop}}} \tag{7.1}$$

式中，W_{ob} 为钻压，kN；T_{ob} 为钻头扭矩，kN · m；N_{rpm} 为旋转速度，r/min；V_{rop} 为钻进速度，m/h；r_{d} 为井底直径，mm。

Ozdemir 等[5]、Snowdon 等[6, 7]对比能与刀间距的关系规律进行了研究，发现刀间距变小会使岩石碎片尺寸变小，比能增大；刀间距增加，滚刀的受力增大，岩石碎片尺寸变大；在恰当的刀间距和贯入度比值处，能取得最低的比能，如图 7.2 所示。荆留杰等[8]以压头侵入载荷与侵入深度的关系曲线为基础，建立滚刀法向推力和贯入度计算模型，并基于最小破碎比能原理，依据岩石破碎角几何关系计算不同贯入度下的最优刀间距，提出 TBM 正滚刀刀间距设计方法。

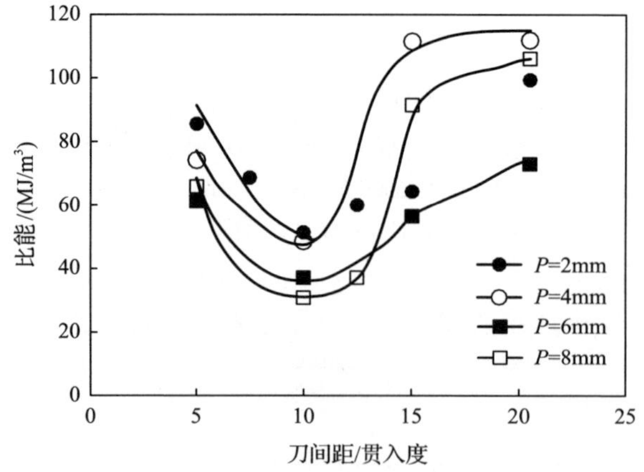

图 7.2　刀间距与贯入度比值对比能的影响规律[6]

Zhang 等[9]提出以破碎比能最优为目标的掘进控制策略，将破碎比能应用于盾构施工参数的预测，通过推力、扭矩与推进速度的经验公式，建立破碎比能与推进速度的关系模型，并根据破碎比能的最佳范围计算特定地质条件下的最优掘进速度。

以破碎比能最优为目标的控制策略将混沌的操作系统控制方法变得简单化、易于实现。但由于破碎比能的最优选取需要基于精准的 TBM 性能预测模型，推力、扭矩与推进速度的经验公式无法满足优化函数对于模型精度的需要。此外，在施工过程中，掘进控制目标包含了安全、高效、经济、环保等各个方面，因此以破碎比能单目标作为最优控制策略在实际应用中难度较大。

3. 多目标优化控制

多目标优化控制是将掘进过程的多种控制目标转化为掘进参数多目标优化问题，通过施加多约束条件，寻找在可行域范围内的 Pareto 最优解。Yeh[10]采用 BP 神经网络建立了掘进过程开挖面土压平衡控制系统，通过寻优函数预测最佳的推进速度和螺旋输送机转速，在一定程度上实现了对推力和螺旋输送机转速的智能控制，使掘进过程中开挖面保持压力平衡状态。邢彤等[11]提出了一种智能化的专家控制系统，引入了模式识别算法和驱动功率效率的评价方法，在自动识别地质条件变化的基础上，自适应改变刀盘的驱动功率。Zhang 等[12]通过对泥水盾构掘进过程多系统相互作用机理进行建模分析，综合考虑提高施工速度与降低能耗之间互为矛盾的复杂关系，提出了基于深度强化学习的泥水 TBM 掘进参数多目标动态优化方法。

TBM 掘进过程是一个复杂的岩-机相互作用过程，难以精确量化安全、经济、高效等多个控制目标之间的通用权重。当地质条件变化较大时，各个目标的权重差异较大，如在Ⅲ类岩体条件下更注重掘进的高效，但在Ⅴ类岩体条件下更注重掘进过程的安全性，难以建立统一的寻优函数，因此基于多目标优化的控制策略也存在实施难度。

7.1.3 TBM 掘进参数复合智能控制策略

在实际施工过程中，TBM 掘进完全依赖于人为经验控制，其基本原则是对照设备额定工作条件找到最大贯入度或对应的最大推力，保证设备在不超过额定负荷情况下高效工作。但是这种人为经验控制存在两个方面的缺陷：一方面，切割试验和现场数据都表明，在中硬岩和软岩地层，贯入度超越某一临界值后，刀盘扭矩会急剧增加，TBM 掘进将会从推力受限转化成扭矩受限，设备的掘进控制模式发生转变，人为经验控制无法适时灵敏地调整掘进参数；另一方面，TBM 操作者只考虑发挥设备的最大能力来掘进，一旦某一关键系统或部件出现不可修复的故障，如刀盘、轴承、主梁等发生异常振动并开裂，将会导致工期延误和巨大的经济损失。因此，人为经验控制策略很难适应复杂的 TBM 掘进过程，必须探索新的控制策略以满足 TBM 施工需要。

1. 神经网络控制

神经网络控制可利用神经网络的自学习性和自适应性，通过对 TBM 历史掘进数据的学习，建立 TBM 掘进参数控制模型，并在实际运行中根据新数据的逐渐增加，不断地进行自学习、自修正，以适应地质条件的变化，提前预测掘进参数的趋势，从而及时调整掘进方案。相较于破碎比能最优控制与多目标优化控制策略需要建立精确的数学模型，该策略可借助机器学习算法建立非线性强、耦合程度高的控制模型。

2. 仿人控制

仿人控制接近于人的控制思维方式，是一种将人类的某些智能与传统控制有机结合而成的新型控制策略。智能是指观察、学习、理解和认识的能力，是理解和认识各种适应性行为的能力。仿人控制策略的基本特点体现在模仿人的智能上，在控制功能和结构方面模仿专家的控制行为。例如 TBM 掘进的轨迹纠偏过程就是一种专家控制行为，TBM 操作者根据实际掘进轨迹与期望掘进轨迹的角度偏差和角度偏差变化率的大小，不断修正掘进轨迹，从而保证 TBM 沿设计路线掘进。

3. 复合智能控制

在 TBM 掘进过程控制中通常无法获得精确的数学模型。如果采用某种单一的控制算法，要么控制算法设计非常复杂，难于普及实现；要么往往是根据被控对象的某一运行状态指标最佳进行控制，很难达到预期的效果，即使能够满足指标要求，也很难实现全局最优。因此，本书提出了一种集多种控制方式于一体的复合智能控制策略，可以充分利用不同控制策略的特点进行性能互补，力求达到控制算法简单、工程上易于实现、控制系统控制品质优良。复合智能控制策略选择基础控制策略的原则是：采用的各控制方法应具备控制性能差异且具有较强的性能互补性。

神经网络控制虽然可以实现掘进参数的快速预测，但该方法属于开环控制结构，无法对当前掘进参数的适应度进行综合评价与优化调整。因此，本书通过将模糊综合评价应用于 TBM 掘进参数适应度计算，结合仿人控制的方法输出掘进参数反馈调整值，提出了一种集神经网络控制与模糊仿人控制于一体的 TBM 掘进参数复合智能控制策略，实现了掘进过程闭环优化控制。

7.2　TBM 掘进参数多模态神经网络控制

TBM 施工过程中，掘进控制依赖人为经验，本节从实际施工中不同地质条件下 TBM 运行参数调研出发，提出了多模态 TBM 掘进参数控制策略，通过人工智能算法实现了岩体参数估计、岩体等级条件下划分及掘进参数预测，实现了多模态下 TBM 掘进参数智能决策方法。

7.2.1　TBM 掘进多模态控制策略

多模态控制(multi-mode control)策略可根据控制系统的实际运行状态，实时选用不同的控制策略和控制算法模型，可以兼顾控制系统对稳定性、准确性和快速性等多种性能指标的要求。考虑到不同地质条件下 TBM 施工关注的掘进目标存在差异，TBM 掘进过程中的多模态控制指 TBM 掘进运行状态随地质条件变化而不断调整控制策略。依托 TBM 施工信息管理云平台收集不同地质条件下的 TBM 运行参数，通过对吉林引松供水工程施工过程中全量数据进行统计分析，得到了不同岩体等级条件下 TBM 运行参数分布规律，如图 7.3～图 7.5 所示。

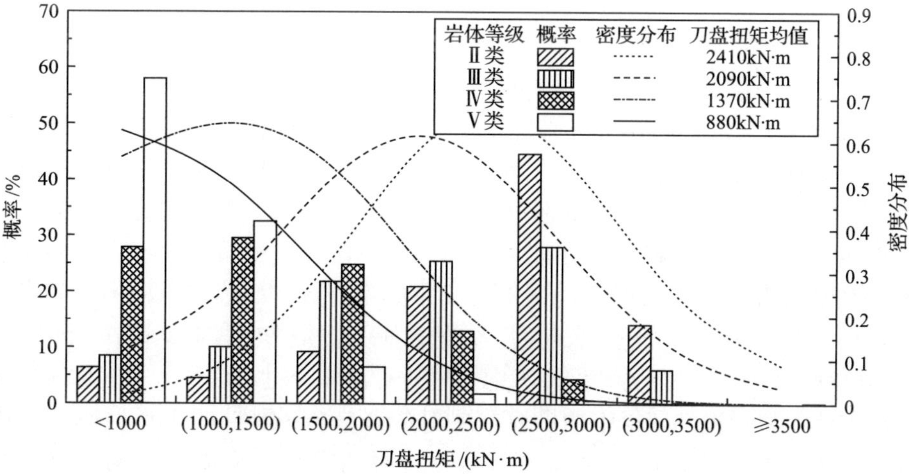

图 7.3　不同岩体等级条件下刀盘扭矩分布规律

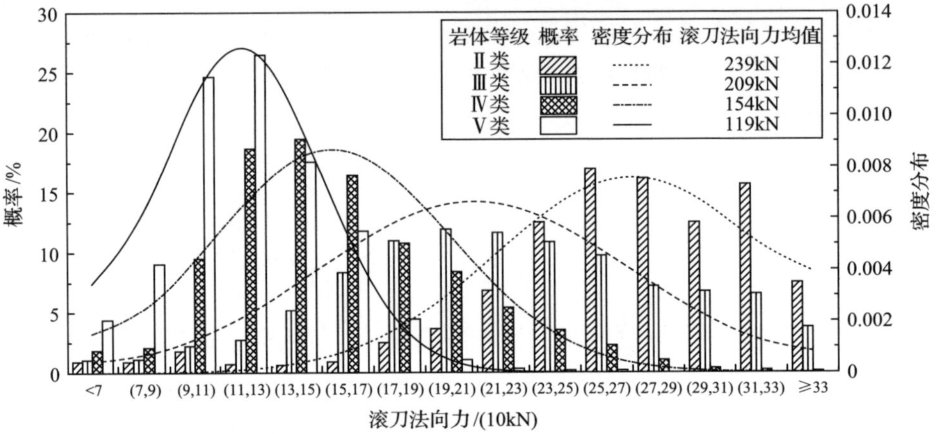

图 7.4　不同岩体等级条件下滚刀法向力分布规律

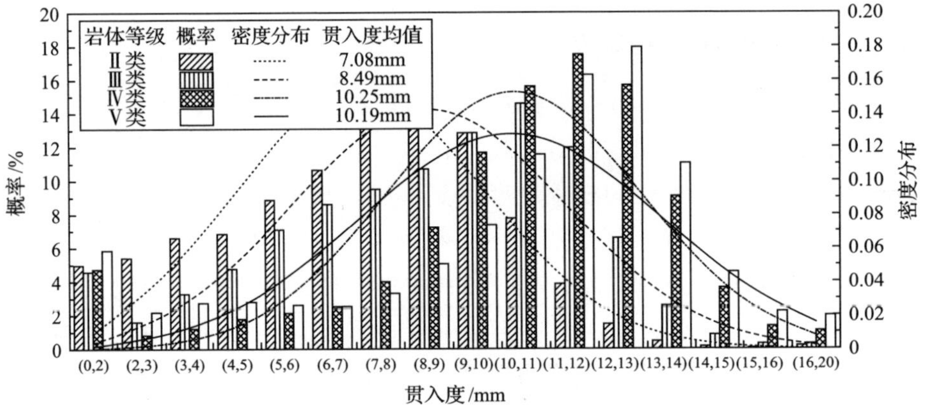

图 7.5　不同岩体等级条件下贯入度分布规律

从图 7.3～图 7.5 中可以看出，在不同的岩体等级条件下，刀盘扭矩、滚刀法向力、贯入度等设备参数、控制参数均呈现出较好的正态分布规律，说明在同一岩体等级条件下，操作者的操作驾驶经验具有一致性。而在不同岩体等级条件下，各项运行参数分布区间有所差异，说明不同岩体等级条件下存在不同的掘进控制模式。例如，在Ⅱ类岩体等级条件下，贯入度较小，而滚刀法向力、刀盘扭矩大部分都达到了设备能力极限，在此类地质条件下，控制决策主要参考设备本身的能力；在Ⅴ类岩体等级条件下，贯入度分布更为离散，而滚刀法向力、刀盘扭矩较小，此类地质条件下，滚刀法向力、刀盘扭矩不再是影响控制策略决策的主要因素，其控制参数的设置会更大程度考虑掘进过程的安全性。这种区分岩体等级进行控制的方法与智能控制理论中的多模态控制方法十分契合[13]。因此，针对 TBM 掘进过程中由岩体类别变化导致控制策略存在差异的问题，提出了 TBM 掘进多模态控制策略。

多模态控制的基本方法是首先将复杂工况划分为若干个子区间，然后在每个子区间建立局部数学模型，其内部逻辑如下：

$$\begin{cases}\text{特征状态集}\,\boldsymbol{O}=\left[O_1,O_2,O_3,\cdots,O_n\right]\\ \text{控制模式集}\,\boldsymbol{U}=\left[U_1,U_2,U_3,\cdots,U_n\right]\\ \text{规则}G\text{：if }\boldsymbol{O}=O_i,\text{then }\boldsymbol{U}=U_i,\quad i=1,2,3,\cdots,n\end{cases} \tag{7.2}$$

如图 7.6 所示，多模态控制策略针对每一个子区间内的局部对象模型，设计出合适的控制器，随着不同模型之间的转换而自动切换控制器，可实现根据不同工况实时选用最合适的控制模型，发挥多种控制策略优势，使得系统的控制性能满足使用工况多样性的需求。针对 TBM 掘进过程中控制问题，首先要对掘进过程中的岩体条件进行实时感知，根据不同的岩体状态，输出相应控制策略下的控制参数。因此，TBM 掘进多模态控制策略模型中包含了多元算法融合的岩体参数实时感知模型、k 均值聚类岩体等级划分模型、多模态神经网络掘进参数预测模型。

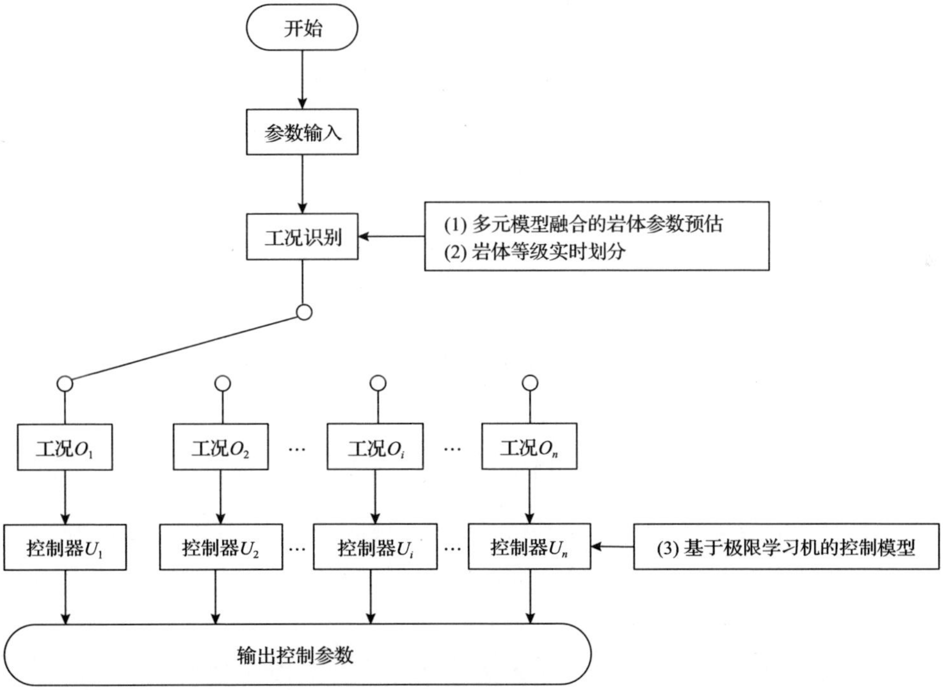

图 7.6　TBM 掘进多模态控制策略技术框架

7.2.2　多元算法融合的岩体参数实时感知

TBM 安全高效掘进的实现，关键在于实时准确感知当前岩体状态，并做到掘进控制参数和岩体状态的相互匹配。由于刀盘和护盾几乎遮挡了掌子面和洞壁所有岩体信息，掌子面在掘岩体实时感知方法的研究对于调整和优化控制参数至关重要。滚刀切割试验结果表明，滚刀法向力和贯入度之间存在强相关线性关系。如果将 TBM 刀盘切削看作是大型原位扭剪试验，那么在掘岩体力学参数的变化一定会引起设备参数的变化[14]。随着现代 TBM 设备和施工信息化水平的提高，越来越多的掘进信息被实时记录，为建立基于数据驱动的岩体参数实时感知模型提供了可行性。

在掘进参数信息提取及岩体参数取样的基础上，构建信息丰富的岩-机数据库，分别使用最小二乘回归模型、BP 神经网络模型、支持向量机模型拟合岩-机相互作用的复杂非线性关系。为提高模型的预测准确度，建立基于改进 D-S 证据理论的多元算法融合岩体实时感知模型，实现对三种模型的决策级融合，使预估的岩体参数在状态空间上趋于唯一解。最后通过模型评估，验证了多元算法融合的岩体感知模型可显著改善单一模型的预测精度、提高模型的泛化能力。

1. 基于最小二乘回归的岩体感知模型

基于最小二乘回归(least squares，LS)方法构建的岩体参数 $\boldsymbol{P}_{\mathrm{r}}$ 与 TBM 掘进参数矩阵 $\boldsymbol{P}_{\mathrm{t}}$ 的回归模型为

$$\boldsymbol{P}_{\mathrm{r}}=\boldsymbol{P}_{\mathrm{t}}\times\boldsymbol{C}_{\mathrm{r}} \tag{7.3}$$

式中，岩体参数 $\boldsymbol{P}_{\mathrm{r}}=\left\{J_{\mathrm{v}i},\mathrm{UCS}_i\right\}_{i=1}^{n}$；回归系数向量 $\boldsymbol{C}_{\mathrm{r}}=\left[c_1,c_2,\cdots,c_6\right]$；掘进参数矩阵 $\boldsymbol{P}_{\mathrm{t}}=\left[1,F_{\mathrm{n}i},T_{\mathrm{t}i},T_{\mathrm{t}i}^2,p_i,N_i\right]_{i=1}^{n}$。

上述方程是一个超定方程组，因此利用最小二乘法确定回归系数向量 $\boldsymbol{C}_{\mathrm{r}}$，使得损失函数 L 最小。

$$L=\arg\min\left\|\boldsymbol{P}_{\mathrm{t}}\times\boldsymbol{C}_{\mathrm{r}}-\boldsymbol{P}_{\mathrm{r}}\right\| \tag{7.4}$$

当 L 最小时，$\boldsymbol{C}_{\mathrm{r}}=\left(\boldsymbol{P}_{\mathrm{t}}^{\mathrm{T}}\boldsymbol{P}_{\mathrm{t}}\right)^{-1}\boldsymbol{P}_{\mathrm{t}}^{\mathrm{T}}\boldsymbol{P}_{\mathrm{r}}$，从而求得最小均方误差意义下的回归系数。此时，岩体参数与 TBM 掘进参数之间的回归模型构建为

$$J_{\mathrm{v}}=c_{\mathrm{re1}}+c_{\mathrm{re2}}F_{\mathrm{n}}+c_{\mathrm{re3}}P+c_{\mathrm{re4}}\frac{T_{\mathrm{t}}}{10^4}+c_{\mathrm{re5}}\frac{T_{\mathrm{t}}^2}{10^8}+c_{\mathrm{re6}}N \tag{7.5}$$

$$\mathrm{UCS}=c_{\mathrm{re7}}+c_{\mathrm{re8}}F_{\mathrm{n}}+c_{\mathrm{re9}}P+c_{\mathrm{re10}}\frac{T_{\mathrm{t}}}{10^4}+c_{\mathrm{re11}}\frac{T_{\mathrm{t}}^2}{10^8}+c_{\mathrm{re12}}N \tag{7.6}$$

式中，J_{v} 为岩体单位体积节理数，条/m^3；UCS 为岩石单轴抗压强度，MPa；F_{n} 为滚

刀法向力，kN；P 为贯入度，mm；N 为刀盘转速，r/min；T_t 为刀盘扭矩，kN · m；$c_{re1}, c_{re2}, \cdots, c_{re12}$ 为回归系数。

2. 基于人工智能算法的岩体感知模型

鉴于最小二乘回归模型的形式依赖于人为经验判断，其非线性表征能力较弱，为提高岩体感知模型的精度，引入了基于反向传播(back propagation，BP)神经网络和支持向量机回归(support vector regression，SVR)的人工智能模型。BP 神经网络是一种按照误差逆向传播算法训练的多层前馈神经网络，具有很强的非线性映射能力，目前广泛应用在函数逼近、模式识别、分类、数据降维等方面。SVR 模型在解决小样本、非线性及模式识别中表现出极强的优势[15, 16]。在应用 BP 和 SVR 模型时，超参数(如 BP 算法的权值、阈值与 SVR 算法的核参数、惩罚因子等)的选取对模型训练过程影响较大，人工选择超参数的方法容易产生模型陷入局部最优解问题。借助于遗传算法(genetic algorithm，GA)的全局搜索能力对模型超参数进行全局寻优[17, 18]。算法模型的整体框架如图 7.7 所示。

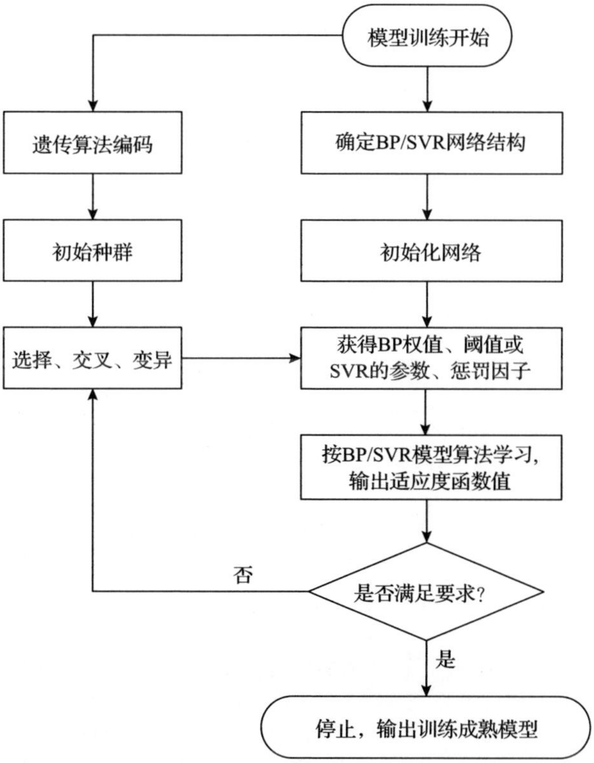

图 7.7　基于 GA 的 BP/SVR 岩体感知模型

3. 基于改进 D-S 证据理论的多元算法融合岩体感知模型

人工智能模型具有强大的非线性表征能力，不需要输入先验知识，便可实现岩体参数的精准预测，但它容易受样本库规模大小和数据质量的影响，导致过拟合、泛化能力差的问题。为解决上述问题，提出了基于改进 D-S 证据理论实现的多模型决策级融合方法，通过将训练集划分为不同证据集，对不同证据集上不同岩体感知模型的基本概率值(basic probability assignment，BPA)进行计算及融合，得到最终的模型分配权重。

1) D-S 证据理论

D-S 证据理论能为不确定性信息的表达与合成提供强有力的工具，在专家系统和信息融合等领域得到了广泛应用[19, 20]。其具体原理如下：假设Θ为识别框架(或称为假设空间)，是一个有限非空集合，对于空间内的任意事件 A，都应包含于 2^{Θ}。定义一个 $2^{\Theta}\rightarrow[0,1]$的映射函数 M(mass 函数)，且满足

$$M(\phi)=0,\quad \sum_{A\subseteq\Theta} M(A)=1 \tag{7.7}$$

式中，$M(A)$被称为事件 A 的 BPA。

定义信度函数(belief function) $Bel(A)$和似然度函数(plausibility function) $Pl(A)$如式(7.8)和式(7.9)所示。

$$Bel(A)=\sum_{B\subseteq A} M(B) \tag{7.8}$$

$$Pl(A)=\sum_{B\cap A\neq\varnothing} M(B) \tag{7.9}$$

则[$Bel(A)$，$Pl(A)$]构成事件 A 的信任区间，表示对 A 的信任程度。

假设$\Theta=\left\{A_1,A_2,\cdots,A_{n_1}\right\}$，证据集合$e=\left\{e_1,e_2,\cdots,e_{n_2}\right\}$，BPA 为 $M_1,M_2,\cdots,M_{n_2}$，那么 Dempster 合成规则为

$$M(A)=\begin{cases}\dfrac{1}{1-\varpi}\displaystyle\sum_{A_i\cap A_j\cap\cdots\cap A_k=A} M_1(A_i)M_2(A_j)\cdots M_{n_2}(A_k), & A\neq\varnothing\\ 0, & A=\varnothing\end{cases} \tag{7.10}$$

式中，$\varpi=\displaystyle\sum_{A_i\cap A_j\cap\cdots\cap A_k=\varnothing} M_1(A_i)M_2(A_j)\cdots M_{n_2}(A_k)$ 反映了证据的冲突情况；系数 $1/(1-\varpi)$为正则化因子。

2) BPA 计算

BPA 的合理配置是决定 D-S 证据理论能否有效应用的一个重要因素。在岩体

感知模型融合过程中，首先在训练数据集随机抽取 n_2 个子集作为证据集，在证据集 e_i 上根据不同模型的预测误差来定义 BPA，对预测误差小的模型赋予较大的权重，对预测误差大的模型赋予较小的权重。下面从方差分析的角度给出 BPA 的具体定义方法。

在第 i 个证据集 e_i 上，假设三种岩体感知模型分配的权重分别为 w_{i1}、w_{i2}、w_{i3}，则最终的融合结果 $\hat{y} = w_{i1}\hat{y}_{i1} + w_{i2}\hat{y}_{i2} + w_{i3}\hat{y}_{i3}$，且融合结果的误差均值和方差分别为

$$E_i = w_{i1}E_{i1} + w_{i2}E_{i2} + w_{i3}E_{i3} \tag{7.11}$$

$$\begin{aligned} D(E_i) = {} & w_{i1}^2 D(E_{i1}) + w_{i2}^2 D(E_{i2}) + w_{i3}^2 D(E_{i3}) + 2w_{i1}w_{i2}\operatorname{cov}(E_{i1}, E_{i2}) \\ & + 2w_{i1}w_{i3}\operatorname{cov}(E_{i1}, E_{i3}) + 2w_{i2}w_{i3}\operatorname{cov}(E_{i2}, E_{i3}) \end{aligned} \tag{7.12}$$

对于不同感知模型的预测误差，假设它们之间是相互独立的，即

$$\operatorname{cov}(E_{ij}, E_{ik}) = 0, \quad j,k = 1,2,3 \text{ 且 } j \neq k \tag{7.13}$$

为使预测结果的误差方差最小，对 $D(E)$ 求偏导，令

$$\frac{\partial D(E_i)}{\partial w_{i1}} = \frac{\partial D(E_i)}{\partial w_{i2}} = \frac{\partial D(E_i)}{\partial w_{i3}} = 0 \tag{7.14}$$

当满足 $w_{i1} + w_{i2} + w_{i3} = 1$ 时，可以得到

$$\begin{cases} w_{i1} = \left[\dfrac{1}{D(E_{i1})}\left(\dfrac{1}{D(E_{i1})} + \dfrac{1}{D(E_{i2})} + \dfrac{1}{D(E_{i3})}\right)\right]^{-1} \\ w_{i2} = \left[\dfrac{1}{D(E_{i2})}\left(\dfrac{1}{D(E_{i1})} + \dfrac{1}{D(E_{i2})} + \dfrac{1}{D(E_{i3})}\right)\right]^{-1} \\ w_{i3} = \left[\dfrac{1}{D(E_{i3})}\left(\dfrac{1}{D(E_{i1})} + \dfrac{1}{D(E_{i2})} + \dfrac{1}{D(E_{i3})}\right)\right]^{-1} \end{cases} \tag{7.15}$$

式中，w_{i1}、w_{i2}、w_{i3} 可作为证据集 e_i 上不同岩体感知模型的基本概率值。

3) 改进 D-S 证据理论

合成规则是证据理论的关键，传统 D-S 证据理论在合成高冲突证据源时，会产生 Zadeh 悖论[21, 22]。为解决上述问题，引入可信度因子 ζ 衡量证据源的可靠性，并根据 ζ 对证据源进行修正，以降低不同证据源之间的冲突。首先定义证据集 e_i 的观测与其他证据集的观测之间的距离，即

$$u_i = \sqrt{\sum_{j=1}^{n_2}\sum_{k=1}^{n_1}(M_i(A_k) - M_j(A_k))^2} \tag{7.16}$$

式(7.16)中一致性测度和方根 u_i 的大小反映了证据集 e_i 的观测与其他证据集观测的一致程度。u_i 越小，一致性越高，则可信度越高，反之，则可信度越低[23]。图 7.8 对比了抛物线函数、指数函数、三角函数等不同类型和参数的映射函数在一致性测度 u_i 与可信度因子 ζ_i 间进行映射的效果。当 u_i 较小时，可信度越高，ζ_i 随 u_i 衰减缓慢；当 u_i 较大时，可信度较低，ζ_i 随 u_i 迅速衰减至 0。经过对比分析，映射函数为

$$\zeta_i = 1 - u_i a^{u_i - 1} \tag{7.17}$$

式中，ζ_i 为可信度因子；a 为映射函数调整系数。

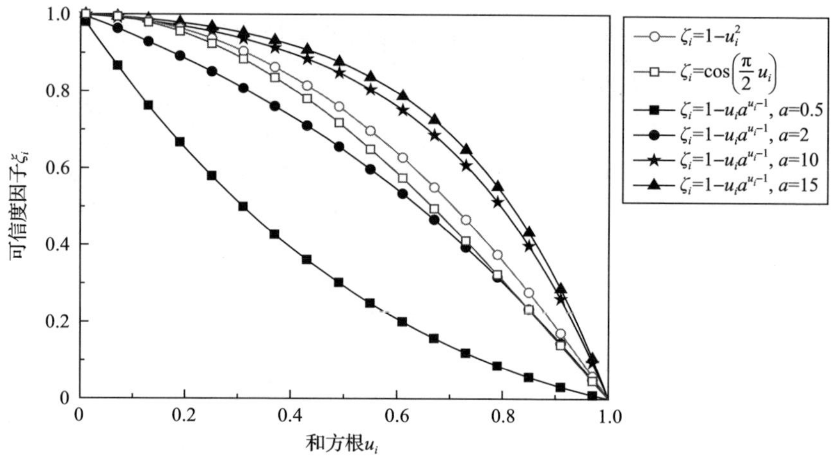

图 7.8　可信度因子 ζ_i 与 u_i 之间的不同映射函数曲线

经可信度因子修正后的 BPA 定义为 $\dot{M}_i(A_k)$，计算公式为

$$\begin{cases} \dot{M}_i(A_k) = \zeta_i M_i(A_k), & A_k \neq \Theta \\ \dot{M}_i A(\Theta) = 1 - \sum_{k=1}^{n_1} \zeta_i M_i(A_k), & A_k = \Theta \end{cases} \tag{7.18}$$

根据 Dempster 合成规则对不同证据集上修正后的 BPA 进行合成，获取最终权重，作为多模型融合的权重系数。

4. *岩体感知模型评估与验证*

吉林引松供水工程总干线施工四标段(TBM3 标)位于吉林市岔路河至饮马河之间，起止桩号为 48+900～71+855m，总长度 22955m，穿越地层主要包括石灰

岩、凝灰岩、砂岩和花岗岩等，隧洞最大埋深 260m，未出现高地应力状况。工程地理位置平面图如图 7.9 所示，岩体力学参数采样里程为 53+552～53+192m，穿越地层为中等风化程度的花岗岩地层。

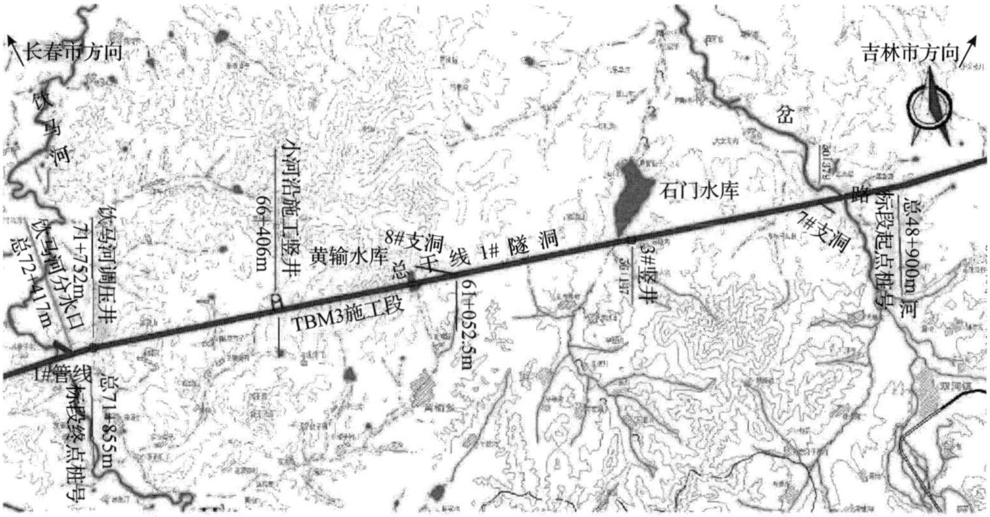

图 7.9　吉林引松供水工程四标段地理位置平面图

利用吉林引松供水工程四标段岩-机数据对不同岩体感知模型进行测试，将设备运行参数作为模型的输入数据，岩体参数作为模型的输出数据，不同模型预测的岩体节理和单轴抗压强度的结果如图 7.10 和图 7.11 所示。

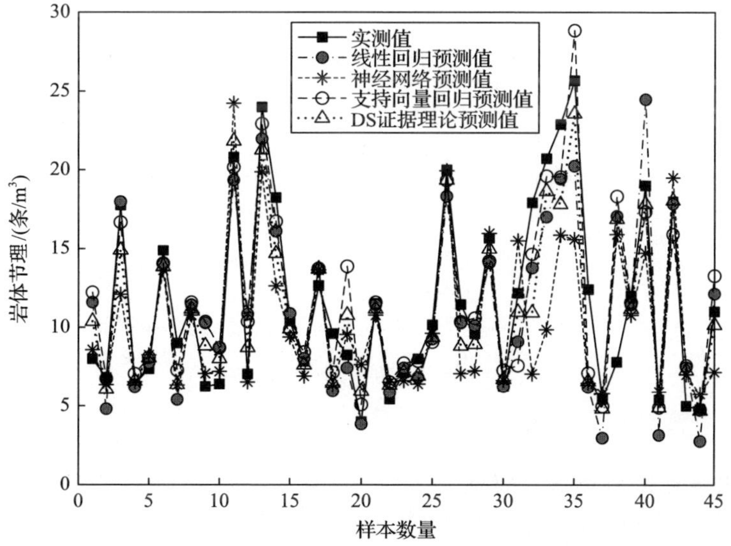

图 7.10　不同岩体感知模型 J_v 预测值与实测值对比

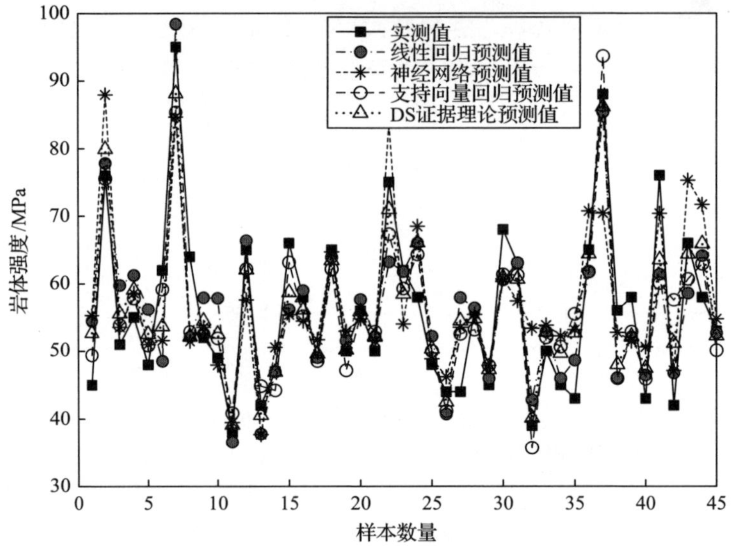

图 7.11　不同岩体感知模型 UCS 预测值与实测值对比

为了定量比较不同岩体感知模型的预测效果，引入皮尔逊相关系数(Pearson correlation coefficient，PCC)、均方根误差(root mean square error，RMSE)及准确度(Accuracy)等三个评价指标来量化模型的估计误差。在各个评价指标中，y_{m}代表岩体参数实测值，$\widehat{y}$代表岩体参数预测值。通常来讲，PCC、Accuracy 值越大，模型效果越好；而对于 RMSE 指标，其值越小，则模型预测效果越好。

$$\mathrm{RMSE}=\sqrt{\frac{1}{n}\sum_{i=1}^{n}(\widehat{y}_i-y_{\mathrm{m}i})^2} \tag{7.19}$$

$$\mathrm{Accuracy}=\frac{1}{n}\sum_{i=1}^{n}\left(1-\frac{|y_{\mathrm{m}i}-\widehat{y}_i|}{y_{\mathrm{m}i}}\right)\times 100\% \tag{7.20}$$

$$\mathrm{PCC}=\frac{\sum_{i=1}^{n}(y_{\mathrm{m}i}-\overline{y})(\widehat{y}_i-\overline{\widehat{y}})}{\sqrt{\sum_{i=1}^{n}(y_{\mathrm{m}i}-\overline{y})^2\sum_{i=1}^{n}(\widehat{y}_i-\overline{\widehat{y}})^2}} \tag{7.21}$$

基于 PCC、Accuracy、RMSE 等评估指标，不同岩体感知模型对不同岩体参数的预测效果如表 7.1 和图 7.12 所示。从预测效果来看，基于改进 D-S 证据理论的多元信息融合岩体感知模型预测准确度更高、稳定性更好。

表 7.1　不同岩体感知模型的预测效果对比

岩体感知模型	J_v 预测效果			UCS 预测效果		
	PCC	RMSE	Accuracy/%	PCC	RMSE	Accuracy/%
LS	0.93	1.85	85.09	0.84	6.67	86.16
GA+BP	0.9	2.33	83.91	0.84	6.57	86.01
GA+SVR	0.93	1.91	83.91	0.91	5	87.76
D-S	0.94	1.72	86.48	0.94	4.48	89.74

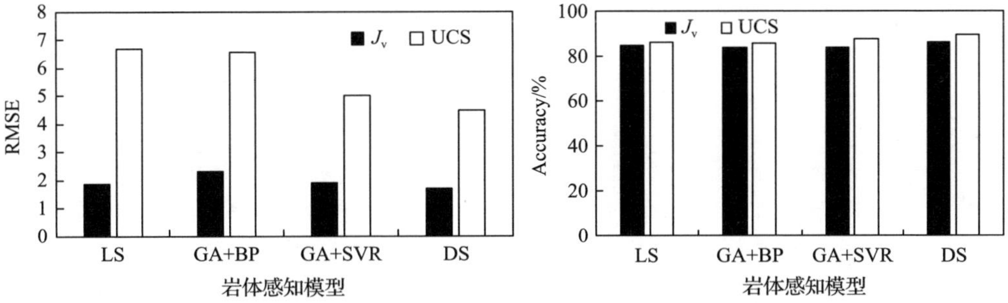

(a) RMSE对比　(b) Accuracy对比

图 7.12　不同岩体感知模型的 RMSE 和 Accuracy 对比

7.2.3　多模态神经网络控制模型

1. 基于 k 均值聚类的岩体等级划分

k 均值聚类算法(*k*-means clustering algorithm)是一种经典的迭代求解的聚类分析算法，通过 k 均值聚类算法实现离线岩体等级划分的过程可分为三个步骤[24]。

1) 初始化分类

初始化 k 个聚类中心，以欧氏距离来表征样本间相似性的度量，计算所有样本 s 到各个初始聚类中心 C_j ($j=1,2,\cdots,k$) 的距离 $J(C_j)$，按照距离最小的判别准则将样本 s_i 划分为某类 C_j。

2) 更新聚类中心

计算每个类别 $\{C_1, C_2, \cdots, C_k\}$ 中隶属样本的均值 $\{u_1, u_2, \cdots, u_k\}$ 作为该类别的新聚类中心 $C'=\{C_1', C_2', \cdots, C_k'\}$，而后重新获取所有样本到其所在类别聚类中心的距离平方和 $J(C')$。

$$J(C_j') = \sum_{x_i \in C_j'} \left\| x_i - u_j \right\|^2 \tag{7.22}$$

$$J(C') = \sum_{j=1}^{k} J(C'_j) = \sum_{j=1}^{k} \sum_{x_i \in C'_j} \left\| x_i - u_j \right\|^2 \tag{7.23}$$

式中，u_j 为类 C_j 中隶属样本的均值，$j=1,2,\cdots,k$。

3）收敛规则

判断聚类中心 C'和 $J(C')$值是否在允许的波动范围内变化。如果是，聚类结束；否则重复执行步骤 2）更新聚类中心，直至聚类结束。

利用 k 均值聚类算法对训练集所估计的岩体参数[UCS, J_v]进行分类辨识，并将岩体划分为 5 个聚类类别$\{C_1,C_2,C_3,C_4,C_5\}$，即 5 种岩体等级{ Ⅰ, Ⅱ, Ⅲ, Ⅳ, Ⅳ}，如图 7.13 所示。

2. 基于 ELM 前馈神经网络的 TBM 掘进参数预测模型

为有效表征岩-机相互作用的复杂非线性关系，建立岩体参数与掘进参数的映射模型，利用极限学习机的前馈神经网络构建 TBM 掘进参数预测模型[25]。其特点是隐含层节点的权重为随机或人为给定，且不需要更新，学习过程仅计算输出权重，网络结构通常由网络输入层、隐含层和单一的输出层组成，如图 7.14 所示。

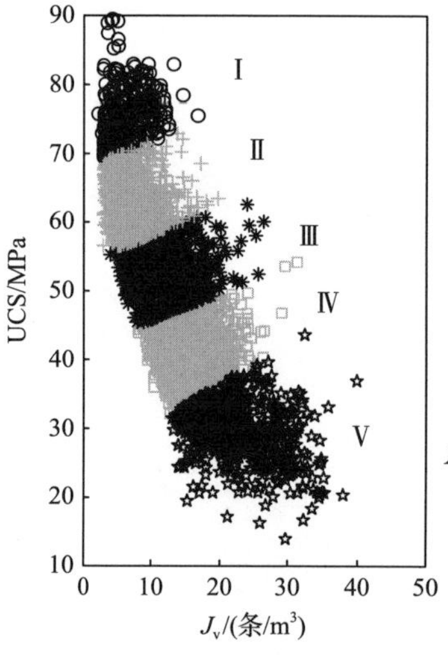

图 7.13　基于聚类分析的岩体等级划分

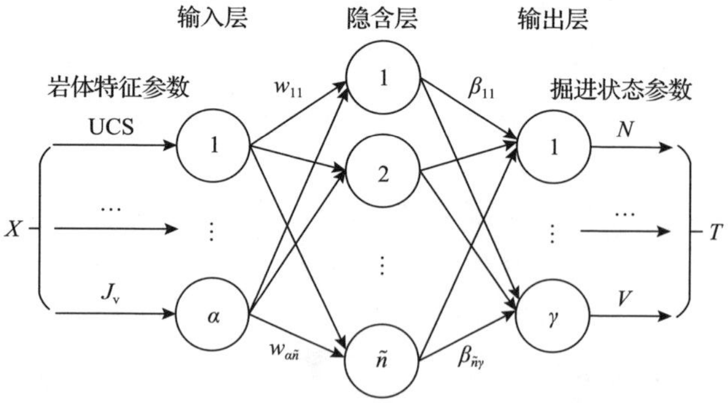

图 7.14　极限学习机的网络架构

给定 n 个样本 $(\boldsymbol{X}_i,\boldsymbol{t}_i)\in \mathbf{R}^{\alpha}\times \mathbf{R}^{\gamma}$，其中 $\boldsymbol{X}$ 表示网络输入层的岩体特征参数矩阵，α 表示矩阵 $\boldsymbol{X}_i$ 的特征维度，且 $\boldsymbol{X}_i=[\boldsymbol{x}_1,\boldsymbol{x}_2,\cdots,\boldsymbol{x}_{\alpha}]^{\mathrm{T}}$，$\boldsymbol{t}_i$ 表示网络输出层的 TBM 掘进状态向量，γ 表示向量 $\boldsymbol{t}_i$ 的输出维度，且 $\boldsymbol{t}_i=[t_{i1},t_{i2},\cdots,t_{i\gamma}]^{\mathrm{T}}$。对于带有 $\tilde{n}$ 个隐含层节点的 ELM 网络，它用于实现 TBM 掘进参数预测的方法可表示为

$$\sum_{i=1}^{\tilde{n}} \boldsymbol{\beta}_i g(\boldsymbol{w}_i \cdot \boldsymbol{x}_j + \boldsymbol{b}_i) = \boldsymbol{t}_j, \quad j = 1, \cdots, n \tag{7.24}$$

式中，$g(x)$表示激活函数，常用的激活函数如 RBF 函数、hardlim 函数、正弦函数、余弦函数等；$\boldsymbol{w}_i = [w_{i1}, w_{i2}, \cdots, w_{i\alpha}]^{\mathrm{T}}$ 表示网络输入层到隐含层的连接权重；$\boldsymbol{b}_i = [b_{i1}, b_{i2}, \cdots, b_{i\alpha}]^{\mathrm{T}}$ 表示第 i 个隐含层节点的偏置；$\boldsymbol{\beta}_i = [\beta_{i1}, \beta_{i2}, \cdots, \beta_{i\gamma}]^{\mathrm{T}}$ 表示第 i 个隐含层节点到输出层的连接权重；$\boldsymbol{w}_i \cdot \boldsymbol{x}_j$ 表示 $\boldsymbol{w}_i$ 和 $\boldsymbol{x}_j$ 的内积。

式(7.24)可进一步简化为

$$\boldsymbol{H}\boldsymbol{\beta} = \boldsymbol{T} \tag{7.25}$$

$$\boldsymbol{H} = \begin{bmatrix} g(\boldsymbol{w}_1 \cdot \boldsymbol{x}_1 + \boldsymbol{b}_1) & \cdots & g(\boldsymbol{w}_{\tilde{n}} \cdot \boldsymbol{x}_1 + \boldsymbol{b}_{\tilde{n}}) \\ \vdots & & \vdots \\ g(\boldsymbol{w}_1 \cdot \boldsymbol{x}_n + \boldsymbol{b}_1) & \cdots & g(\boldsymbol{w}_{\tilde{n}} \cdot \boldsymbol{x}_n + \boldsymbol{b}_{\tilde{n}}) \end{bmatrix}_{n \times \tilde{n}} \tag{7.26}$$

式中，$\boldsymbol{\beta} = [\boldsymbol{\beta}_1^{\mathrm{T}}, \boldsymbol{\beta}_2^{\mathrm{T}}, \cdots, \boldsymbol{\beta}_n^{\mathrm{T}}]_{\tilde{n} \times \gamma}$，$\boldsymbol{T} = [\boldsymbol{T}_1^{\mathrm{T}}, \boldsymbol{T}_2^{\mathrm{T}}, \cdots, \boldsymbol{T}_n^{\mathrm{T}}]_{n \times \gamma}$。$\boldsymbol{H}$ 被称为 ELM 的隐含层输出矩阵，第 i 列是对应输入的第 i 个隐含层节点输出。

为了训练一个性能良好的 TBM 掘进参数预测模型，ELM 网络需要寻找最优的 $\hat{\boldsymbol{w}}_i$、$\hat{\boldsymbol{b}}_i$ 和 $\hat{\boldsymbol{\beta}}(i = 1, \cdots, \tilde{n})$，使得式(7.27)成立。

$$\left\| \boldsymbol{H}(\hat{\boldsymbol{w}}_1, \cdots, \hat{\boldsymbol{w}}_{\tilde{n}}, \hat{\boldsymbol{b}}_1, \cdots, \hat{\boldsymbol{b}}_{\tilde{n}}) \hat{\boldsymbol{\beta}} - \boldsymbol{T} \right\| = \min_{\boldsymbol{w}_i, \boldsymbol{b}_i, \boldsymbol{\beta}} \left\| \boldsymbol{H}(\boldsymbol{w}_1, \cdots, \boldsymbol{w}_{\tilde{n}}, \boldsymbol{b}_1, \cdots, \boldsymbol{b}_{\tilde{n}}) \boldsymbol{\beta} - \boldsymbol{T} \right\| \tag{7.27}$$

求取成本函数(目标函数) $E(\boldsymbol{w}_i, \boldsymbol{b}_i, \boldsymbol{\beta})$ 最小值

$$E(\boldsymbol{w}_i, \boldsymbol{b}_i, \boldsymbol{\beta}) = \sum_{j=1}^{n} \left[\sum_{i=1}^{\tilde{n}} \boldsymbol{\beta}_i g(\boldsymbol{w}_i \cdot \boldsymbol{x}_j + \boldsymbol{b}_i) - \boldsymbol{t}_j \right]^2 \tag{7.28}$$

不同于传统机器学习方法，ELM 在求解 SLFNs 的目标函数 $E(\boldsymbol{w}_i, \boldsymbol{b}_i, \boldsymbol{\beta})$ 时不仅可实现训练误差最小，又可使输出权值的范数达到最小，具体规则为

$$\min\left(\left\| \boldsymbol{H}\boldsymbol{\beta} - \boldsymbol{T} \right\|^2, \left\| \boldsymbol{\beta} \right\| \right) \tag{7.29}$$

在 ELM 的参数寻优中，输出权值 $\boldsymbol{\beta}$ 最小范数的求解并没有利用传统梯度下降的算法进行模型优化，而是应用最小二乘方法实现上述目的。

$$\boldsymbol{\beta} = \boldsymbol{H}^{\dagger} \boldsymbol{T} \tag{7.30}$$

式中，$\boldsymbol{H}^{\dagger}$是矩阵 $\boldsymbol{H}$ 的 Moore-Penrose 广义逆。

考虑到矩阵 $\boldsymbol{H}^{\mathrm{T}}\boldsymbol{H}$ 奇异的特点，ELM 通常采用奇异值分解(singular value decomposition，SVD)方法来求解隐含层输出矩阵 $\boldsymbol{H}$ 的广义逆，其具体方法为

$$\hat{\boldsymbol{\beta}}=(\boldsymbol{H}^{\mathrm{T}}\boldsymbol{H})^{-1}\boldsymbol{H}^{\mathrm{T}}\boldsymbol{T} \tag{7.31}$$

3. 掘进参数预测模型评估与验证

在吉林引松供水工程掘进参数数据集中随机抽取 100 组数据作为测试集，其余数据作为训练集。在训练集上首先完成 k 均值聚类模型的建立，在测试集上基于改进 D-S 证据理论的多元算法融合岩体感知模型，根据 TBM 掘进数据预估所对应的岩体参数，分别计算每组岩体参数[UCS, J_{v}]到每个聚类中心的距离，并按照最小距离判别准则将测试集样本聚类至对应岩体等级。图 7.15 为通过 k 均值聚类算法对测试集的聚类结果。

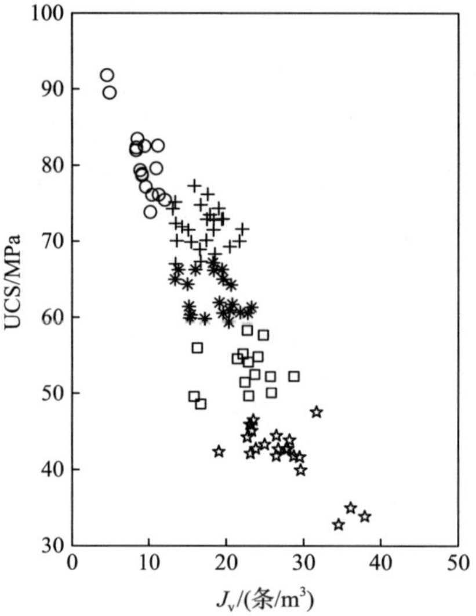

图 7.15　k 均值聚类算法在测试集的聚类结果

在 TBM 控制参数预测中，分别对上升段 TBM 岩体参数与稳定段设备刀盘转速或推进速度之间的非线性关系进行了建模，构建多模态神经网络模型。

$$\overline{N}=\mathrm{ELM}(\mathrm{UCS},J_{\mathrm{v}}) \tag{7.32}$$

$$\overline{V}=\mathrm{ELM}(\mathrm{UCS},J_{\mathrm{v}}) \tag{7.33}$$

式中，$\overline{N}$、$\overline{V}$ 分别为稳点段 TBM 刀盘转速均值和推进速度均值；UCS、J_{v} 分别为上升段 30s 数据估计的岩石单轴抗压强度、单位体积节理数。

利用多模态神经网络控制模型分别对稳定段刀盘转速和推进速度进行预测，结果如图 7.16 所示。

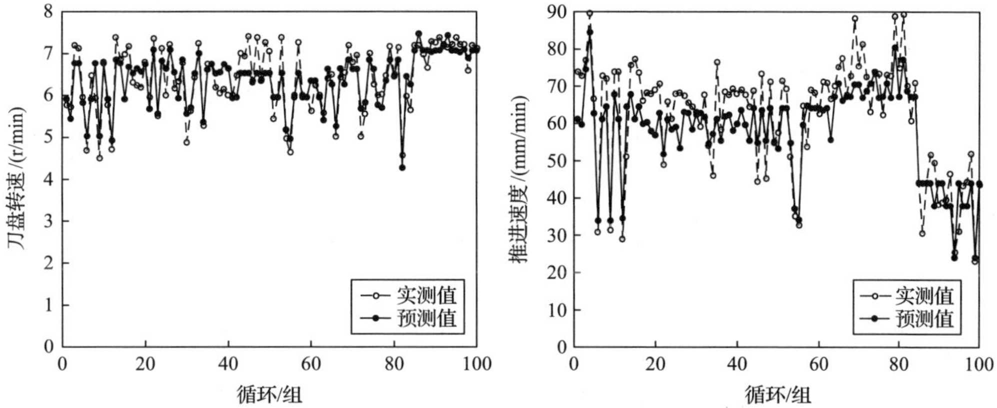

(a) 刀盘转速预测值与实测值对比　(b) 推进速度预测值与实测值对比

图 7.16　多模态神经网络控制模型的预测值与实测值对比

为了进一步验证多模态神经网络控制模型在岩体等级多变条件下 TBM 掘进参数预测精度和鲁棒性改善等方面的效果，将其预测结果与单一 ELM 模型的传统预测方法进行比较。在传统方法的模型构建中，岩体参数未利用 k 均值聚类算法来获取岩体等级，使用单个 ELM 模型来实现不同岩体等级条件下 TBM 控制参数的预测，预测结果如图 7.17 所示。为了量化模型预测精度，使用均方误差 RMSE、准确度 Accuracy 和皮尔逊相关系数 PCC 等指标评估模型的预测效果。

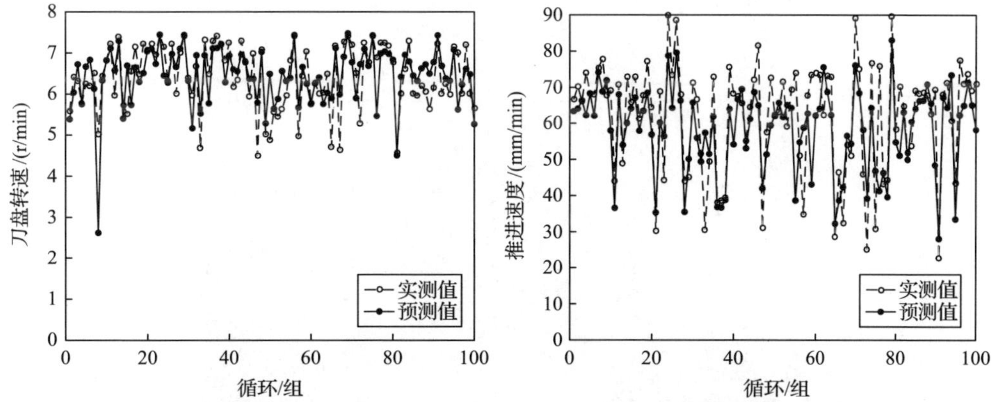

(a) 刀盘转速预测值与实测值对比　(b) 推进速度预测值与实测值对比

图 7.17　单一 ELM 控制模型的预测值与实测值对比

根据上述评价指标，传统方法与多模态神经网络控制模型之间的效果对比如表 7.2 所示。在 TBM 控制参数的预测中，采用多模态神经网络控制模型的 TBM

预测方法，RMSE 指标都得到有效降低，而预测准确度和相关系数都得到了有效提升，其预测效果明显优于单一 ELM 模型的预测方法，通过将岩体等级分类与掘进参数预测相结合，显著提高了掘进参数预测模型的精度与鲁棒性。

表 7.2　不同模型在 TBM 掘进控制参数预测中的效果比较

预测模型	掘进参数	RMSE	Accuracy/%	PCC
ELM	刀盘转速	0.57	90.23	0.85
k 均值聚类算法+ELM	刀盘转速	0.49	93.70	0.93
ELM	推进速度	13.18	79.24	0.67
k 均值聚类算法+ELM	推进速度	10.6	88.38	0.86

7.3　TBM 掘进参数模糊仿人控制

7.3.1　TBM 掘进参数模糊仿人控制技术

在实际的 TBM 掘进过程中，TBM 操作者通过视觉、听觉等感官，从工控机仪表盘上观察总推力、刀盘扭矩等运行参数的数值及波动情况，结合皮带机出渣、主控室振动等多源信息，根据驾驶经验和技术知识，综合以上信息对当前 TBM 掘进系统性能进行判断，并与系统的理想性能表现进行对比，结合系统性能的实际变化趋势，做出掘进参数调整决策。TBM 操作者的掘进控制决策过程如图 7.18 所示。

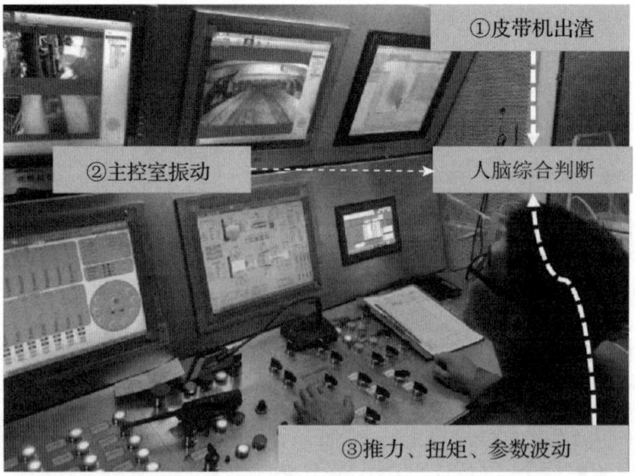

图 7.18　TBM 操作者的掘进控制决策过程

TBM 掘进控制系统的性能特征无法采用精确的数学模型描述，因此本书提出了基于模糊综合评价的 TBM 掘进参数适应度计算方法，用于表征当前掘进控制系统的性能。该方法利用模糊数学的原理和方法，将 TBM 掘进过程中的设备运行参数、渣片形态、刀盘振动等特征指标由精确监测值转化为模糊值，通过模糊推理计算得到 TBM 掘进参数适应度。

通过构建掘进参数适应度与系统控制偏差的映射函数，将适应度指标转化为控制系统性能偏差。本书采用仿人控制的方法，利用系统性能偏差及其变化率来模拟操作者掘进参数调整规则，以实现对掘进参数的反馈校正。

仿人控制的本质是模拟人脑在控制行为中的思维过程，以人对控制对象的观察、记忆和决策等行为的模仿为基础，根据被调量、偏差和偏差变化趋势来确定控制策略，实现对目标的控制和决策，其基本理论体系和系统的设计方法已发展得较为成熟[26]。仿人控制方法体现了从“认知”到“判断”的定性推理过程和从“判断”到“操作”的定量控制过程，在结构和功能上具有以下基本特征：

(1) 递阶信息处理和决策机构。

(2) 在线特征辨识和特征记忆。

(3) 开闭环结合、定性与定量结合的控制方法。

(4) 启发式和直接推理问题求解。

通过将模糊综合评价和仿人控制结合起来，提出模糊仿人控制方法，如图 7.19 所示。

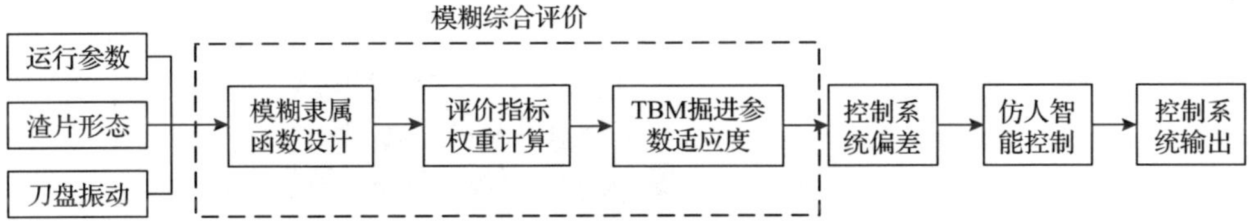

图 7.19　模糊仿人控制方法

7.3.2　TBM 掘进参数适应性模糊综合评价

1. 模糊综合评价指标选取

TBM 掘进过程受到掌子面岩体条件、刀盘破岩性能等多方面耦合因素影响，因此难以通过单个指标对当前掘进参数的适应度进行评价。需对众多影响因素进行筛选，选取既能充分反映当前控制参数适应程度，又具有代表性且区分度高的指标因素。本书选取掘进性能参数、渣片形态、刀盘振动作为关键因素评价指标。

1) 掘进性能参数

TBM 掘进过程中，总推力和刀盘扭矩直接反映了当前掌子面岩体条件下刀盘破岩的难易程度；刀盘扭矩波动系数 C_v 反映了刀盘扭矩波动程度。总推力或刀盘扭矩过大时，设备处于过载临界状态，容易引发滚刀异常磨损、刀盘开裂或主轴承损坏等异常问题，掘进过程存在安全风险；当总推力或刀盘扭矩过小，设备性能得不到充分发挥，影响掘进效率；当刀盘扭矩波动系数过大时，掘进过程不稳定，极易造成掌子面失稳、塌方。此外，在不同岩体等级条件下，掘进性能参数的最佳工作区间存在明显差异，需针对不同的岩体等级建立不同的掘进状态评价模式。8m 级 TBM 在Ⅲ类岩体等级条件下的掘进性能参数的分布区间与结果评价如表 7.3 所示。

表 7.3　8m 级 TBM 在Ⅲ类岩体等级条件下 TBM 掘进性能参数工作区间与结果评价

总推力/kN	刀盘扭矩/(kN · m)	刀盘扭矩波动系数	结果评价
≤5000 或＞19000	≤500 或＞3000	＞0.35	不合适
5000～8000 或 17000～19000	500～1000 或 2900～3000	0.25～0.35	弱合适
8000～10000 或 15000～17000	1000～2000 或 2700～2900	0.15～0.25	比较合适
10000～15000	2000～2700	≤0.15	合适

2)渣片形态

渣片是刀盘破岩的直接产物，渣片形态分布体现了当前控制参数与岩体条件的匹配适应度。选取渣片形态的破岩质量比与粒径分布作为评判指标。破岩质量比 W_r 的计算式为

$$W_r = 1 - \frac{1000 m_c V_c}{60 \rho \pi r_t^2 V l} \tag{7.34}$$

式中，ρ 为岩体密度，kg/m^3；r_t 为掌子面半径，m；l 为皮带秤安装长度，m；V 为推进速度，mm/min；V_c 为主机皮带机运行速度，m/s；m_c 为皮带秤测量的渣片质量，kg。

当破岩质量比 $W_r \approx 0$ 时，理论破岩产生的渣片质量与皮带机输出的渣片质量相当，掌子面处于平稳状态；当 $W_r \ll 0$ 时，理论破岩产生的渣片质量小于皮带机输出的渣片质量，掌子面处于失衡状态，破岩导致掌子面有异常塌落现象，此时应降低推进速度或降低皮带机运行速度，保持皮带机负载均衡；当 $W_r \gg 0$ 时，理论破岩产生的渣片质量大于皮带机输出的渣片质量，此时可能出现渣片二次破岩导致滚刀磨损加剧或刀盘卡机现象，应降低推进速度或提高皮带机运行速度，如无改善应停机检查刀盘。8m 级 TBM 在Ⅲ类岩体等级条件下破岩质量比 W_r 分布区间与结果评价如表 7.4 所示。

表 7.4　8m 级 TBM 在Ⅲ类岩体等级条件下破岩质量比 W_r 分布区间与结果评价

W_r	结果评价
$\|W_r\|>2$	不合适
$1<\|W_r\|\leqslant 2$	弱合适
$0.5<\|W_r\|\leqslant 1$	比较合适
$\|W_r\|\leqslant 0.5$	合适

粒径尺寸分布是渣片形态的关键特征，根据现场调研与长期监测分析结果，选取曲率系数 C_c 和不均匀系数 C_u 用于描绘颗粒级配曲线的平滑度和级配均匀程度，粗糙度指数 CI 用于评价颗粒级配中大尺寸渣片的质量分数。8m 级 TBM 在Ⅲ类岩体等级条件下渣片粒径尺寸分布区间与结果评价如表 7.5 所示。

表 7.5　8m 级 TBM 在Ⅲ类岩体等级条件下渣片粒径尺寸分布区间与结果评价

曲率系数 C_c	不均匀系数 C_u	粗糙度指数 CI	结果评价
$C_c<0.2$	$C_u>0.7$	CI>0.4	不合适
$0.2<C_c\leqslant 0.4$	$0.5<C_u\leqslant 0.7$	0.3<CI≤0.4	弱合适
$0.4<C_c\leqslant 0.6$	$0.3<C_u\leqslant 0.5$	0.2<CI≤0.3	比较合适
$C_c>0.6$	$C_u\leqslant 0.3$	CI≤0.2	合适

3) 刀盘振动

TBM 破岩过程刀盘承受巨大的交变载荷，掘进参数选择不当时会对刀盘造成巨大冲击，导致刀盘振动加剧，影响破岩效率和刀盘、刀具使用寿命。利用 TBM 主机振动监测系统，可实时获取刀盘轴向振动信息，选取均方幅值、峭度值作为评价指标，建立不同岩体等级条件下掘进参数适应度评价准则。8m 级 TBM 在Ⅲ类岩体等级条件下刀盘振动分布区间与结果评价如表 7.6 所示。

表 7.6　8m 级 TBM 在Ⅲ类岩体等级条件下刀盘振动分布区间与结果评价

均方幅值/g	峭度值	结果评价
<0.5 或>12	>5	不合适
0.5～1 或 10～12	2.5～5	弱合适
1～3 或 6～10	1.5～2.5	比较合适
3～6	≤1.5	合适

2. 隶属函数设计

不同评价指标具有不同的单位、属性、重要程度等特征，它们之间没有公度性，因此不能直接进行相互比较，采用模糊隶属函数实现评价指标公度性。隶属度是表现某个元素对模糊集合隶属关系不确定性大小的指标，建立能客观评价TBM 掘进参数适应度影响规律的隶属函数是应用模糊综合评价法的关键。根据评价指标的分布特征选取不同类型隶属函数，共选取线形、钟形、三角形和梯形 4 种类型，9 个评价指标共 45 个隶属函数。8m 级 TBM 在Ⅲ类岩体等级条件下总推力梯形隶属函数为

$$G_1(F_t)=\begin{cases}0, & F_t \leqslant 5000\text{kN 或 } F_t > 19000\text{kN}\\ \dfrac{F_t-5000}{10000-5000}, & 5000\text{kN} < F_t \leqslant 10000\text{kN}\\ 1, & 10000\text{kN} < F_t \leqslant 15000\text{kN}\\ \dfrac{19000-F_t}{19000-15000}, & 15000\text{kN} < F_t \leqslant 19000\text{kN}\end{cases} \tag{7.35}$$

8m 级 TBM 在不同岩体等级条件下总推力隶属函数曲线如图 7.20 所示。

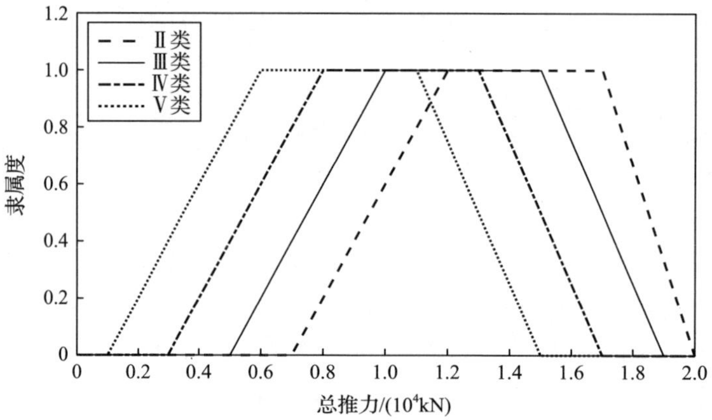

图 7.20　8m 级 TBM 在不同岩体等级条件下总推力隶属函数曲线

3. 评价指标权重计算

评价指标的权重采用层次分析法(analytic hierarchy process，AHP)确定。AHP 是一种定量分析与定性分析相结合的多目标决策分析方法，它把数学处理与人的经验和主观判断相结合，能够有效地分析目标准则体系中不同层次间的非序列关系和综合测度评价的判断和决策[27]。AHP 把与决策有关的元素分解成三个层次：目标层、准则层和指标层，其中上一层次指标对下一层次指标起支配作用。在构造递阶层次后，通过两两比较同一层次中不同元素间对于上一支配层中元素的影响大小，构建互反的判断矩阵，继而通过此矩阵计算得到在单一准则下各个元素的相对排序权重。

1) 建立评价指标层次结构

根据要达到的评价目标，按照评价指标间的相互影响以及隶属关系，将指标层次的递阶由高到低分为目标层、准则层和指标层。通过对众多影响掘进参数适应度评价的参数进行对比分析，构建以设备主参数、渣片形态、刀盘振动三者组成的准则层，建立 TBM 掘进参数适应度模糊综合评价指标体系，如图 7.21 所示。

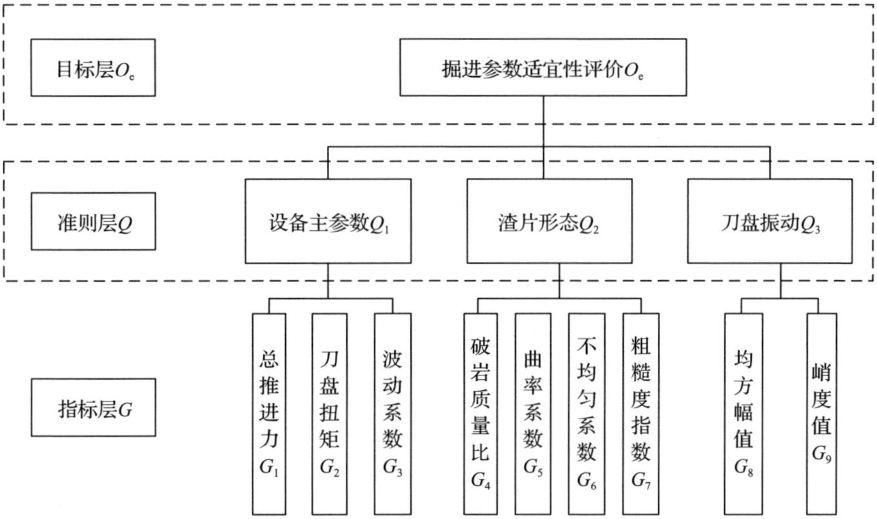

图 7.21 TBM 掘进参数适应度模糊综合评价指标体系

2) 建立判断矩阵

层次分析法采用一致矩阵法构造判断矩阵，该方法利用相对尺度对所有因素进行两两相互比较，使不同因素之间能够相互比较。对于评价指标 G_i 和 G_j $(i, j=1,2,\cdots,n)$，判断矩阵 $\boldsymbol{U}$ 的判定标度法如表 7.7 所示。

表 7.7 判断矩阵 $\boldsymbol{U}$ 的判定标度法

e_{ij} 标度	赋值依据
1	G_i 和 G_j 相比同样重要
3	G_i 比 G_j 稍微重要
5	G_i 比 G_j 明显重要
7	G_i 比 G_j 强烈重要
9	G_i 比 G_j 极端重要
2，4，6，8	介于以上 2 种判断的中值

依据表 7.7 建立准则层判断矩阵 $\boldsymbol{U}$ 为

$$
\boldsymbol{U}=\begin{bmatrix} 1 & 2 & 3 \\ 1/2 & 1 & 2 \\ 1/3 & 1/2 & 1 \end{bmatrix} \tag{7.36}
$$

3)层次单排序、总排序及其一致性检验

由式(7.36)求得准则层判断矩阵 $\boldsymbol{U}$ 的最大特征值 $\lambda_{\max}$=3.0092，最大特征值对应的特征向量经归一化简化为 $\boldsymbol{w}$=[0.5396 0.2969 0.1634]，$\boldsymbol{w}$ 即为准则层指标权重值排序，依据 $\boldsymbol{w}$ 完成层次单排序(single hiemrchical arrangement，SHA)。

一致性指标：

$$
C_{\mathrm{I}}=\frac{\lambda_{\max}-d}{d-1}=\frac{3.0092-3}{3-1}=0.0046
$$

式中，d 为判断矩阵 $\boldsymbol{U}$ 的阶数。

为衡量 C_{I} 的大小，引入随机一致性指标 R_{I}，如表 7.8 所示。

表 7.8　随机一致性指标 R_{I}

阶数 d	R_{I}	阶数 d	R_{I}
1	0	7	1.32
2	0	8	1.41
3	0.58	9	1.45
4	0.90	10	1.49
5	1.12	11	1.51
6	1.24		

由表 7.8 可以看出，当判断矩阵阶数 d=3 时，随机一致性指标 $R_{\mathrm{I}}=0.58$。

定义一致性比率 $\mathrm{CR}=\dfrac{C_{\mathrm{I}}}{R_{\mathrm{I}}}=\dfrac{0.046}{0.58}=0.079<0.1$，通过一致性检验。

在完成 SHA 后，还要得到指标层中各指标对于目标层的排序权重，即层次总排序(total hierarchical arrangement，THA)。根据单层次指标权重的计算结果，计算总层次指标权重，经计算得到总层次权重为

$$
\overline{\boldsymbol{w}}_f=[0.2114\quad 0.1374\quad 0.0643\quad 0.1188\quad 0.0216\quad 0.1295\quad 0.1144\quad 0.1536\quad 0.0490]
$$

对各个指标的隶属度计算值与权重值之积求和即可求得掘进参数适应度评价得分 O_{e}，计算式为

$$
O_{\mathrm{e}}=\sum_{i=1}^{n} w_i f_i,\quad i=1,2,\cdots,9;\quad O_{\mathrm{e}}\in[0,1] \tag{7.37}
$$

7.3.3　TBM 掘进参数模糊仿人控制器

仿人控制模仿人的思维方式，根据控制系统性能偏差 e 及 e 的发展趋势来决定控制决策。当性能偏差 e 趋于增大时，仿人控制器发出强烈的控制作用，输出控制参数调整值，抑制偏差的增加；而当偏差 e 有回零的趋势，开始下降时，仿人控制器减小反馈调节作用，观察系统偏差的变化[28]。仿人控制器的算法为

$$C_{\mathrm{e}}=\begin{cases}K_{\mathrm{p}}e+P_{\mathrm{h}}K_{\mathrm{p}}\sum\limits_{i=1}^{n-1}e_{\mathrm{m},i}, & e\cdot\dot{e}>0\bigcup e=0\bigcap\dot{e}\neq 0\\ P_{\mathrm{h}}K_{\mathrm{p}}\sum\limits_{i=1}^{n}e_{\mathrm{m},i}, & e\cdot\dot{e}>0\bigcup\dot{e}\neq 0\end{cases}\tag{7.38}$$

式中，C_{e} 为控制输出；K_{p} 为比例系数；P_{h} 为抑制系数；e 为误差；$\dot{e}$ 为误差变化率；$e_{\mathrm{m},i}$ 为误差的第 i 次峰值。

根据式(7.38)可给出图 7.22(a)所示的误差相平面上的特征及相应的控制模态。当系统误差处于误差相平面的第一与第三象限，即 $e\cdot\dot{e}>0\bigcup e=0\bigcap\dot{e}\neq 0$ 时，仿人控制器工作于比例控制模态；当误差处于误差相平面的第二与第四象限，即 $e\cdot\dot{e}>0\bigcup\dot{e}\neq 0$ 时，仿人控制器工作于保持控制模态。

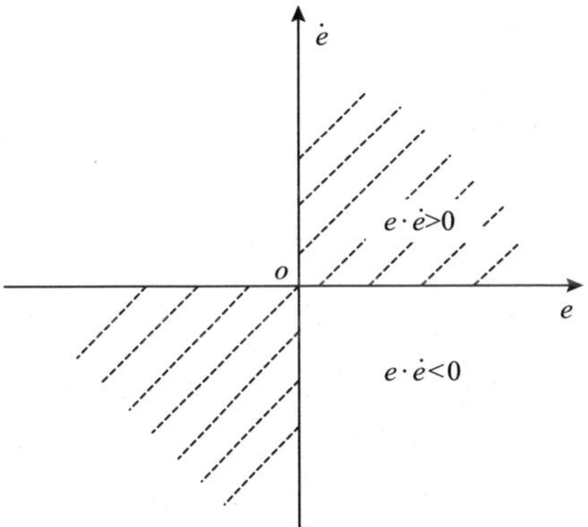

(a) 经典仿人控制器相平面特征

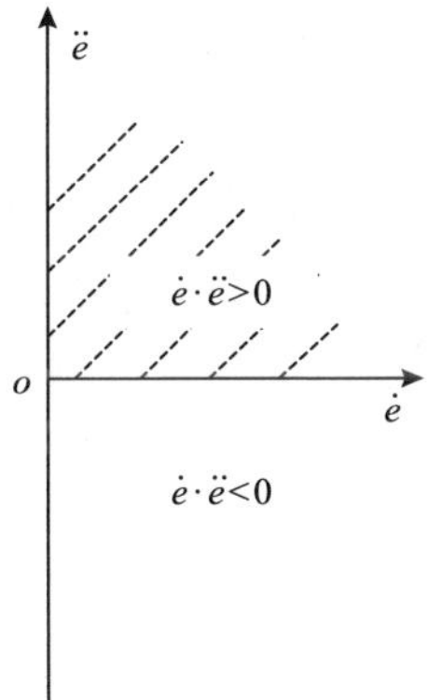

(b) TBM模糊仿人控制器相平面特征

图 7.22　仿人控制器相平面特征

TBM 掘进参数模糊仿人控制器的设计原理可以参考经典的仿人控制器。由于 TBM 掘进控制系统不存在理想的控制输出，控制系统偏差的计算不再是类似传统控制的理想输出与当前实际输出的差值，而是基于掘进参数适应度模糊综合评价的得分，在此基础上建立了模糊仿人控制器。具体计算原理为：当掘进参数适应

度得分较高时，说明控制系统性能较好；当掘进参数适应度得分较低时，说明控制系统性能存在偏差，需要调整掘进参数。定义控制系统性能偏差 e 的映射函数为

$$e(O_e)=\begin{cases}0, & 0.6<O_e\leqslant 1\\ \dfrac{0.6-O_e}{0.6}, & 0\leqslant O_e\leqslant 0.6\end{cases} \tag{7.39}$$

与经典仿人控制的算法类似，TBM 模糊仿人控制器的算法为

$$\widehat{C}_e=\begin{cases}\widehat{K}_p\left(e+\widehat{P}_h\dot{e}\right), & \dot{e}>0\cap\ddot{e}\geqslant 0\\ \widehat{K}_p(e), & \dot{e}\geqslant 0\cap\ddot{e}<0\\ 0, & \dot{e}<0\cup e=0\end{cases} \tag{7.40}$$

式中，$\widehat{C}_e$ 为控制输出调整值；$\widehat{K}_p$ 为最大调整步长，其中推进速度控制中设置 $\widehat{K}_p$ 为 10mm/min，刀盘转速控制中设置 $\widehat{K}_p$ 为 1r/min；$\widehat{P}_h$ 为比例系数；$\dot{e}$、$\ddot{e}$ 分别为控制系统性能偏差的一阶导数和二阶导数。

当控制系统的性能偏差 e 满足 $\dot{e}>0\cap\ddot{e}\geqslant 0$ 时，模糊仿人控制器发出强烈的控制作用，此时采用比例增强控制模式输出控制参数调整值，快速抑制偏差的增加；当控制系统的性能偏差 e 满足 $\dot{e}\geqslant 0\cap\ddot{e}<0$ 时，模糊仿人控制器发出一般的控制作用，采用比例控制模式输出控制参数调整值；当控制系统的性能偏差 e 满足 $\dot{e}<0\cup e=0$ 时，模糊仿人控制器处于保持模式，观察系统性能偏差的变化。TBM 模糊仿人控制器的相平面特征如图 7.22(b)所示。针对 TBM 模糊仿人控制器的输出 C_e 调整方向问题，其判断机制相对简单，将操作者操作经验转化为控制规则，依据控制规则输出控制参数调整方向，如图 7.23 所示。

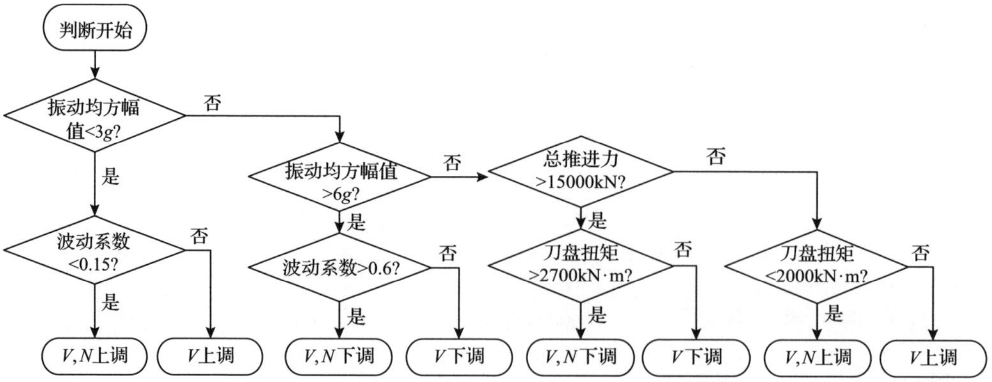

图 7.23　输出控制参数的调整规则

7.4　TBM 掘进参数复合智能控制系统

7.4.1　TBM 掘进参数复合智能控制系统架构

将多模态神经网络控制与模糊仿人控制相结合，形成了 TBM 掘进参数复合智能控制系统。复合智能控制系统不仅具有多模态神经网络控制的自学习、自组织以及非线性映射等优点，同时也具备模糊仿人控制所具有强鲁棒性和良好的适应性等优点，两种控制策略的特点如表 7.9 所示。

表 7.9　模糊仿人控制与多模态神经网络控制的比较

对比指标	模糊仿人控制	多模态神经网络控制
知识获取	人类专家规则	运行数据库
不确定性	定量与定性	定量
推理方法	启发式搜索(低速)	并行计算(高速)
适应能力	高	一般
非线性映射能力	一般	高

复合智能控制系统可根据 ELM 前馈神经网络的自学习、非线性逼近能力，设计能够预测掘进参数的多模态神经网络控制模型，并在此基础上，结合模糊仿人控制改善多模态神经网络控制的时变、时滞等问题。将两种控制策略有机结合，相互补充，取长补短，能更好地发挥两种控制策略的优势，实现 TBM 掘进过程实时、高速、高精度的控制要求。因此，TBM 复合智能控制系统可划分为两种控制模式，即以多模态神经网络为主的直接控制模式和以模糊仿人控制为主的反馈控制模式，系统功能架构如图 7.24 所示，实现过程如下：

(1) 直接控制模式。实时监测设备运行数据，在掘进循环开始后通过多元算法融合岩体感知模型快速获取岩体参数预估值，结合聚类分析模型实现岩体等级划分，基于多模态神经网络模型输出掘进参数预测值。

(2) 反馈控制模式。基于岩-机信息感知系统，包含渣片分析、主机振动监测系统，提取关键因素评价指标形成指标层，通过模糊综合评价方法求取掘进参数适应度评价得分，结合仿人控制输出控制参数调整值，实现掘进过程的闭环反馈控制。同时可调整 ELM 前馈神经网络控制模型的输出值，实现模型的自学习、自更新。

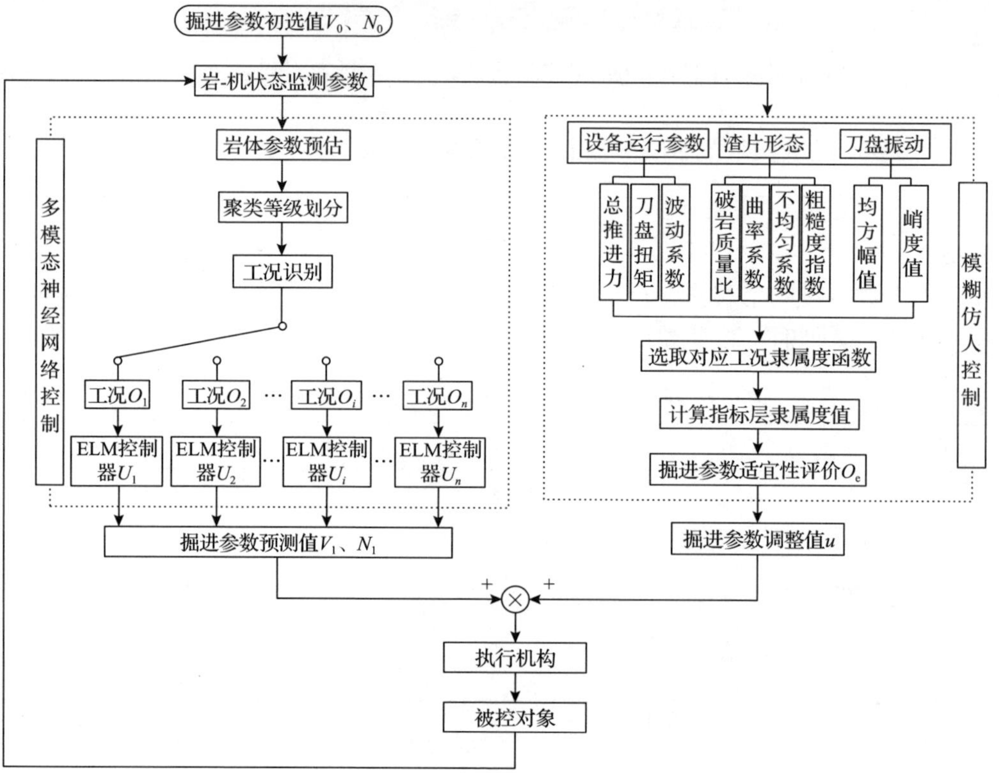

图 7.24　TBM 复合智能控制系统功能架构

7.4.2　TBM 掘进参数复合智能控制系统性能分析

1. 稳定性分析

稳定性是一个控制系统最基本、最重要的品质属性。对于经典控制理论和现代控制理论的系统，其稳定性分析均有成熟的理论和方法，可以作为复合智能控制系统稳定性分析的参考[29]。

1) 系统稳定性定义

(1) Lyapunov 意义下的稳定性。若系统的状态方程为 $\dot{\boldsymbol{\chi}} = \boldsymbol{f}(\boldsymbol{\chi}, \mu)$，其中 $\boldsymbol{\chi}$ 为 n 维状态向量，$\boldsymbol{f}(\boldsymbol{\chi}, \mu)$ 为 n 维状态向量且存在连续的一阶偏导数，同时 $\boldsymbol{f}(0, \mu) = 0$，则称 $\boldsymbol{\chi} = 0$ 为系统的平衡状态。

如 $\forall \varepsilon > 0$，$\exists \delta > 0$，使得当 $\|\boldsymbol{\chi}(\mu_0)\| < \delta$ 时，有 $\|\boldsymbol{\chi}(\mu)\| < \varepsilon$（$\forall \mu > \mu_0$），则称平衡状态 $\boldsymbol{\chi} = 0$ 是稳定的。

如 $\forall \varepsilon > 0$，$\exists \delta > 0$，使得当 $\|\boldsymbol{\chi}(\mu_0)\| < \delta$ 时，有 $\lim\limits_{t \to \infty} \|\boldsymbol{\chi}(\mu)\| \to 0$，则称平衡状态 $\boldsymbol{\chi} = 0$ 是渐近稳定的。

如$\exists\varepsilon>0$，$\forall\delta>0$，当$\|\chi(\mu_0)\|<\delta$时，恒有$\mu>0$时，使$\|\chi(\mu)\|>\varepsilon$，则称平衡状态$\chi=0$是不稳定的。

Lyapunov 稳定性定义是考虑无输入作用时系统的稳定性。若考虑有输入作用时系统的稳定性，如受迫振动系统的稳定性，采用不同的稳定性定义方法。

(2) 系统的输入输出稳定性。若 Z 表示所有输入量 $z(t)$ 所构成的集合，$T(t)$ 表示系统的输出，那么，系统的输入输出稳定性定义为：

$\forall\eta>0$，$\exists C=C(\eta)>0$，(C 为常数)，使得对一切 $z(t)\in Z$，当$\|z(t)\|<\eta$（$\forall t\geqslant t_0$）时，有$\|T(t)\|<C$（$\forall t\geqslant t_0$），则称该系统对于 Z 是输入输出稳定的。

2) 复合智能控制系统的稳定性分析

对于线性系统和可以建立数学模型的非线性系统，往往采用 Lyapunov 直接法来分析其稳定性。这种方法的关键在于寻找一个客观存在的标量函数 $G(x,t)$（称为 Lyapunov 函数）。

由于复合智能控制系统无法建立明确的数学模型，而且系统具有非线性、参数多变的特点，因此其稳定性分析比线性系统和可建模的非线性系统更难。如李祖枢[30]认为系统的输出是控制作用与被控对象内部特征的综合反映，系统不稳定趋势的出现总是以一定的特征反映到系统的响应之中，并据此提出了智能控制系统的稳定性监控概念。Gertler 等[31]提出一种不稳定性指示器，认为被控对象的不稳定性可以通过对象输出量的连续增加幅值是否具有振荡性来描述，可对系统进行在线、启发式稳定性分析。基于以上两种方法，建立了以控制系统输出偏差 e 及其变化趋势为特征的复合智能控制系统稳定性判定方法。

复合智能控制系统的稳定性判定方法为：当系统偏差满足$e>0\cap\dot{e}>0$，系统处于增幅振荡，此时控制系统处于不稳定状态；当系统偏差满足$e>0\cap\dot{e}=0$，系统处于等幅振荡，此时控制系统处于不稳定状态；当系统偏差满足$e>0\cap\dot{e}<0$，系统处于衰减振荡，此时控制系统处于调整过渡过程，控制系统逐渐趋于稳定状态；当系统偏差$e=0$，系统处于稳定状态。为保证控制系统的稳定性，当存在连续三个或三个以上判断周期，系统均处于增幅振荡或等幅振荡状态，发出预警，复合智能控制模式降级为人工控制模式。复合智能控制系统稳定性判据如表 7.10 所示。

表 7.10　复合智能控制系统稳定性判据

特征指标	系统模式	运行状态
$e>0\cap\dot{e}>0$	增幅振荡	不稳定
$e>0\cap\dot{e}=0$	等幅振荡	不稳定
$e>0\cap\dot{e}<0$	衰减振荡	稳定
$e=0$	平稳	稳定

2. 收敛性分析

收敛性是智能控制系统在实际应用中的一个非常重要的问题，如果控制过程不收敛，复合智能控制系统难以达到预期的控制目标。针对 TBM 掘进参数复合智能控制系统，其理想输出是使系统控制偏差为 0。用数学语言来描述复合智能控制系统的收敛性：对于可重复经历的控制过程，被控系统的理想输出为 $Y_{\mathrm{d}}(\tau)$，$\tau \in [0, T_{\mathrm{c}}]$ 为有限时间域中的取值，寻找一个被控量 $u_{\kappa}(\tau)$，其响应为 $Y_{\kappa}(\tau)$，$Y_{\kappa}(\tau)$ 比 $Y_0(\tau)$ 更接近 $Y_{\mathrm{d}}(\tau)$，其中 κ 为重复控制过程寻找 $u_{\kappa}(\tau)$ 的次数，若用 $e_{\kappa}(\tau) = Y_{\kappa}(\tau) - Y_{\mathrm{d}}(\tau)$ 表示第 κ 次改变控制量 $u_{\kappa}(\tau)$ 后所得到的期望输出和实际输出之间的误差，则当 $e_{\kappa}(\tau)$ 满足式(7.41)的条件时，称此控制系统是收敛的。

$$\lim_{\kappa \to \infty} \left\| e_{\kappa}(\tau) \right\| \to 0, \quad \text{即} Y_{\kappa}(\tau) \xrightarrow{\kappa \to \infty} Y_{\mathrm{d}}(\tau) \tag{7.41}$$

复合智能控制系统对掘进参数的调整过程可以看作沿时间轴的连续过程与沿调控轴(κ 轴)的离散过程的综合，如图 7.25 所示。每一次重复沿时间轴的控制过程就构成一次离散事件。因此，收敛性可保证在最终一次的离散事件中，即在最终一次沿时间轴的连续控制过程中系统性能偏差 $e(\tau) = 0$，$t \in [0, T_{\mathrm{c}}]$。

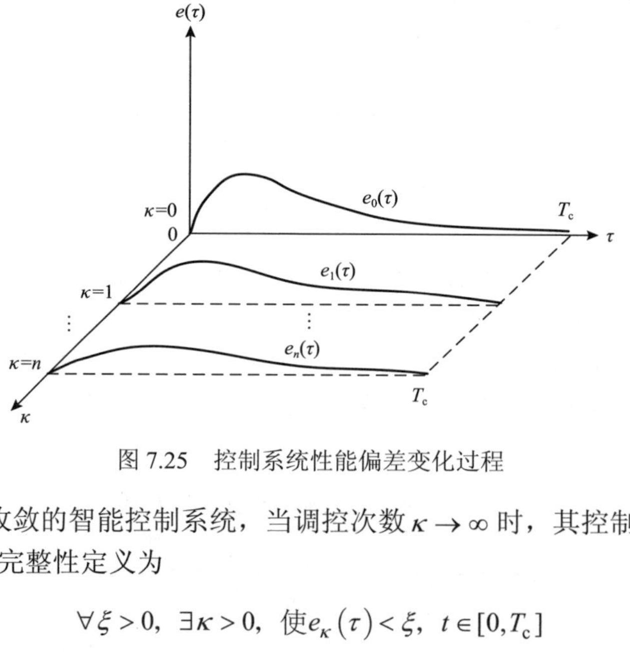

图 7.25　控制系统性能偏差变化过程

对于一个收敛的智能控制系统，当调控次数 $\kappa \to \infty$ 时，其控制系统性能误差 $e_{\kappa}(\tau) \to 0$，其完整性定义为

$$\forall \xi > 0, \ \exists \kappa > 0, \ \text{使} e_{\kappa}(\tau) < \xi, \ t \in [0, T_{\mathrm{c}}] \tag{7.42}$$

在实际应用中，针对 TBM 掘进参数复合智能控制系统，由于掘进所处的地质环境随机变化、系统本身的干扰以及系统存在测量误差等原因，引起控制过程

中出现 1 个或若干个时刻 τ_t，使得$e_\kappa(\tau_t)>\xi$，造成控制系统处于反复调整状态，有时甚至使控制系统不稳定，因此，提出了基于最小偏差均方差的收敛性评价准则，以克服在个别时刻，由系统干扰等造成的收敛性误判。

对于离散调控过程，存在可接受的控制性能最小偏差$\delta_{\min}$。对于当前第 κ 次调控，其最小偏差均方差定义为

$$\delta_\kappa = \frac{1}{n}\sqrt{\sum_{i=\kappa_1}^{\kappa} {e_\kappa}^2(i)}\text{，}\exists \kappa_1 \in [0,\kappa) \tag{7.43}$$

若$\delta_\kappa < \delta_{\min}$则当前第 κ 次调控收敛。

最小偏差均方差的收敛性评价准则考虑了控制系统在实际工程中存在的微幅振荡问题，其本质是从整个控制历程上整体考虑其控制偏差在时间轴上的平均分布，从而可以滤除少量干扰信号的影响，提高复合智能控制系统的稳定性。

参 考 文 献

[1] Nakayama T, Inoue S, Seno Y. Total Automatic excavation system for TBMs[C]//Proceedings of the 13th International Symposium on Automation and Robotics in Construction, Tokyo, 1996: 841-850.

[2] Kuraoka Y. Fuzzy automatic control of the direction in the process of tunneling for large slurry shield[J]. Underground Tunnel, 1991, 1(5): 27-34.

[3] 周文波. 盾构法隧道施工智能化辅助决策系统的研制与应用[J]. 岩石力学与工程学报, 2003, 22(s1): 2412-2417.

[4] Teale R. The concept of specific energy in rock drilling[J]. International Journal of Rock Mechanics and Mining Sciences & Geomechanics Abstracts, 1965, 2(1): 57-73.

[5] Ozdemir L, Miller R, Wang F D. Mechanical tunnel boring prediction and machine design[J]. International Journal of Rock Mechanics and Geomechanics Abstracts, 1978, 15(5): 105-107.

[6] Snowdon R A, Reley M D, Temporal J. A study of disc cutting in selected British rocks[J]. International Joumal of Rock Mechanics and Mining Sciences & Geomechanics Abstracts, 1982, 19(3): 107-121.

[7] Snowdon R A, Ryley M D, Crabb G I. The effect of hydraulic stiffness on TBM performance[J]. International Joumal of Rock Mechanics and Mining Seiences & Geomechanies Abstracts, 1983, 20(5): 203-214.

[8] 荆留杰, 张娜, 杨晨, 等. 基于最小破碎比能 TBM 滚刀间距设计方法研究[J]. 铁道学报, 2018, 40(12): 123-129.

[9] Zhang Q, Qu C, Kang Y, et al. Identification and optimization of energy consumption by shield tunnel machines using a combined mechanical and regression analysis[J]. Tunnelling and Underground Space Technology, 2012, 28: 350-354.

[10] Yeh I C. Application of neural networks to automatic soil pressure balance control for shield tunneling[J]. Automation in Construction, 1997, 5(5): 421-426.

[11] 邢彤, 赵阳. 盾构掘进土层识别及刀盘转速控制策略研究[J]. 浙江工业大学学报, 2010, 38(6): 649-654.

[12] Zhang Y K, Gong G F, Yang H Y, et al. Data-driven direct automatic tuning scheme for fixed-structure digital controllers of hybrid systems[J]. IET Control Theory and Applications, 2019, 13(2): 248-257.

[13] 刘吉臻, 李露, 房方. 多模态控制的研究与应用综述[J]. 控制工程, 2015, 22(5): 869-874.

[14] Jing L J, Li J B, Yang C, et al. A case study of TBM performance prediction using field tunnelling tests in limestone strata[J]. Tunnelling and Underground Space Technology, 2019, 83: 364-372.

[15] Gholamnejad J, Tayarani N. Application of artificial neural networks to the prediction of tunnel boring machine penetration rate[J]. Mining Science and Technology, 2010, 20(5): 727-733.

[16] Mottahedi A, Sereshki F, Ataei M. Overbreak prediction in underground excavations using hybrid ANFIS-PSO model[J]. Tunnelling and Underground Space Technology, 2018, 80: 1-9.

[17] Majhi B, Rout M, Baghel V. On the development and performance evaluation of a multiobjective GA-based RBF adaptive model for the prediction of stock indices[J]. Journal of King Saud University—Computer and Information Sciences, 2014, 26(3): 319-331.

[18] Zendehboudi A. Implementation of GA-LSSVM modelling approach for estimating the performance of solid desiccant wheels[J]. Energy Conversion and Management, 2016, 127: 245-255.

[19] Dempster A P. Upper and lower probabilities induced by a multivalued mapping[J]. Annals of Mathematical Statistics, 1967, 38(2): 325-339.

[20] Shafer G. A mathematical Theory of Evidence[M]. Princeton: Princeton University Press, 1976.

[21] Murphy C K. Combining belief functions when evidence conflicts[J]. Decision Support Systems, 2000, 29: 1-9.

[22] Deng Y, Shi W K, Zhu Z F. Efficient combination approach of conflict evidence[J]. Journal Infrared Millimeter Waves, 2004, 23(1): 27-32.

[23] 胡海亮, 钟求喜. 基于证据可信度的D-S理论改进方法[J]. 计算机应用与软件, 2016, 33(6): 13-15, 19.

[24] 杨俊闯, 赵超. *K*-Means 聚类算法研究综述[J]. 计算机工程与应用, 2019, 55(23): 7-14, 63.

[25] 陆思源, 陆志海, 王水花, 等. 极限学习机综述[J]. 测控技术, 2018, 37(10): 3-9.

[26] 李祖枢, 涂亚庆. 仿人智能控制[M]. 北京: 国防工业出版社, 2003.
[27] 周维超, 童建刚, 张海平. 层次分析法在确立 TBM 围岩分级各地质因素权值中的应用[J]. 四川地质学报, 2011, 31(1): 64-66.
[28] 毛志忠, 常玉清. 先进控制技术[M]. 北京: 科学出版社, 2012.
[29] 李士勇. 模糊控制、神经控制和智能控制论[M]. 哈尔滨: 哈尔滨工业大学出版社, 1996.
[30] 李祖枢, 秦安松. 智能控制系统的稳定性监控[C]//第一届全球华人智能控制与智能自动化大会, 北京, 1993.
[31] Gertler J, Chang H S. An instability indicator for expert control[J]. IEEE Control System Magazine, 1986, 6(4): 14-17.

第 8 章　TBM 支护等级智能决策技术

TBM 施工过程中，能否准确评价围岩稳定性、确定恰当的支护方式，直接关系到地下工程建设的安全可靠性和经济合理性。隧道施工中，地质复杂多变，特别是遭遇节理非常发育或大面积破碎带岩层时，极易诱发塌方、卡机等灾害事故，这给 TBM 施工带来巨大的风险。当 TBM 施工遭遇不良地质时，一旦围岩支护不及时或支护等级判断失误将会造成设备掘进效率低下、工期延误等不良影响，甚至引发不可预估的灾难性后果。因此，建立实时支护等级决策系统，实现科学、合理、及时的支护等级决策，对保障 TBM 掘进的安全性和可靠性具有至关重要的意义。本章首先对 TBM 施工过程中影响支护决策的地质因素进行分析，然后基于历史掘进参数和支护数据，建立 TBM 支护等级智能决策模型，实现支护等级的实时预测。

8.1　TBM 围岩支护

TBM 施工与钻爆法施工相比，TBM 对不良地质条件适应性较差，在复杂地质条件施工中经常出现设备掘进效率低下、工期拖延等问题，如果支护处理不当，会引发严重的工程事故。根据以往的工程统计，TBM 施工过程中主要地质问题引起的事故占比如图 8.1 所示，可以看出，软岩大变形、突涌水、岩爆等是引起事

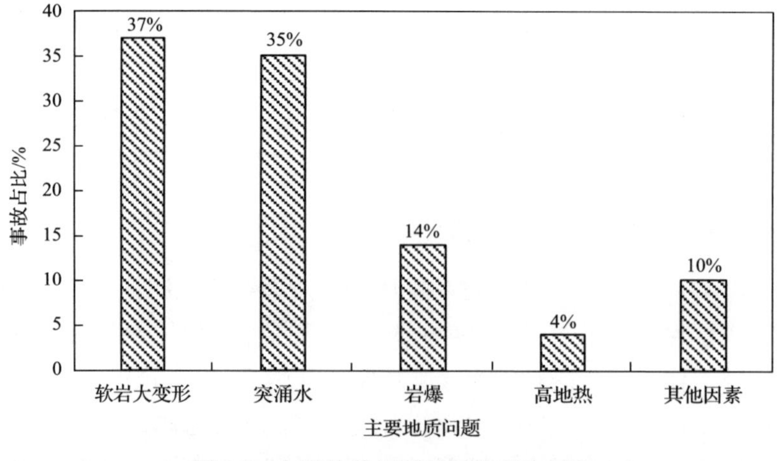

图 8.1　主要地质问题引起的事故占比

故的主要原因。在软岩、突涌水、岩爆等不良地质条件下，选择合适的支护方式对于维持围岩稳定性和保障设备、人员安全有着重要的意义。围岩支护的关键在于围岩稳定性控制的及时性与有效性，如果支护得当，可有效控制围岩的过大变形，提高围岩的整体性和强度，节约工程造价，反之则起不到提高围岩稳定性的作用。

8.1.1　围岩稳定性影响因素

地质因素是影响围岩稳定性最重要的因素，对围岩稳定性的影响起主导和控制作用的地质因素包括岩石性质、岩体完整性、地下水和应力状态等。

1. 岩石性质

岩石强度是影响围岩稳定性的基础因素。从岩性角度看，围岩可分为脆性围岩和塑性围岩。塑性围岩主要包括各类黏土质岩石、黏土岩类、破碎松散岩和吸水易膨胀岩等，通常具有风化速度快、力学强度低和遇水软化、崩解、膨胀等不良性质，对隧道稳定性极为不利。脆性围岩主要为强度高的各类硬质岩，由于这类岩石的强度远远高于结构面岩石的强度，故而脆性围岩的强度主要取决于岩体结构面的抗剪强度，岩石本身强度的影响并不显著。

2. 岩体完整性

岩体完整性是影响围岩稳定性的首要因素，取决于不连续面的组数和密度。反映岩体完整性的指标是进行隧道围岩判别和支护设计的基础指标之一，可用结构面频率、间距、岩芯采取率、岩石质量指标 RQD 以及完整性系数作为定量指标进行描述。这些定量指标是表征岩体工程性质的重要参数。其中，岩体完整性系数是目前广泛应用的定量指标，其定义为

$$K_{\mathrm{v}}=\left(\frac{V_{\mathrm{pm}}}{V_{\mathrm{pr}}}\right)^{2} \tag{8.1}$$

式中，V_{pm}为岩体纵波速度；V_{pr}为岩块纵波速度。

由于围岩波速数据容易测得，岩体完整性系数在隧道设计中应用广泛。

3. 地下水

地下水的存在会使隧道周围产生渗压梯度，同时使围岩应力状态趋于恶化，抗剪强度变小，加快围岩的侵蚀和泥化。在不同软弱程度的岩体条件下，地下水对围岩稳定性的影响程度有着显著的区别。在中等、软弱围岩条件下，地下水影响较大，在全风化带中影响更为显著，软弱岩体在地下水的渗压作用下往往会造

成涌水塌方。在稳定围岩中，由于岩体坚硬，软弱结构面少，地下水的影响很小。地下水对围岩稳定性影响一般是根据岩性与结构面的性质以及地下水流量或渗水压力给出的经验影响系数或计分标准进行定性判断，还未形成科学有效的定量指标对其进行判定。

4. 地应力

围岩地应力状态影响隧道开挖后的围岩稳定性。在高应力地区，软岩与埋深大的隧道中可能产生岩爆。地应力的构成有很多方面，主要包括自重应力和地质构造产生的残留应力两种。地应力对 TBM 掘进的有利与否受主应力的大小、方向、最大最小主应力差值、各主应力特征、主应力与隧道的相对方位及与主要节理组的夹角等因素的影响。隧道开挖后，地应力的释放需要一定的时间，根据围岩情况确定合适的支护距离非常重要。支护距离过短则围岩初始应力释放不及时，增加了支护结构所承受的围岩压力；支护距离过长则围岩处于不能自稳状态下的时间过长，初始应力释放过多，会造成塌方或冒顶。但地应力难于测定，它对工程的影响程度也难于确定，因此，其影响一般在综合因素指标中反映。

8.1.2 常见的围岩分类方法

TBM 施工过程中，支护方式的确定是基于围岩分类经验性地对围岩的支护措施进行总结，在定性分析的基础上，定量化地提出支护措施建议。常见的围岩分类方法是根据岩体力学参数、岩体完整性评价等指标对围岩类别进行划分。现有的地下工程围岩分类方法可归结为单因素分类、多因素并列分类、多因素复合分类三种分类方法。

1. 单因素分类

单因素分类方法仅考虑岩体的单一因素影响，采用某一项岩体力学参数为主要分类依据，如岩石单轴抗压强度、弹性模量、坚固系数等。比较有代表性的分类方法包括普氏分类法、岩芯质量指标分类法、岩体弹性波基础分类法和岩石权值分类法等。

以岩芯质量指标 RQD 分类法为例，该方法由 Deere 等[1]提出，把长度大于 10cm 的岩芯总长与其钻孔进尺的比值 RQD 作为分类指标，即

$$\mathrm{RQD}=\frac{\sum_{i=1}^{n} l_i}{L_\mathrm{t}}\times 100\% \tag{8.2}$$

式中，l_i 为长度大于 10cm 的岩芯长度；L_t 为钻孔总长。

RQD 分类法可以表征岩体节理裂隙的发育程度，便于评价围岩物理状态。但该方法未考虑节理方向、密实度、填充状态及原岩应力等情况，因此依据这种方法对围岩支护提供参考有很大的不足。

2. 多因素并列分类

多因素并列分类方法是把多种因素、多个指标并列起来进行分级，比较典型的包括《岩土锚杆与喷射混凝土支护工程技术规范》(GB 50086—2015)[2]、《铁路隧道设计规范》(TB 10003—2005)[3]及新奥地利隧道施工方法。多因素并列分类比单因素、单指标分类方法更科学，但没有区分各因素或指标在分类中的主次关系或权重关系，而且这种分类方法简单地将所有岩体特性指标都叠加在围岩分类中，会造成判别复杂繁琐，难以实施。

3. 多因素复合分类

多因素复合分类方法选取起支配作用的指标作为参数，通过函数关系式、专家系统等方法计算岩体质量系数，根据其值大小，即可定量地评价岩体的质量。现阶段国内外应用比较普遍的包括 Q 系统分类法[4]、RMR 分类法[5]等。结合各类工程岩体的特点，《工程岩体分级标准》(GB/T 50218—2014)[6]中采用定性和定量相结合、经验判据和测试计算相结合的办法，利用 BQ 公式分两步对地下工程岩体进行分级。

1) BQ 值的确定

$$\mathrm{BQ}=100+3\mathrm{UCS}+250K_{\mathrm{v}} \tag{8.3}$$

式中，UCS 为岩石单轴饱和抗压强度；K_v 为岩体完整性指数。当 UCS＞$90K_v+30$ 时，应以 UCS=$90K_v+30$ 和 K_v 代入计算 BQ 值；当 K_v＞0.04UCS+0.4 时，应以 K_v=0.04UCS+0.4 和 UCS 代入计算 BQ 值。

2) BQ 值的修正

地下工程岩体质量指标[BQ]，根据地下工程中地下水、主要结构面产状、初始应力状态的影响对 BQ 值进行修正后确定，其计算式为

$$[\mathrm{BQ}]=\mathrm{BQ}-100(K_1+K_2+K_3) \tag{8.4}$$

式中，K_1 为地下工程地下水影响修正系数；K_2 为地下工程主要结构面产状影响修正系数；K_3 为初始应力状态影响修正系数。

地下岩体基本质量等级是参照《工程岩体分级标准》(GB/T 50218—2014) 中的表格，根据岩体基本质量的定性特征和地下岩体基本质量指标进行综合判断得到的。

8.1.3　TBM 施工中围岩分类与支护设计

TBM 隧道采取的支护手段主要有锚杆支护、喷射混凝土支护、钢拱架支护、混凝土衬砌、注浆以及它们之间的组合支护等，实际应用中可以依据不同围岩条件和施工方法进行相应的优化。隧道支护设计方案的选择依赖于通过围岩分类对围岩所处的环境条件进行恰当评价。TBM 施工中，隧道围岩类别的划分，一般根据前期地质勘探结果确定，但由于地质勘探属于定点采样，钻孔间距较长，不能覆盖隧道施工全过程，使得实际围岩分类与前期勘探结果存在较大差异。TBM 掘进过程中，刀盘覆盖整个掌子面，使工作人员难以直接观察到围岩信息，难以快速、准确地对围岩特性进行现场试验、评估。围岩分类的确定需等岩体出露护盾后，由现场施工人员对围岩情况进行重新评估，并确定相应的支护措施，这种做法存在明显的滞后性，尤其是在遭遇断层等不良地质时，还需项目管理层进行决策，造成支护措施的进一步延迟，可能会造成护盾的卡机，甚至影响施工人员的安全。

掘进参数在很大程度上反映了 TBM 掘进过程中的围岩特性。Nelson 等[7]分析了 FPI 与岩体硬度的关系，两者表现出很强的线性相关。Hassanpour 等[8]使用贯入度指数 FPI 作为围岩分类指标，分析了不同分类下的 UCS、RQD 及影响掘进速率的因素。Fukui 等[9]根据掘进参数估计岩体强度，在此基础上建立了岩体等级分类方法，为支护方式的选择提供依据。孙金山等[10]基于掘进参数与渣料特征，提出了不同地质条件下的岩体质量指标辨识方法。基于掘进参数与岩体强度的强相关性，马池帅等[11]提出了一种基于掘进参数的岩石强度估算算法。因此，利用掘进参数快速获取围岩特性，为施工人员提供及时有效的支护措施，对实现 TBM 安全高效掘进具有重要意义。

本章结合实际工程数据，建立了掘进参数-支护等级数据库。首先利用 SMOTE 过采样技术对少数类支护样本进行样本扩充，然后通过 LightGBM 对掘进参数进行样本特征筛选，最后利用支持向量机多分类算法建立了基于掘进参数的支护等级智能决策模型。

8.2　TBM 支护等级智能决策算法

8.2.1　SMOTE 过采样

当数据样本集不同类别样本量存在差距时，模型分类器在样本量较大的类别中，即多数类样本上，能够学习到较多的信息，而在少数类样本上不能学到足够的信息进行分类，导致分类器能更轻易地识别多数类样本，而在少数类样本上识别精度不高，由此引发的问题为样本不平衡问题。

解决样本不平衡问题的关键在于如何弥补少数类样本在分布信息不足方面的问题，常用方法包括数据采样、代价敏感学习、集成学习、主动学习等[12]。基于数据层面的采样方法简单、直观，倍受研究人员青睐。数据层面解决样本不平衡问题的策略主要包括过采样和欠采样两种方法。在过采样研究中，Chawla 等[13]提出了少数类样本合成技术，该技术通过在“种子样本”与其近邻样本连线，合成新的少数类样本，在一定程度上避免了随机过采样导致的过拟合问题，成为过采样领域的经典算法。

少数类样本合成技术的基本方法是对少数类别样本进行分析和模拟，合成更多新的少数类样本集，从而使原始数据中不同类别样本趋于平衡。假定少数类样本集 $S=[s_1, s_2, \cdots, s_n]$，其中 n 表示少数类样本的容量。利用少数类样本合成算法可将少数类样本扩展为 qn 个新样本，其具体实施步骤如下：

(1) 计算数据集中每个少数类样本 s_i 的 k 个近邻且 $i=\{1, 2, \cdots, n\}$，计算中以欧式距离作为样本间相似性的度量。

(2) 从上述 k 个近邻中随机抽取第 j 个样本 $\tilde{s}_j$，然后在 s_i 和 $\tilde{s}_j$ 之间进行随机线性插值，构造新的少数类样本 s_{new}，即

$$s_{\text{new}} = s_i + \text{rand}(0,1)\left(\tilde{s}_j - s_i\right) \tag{8.5}$$

式中，rand(0,1) 为从区间 (0,1) 中获取的一个随机数；$j=1, 2, \cdots, k$。

(3) 对全部的少数类样本按照步骤 (1)～(2) 进行实施，可合成 qn 个新样本。

8.2.2　LightGBM 样本特征筛选

梯度提升决策树 (gradient boosting decision tree，GBDT) 拥有梯度提升和决策树的功能特性，具有训练效果好、不易过拟合等优点。LightGBM (light gradient boosting machine) 是 GBDT 的一种框架，用于解决 GBDT 在海量数据处理所遇到的问题。LightGBM 采用按叶子分裂的方法，计算代价小，通过控制树的深度和每个叶子节点的最小数据量，避免过拟合现象。LightGBM 选择了基于 Histogram 的决策树算法，可以减小储存成本和计算成本，类别特征的处理也使得 LightGBM 在特定数据下有比较好的性能提升。

TBM 施工中会记录大量的运行参数数据，在其中筛选有助于支护等级智能决策的样本特征，可有效提高支护等级智能决策模型的预测效果。LightGBM 是基于决策树的学习算法，可支持分布式计算，能够自动实现输入特征的贡献度排序，有效实现样本特征筛选。因此，本书采用 LightGBM 对 TBM 施工数据进行支护等级智能决策的样本特征筛选。

1. 分类决策树

分类决策树模型是一种基于树形结构的预测模型，能够对实例进行正确分类。它通过递归选择最优样本特征，建立树形结构，实现分类模型的建立。常见的决策树生成算法包括 ID3、C4.5 和 CART（classification and regression trees）算法。其中 CART 算法既可用作回归，也可用作分类，被广泛用于决策树生成中。CART 算法在用于分类时，通常以 Gini 指数作为评价指标来确定决策树中分割节点，对样本集进行划分。样本集 S 的 Gini 指数表示 S 的不确定程度，计算式为

$$\text{Gini}(S)=1-\sum_{i=1}^{n}p_i^2 \tag{8.6}$$

式中，n 为目标分类数量；p_i 为第 i 个分类类别的概率分布。

在样本特征 B=b 的条件下，对样本集 S 划分为 S_1、S_2 后的 Gini 指数 Gini（S, B）的计算公式为

$$\text{Gini}(S,B)=\frac{|S_1|}{|S|}\text{Gini}(S_1)+\frac{|S_2|}{|S|}\text{Gini}(S_2) \tag{8.7}$$

$$\Delta\text{Gini}=\text{Gini}(S)\text{-Gini}(S,B) \tag{8.8}$$

Gini（S, B）表示经过 B=b 分割后集合 S 的不确定程度，使用样本特征 B=b 进行样本空间划分，引起的 Gini 指数下降程度为 ΔGini，通常将引起 ΔGini 最大者作为划分样本空间的最优节点。通过 CART 算法进行决策树建模的过程就是对数据集进行划分，然后根据每次划分的数据集递归地实现上述过程，直到所有子集被正确分类或者没有可用于分割的样本特征为止，从而建立决策树。

2. GBDT

GBDT 是一种将决策树作为基学习器的集成学习框架。梯度提升（gradient boosting）是在训练中使用分段贪婪算法，以迭代的方式优化下一个子模型的参数。迭代过程中，逐一增加子模型，并且保证损失函数不断减小。假设 $f_i(x)$ 为子模型，由 k 个子模型进行梯度提升训练产生的复合模型为

$$f_k(x)=\sum_{j=0}^{k}\beta_j h(x;b_j) \tag{8.9}$$

GBDT 中使用的基学习器 $h(x;b_j)$ 为决策树模型，第 j 次迭代值为 $f_j(x)=f_{j-1}(x)+\beta_j h(x;b_j)$，其损失函数为 $L[f_j(x),Y]$，令$-g_j(x_i)$表示第 j 次迭代的负梯度方向，i=1,2,⋯,n，则有

$$-g_j(x_i) = -\left[\frac{\partial L(y_i, f(x_i))}{\partial f(x_i)}\right]_{f(x)=f_{j-1}(x)} \tag{8.10}$$

$$(\beta_j, b_j) = \arg\min_{\beta,\alpha}\sum_{i=1}^{n} L\left(y_i, f_{j-1}(x_i) + \beta(x_i; b)\right) \tag{8.11}$$

经过 k 棵决策树的迭代、组合，得到最终的学习器 $f_k(x)$，如图 8.2 所示。

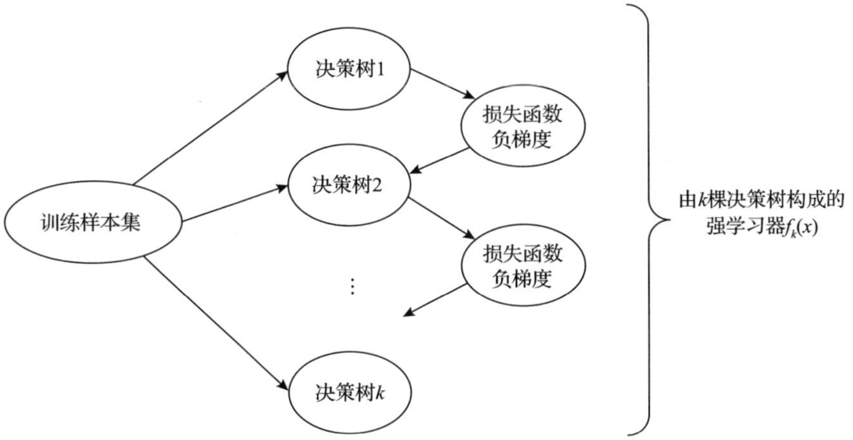

图 8.2　GBDT 框架图

3. 基于 LightGBM 的样本特征选择

样本特征 B 对 LightGBM 模型建立的贡献程度，是构成 LightGBM 的所有决策树中，样本特征 B 引起的 Gini 指数下降程度之和。对构成 LightGBM 决策树中的样本特征 B，其重要度为样本特征 B 的贡献程度占构成 LightGBM 所有样本特征贡献程度的比例。对构成 LightGBM 决策树的所有样本特征重要度排序，一般选择重要度占所有样本特征重要度比例超过 80%的样本特征作为智能模型的最终输入特征。

8.2.3　支持向量机分类

TBM 支护等级智能决策模型的建立，涉及多输入特征向支护等级的非线性映射。支持向量机(support vector machine，SVM)是机器学习中一种强大、灵活的模型，可成功应用于线性和非线性分类、回归甚至异常点检测等方面。

1. 线性分类

假设存在一个线性可分的样本 n 维向量 $\boldsymbol{x}$，给定训练样本集为 $(\boldsymbol{x}_1, y_1)$，$(\boldsymbol{x}_2, y_2)$，$\cdots$，

$(\boldsymbol{x}_l, y_l)$，其中，$\boldsymbol{x} \in R_n, y \in \{\pm 1\}$。SVM 分类的目的是寻找一个不但能将两类样本正确分类，还能使分类间隔达到最大的最佳超平面 $\boldsymbol{w} \cdot \boldsymbol{x} + b = 0$。样本与分类超平面的距离会随着 $\boldsymbol{w}$ 和 b 而改变，为了得到不依赖于 $\boldsymbol{w}$ 和 b 的几何距离，对于所有的样本 $\boldsymbol{x}_i$，设定式 $|\boldsymbol{w} \cdot \boldsymbol{x}_i + b|$ 的最小值为 1，则样本与此最佳超平面的最小距离为 $|\boldsymbol{w} \cdot \boldsymbol{x}_i + b| / \|\boldsymbol{w}\| = 1/\|\boldsymbol{w}\|$，此时分类间隔为 $2/\|\boldsymbol{w}\|$。

超平面方程 $\boldsymbol{w} \cdot \boldsymbol{x} + b = 0$ 能将两类样本正确区分，使分类间隔最大的优化问题可表示为

$$\begin{aligned} & \min \frac{1}{2}\|\boldsymbol{w}\|^2 \\ & \text{s.t.} \quad y_i(\boldsymbol{w} \cdot \boldsymbol{x} + b) - 1 \geqslant 0, \quad i = 1, 2, \cdots, l \end{aligned} \tag{8.12}$$

在线性不可分的情况下，考虑到可能存在一些不能被超平面正确分类的样本，引入非负松弛因子 $\xi_i \geqslant 0 (i = 1, 2, \cdots, l)$，寻优目标函数变为

$$\begin{aligned} & \min \varphi(\boldsymbol{w}) = \frac{1}{2}(\boldsymbol{w} \cdot \boldsymbol{w}) + C\sum_{i=1}^{l} \xi_i \\ & \text{s.t.} \quad y_i(\boldsymbol{w} \cdot \boldsymbol{x} + b) - 1 + \xi_i \geqslant 0, \quad i = 1, 2, \cdots, l \end{aligned} \tag{8.13}$$

式中，C 为事先指定的实数，起到控制错分样本惩罚程度的作用，实现在错分样本的比例和目标函数损失程度之间的“折中”。

采用 Lagrange 方法可将上述问题转化为对偶问题，即求

$$\begin{aligned} & \max Q(\boldsymbol{\alpha}) = \sum_{i=1}^{l} \alpha_i - \frac{1}{2}\sum_{i,j=1}^{l} \alpha_i \alpha_j y_i y_j (\boldsymbol{x}_i \cdot \boldsymbol{x}_j) \\ & \text{s.t.} \quad \sum_{i=1}^{l} y_i \alpha_i = 0, \quad 0 \leqslant \alpha_i \leqslant C, \quad i = 1, 2, \cdots, l \end{aligned} \tag{8.14}$$

求解出系数 $\boldsymbol{\alpha}$、$\boldsymbol{w}$、b 对应的最优解 $\boldsymbol{\alpha}^*$、$\boldsymbol{w}^*$、b^* 后，得到最优分类函数如式(8.15)所示。

$$f(\boldsymbol{x}) = \operatorname{sgn}\left(\sum_{i=1}^{l} \alpha_i^* y_i (\boldsymbol{x}_i \cdot \boldsymbol{x}) + b^*\right) \tag{8.15}$$

2. 非线性分类

以上讨论都是在线性分类超平面的基础上进行的，对于非线性问题，可通过一个变换 $\phi: R^N \to F$ 将输入样本 $\boldsymbol{x}$ 映射到高维特征空间 F，在新空间 F 中使用线

性分类器求最优分类面。在上面的对偶问题中，不论是寻优目标函数还是分类函数都只涉及训练样本之间的内积运算 $(\boldsymbol{x}_i \cdot \boldsymbol{x}_j)$ 。而如果可以找到一个函数 $K(\boldsymbol{x}_i,\boldsymbol{x}_j)=K(\boldsymbol{x}_i)\cdot K(\boldsymbol{x}_j)$，那么通过原空间的函数运算就能实现这种内积运算。根据泛函的有关理论，只要核函数 $K(\boldsymbol{x}_i,\boldsymbol{x}_j)$ 满足 Mercer 条件，它就对应某一变换空间中的内积。因此，在最优分类面中用适当的内积核函数 $K(\boldsymbol{x}_i,\boldsymbol{x}_j)$ 就可以实现将输入空间中的样本映射到高维空间，从而实现某一非线性变换后的线性分类，而计算复杂度却没有增加。此时的寻优目标函数变为

$$Q(\boldsymbol{\alpha})=\sum_{i=1}^{l}\alpha_i-\frac{1}{2}\sum_{i,j=1}^{l}\alpha_i\alpha_j y_i y_j K(\boldsymbol{x}_i,\boldsymbol{x}_j) \tag{8.16}$$

而相应的分类函数式也变为

$$f(\boldsymbol{x})=\operatorname{sgn}\left(\sum_{i=1}^{l}\alpha_i^* y_i K(\boldsymbol{x}_i,\boldsymbol{x})+b^*\right) \tag{8.17}$$

常用的核函数有以下三类：

(1) 多项式核函数是一个全局核函数，每一个样本点都会对核函数的值产生影响。

$$K(\boldsymbol{x},\boldsymbol{x}')=\left(a\boldsymbol{x}^{\mathrm{T}}\boldsymbol{x}'+c\right)^d,\quad d=1,2,\cdots \tag{8.18}$$

当 d 为 1 时，多项式核函数变为线性核函数。

(2) 径向基核函数，又被称为高斯核函数，是一种有着更好的局部性特性的非线性核函数。

$$K(\boldsymbol{x},\boldsymbol{x}')=\exp\left(-\gamma\|\boldsymbol{x}-\boldsymbol{x}'\|^2\right) \tag{8.19}$$

(3) Sigmoid 核函数，采用 Sigmoid 作为核函数时，支持向量机实现的实际是一种多层神经网络。

$$K(\boldsymbol{x},\boldsymbol{x}')=\tanh\left[k\left(\boldsymbol{x}^{\mathrm{T}}\boldsymbol{x}'\right)+v\right] \tag{8.20}$$

3. 多分类问题

SVM 分类解决的是二分类问题，在用 SVM 分类解决多分类问题时，通常采用一对多 (one versus rest, OVR) 或一对一 (one versus one, OVO) 的方式建立模型。其中，OVR 训练时依次把某个类别的样本归为一类，其他剩余的样本归为另一类，

在有 k 个类别的样本的条件下，构造出 k 个 SVM 分类器，分类时将未知样本分为 k 个分类器中具有最大分类函数值的类别。OVO 则是在任意两类样本之间设计一个 SVM，因此 k 个类别的样本需要设计 $k(k-1)/2$ 个 SVM。当对一个未知样本进行分类时，最后得票最多的类别即为该未知样本的类别。

使用OVR的方法建立多分类模型，其优点是只需训练k个分类器，个数较少，其分类速度相对较快。但 OVR 方法中每个分类器的训练都是使用全部的样本作为训练样本，这样在求解二次规划问题时，训练速度会随着训练样本数量的增加而急剧减慢。同时，由于负类样本的数据要远远大于正类样本的数据，会进一步加剧样本不平衡的情况，且这种情况随着训练数据的增加而趋向严重。并且，当有新的类别加进来时，需要对所有的模型进行重新训练。OVO 不存在上述问题，但需要训练 $k(k-1)/2$ 个模型，其计算复杂度较大。

8.3　TBM 支护等级智能决策模型

8.3.1　模型数据库

吉林引松供水工程四标段采用的敞开式 TBM 推进油缸行程为 1.8m，即正常单循环进尺 1.8m。其采用的钢拱架支护原则为：在不良地质段控制掘进进尺，对出露护盾的围岩尽早封闭并加强支护，减少因风化造成的进一步剥落或坍塌，以限制临空面的发展，确保围岩出护盾后的施工安全和施工连续性。采用的钢拱架支护类型共分为无钢拱架支护、1.8m 钢拱架支护间距、0.9m 钢拱架支护间距、0.45m 钢拱架支护间距四类。

在Ⅳ类围岩段，即围岩完整性差、破碎洞段，循环进尺控制在 0.9m，采用 I 16 工字钢钢拱架支护，钢拱架支护间距为 0.9m，结合 TBM 水平撑靴的特殊设计，该工况可正常换步；Ⅴ类围岩条件下，如溶蚀发育、洞顶脱空在 4m 以上、涌泥洞段，循环进尺控制在 0.45m，即钢拱架支护间距为 0.45m，该工况需采用喷射混凝土将撑靴受力范围的钢拱架间距回填密实，等强度达到标准后，撑靴直接作用于喷射混凝土表面，从而提供反力换步。

TBM 掘进过程中通过 PLC 记录的机、电、液相关掘进参数共计 199 个，其中存在大量的常量、桩号记录、时间记录、预警值等不能反映掘进机与岩体相互作用关系的特征项。根据不同样本特征对应物理含义对特征参数进行筛选，选取总推力、刀盘扭矩、推进速度、刀盘转速、推进位移、刀盘转速电位器设定值、推进速度电位器设定值、贯入度、主机皮带机转速、主机皮带机泵电机电流、撑靴压力、顶护盾压力、刀盘功率、左侧护盾位移、右侧护盾位移、左侧护盾压力、右侧护盾压力、前盾滚动角、前盾俯仰角、水平偏差、竖直偏差共计 21 个样本特征作为模型建立的初始输入特征。

在支护数据库的建立中，通过桩号对 PLC 记录数据与钢拱架记录数据进行匹配，提取 PLC 记录数据中稳定掘进段的上述选定特征，通过该条记录的桩号查找对应钢拱架支护方式，建立输入特征、输出特征数据库。由于短时间段内施工记录数据、支护参数都不会发生较大的变化，为减少数据库中样本数量、降低建模成本，提取掘进循环稳定段中每分钟数据样本特征的均值建立数据库。共提取 131304 组数据建立样本空间，其中无钢拱架、1.8m、0.9m 及 0.45m 间距钢拱架样本数分别为 107619 组、12866 组、10065 组及 754 组。

8.3.2　模型建立方法

支护等级在线智能决策的实现包括离线训练和在线决策两个部分。离线训练过程中，基于掘进参数、支护数据实现样本特征筛选与模型训练；而在在线决策阶段，将训练好的模型部署在施工现场，供现场决策系统软件调用，实现支护等级的实时决策。

图 8.3 为 TBM 支护等级智能决策模型建立流程图。在离线训练部分，首先，通过 LightGBM 对掘进参数进行样本特征筛选，然后把样本集划分为训练集、测试集，基于 SMOTE 过采样技术对训练集进行样本扩充，最终在训练集完成对支护等级智能决策模型的训练，并在测试集上对模型预测效果进行评估。

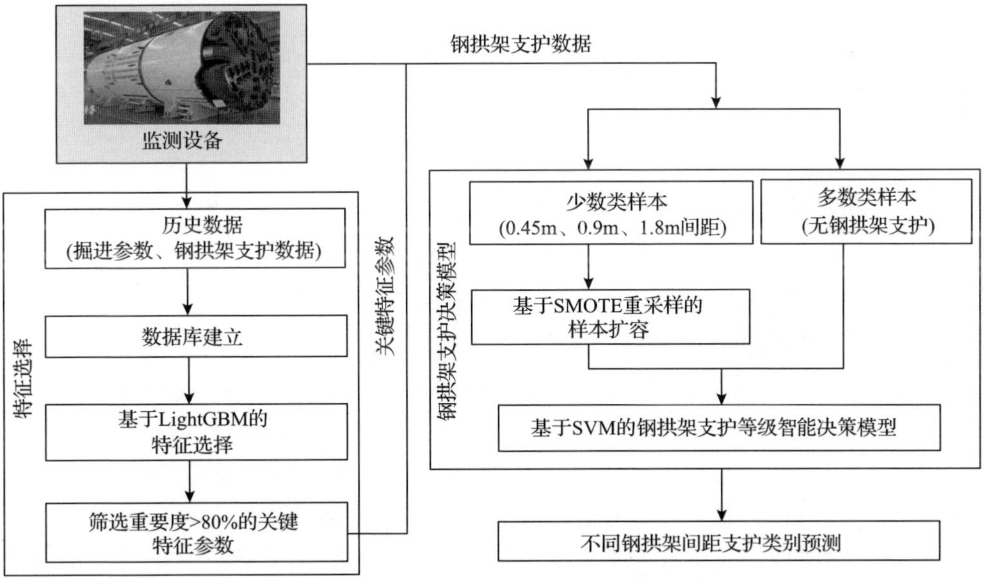

图 8.3　TBM 支护等级智能决策模型建立流程图

在吉林引松供水工程建立掘进数据-支护数据集的基础上，通过对 LightGBM 筛选后的设备运行参数进行重要度排序，对样本特征进行综合考量，最终选择左侧护盾位移、顶护盾压力、右侧护盾位移、撑靴压力、前盾俯仰角、刀盘转速、主机皮带机转速、水平偏差、主机皮带机泵电机电流、竖直偏差、左侧护盾压力、总推力、推进速度电位器设定值、右侧护盾压力、前盾滚动角共计 15 个样本特征作为模型的输入特征，如图 8.4 所示。

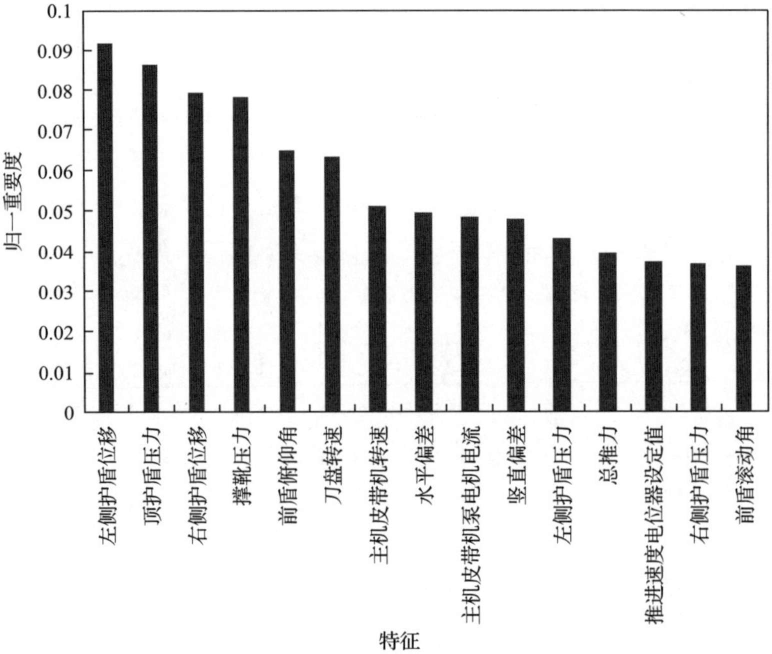

图 8.4　钢拱架预测模型特征重要性排序

按照 3∶7 的比例划分训练集及测试集，其中训练集及测试集上各个类别钢拱架比例与总体保持一致。通过 SMOTE 过采样技术对训练集中的少数样本类进行扩容，即对 0.45m、0.9m 及 1.8m 间距钢拱架类型样本进行扩容，扩容比例分别为 10 倍、10 倍及 100 倍。

在 SVM 模型的建立过程中，采用 OVO 的方式建立多分类 SVM 模型。模型建立过程中，核函数、惩罚因子 C、核函数 γ 值等超参数的选择通过随机网格搜索的方式确定，即在每次迭代中，为每个超参数选择一个随机值，然后对一定数量的随机组合进行评估，选出使模型表现最优的超参数组合。

在线决策阶段，首先加载训练好的支护等级智能决策模型，实时采集 TBM 掘进参数，对掘进状态进行判断，判断掘进进入稳定段后，选择在离线阶段确定的特征参数，作为模型的输入数据，将输入数据输入训练好的决策模型后，将输出结果实时输出，辅助操作者做出支护参数决策。

8.3.3　模型验证

为了评估钢拱架支护智能决策模型的预测效果，采用精确率 *Precision*、召回率 *Rcall*、*F*1 等评价指标对不同支护类型的预测效果进行验证。

$$
\begin{cases}
Precision = \dfrac{\mathrm{TP}}{\mathrm{TP}+\mathrm{FP}} \\
Rcall = \dfrac{\mathrm{TP}}{\mathrm{TP}+\mathrm{FN}} \\
F1 = \dfrac{2Precision \times Rcall}{Precision + Rcall}
\end{cases}
\tag{8.21}
$$

式中，TP 为将正类预测为正类的数量；FP 为将负类预测为正类的数量；FN 为将正类预测为负类的数量。

通过表 8.1 中钢拱架支护决策模型在训练集、测试集的预测效果分析，经过样本特征筛选，采用 SMOTE 算法对训练集扩容后，改善了不同类别支护样本间不均衡现象对模型训练的影响，在测试集中，模型在不同支护类型上的表现都可满足工程需求。

表 8.1　吉林引松供水工程钢拱架支护决策模型的预测效果

钢拱架类型	训练集				测试集			
	精确率/%	召回率/%	*F*1	样本数	精确率/%	召回率/%	*F*1	样本数
无钢拱架	89.99	89.99	0.8999	32286	89.08	89.71	0.8953	75333
0.45m 拱间距	90.51	89.98	0.9024	22600	86.43	82.05	0.8817	528
0.9m 拱间距	89.97	90.13	0.9005	30190	87.86	85.42	0.8898	7046
1.8m 拱间距	89.97	90	0.8999	38600	87.75	84.71	0.8886	9006

参 考 文 献

[1] Deere D U, Hendron A J, Patton F D, et al. Design of surface and near-surface construction in rock[C]//Proceedings of the 8th U.S. Symposium on Rock Mechanics, New York, 1967: 237-302.

[2] 中华人民共和国国家标准. 岩土锚杆与喷射混凝土支护工程技术规范(GB 50086—2015)[S]. 北京:中国计划出版社, 2015.

[3] 中华人民共和国行业标准. 铁路隧道设计规范(TB 1003—2005)[S]. 北京:中国铁道出版社, 2005.

[4] Barton N, Lien R, Lunde J. Engineering classification of rock masses for the design of tunnel support[J]. Rock Mechanics Felsmechanik Mécanique des Roches, 1974, 6(4): 189-236.

[5] Bieniawski Z T. Engineering Rock Mass Classification a Complete Manual for Engineers and Geologists in Mining, Civil and Petroleum Engineering[M]. New York: John Wiley & Sens, 1989.

[6] 中华人民共和国国家标准. 工程岩体分级标准(GB/T 50218—2014)[S]. 北京:中国计划出版社, 2014.

[7] Nelson P, O'Rourke T D, Kulhawy F H. Factors affecting TBM penetration rates in sedimentary rocks[C]// Proceedings of the 24th U.S. Symposium on Rock Mechanics, Texas, 1983: 227-237.

[8] Hassanpour J, Rostami J, Zhao J. A new hard rock TBM performance prediction model for project planning[J]. Tunnelling and Underground Space Technology, 2011, 26(5): 595-603.

[9] Fukui K, Okubo S. Some attempts for estimating rock strength and rock mass classification from cutting force and investigation of optimum operation of tunnel boring machines[J]. Rock Mechanics and Rock Engineering, 2006, 39(1): 25-44.

[10] 孙金山, 卢文波, 苏利军, 等. 基于 TBM 掘进参数和渣料特征的岩体质量指标辨识[J]. 岩土工程学报, 2008, 30(12): 1847-1854.

[11] 马池帅, 陈卫忠, 田洪铭, 等. 基于 TBM 掘进参数的岩石强度估算方法探讨[J]. 岩土力学, 2017, 38(s2): 295-303.

[12] He H, Garcia E A. Learning from Imbalanced Data[J]. IEEE Transactions on Knowledge & Data Engineering, 2009, 21(9): 1263-1284.

[13] Chawla N V, Bowyer K W, Hall L O, et al. SMOTE: Synthetic minority over-sampling technique[J]. Journal of Artificial Intelligence Research, 2002, 16: 321-357.

第 9 章　TBM 掘进姿态智能控制技术

TBM 运动轨迹与隧道设计轴线的位置偏差大小对隧道工程的质量有直接影响，TBM 施工中刀盘偏载、地质变化、围岩扰动等一些难以预测的因素经常会引起掘进轴线的偏移，因此对施工过程中 TBM 姿态进行测量和控制是确保 TBM 按设计轴线掘进的关键[1, 2]。姿态测量与控制技术的研究[3~6]受到广泛重视。本章综合姿态检测、轨迹规划和姿态控制技术介绍了 TBM 智能纠偏技术的相关研究：研发了基于双棱镜监测原理的导向系统以实现 TBM 姿态的自动及高精度测量；通过调研 TBM 操作者、项目测量组、项目技术部等施工专家经验，提炼总结了 TBM 的纠偏规则，基于 S 形纠偏曲线，构建了 TBM 最优纠偏轨迹规划模型；在分析 TBM 调向机构运动方程的基础上，建立了姿态与油缸参数的映射关系。

9.1　TBM 掘进姿态测量模型

9.1.1　TBM 掘进姿态测量原理对比分析

导向系统是全断面隧道掘进机的关键组成部分，是保证隧道安全施工及精准成形的重要保障。当前各类导向系统都具备了采集 TBM 沿隧道设计轴线(desgin tunnel axis，DTA)掘进所需的数据和信息的能力，并能够以数字及图像方式表示 TBM 与 DTA 的相对位置，同时拥有 DTA 计算、位姿检测、轨迹规划、搬站测量、联系测量等功能，可以实时、便捷、准确地进行隧道和 TBM 测量。此外，还提供记录和报表功能，实现对掘进历史数据及故障的查询和检索。导向系统按测量原理可以分为激光靶导向和棱镜导向两大类[7, 8]。

1. 激光靶导向系统

激光靶导向系统核心检测元件包括全站仪、内置双轴倾斜仪的激光靶，如图 9.1 所示。通过激光靶可同时进行 TBM 姿态角、TBM 刀盘中心和盾尾中心坐标的测量与计算。激光靶导向系统产品比较多，其中以 VMT 的 TUnIS 激光导向系统为代表。激光靶导向系统测量精度高，对安装空间要求低，但是在强尘和振动环境中应用时容易出现测量失败等问题，这类问题在盾构和双护盾 TBM 中表现得尤为突出。

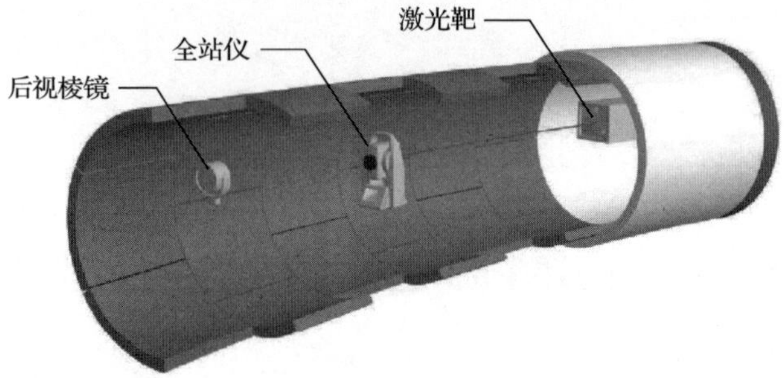

图 9.1　激光靶导向系统组成简图

2. 棱镜导向系统

当前在 TBM 中使用最多的是双棱镜导向系统，其核心检测元件包括全站仪、双轴倾斜仪和开合式棱镜，如图 9.2 所示。工作时通过双轴倾斜仪测量 TBM 滚动角和俯仰角，通过测量开合式棱镜的实时位置得出 TBM 方位角、TBM 刀盘中心和盾尾中心坐标。棱镜导向系统测量装备简单、成本低，在强振动环境中工作可靠性较好。

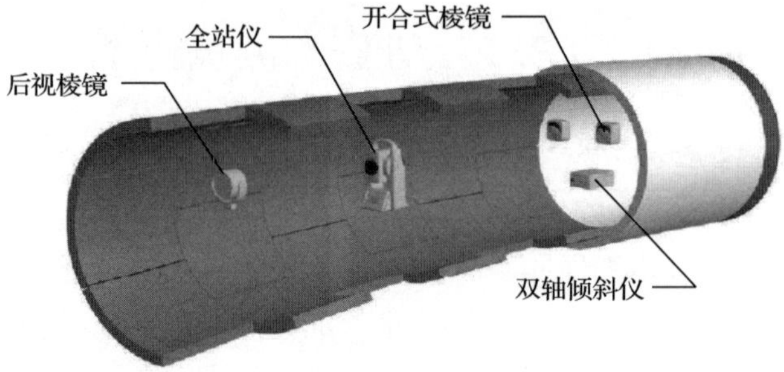

图 9.2　双棱镜导向系统组成简图

9.1.2　双棱镜姿态测量模型

1. TBM 坐标系构建

以 TBM 主机轴线上一点 O 为坐标原点，以掘进方向为 X 轴正向，选择左手坐标系建立 TBM 的相对坐标系。方位角为 XOZ 面绕 Z 轴的旋转角 α，俯仰角为 XOY 绕 Y 轴的旋转角 β，滚动角为 XOZ 面绕 X 轴的旋转角 γ。选择坐标原点 O 和刀盘中心 C 作为测量基准点，在 TBM 盾体上选择处于 YOZ 面上的 3 个位置 O_1、O_2、O_3 作为临时测量点，选择在 TBM 上不同水平面的两个位置处布置棱镜 p_1、p_2，如图 9.3 所示[9]。

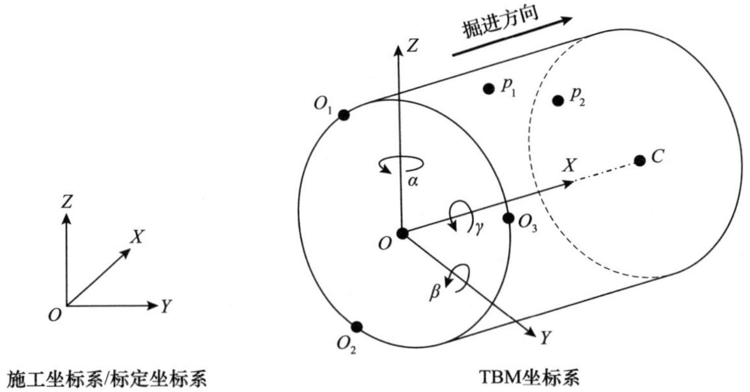

图 9.3　TBM 坐标系

在标定坐标系中分别测定棱镜 p_1、p_2 位置坐标和临时测量位置 O_1、O_2、O_3 的坐标 $(x_i',y_i',z_i'), i=1,2,3$ 。根据式(9.1)可求出原点 O 在标定坐标系中的坐标 (x_0',y_0',z_0')，同理可求出另一基准点轴线上刀盘中心 C 的标定坐标系坐标[10]。经过向量 $\boldsymbol{OC}$ 平移变换，可求得 TBM 坐标系下棱镜 p_1、p_2 坐标和 O、C 点位置坐标 (x_O,y_O,z_O) 和 (x_C,y_C,z_C)。

$$\begin{cases}(x_1'-x_0')^2+(y_1'-y_0')^2+(z_1'-z_0')^2=R^2\\(x_2'-x_0')^2+(y_2'-y_0')^2+(z_2'-z_0')^2=R^2\\(x_3'-x_0')^2+(y_3'-y_0')^2+(z_3'-z_0')^2=R^2\end{cases}\tag{9.1}$$

2. 实时姿态角计算

TBM 掘进过程中全站仪定期测量后视棱镜并不断更新自身在施工坐标系中的坐标，同时不断扫描两个前视棱镜 p_1、p_2，测量出其施工坐标系坐标 (x_{t1},y_{t1},z_{t1})、(x_{t2},y_{t2},z_{t2})。此外，由双轴倾斜仪实时测得 TBM 俯仰角 β_t 和滚动角 γ_t 。TBM 方位角和基准点坐标可以通过式(9.2)～式(9.4)进行坐标变换计算得到。

$$\boldsymbol{T}_x=\begin{bmatrix}1&0&0&0\\0&\cos\gamma&\sin\gamma&0\\0&-\sin\gamma&\cos\gamma&0\\0&0&0&1\end{bmatrix}\tag{9.2}$$

$$\boldsymbol{T}_y=\begin{bmatrix}\cos\beta&0&-\sin\beta&0\\0&1&0&0\\\sin\beta&0&\cos\beta&0\\0&0&0&1\end{bmatrix}\tag{9.3}$$

$$\boldsymbol{T}_z = \begin{bmatrix} \cos\alpha & \sin\alpha & 0 & 0 \\ -\sin\alpha & \cos\alpha & 0 & 0 \\ 0 & 0 & 1 & 0 \\ 0 & 0 & 0 & 1 \end{bmatrix} \tag{9.4}$$

式中，$\boldsymbol{T}_x$ 为 TBM 坐标系绕 X 轴的旋转矩阵；$\boldsymbol{T}_y$ 为 TBM 坐标系绕 Y 轴的旋转矩阵；$\boldsymbol{T}_z$ 为 TBM 坐标系绕 Z 轴的旋转矩阵；$\gamma = \gamma_{\mathrm{t}} - \gamma_0$，$\gamma_0$ 为初始滚动角；$\beta = \beta_{\mathrm{t}} - \beta_0$，$\beta_0$ 为初始俯仰角；$\alpha = \alpha_{\mathrm{t}} - \alpha_{\mathrm{r}}$，$\alpha_{\mathrm{r}}$ 为 TBM 坐标系经过式(9.2)和式(9.3)的变化后得到的回转坐标系中 $\boldsymbol{p}_1\boldsymbol{p}_2$ 方位角，TBM 施工坐标系中 $\boldsymbol{p}_1\boldsymbol{p}_2$ 方位角 α_{t} 可由式(9.5)求得。

$$\alpha_t = \arctan\frac{y_{\mathrm{t}2} - y_{\mathrm{t}1}}{x_{\mathrm{t}2} - x_{\mathrm{t}1}} \tag{9.5}$$

3. TBM 实时坐标计算

设坐标系平移量 $\boldsymbol{L}$ 为

$$\boldsymbol{L} = \begin{bmatrix} 1 & 0 & 0 & 0 \\ 0 & 1 & 0 & 0 \\ 0 & 0 & 1 & 0 \\ x_\Delta & y_\Delta & z_\Delta & 1 \end{bmatrix} \tag{9.6}$$

式中，x_Δ、y_Δ、z_Δ 为的坐标系平移量 $\boldsymbol{L}$ 的空间分量。

TBM 施工坐标系下实时坐标可由式(9.7)得到

$$\begin{bmatrix} x_{\mathrm{t}} & y_{\mathrm{t}} & z_{\mathrm{t}} & 1 \end{bmatrix} = \begin{bmatrix} x & y & z & 1 \end{bmatrix} \boldsymbol{T}_x \boldsymbol{T}_y \boldsymbol{T}_z \boldsymbol{L} \tag{9.7}$$

式中，x_{t}、y_{t}、z_{t} 为施工坐标系坐标；x、y、z 为 TBM 坐标系坐标。

将棱镜 p_1、p_2 在 TBM 坐标系和施工坐标系中的实时坐标代入式(9.7)求出平移量 $\boldsymbol{L}$，再将基准点 O、C 在 TBM 坐标系中的坐标代入式(9.7)，即可求出基准点在施工坐标系中的实时坐标。

9.2　TBM DTA 轨迹跟踪模型

9.2.1　纠偏规则分析

TBM 纠偏控制是 TBM 施工控制的关键技术，在实际掘进过程中，TBM 受设备自重、围岩类型多变等因素的影响，掘进方向经常会偏离设计轴线，造成许多不良后果：①隧道严重超欠挖，增大后期工程量；②蛇形轨迹、屋脊状表面、结构变形，降低隧道质量；③管片错台、损伤；④盘形滚刀提前损坏，增加换刀次数和配件成本。

在 TBM 施工中应将偏差严格控制在允许的范围内。通过对吉林引松供水工程、兰州水源地工程、大瑞铁路工程、EH 工程等项目的敞开式 TBM 进行纠偏规则调研，形成了如下纠偏轨迹规划的约束条件：

(1) 单次调向间隔掘进距离 250mm，使滚刀在承受新应力之前有足够的时间和距离开挖出一个新的断面。

(2) 垂直或水平调向，单次调向边滚刀移动量 3mm，特硬岩地质 2mm，以防边滚刀损坏。

(3) TBM 每掘进 1m 单次方位角最大变化 8mm，否则会造成仰拱块铺设困难，后配套难于通过。

(4) 在 254mm 的掘进距离上，边刀偏移不超过 13mm，避免刀座或刀体接触洞壁而造成损坏。

(5) 在 915mm 的掘进距离上，边刀偏移不超过 25mm，避免铲斗刮刀与洞壁接触磨损。

(6) 原则上最大水平偏差和竖直偏差不能超过 60mm，在超过 40mm 时需退刀盘调整趋势角重新掘进。

9.2.2　纠偏轨迹模型

传统的纠偏曲线通常为三次抛物线，首先根据隧道的设计模型列出纠偏曲线曲率半径的方程，其次以曲率半径取最小值时为最优条件，最后以纠偏曲线与隧道设计轴线满足的几何关系为约束条件求出纠偏曲线的待定参数，这种方法往往难以列出约束条件方程，且求解过程复杂[11, 12]。因此，本书提出一种使用连续反向圆弧的 S 形纠偏曲线模型，S 形纠偏路径示意图如图 9.4 所示。

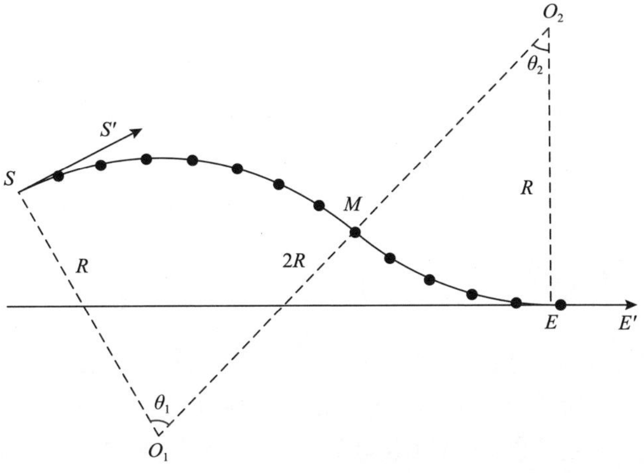

图 9.4　S 形纠偏路径示意图

设纠偏曲线起始点和终点坐标为(x_S, y_S, z_S)和(x_E, y_E, z_E)，对于S形曲线来说两个反向相切圆弧的圆心O_1和O_2坐标分别为

$$\begin{cases} x_{O_1} = x_S + R\cos\beta_S, \quad y_{O_1} = y_S + R\sin\beta_S \\ x_{O_2} = x_E + R\cos\beta_E, \quad y_{O_2} = y_E + R\sin\beta_E \end{cases} \tag{9.8}$$

式中，β_S为起始点与终点连线SE的方位角，若圆心O在SE左侧，则$\beta_S=\alpha-\pi$，否则$\beta_S=\alpha+\pi$；β_E为终点E的方位角；R为S形纠偏曲线的半径。

两圆弧交点M的坐标为

$$\begin{cases} x_M = 0.5\left(x_{O_1} + x_{O_2}\right) \\ y_M = 0.5\left(y_{O_1} + y_{O_2}\right) \end{cases} \tag{9.9}$$

纠偏曲线里程为

$$L = 2R\left[\arcsin\left(\frac{\|S_{MS}\|}{2R}\right) + \arcsin\left(\frac{\|S_{ME}\|}{2R}\right)\right] \tag{9.10}$$

两圆心距离为

$$\sqrt{\left(x_{O_1}^2 - x_{O_2}^2\right) + \left(y_{O_1}^2 - y_{O_2}^2\right)} = 2R \tag{9.11}$$

由式(9.8)～式(9.11)可得

$$R = \frac{-b \pm \sqrt{b^2 - 4ac}}{2a} \tag{9.12}$$

式中，

$$a = 4 - (\cos\beta_E - \cos\beta_S)^2 - (\sin\beta_E - \sin\beta_S)^2$$

$$b = -2\left[\left(x_{O_2} - x_{O_1}\right)(\cos\beta_E - \cos\beta_S) + \left(y_{O_2} - y_{O_1}\right)(\sin\beta_E - \sin\beta_S)\right]$$

$$c = -\left(x_{O_2} - x_{O_1}\right)^2 - \left(y_{O_2} - y_{O_1}\right)^2$$

纠偏曲线如成立，需满足式(9.12)，从最近的DTA位置开始计算，第一个满足此条件的DTA位置的S形路径为此时的最短纠偏曲线。

纠偏规则(1)限定了纠偏离散点的距离l，纠偏规则(2)、(3)则限定了纠偏路径的半径R_{alc}、R_{ala}。

根据图 9.5 所示的几何关系有

$$R_{\mathrm{alc}}=\frac{l}{\arccos\left(1-\dfrac{l_{\mathrm{cof}}}{R_{\mathrm{cut}}}\right)} \tag{9.13}$$

式中，R_{alc} 为在单次调向最大边滚刀移动量条件下允许的最大调向半径；l_{cof} 为单次调向边滚刀移动量；R_{cut} 为刀盘半径。

在单次调向最大方位角条件下允许的最大调向半径 R_{ala} 计算式为

$$R_{\mathrm{ala}}=l\theta_{\mathrm{aco}} \tag{9.14}$$

式中，θ_{aco} 为单次调向最大方位角。

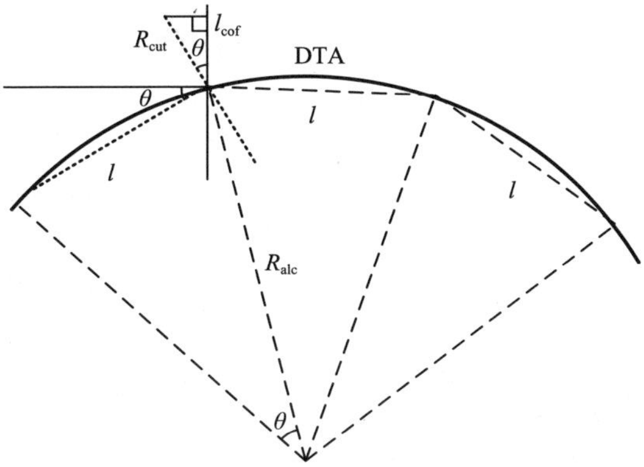

图 9.5　纠偏规则计算示意图

9.3　TBM 掘进姿态控制运动学模型

9.3.1　TBM 水平调向方程

对敞开式 TBM 调向机构进行运动学分析，由于岩体对 TBM 护盾的约束作用，刀盘中心可视为调向运动的回转中心，TBM 左、右撑靴油缸和主梁均布置有位移传感器，如图 9.6 所示。

TBM 转动角计算公式为

$$\varphi=\arcsin\frac{l_{\mathrm{rig}}-l_{\mathrm{lef}}}{2\left(s_0+s\right)} \tag{9.15}$$

式中，s_0 为刀盘回转中心至鞍架十字销中心的最短距离；s 为位移传感器 1 测得的推进位移；l_{rig}、l_{lef} 分别为位移传感器 2、3 测得的左右撑靴油缸位移。

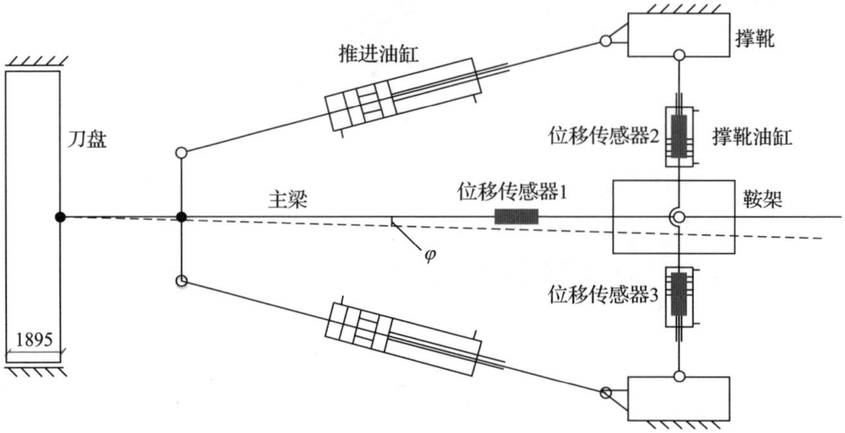

图 9.6　水平调向机构简图

TBM 水平调向方程为

$$\begin{cases} \varphi_{con} = \varphi + \dfrac{l}{R} \\ l'_{rig} = l_0 + (s_0 + s)\sin\varphi_{con} \\ l'_{lef} = l_0 - (s_0 + s)\sin\varphi_{con} \end{cases} \tag{9.16}$$

式中，l'_{rig}、l'_{lef} 为左右撑靴油缸的行程；φ_{con} 为控制转向角（当前转动角与调向变化量之和）；l_0 为 TBM 转向角为 0 时撑靴油缸位移。

9.3.2　TBM 竖直调向方程

同样在岩体的约束条件下，刀盘中心可视为竖直调向运动的回转中心，在 TBM 左、右扭矩油缸上分别布置位移传感器 4、5，如图 9.7 所示。

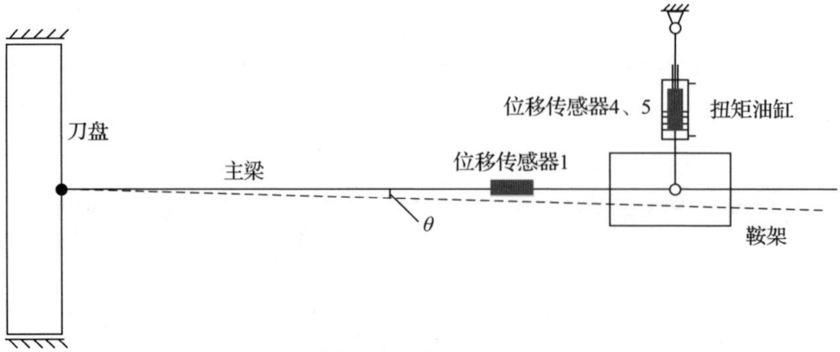

图 9.7　竖直调向机构简图

TBM 俯仰角计算公式为

$$\theta=\arcsin\frac{l_{\text{ltor}}+l_{\text{rtor}}}{2\left(s_0+s\right)} \tag{9.17}$$

式中，l_{ltor}、l_{rtor}分别为位移传感器 4、5 测得的左右扭矩油缸位移。

TBM 竖直调向方程为

$$\begin{cases}\theta_{\text{con}}=\theta+\dfrac{l}{R}\\ l'_{\text{ltor}}=l'_{\text{rtor}}=l'_0+\left(s_0+s\right)\sin\theta_{\text{con}}\end{cases} \tag{9.18}$$

式中，l'_{ltor}、l'_{rtor}为左右扭矩油缸的控制行程；θ_{con}为控制俯仰角(当前俯仰角与调向变化量之和)；l'_0为 TBM 俯仰角为 0 时扭矩油缸位移值。

9.4　TBM 掘进姿态智能控制系统

9.4.1　TBM 掘进姿态智能控制系统构成

TBM 掘进姿态智能控制系统由姿态计算模块、路径规划模块和姿态控制模块组成，如图 9.8 所示。

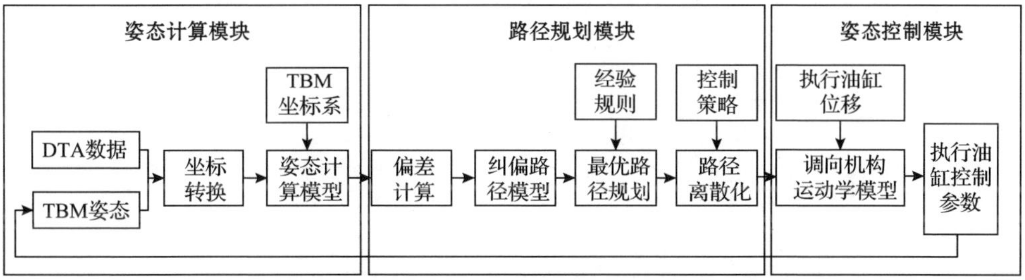

图 9.8　TBM 掘进姿态智能控制系统构成

将 DTA 与纠偏曲线离散为间隔 1m 的线元，线元两端为控制点。在每个控制点进行姿态调整，将 TBM 调向控制过程分解为步进式进行，当 TBM 到达每个控制点时，计算当前偏差量，分析是否与 DTA 或者纠偏曲线偏离，从而决定是否进行纠偏或者重新纠偏。根据纠偏曲线进行姿态控制时，通过计算当前控制点与下一控制点之间的姿态角变化，在读取当前调向油缸实时值的基础上，通过调向方程进行油缸参数控制变量的计算。在油缸自动执行层可以通过 PLC 的模糊 PID 控制模块进行精确控制。TBM 姿态智能控制策略流程如图 9.9 所示。

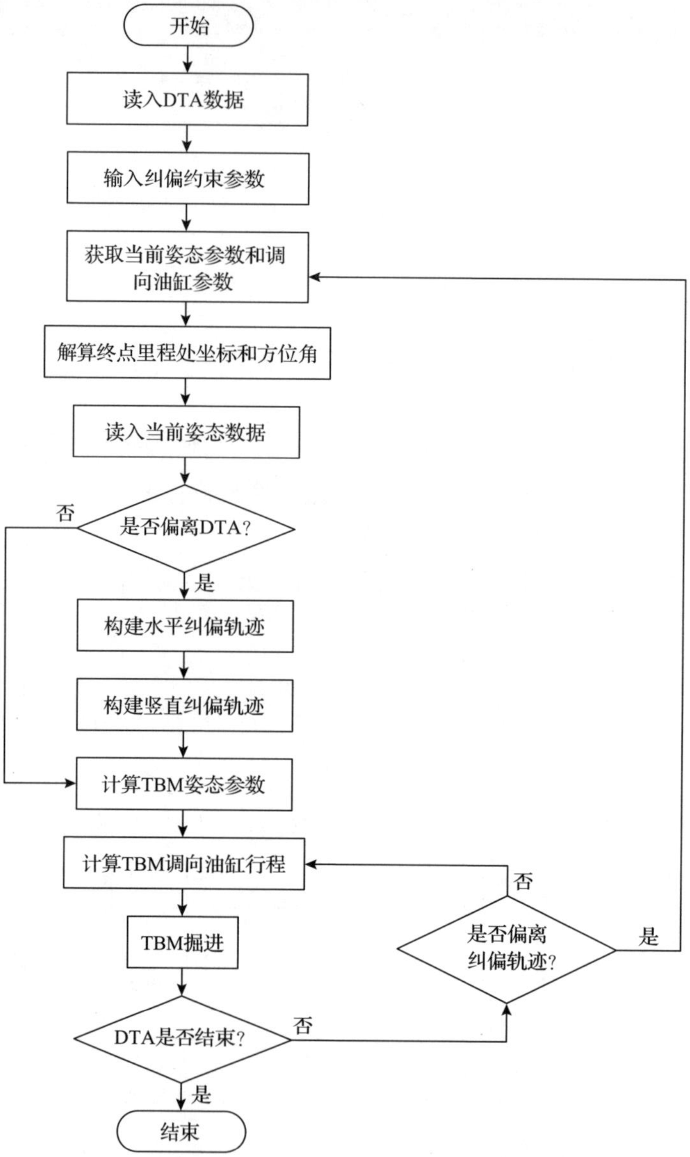

图 9.9　TBM 姿态智能控制策略流程

9.4.2　TBM DTA 轨迹跟踪仿真分析

对大瑞铁路Ⅱ标段“彩云号”TBM 掘进过程中不同偏移及掘进状态进行模拟分析，结果如图 9.10 所示，ΔH 、θ_{yaw} 分别为当前 TBM 水平偏差和相对方位角(相对 DTA 的夹角)。由图 9.11 可以看出，TBM 在多种偏移状态下均可实现最短纠偏路径规划，在没有偏移 DTA 时继续沿当前方位掘进。

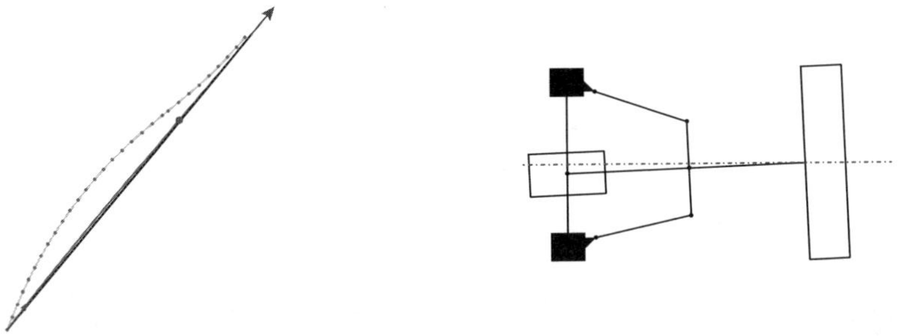

(a) ΔH=21mm, θ_{yaw}=2°, Δl_{cof}=3mm, θ_{aco}=8mm/m, R_{cor}=350mm, l=1m, L=30m, l_{rig}=281mm, s=1590mm

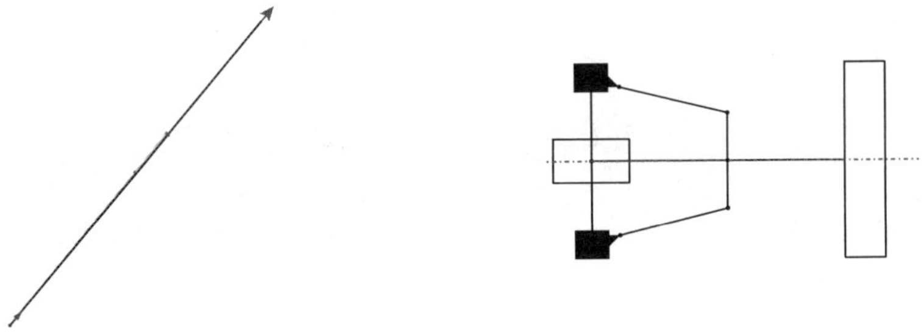

(b) ΔH=0mm, θ_{yaw}=0°, Δl_{cof}=3mm, θ_{aco}=8mm/m, R_{cor}=350mm, l=1m, L=0m, l_{rig}=440mm, s=698mm

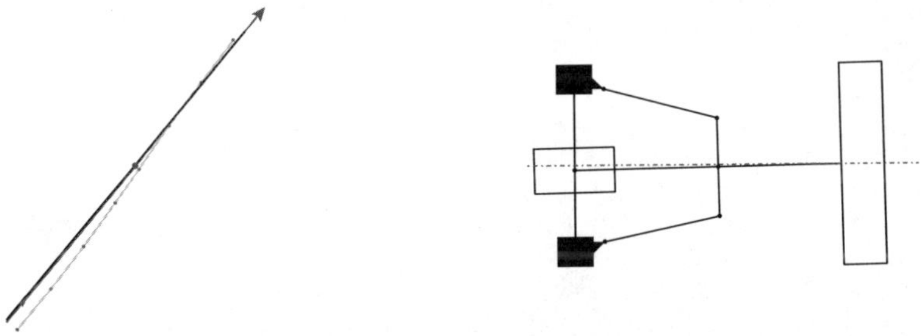

(c) ΔH=−43mm, θ_{yaw}=0.01°, Δl_{cof}=3mm, θ_{aco}=8mm/m, R_{cor}=350mm, l=1m, L=7m, l_{rig}=220mm, s=728mm

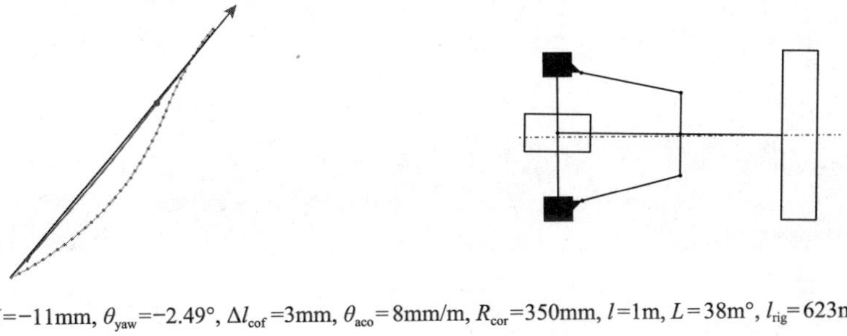

(d) ΔH=−11mm, θ_{yaw}=−2.49°, Δl_{cof}=3mm, θ_{aco}=8mm/m, R_{cor}=350mm, l=1m, L=38m°, l_{rig}=623mm, s=1000mm

图 9.10　不同偏移及掘进状态下 TBM 轨迹规划与姿态控制

9.4.3 中铁装备导向系统介绍

中铁装备导向系统由全站仪、马达棱镜、双轴倾斜仪、控制箱、工业电脑、电台和电池组成。图 9.11 为全站仪和电台实物图，图 9.12 为激光靶和电测实物图。导向系统具备 DTA 计算、方位测量、自动测站、地图表达等功能。导向系统的主界面与纠偏界面如图 9.13 和图 9.14 所示。

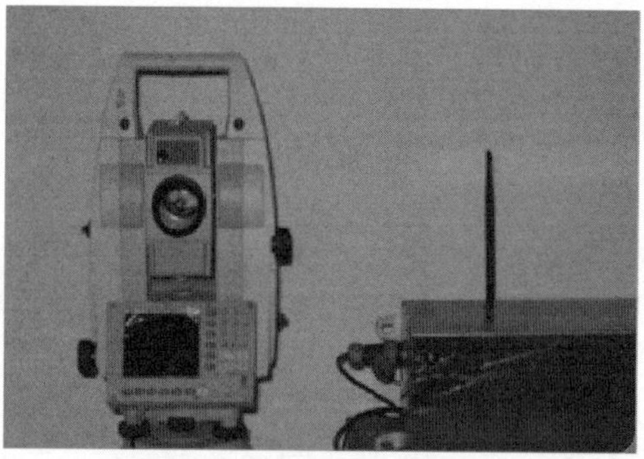

图 9.11 全站仪和电台实物图

图 9.12 激光靶和电测实物图

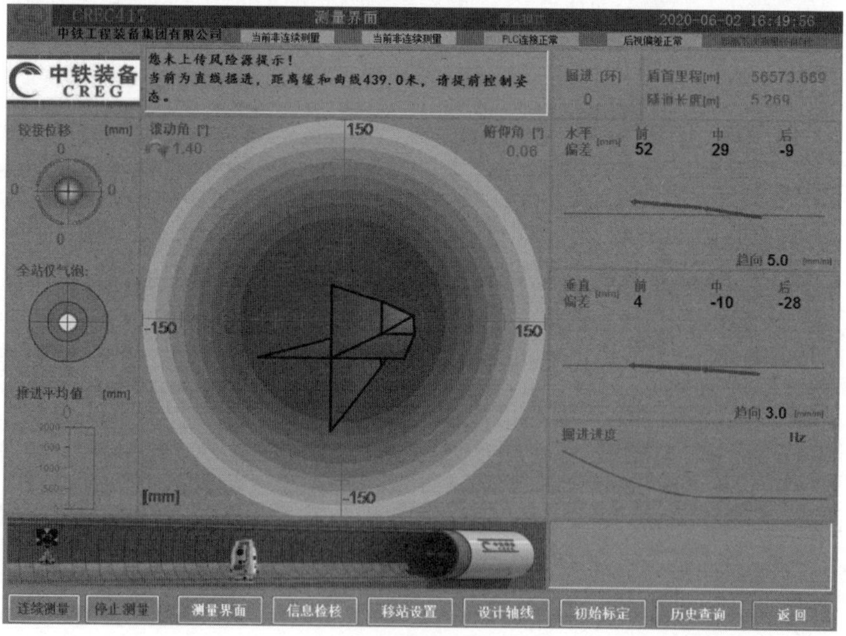

图 9.13 导向系统主界面

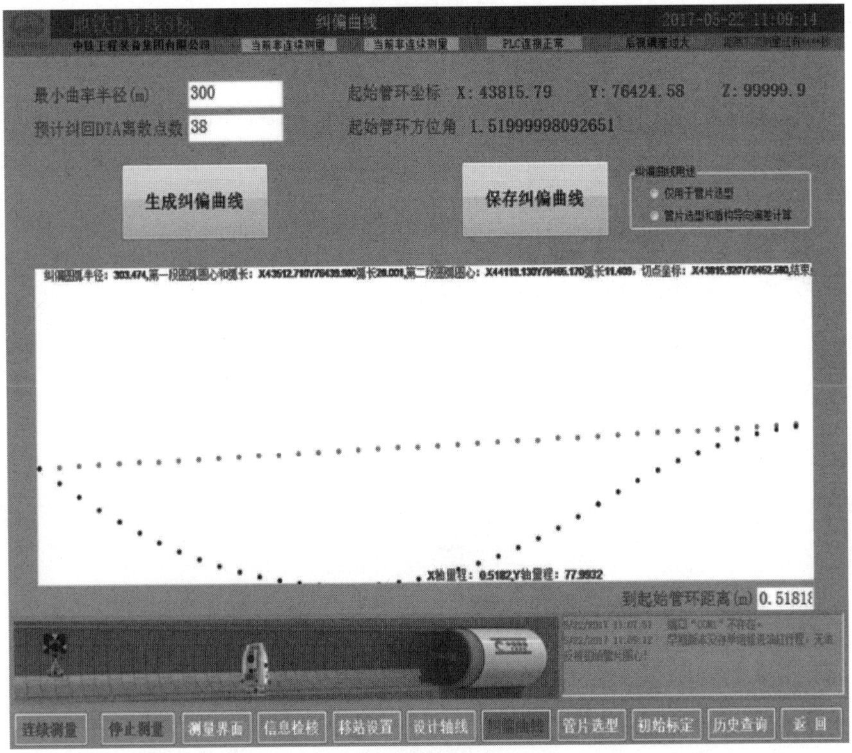

图 9.14　导向系统纠偏界面

参 考 文 献

[1] 刘宣宇, 邵诚. 盾构机自动控制技术现状与展望[J]. 机械工程学报, 2010, 46(20): 156-164.

[2] 张春草, 张剑波, 朱国力. 基于多传感器融合的 TBM 姿态角测量方法[J]. 华中科技大学学报(自然科学版), 2015, 43(12): 48-51, 81.

[3] 龚国芳, 洪开荣, 周天宇, 等. 基于模糊 PID 方法的盾构掘进姿态控制研究[J]. 隧道建设, 2014, 34(7): 81-87.

[4] Yue M, Sun W, Hu P. Dynamic coordinated control of attitude correction for the shield tunneling based onload observer[J]. Automation in Construction, 2012, (24): 24-29.

[5] Nakano Y, Sugimoto S, Arai H. A method to measure position and attitude of a tunneling machine[J]. Electronics and Communications in Japan, 2010, 71(3): 1-9.

[6] 潘国荣, 王穗辉, 陈传林, 等. 盾构姿态自动测量系统的开发与应用[J]. 同济大学学报, 2010, 38(3): 459-463.

[7] 高墅. 常见盾构全站仪导向系统的对比分析[J]. 现代隧道技术, 2015, 52(5): 200-205.

[8] 张厚美, 古力. 盾构机姿态参数的测量及计算方法研究[J]. 现代隧道技术, 2004, 41(2): 14-21.

[9] 唐争气, 赵俊三, 彭国新. 盾构机实时姿态测量和计算方法的研究[J]. 土木工程学报, 2007, 40(11): 92-97.

[10] 王建林, 林海荣. 盾构导向系统的研制与应用[J]. 隧道建设, 2016, 36(12): 1531-1538.

[11] 孙晓丽, 李效超, 王智. 地铁盾构隧道轴线测量及纠偏曲线设计[J]. 城市勘测, 2014, (2): 138-140.

[12] 彭丹, 刘新根, 齐磊, 等. 一种基于S型曲线的盾构机轨迹控制方法: 中国, 102996137A[P]. 2013-03-27.

第 10 章　TBM 辅助智能化施工系统应用

TBM 辅助智能化施工系统(TBM-SMART)是集成岩-机信息感知与评价、掘进参数优化、智能支护决策以及智能导向等多功能于一体的智能终端。本章结合现场实际需求，介绍了 TBM-SMART 的设计目标及原则，建立了 TBM-SMART 的体系架构，在此基础上设计了辅助驾驶、设备感知、岩体感知、智能导向和智能支护五个功能模块，完成了 TBM-SMART 软硬件系统的开发，并以吉林引松供水工程为依托，开展了 TBM-SMART 的现场搭载与应用。

10.1　TBM-SMART 技术架构

TBM-SMART 是搭载于 TBM 的智能终端，除原有 TBM 机电液信息监控外，还需要获取设备关键部件及岩体状态信息等多源异构数据。TBM-SMART 可实现关键数据实时分析，并提供辅助决策的功能，与原有上位机等系统功能相比，其架构设计更合理、功能更齐全。

1. 设计目标

TBM-SMART 设计以辅助 TBM 智能化施工为目的，通过开发 TBM-SMART 智能终端，实现 TBM 施工信息统一化管理、施工流程程序化处理和掘进全过程智能化的决策分析。

(1) 统一的信息管理平台。TBM 施工过程中产生的数据来源广泛且格式多样，通过开发 TBM-SMART，将 TBM 掘进产生的数据进行统一化管理，利用信息抓取、存储等技术，实现数据展示与共享。

(2) 施工流程程序化处理。一个完整的 TBM 施工循环包括开挖、支护、调向、换步等工序，TBM-SMART 将施工中不同工序的数据信息进行有效整合分类，提高施工流程的效率和质量。

(3) 智能化的决策支持。利用 TBM-SMART 对各种施工数据进行分析和挖掘，为 TBM 操作者提供掘进参数的优化，为技术人员提供围岩支护、姿态调节等决策支持。

2. 设计原则

依据设计目标，TBM-SMART 的开发主要遵循以下原则：

(1) 实用性原则。TBM-SMART 的目标是在施工现场辅助 TBM 操作者完成掘进作业，其应用环境具有通信响应快、网络协议复杂、数据格式多样等特点，这对 TBM-SMART 的反应速度与实用性提出了较高要求，因此选择由系统速度快、用户体验好、处理能力强且可以实现复杂业务功能的 C/S 架构进行系统开发[1]。

(2) 扩充性原则。不同工程 TBM 直径差异大，常规 TBM 直径在 3～12m 范围内，15m 级的超大直径 TBM 也正处在研发当中，同时所掘隧道岩性千差万别，因此目前还没有能够适用于所有工况的控制模型或者数据分析模型。为满足不同用户、不同项目对 TBM-SMART 的应用需求，使模型具有可迁移性和可扩展性，同时满足本系统与其他同级系统或上级系统的接口要求，使系统具有良好的可扩充性和互操作性，需要在系统结构、数据库结构、配置容量、连接能力等方面应留有足够的扩充空间，以便对系统进行升级和扩展。

(3) 可靠性原则。在详细分析 TBM-SMART 现场应用需求的基础上，确保数据安全和功能完备，使系统具有充分的可靠性和安全性。

3. 功能设计

通过对每个施工工序开展功能需求分析，将 TBM-SMART 要实现的功能划分为系统管理、可视化查询、数据分析、数据管理、优化决策五个方面，如图 10.1 所示。

(1) 系统管理。该部分功能包括：①系统日期/时间设定；②系统设置和退出；③实现普通用户、高级用户和管理员三类不同用户的管理。

(2) 可视化查询。该部分功能包括：①实时显示 TBM 设备的 3D 模型，刀盘、撑靴、护盾等设备重要部位以及围岩随真实情况动态变色和运动，3D 模型可根据用户在工业电脑屏幕上的操作改变视角和大小；②显示前期地质勘察报告的地质剖面图，实时显示 TBM 当前位置，能够获取当前里程处的岩性、围岩类别、埋深等数据。

(3) 数据分析。该部分功能包括：①岩体信息感知；②岩体渣片图像分析，标记渣片边缘轮廓，统计渣片的数量、尺寸等信息；③设备关键部位振动、受力等信息分析。

(4) 数据管理。该部分功能包括：①实时显示当前时间、桩号、设备运行主要参数(总推力、扭矩、转速、贯入度、滚刀法向力等)；②各类数据的存储、编辑和删除等；③数据库的建立。

(5) 优化决策。该部分功能包括：①当前掘进参数下渣片的综合评价；②TBM

关键部件运行状态的综合评价；③当前支护状态的建议；④当前掘进姿态的导向建议；⑤当前掘进参数的优化建议。

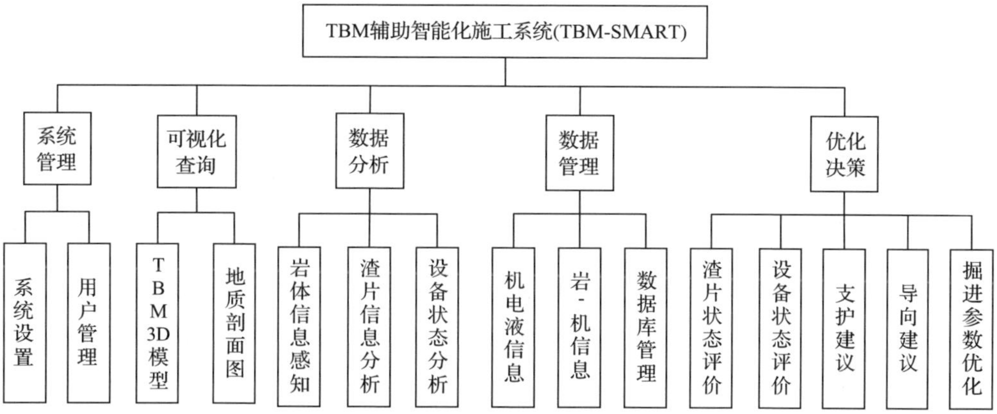

图 10.1　TBM-SMART 总体功能架构

4. 体系结构设计

TBM-SMART 集 TBM 施工过程实时监控、分析及决策于一体，结合其功能设计并根据系统中数据的处理流程，将整个系统架构划分为数据采集层、数据分析层、实时决策层，如图 10.2 所示。

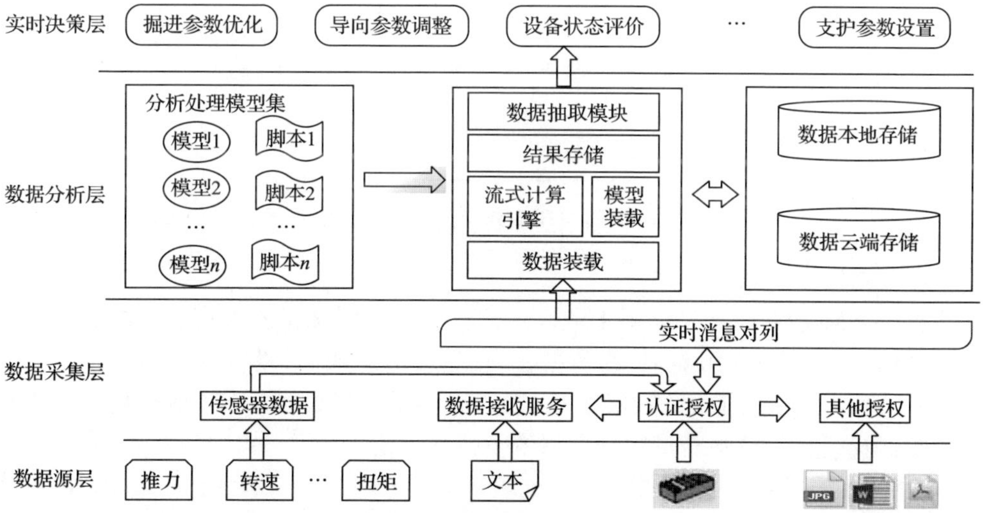

图 10.2　TBM-SMART 体系结构

在数据采集层，TBM-SMART 数据装载模块负责接入来自传感器等装置传输过来的实时流数据，数据抽取模块负责批量抽取历史数据；在数据分析层，模型装载模块负责将分析处理模型加载到系统中，系统能够根据分析处理模型实时计算出相应的指标，并进行判断，获得相应结果；在实时决策层，依靠数据分析层的结果提供优化建议，TBM 操作者判定是否执行相关动作。

5. 系统开发

依据 TBM-SMART 体系结构，按照从下至上原则，依次开发 TBM-SMART 与大数据中心通信方式、数据库设计、TBM 施工数据采集、模型更新与实时决策等模块。

1)通信方式

TBM-SMART 安装于 TBM 主控制室内，通过光纤与外界连接，在地面和 TBM 上安装专用路由器，使 TBM-SMART 所在工业电脑直接连接到互联网，与通信服务器建立连接。通过设置路由器控制 TBM 所在局域网内的其他网络设备与外界隔离，确保设备和数据的安全性。

通信服务器将服务器数据库、大数据分析、图像处理、视频处理等结果传送至 TBM-SMART，TBM-SMART 向通信服务器传送现场各类数据和请求信息，如图 10.3 所示。

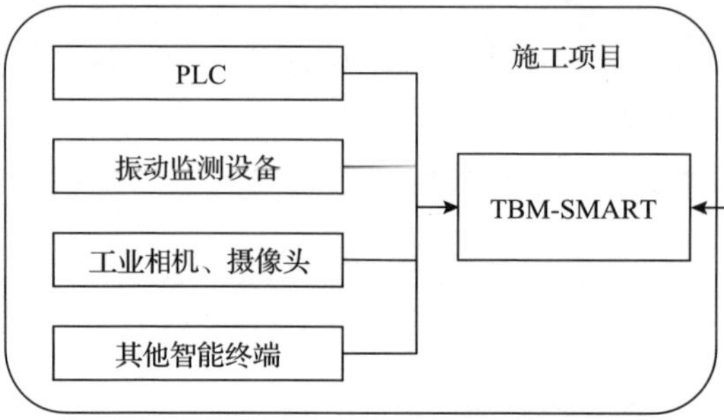

图 10.3　TBM-SMART 通信方式

2)数据库设计

TBM-SMART 数据库采用本地运行的形式，选用开源的 MySQL 数据库。根据 TBM-SMART 的应用需求，将数据分为三类：地质数据、设备及其感知的数据、缓存和日志，共建立 11 张数据表，用于存储地质勘察数据、不良地质数据、设备实时数据及缓存、设备常量数据、系统及操作日志。

3)TBM 施工数据采集与传输

TBM 施工数据包含 TBM 设备数据与渣片、振动等数据。TBM 设备数据主要通过 PLC 连接现场传感器进行采集。在 TBM-SMART 开发过程中，系统通过 OPC (OLE for process control) 标准访问 PLC。OPC 是由 OPC Foundation 机构维护和管理，以 Microsoft 的 OLE(object linking and embedding)、COM(component object model）和 DCOM（distributed component object model）技术为基础，在各种工业控制软件之间进行信息交互的一组接口规范。采用客户端/服务器模式，将开发访问接口的任务放在硬件生产厂家或第三方厂家，在工业控制设备和应用软件之间建立统一的数据存储规范，实现系统的集成，提高系统的开放性和互操作性[2]。OPC 服务器安装于 TBM-SMART 所在工业电脑上。

TBM-SMART 以 OPC 客户端的身份轮询访问 OPC 服务器，将数据缓存于本地数据库，然后定时将缓存中的数据按时间顺序分段打包发送至大数据中心。

对于渣片图片与设备关键部位振动等数据的采集与传输，首先需要将数据缓存在本地数据库，TBM-SMART 在读取本地存储的照片及振动数据后，传输至大数据中心。

4）模型更新

基于响应速度和安全性考虑，将数据分析层中岩-机关系、智能决策等需要利用大数据集群长时间计算的模型放至大数据中心服务器运行。服务器将数据挖掘得出的模型关键参数按一定的时间间隔传输至 TBM-SMART，保证了模型的持续更新，这些模型参数在较长时间内不会变更。当满足以下两种情况时，模型进行自动更新。

（1）当服务器建模数据库的样本数据量超过建模时样本数据量的 30%时，启动模型再次训练，对训练后的模型进行测试，优于当前模型的预测结果时，替换现有模型。

（2）当模型的预测准确度持续低于设定阈值时，如智能决策模型设定的准确度阈值为 80%，当持续 10 次预测准确度低于人工判断值的 80%时，向云平台发出模型更新请求，启动模型更新。

5）数据分析与实时反馈

TBM-SMART 利用智能决策模型，实时计算出对 TBM 设备和施工的状态评价、操作建议、围岩性质预测等信息。

通过大数据中心服务器对渣片照片进行预处理、梯度变换、分水岭、区域生长、参数筛选等操作，将结果以参数化的形式传输至 TBM-SMART，根据参数绘制处理结果图像，并根据计算出的渣片数量、粒径、面积提供相应的岩体评价，便于 TBM-SMART 智能掘进系统根据当前渣片情况调整掘进参数。渣片识别过程为全自动，不需要或仅需要少量人工参数调节，此外技术人员也可以现场对参数进行相应的调整。

TBM-SMART 对设备振动状态的分析方法是通过对监测的加速度振动信号进行时域分析和频域分析，求取其时域特征和频域特征指标。通过对时域图和频域图的分析，可掌握设备的运行状态信息，当设备振动信号异常时，利用 Hibert 变换的方法进行包络解调，可以精准地得到振动信号，振动信号中包含设备故障的关键信息，从而反映出设备异常运行的原因，依据获得的信息实时调整掘进参数，保证 TBM 在合理的振动范围内掘进。

10.2　TBM-SMART 功能模块

TBM-SMART 包括辅助驾驶、设备感知、岩体感知、智能导向和智能支护等五个功能模块，如图 10.4 所示。其中岩体感知和智能支护两个功能模块是地质状态的映射；智能导向、设备感知是设备状态的映射；辅助驾驶模块汇总岩体与设备的共同信息，辅助 TBM 操作者做出科学决策。

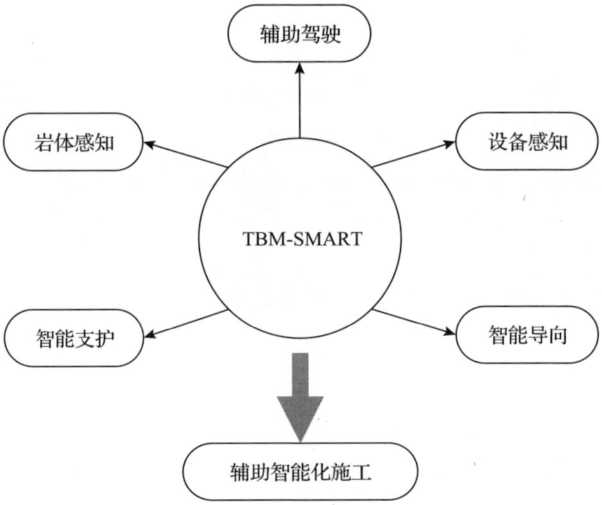

图 10.4　TBM-SMART 功能模块

1. 辅助驾驶

辅助驾驶模块是 TBM-SMART 的主界面，主要用于核心参数数据计算与展现，包含虚拟掘进功能、掌子面岩体状态实时感知、设备状态评价、设备控制参数智能推荐、雷达图/趋势分析图、施工建议措施等单元，模块界面如图 10.5 所示。

(1) 虚拟掘进单元采用 3D 方式实现虚拟效果，以数据实时驱动方式仿真 TBM 当前工作状态和所处围岩情况，其中虚拟掘进单元与其他单元之间以 Socket 方式进行通信，Socket 通信方式传输数据时间短、性能高，能够保证在数据变化时动态展示 TBM 工作状态。

(2) 雷达图单元直观显示总推力、贯入度、扭矩、刀盘转速、推进速度实时值与额定值之间的比例关系，为 TBM 操作者提供实时预警，实现相关参数的快速调整。

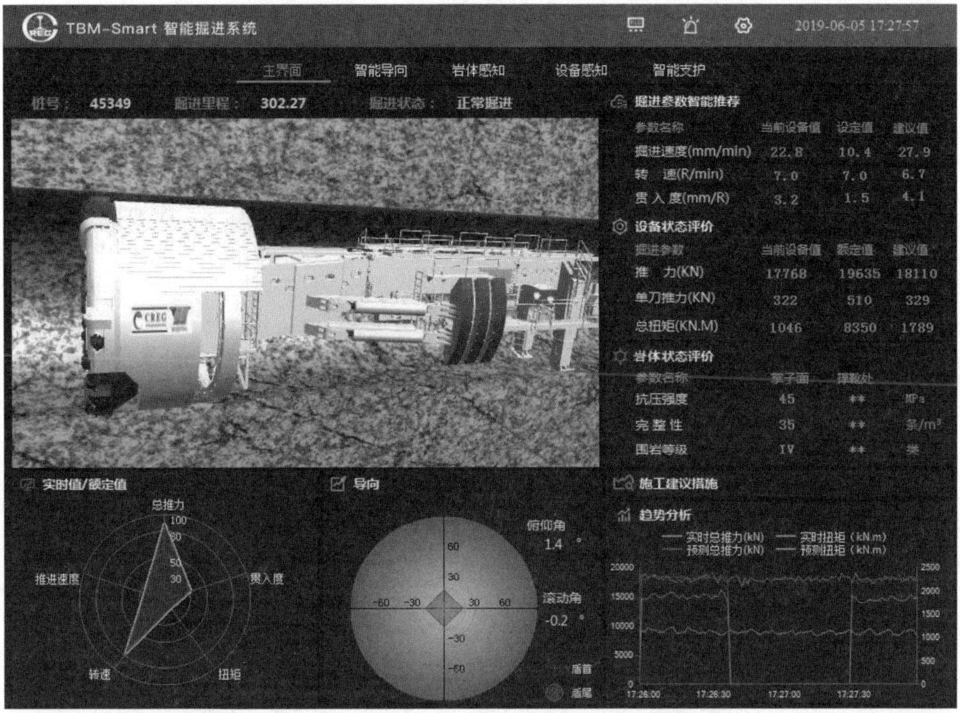

图 10.5　辅助驾驶界面

(3) TBM 导向单元以动态图形式展现 TBM 当前姿态与设定轴线的偏差情况，为 TBM 操作者提供参考。

(4) 掘进参数智能推荐和设备状态评价单元对当前掘进参数和设备状态进行实时感知，并根据 TBM 操作者当前操作参数预测最佳掘进参数。

(5) 围岩状态预测单元利用当前掘进状态参数对围岩信息进行感知，并根据围岩信息预测 TBM 掘进稳定段的掘进参数，实际掘进参数每秒更新一次，预测参数每 10 个有效数据点刷新一次。有效数据点为 TBM 正常掘进时每秒所有掘进参数的集合，且所有参数在合理范围内，当存在参数异常时，为无效数据点。

(6) 施工建议措施单元根据当前设备和岩体状态，依据专家库和相关模型提供施工建议措施。

2. 设备感知

设备感知模块包含刀盘振动感知、滚刀状态感知、渣片信息感知等单元，模块界面如图 10.6 所示。

(1) 刀盘分析单元可实时获取刀盘振动加速度信号的均方幅值、烈度值、峭度值、峰值等时域特征指标，并通过时域图和频域图对刀盘振动状态进行定量可视化展示。除刀盘振动监测外，该单元对 TBM 主驱动与主梁等核心部件也进行了实时振动监测。

(2) 滚刀监测单元可实时获取被监测滚刀的温度、转速、磨损等信息，减少滚刀弦磨、漏油等非正常磨损。

(3) 渣片分析单元基于渣片的实时分析，展示渣片原始图像、渣片图像分割、粒径统计等信息，实时显示渣片粒径分布规律。

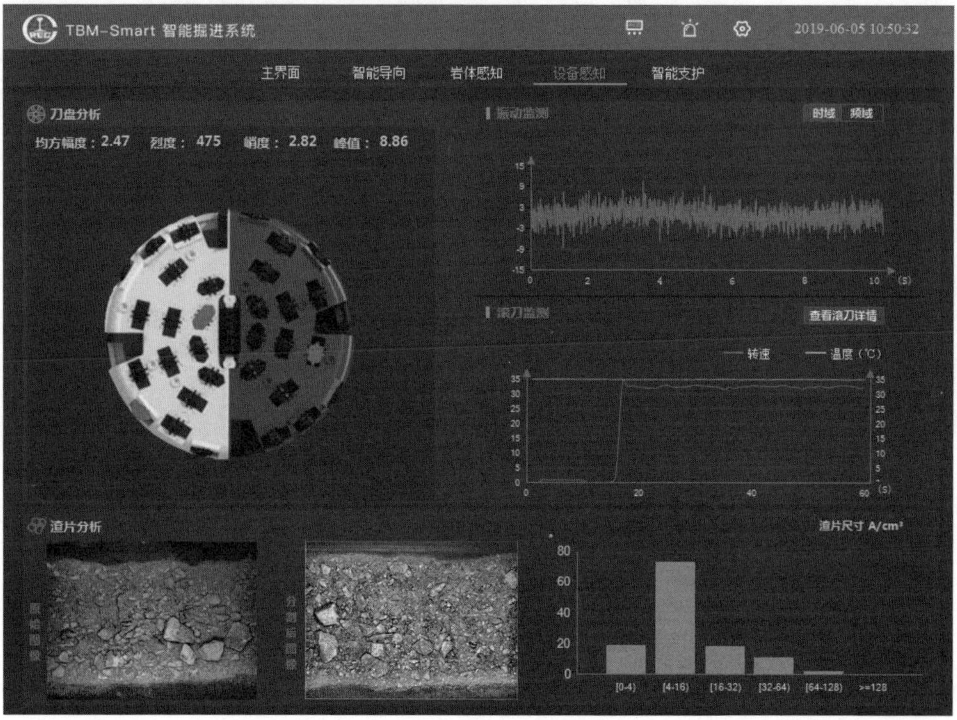

图 10.6　设备感知界面

3. 智能导向

智能导向模块利用轨迹跟踪与姿态控制技术对 TBM 设备当前运动轨迹和控制参数进行实时跟踪，最终实现导向系统与 TBM 设备的协同运作。该模块包含水平轨迹跟踪、竖直轨迹跟踪、姿态调节、控制策略等功能，模块界面如图 10.7 所示。

(1) 水平轨迹跟踪和竖直轨迹跟踪单元利用姿态自动检测、轨迹动态规划和姿态自动控制技术跟踪 DTA，根据导向经验库和相应关系模型实现 TBM 设备的运行轨迹智能跟踪、运行姿态自动调整和轴线偏差预警。

(2) 姿态调节单元根据设备运行参数和导向建议参数调整撑靴油缸位移，实现 TBM 设备的姿态控制。

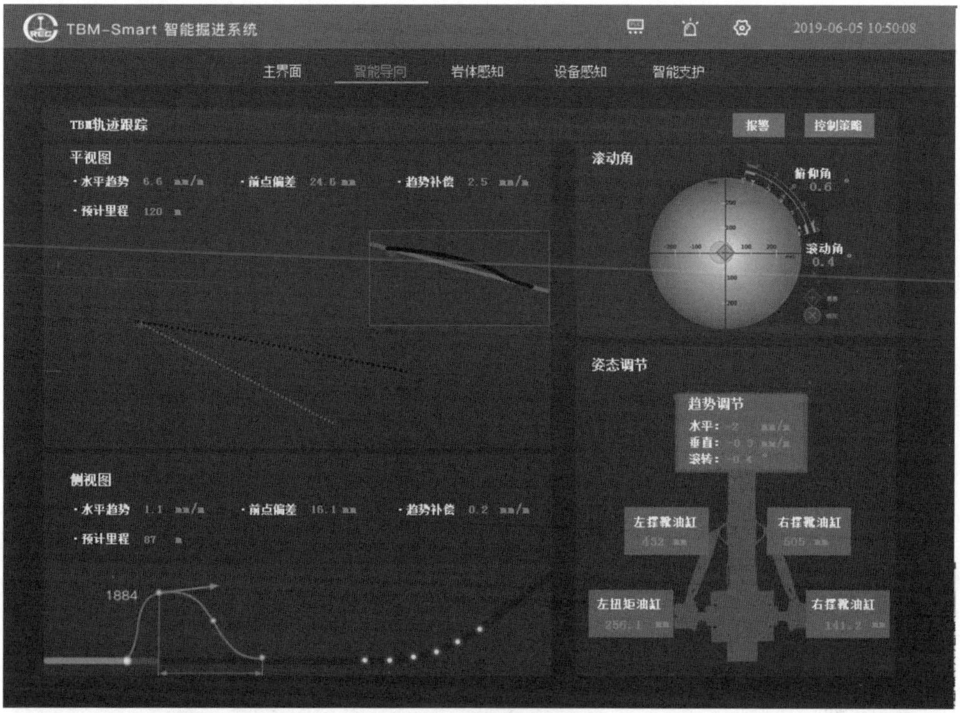

图 10.7　智能导向界面

(3) 控制策略单元根据需要手工调整最小转弯半径、边刀最大偏移量等参数，进而修正 TBM 设备当前姿态。

4. 岩体感知

岩体感知模块主要是通过实时感知岩体状态信息，辅助 TBM 操作者选择与岩体状态相适应的掘进参数，以提高掘进效率，保证施工安全。该模块包含岩体感知、地质预览、围岩等级等功能，模块界面如图 10.8 所示。

(1) 岩体感知单元可以实时显示掌子面和撑靴处的桩号、岩性信息以及岩体抗压强度、完整性与围岩等级预测值等信息。其中桩号在系统数据缓存区读取，岩体参数预测值根据相应模型计算得出，并据此预测撑靴油缸最大压力，从而获取 TBM 最大推力建议值。

(2) 地质预览单元显示掌子面地层岩性，对掌子面前后约 500m 的地质情况进行预览，并显示当前设备所处位置，针对掌子面前方可能出现的不良地质提供预警提示与施工建议。

(3) 围岩等级单元显示围岩等级的地质勘察实测值和预测值。其中地质勘察实测值从前期地质勘察报告获取，预测值是通过融合已揭露洞壁、设备掘进参数、渣片等多源信息对掌子面围岩等级进行判断。此外，还可通过围岩等级查询功能获取掘进区间某一桩号处或区间内的围岩信息。

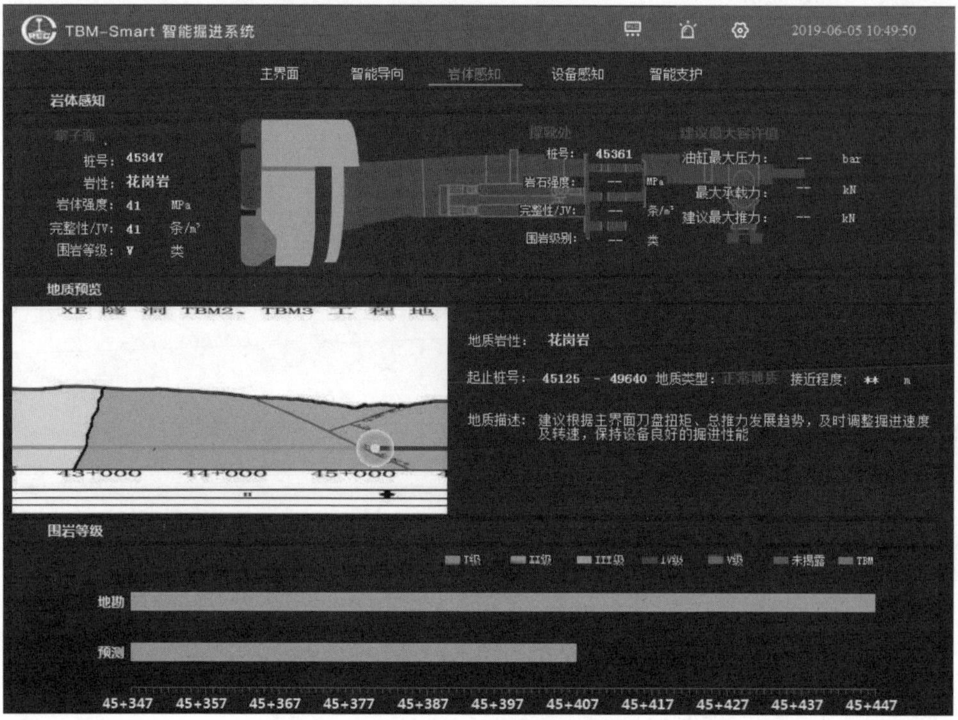

图 10.8　岩体感知界面

5. 智能支护

智能支护模块包含隧道参数、实时岩体参数、洞壁支护、撑靴处支护等单元，模块界面如图 10.9 所示。

(1) 隧道参数单元用以展示隧道基本信息，该信息在提供相关工程信息文件后自动录入或手工录入。

(2) 实时岩体参数单元实时显示当前掌子面岩体信息，包括抗压强度、完整程度、围岩类别等参数。

(3) 洞壁支护单元依据预测的围岩等级提供锚杆、网片、钢拱架与初衬厚度等支护信息，并展示支护断面图。

(4)撑靴处支护单元展示撑靴设备参数和岩体参数，并依据专家库和相关支护决策模型判断该区域是否需要加固，提供相应的加固建议措施。

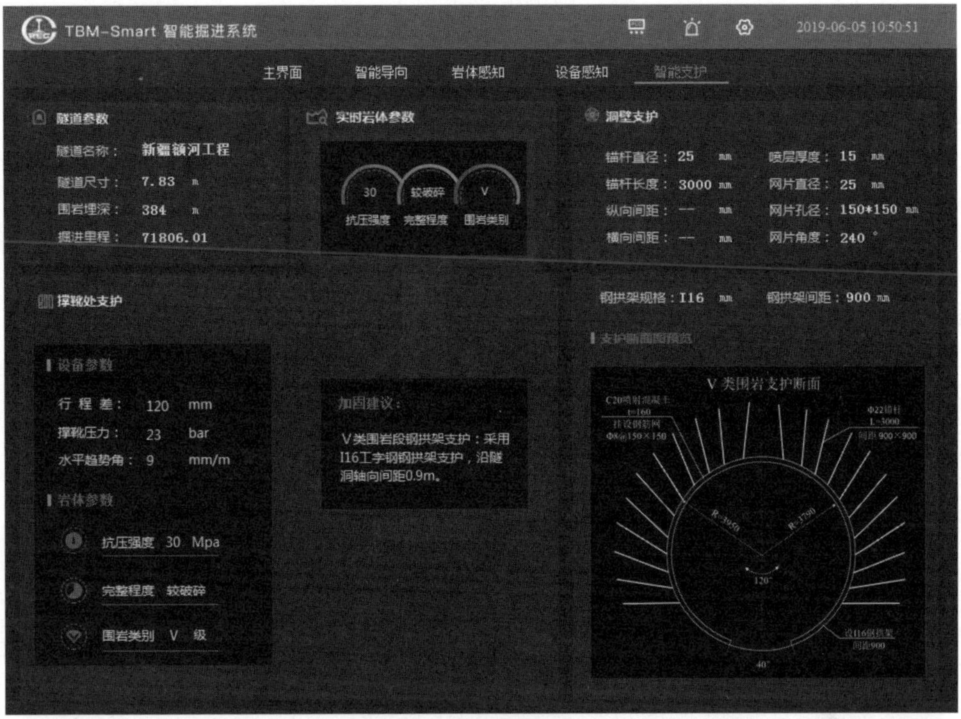

图 10.9　智能支护界面

10.3　TBM-SMART 现场应用

TBM-SMART 在 TBM 施工项目中进行了长期的测试与应用，通过不断地改善和优化系统性能，提高了 TBM-SMART 辅助智能化施工的可靠性和实用性。本节以吉林引松供水工程为例介绍 TBM-SMART 的现场应用情况。

10.3.1　测试内容

TBM-SMART 搭载于吉林引松供水工程的 TBM 设备上，分别对系统的功能模块与模型预测结果进行了测试，测试详细内容如下：

(1)PLC 数据传输、TBM 设备 3D 展示效果、雷达图、TBM 轨迹跟踪等功能模块在 TBM 掘进时的稳定性测试。

(2)TBM-SMART 长时间运行与故障恢复等工况下的可靠性测试。

(3)TBM-SMART 中渣片图像传输、分割与粒径信息统计和刀盘振动分析等功能与大数据中心的交互响应速度测试。

(4)推力与扭矩等掘进参数预测、围岩强度与完整性等岩体参数预测、钢拱架间距等支护参数预测等数据分析模型的准确性及其在不同岩性与围岩等级条件下的适用性测试。

10.3.2　现场应用

1. 项目概况

吉林引松供水工程总干线施工四标段的工程概况已在 7.2.2 节中介绍，该隧洞施工由中铁工程装备集团有限公司自主研制的大直径敞开式 TBM 完成，TBM 设备参数如表 10.1 所示。

表 10.1　TBM 设备参数表

刀盘直径 /m	滚刀数量 /把	总推力 /kN	脱困扭矩 /(kN · m)	刀盘转速 /(r/min)	最大推进速度 /(mm/min)	刀盘驱动功率 /kW
8.03	56	23260	8410	0～7.6	120	3500

2. 现场搭载

TBM-SMART 搭载在设备主控室上位机监控平台上，辅助 TBM 操作者掘进作业，如图 10.10 所示。TBM 操作者在隧道掘进时关注辅助驾驶界面数据信息，

图 10.10　TBM-SMART 现场搭载应用

当辅助驾驶界面提示岩、机参数有较大波动时，可切换至设备感知界面或岩体感知界面查看相应详细信息。

3. TBM-SMART 功能模块应用

TBM-SMART 在项目现场长期持续应用中，通信连接正常，信号传输稳定，各功能模块运算效率高、响应速度快，界面切换流畅无卡顿，功能模块测试结果如表 10.2 所示，每项功能均达到预期要求。

表 10.2　智能掘进模块功能测试情况

系统功能	试验内容	试验结果
PLC 通信	PLC 正常	显示 PLC 正常连接状态
	PLC 离线	显示 PLC 离线连接状态
虚拟掘进	三维图像	显示 TBM 三维图像功能
	执行命令	三维模型中的岩体信息能够根据围岩等级数据进行调整
	异常状态	关闭三维模型，软件能够正常运行
辅助驾驶功能	岩体状态预测	显示岩体状态预测信息
	设备状态评价	显示设备状态评价信息
	掘进参数推荐	实时显示当前掘进参数值与专家系统建议值
	雷达/趋势图分析	显示雷达/趋势图分析信息
	施工建议措施	显示施工建议措施信息
岩体感知功能	岩体强度参数	显示当前岩体的抗压强度、完整性等参数值
	撑靴处岩体最大承载力预估	显示撑靴处岩体最大承载力预估信息
	地质预览与不良开挖地质预警	显示地质预览与不良开挖地质预警信息
智能导向功能	轨迹跟踪	显示轨迹跟踪参数
	姿态调节	显示调向建议参数
设备感知功能	刀盘振动测试与分析	显示流模式监测，切换时域与频域正常
	渣片图像分割与统计	显示渣片图像分割效果，更新图像频率准确
智能支护功能	支护参数预测	显示支护参数预测值
	支护断面图预览	预览支护断面图正常
可靠性	连续工作	在应用期间，持续运行 TBM-SMART，期间无宕机
	故障恢复	在测试期间，TBM 控制软件正常运行，在发生网络故障后，重新连接网络，能够正常运行

4. 模型准确性与适用性应用

为评价 TBM-SMART 核心算法模型的准确性，通过近 180 组掘进循环(掘进距离 330m)作为测试应用对模型进行验证，180 组掘进循环中包含不同的围岩等级工况，重点考察以下八个指标的准确性：

(1) 围岩等级 W_r，通过围岩感知模型获取。

(2) 完整性指标节理值 J_v，通过围岩感知模型获取。

(3) 岩石单轴抗压强度值 UCS，通过围岩感知模型获取。

(4) 总推力 F_t，通过掘进参数预测模型获取。

(5) 刀盘扭矩 T_t，通过掘进参数预测模型获取。

(6) 刀盘转速 N，通过掘进参数预测模型获取。

(7) 推进速度 V，通过掘进参数预测模型获取。

(8) 钢拱架间距 L_s，通过支护参数预测模型获取。

对岩体参数 W_r、J_v、UCS 的验证采用了预测结果与实测结果对比的方法，实测结果获取方式如表 10.3 所示。其中对于岩石单轴抗压强度指标，在隧道内以 15m 为间距，选取不同桩号处洞壁岩块开展点荷载试验，进而得到岩石单轴抗压强度值 UCS；对于完整性指标，由三名地质工程师分别记录岩体单位体积节理数，然后取其平均值获得节理值 J_v；对于围压等级，依据《工程岩体分级标准》(GB/T 50218—2014)[3]对现场揭露的围岩实际状态进行评判得到。通过对比岩体参数实测结果与 TBM-SMART 预测值，如图 10.11 所示，可以得到以下结论：

(1) 在系统应用期间，TBM 穿越Ⅱ、Ⅲ、Ⅳ类三种不同围岩等级地层，其中Ⅲ、Ⅳ类地层较多，围岩等级预测结果准确。对极少部分预测值与实测值存在偏差的情况分析发现，这种偏差均是 TBM-SMART 预测地层优于实际地层，这可能与现场施工从加强支护确保安全的角度考虑，人为降低围岩等级有关。

(2) 岩体强度与岩体完整性的预测值准确度均超过 80%，预测结果较为准确，满足工程使用。

TBM 掘进参数模型预测值与实测值对比如图 10.12 所示，其中掘进参数实测值是通过 PLC 直接读取，预测值是选取自掘进循环稳定段的预测数值。通过对比模型预测值与实测值可以看出，掘进参数预测模型对 TBM 总推力、刀盘扭矩、转速、掘进速度四个待测参数的预测准确度均超过 84%，预测效果稳定，满足工程使用。

表 10.3　实测结果获取方式

指标	实测结果获取方式
围岩等级	隧道开挖台账
完整性指标	绘制洞壁素描
单轴抗压强度	点荷载强度试验

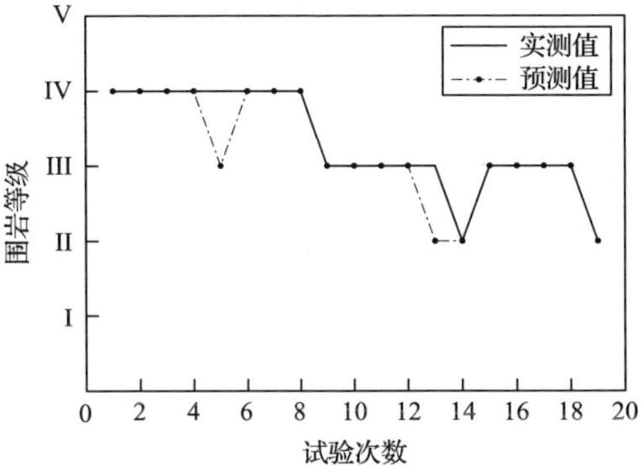

(a) 围岩等级预测值与实测值对比

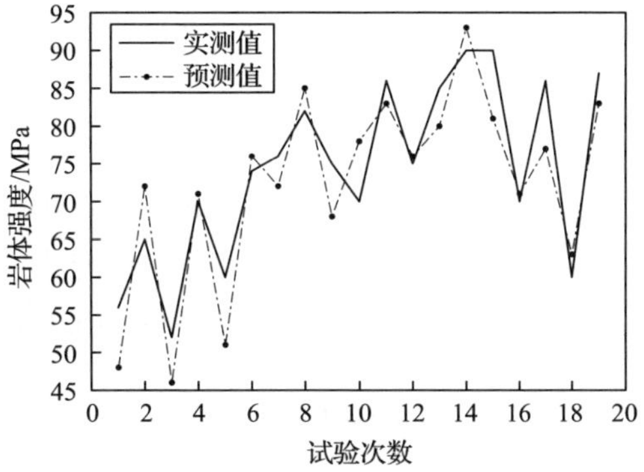

(b) 岩体强度预测值与实测值对比

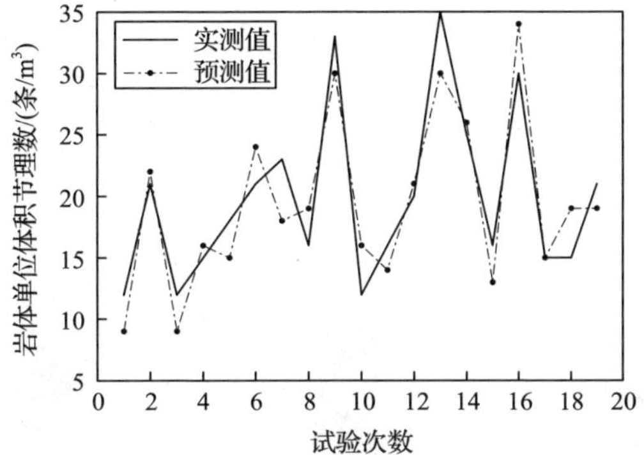

(c) 岩体完整性预测值与实测值对比

图 10.11　岩体参数模型测试值与实测值对比

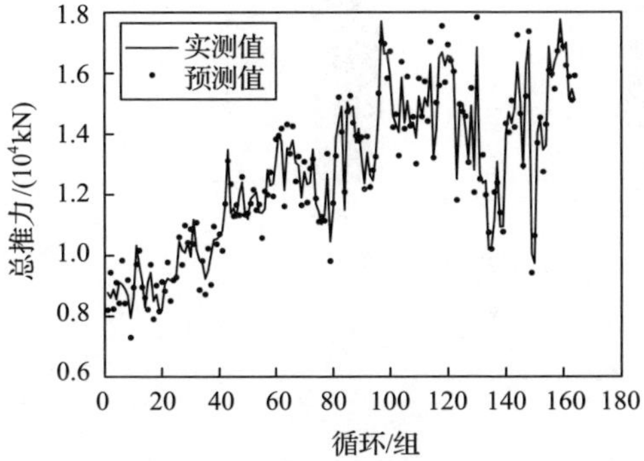

(a) 总推力预测值与实测值对比

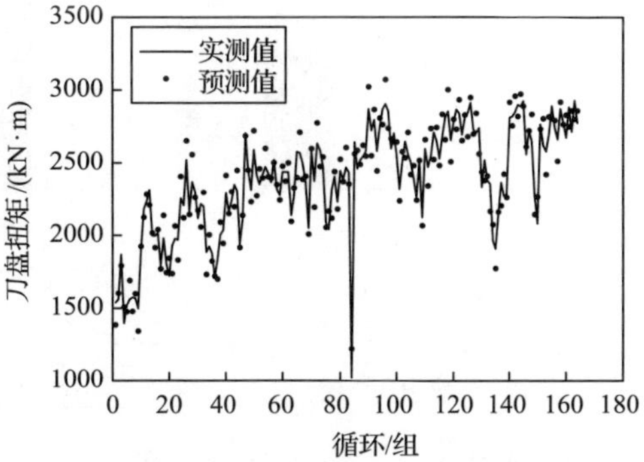

(b) 刀盘扭矩预测值与实测值对比

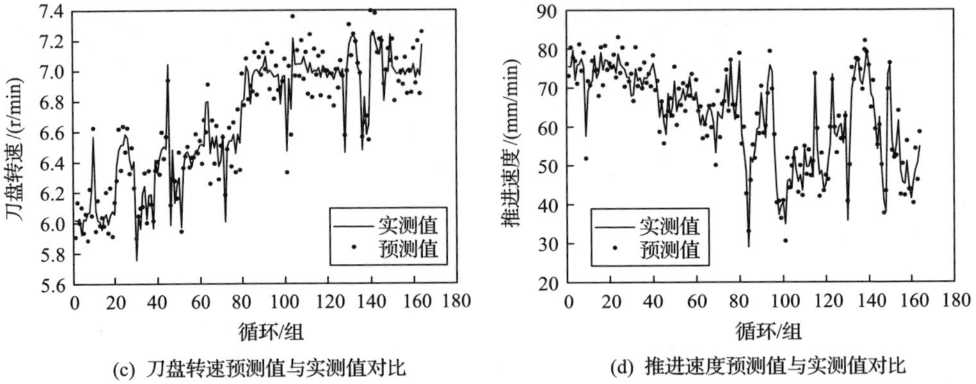

图 10.12　掘进参数模型预测值与实测值

智能支护模型钢拱架间距预测精确率如图 10.13 所示。由于工程中钢筋网片间距、锚杆长度等规格参数基本一致，因此在模型预测时主要考虑钢拱架支护间距。钢拱架实际支护间距在隧道开挖后依据实际支护情况记录，通过对比钢拱架间距的模型预测值与实测值，得到模型预测准确度不低于 85%，满足工程应用的实时性和准确性要求。

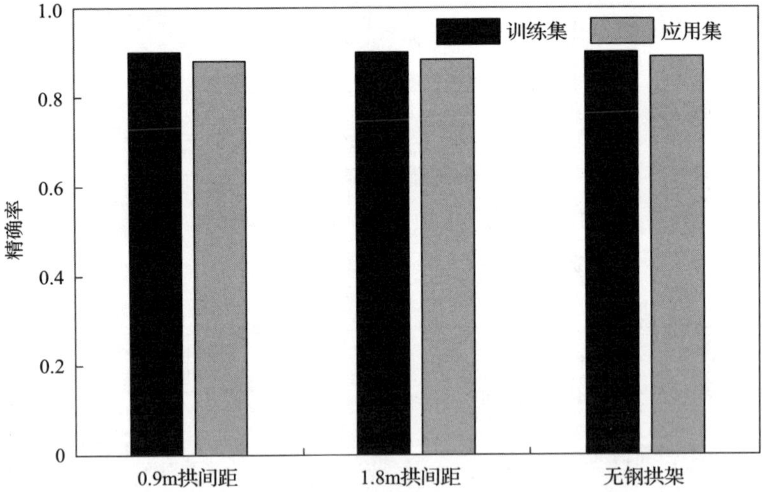

图 10.13　智能支护模型钢拱架间距预测精确率

5. 现场应用评价

TBM-SMART 在吉林引松供水工程的现场应用效果良好，辅助驾驶、设备感知、智能导向、岩体感知与智能支护等各模块功能适用、性能可靠，系统中岩体参数实时感知、掘进参数预测及智能支护等模型的准确性和可靠性均满足 TBM 掘进施工要求，其中，对岩体参数预测准确度达到 80%以上，掘进参数预测准确度达到 84%以上，钢拱架间距预测准确度达到 89%以上。

参 考 文 献

[1] 陈文远, 张继宏, 王国庆. 盾构集群远程监控与智能化决策支持系统的开发与应用[J]. 施工技术, 2015, (13): 110-113.

[2] 徐受天, 蒲晓波. 基于OPC的盾构地面数据采集和监视系统设计[J]. 隧道建设, 2009, 29(6): 674-677.

[3] 中华人民共和国国家标准. 工程岩体分级标准(GB/T 50218—2014)[S]. 北京: 中国计划出版社, 2015.